中文版推薦序1

小德蘭的家庭故事

鍾安住總主教的推薦信

教宗方濟各已於二〇一五年十月十八日冊封聖女小德蘭的父親路易・瑪爾定①和母親葛林②為聖人，原來他們兩位都希望進入隱修院，但是天主對他們都另有計畫。瑪爾定因為拉丁文學習的緣故，被修會拒絕接納；而葛林的入會申請也被修道院院長拒絕，他們兩位因特別的機會認識而一見鍾情，很快地就結為夫婦，生了九個孩子，其中四個幼年便夭折。他們一家人的生活非常簡單，就是工作、快樂地一起生活，信仰是他們的生活核心，路易特別強調應先侍奉天主，聖女小德蘭的雙親就這樣教育著子女，並且與最窮困的人分享他們的所有，他們邀請路上偶遇的人到家中共餐，送給他們衣服和鞋子，窮人離開之前，路易甚至在窮人的面前跪下請他祝福全家，種種善行給孩子立下了謙虛與愛德的榜樣。

1. 本書按法語發音譯為馬丹。
2. 葛林在本書按法語發音譯為葛蘭。

聖女小德蘭於一九九七年蒙教宗若望保祿二世宣布為教會第三十三位聖師，她的三姊雷奧妮於二〇一五年被宣布為上主的僕人，進一步將被封為真福，且同一年其父母亦被封聖，這是教會歷史上第一次夫婦兩人同時被宣布為聖人。一個家庭中出了四位聖人，這使人不禁好奇究竟是怎樣的心路歷程，能在家中產生那麼多聖人，答案在本書中將可以找到。

狄剛總主教早先發現此書，他珍藏後交給生命之母會，再轉交給譯者翻譯成中文。原先此譯作將呈現給狄總主教，未料其卻先一步於二〇二三年十二月二十九日蒙主恩召，不勝唏噓，現譯作終於告成以慰狄總主教在天之靈。

聖女小德蘭的家庭在生活上堅持奉行三個原則，第一、天主至高無上，第二、全心信賴天主，第三、順從祂的旨意。全家人都以基督的精神互愛而促使家庭和諧和樂，他們在生活中活出信仰，也把信仰生活化。

在家庭信仰生活上，母親葛林是靈魂人物，孩子出生後第一個動作就是獻給天主，以後不斷悉心地將其培養為天主的理想子女。葛林自己的信仰生活就是孩子們的典範，生活中無論困難或災禍，只要想到是天主所允許的旨意，便即刻順從，她相信天主絕對不會給人擔不起的十字架。

聖女小德蘭就是在父母親及姊姊們的循循善誘之下熱愛修其德行，並常蒙天主聖神的啟發與帶領，一直心懷大愛地做日常的小事，成就其神嬰小道。願閱讀此書的人也能在聖神的帶領之下，將家庭中的基督精神內化，並落實在生活當中，分享小德蘭的靈修精神，成為這世代的基督見證人。

中文版推薦序2

家庭聖德搖籃——神聖家庭的養成之書

葉佳艷／聖座平信徒暨家庭與生命部顧問

時間彷彿停留在二〇一五年十月，伯多祿大殿六萬多人的歡呼聲。教宗方濟各宣布法國聖女里修德蘭的父母路易．馬丹（Louis Martin）和仁麗．葛蘭（Marie-Azelie Guerin）夫婦冊封為聖人。這個歡呼聲響徹雲霄直達天上，彷彿天上地下一同歡呼。這個家庭成聖，成了我們的模範。

反觀現代的家庭，忙碌成了家庭的唯一，父親忙於工作，母親忙於家務與工作，孩子忙於補習才藝。他們何時相見？他們家庭氛圍是甚麼？教宗方濟各所發佈的《愛的喜樂勸諭》也提出現代的家庭讓極端個人主義帶來的危機；它扭曲家庭成員的關係，把每一個成員視為孤島。家庭或會被視為中途補給站，只在便利時才去理會一下，或是被看作申索個人利益的場所。更提到時來暫去的文化使得家庭面對現今的挑戰，其中第40號家庭問題迫使年輕人不願建立家庭：經濟問題、看不到未來。第51號提及破碎家庭產生的嚴重後果：孩子不知所屬、長者遭棄養、子女沒有父母照顧、青少年感到迷惘和無所適從。在在都感受到當代家庭的遭逢難題，而我們不應再認為那是別人的問題，跟我毫無關係，更應體會到家庭與每個人息息相關。在這些家庭所呈現的時代訊號中，我們不禁要問，還有值得我們值得我們學習的典範家庭嗎？我們要有改變，我們希望家庭更好。我們也渴望讓家庭不再灰暗，不再分裂，不再製造創傷，不再只是怨恨對方，家庭不要再有傷口。

感謝星火文化出版這本值得一看再看的書《聖女小德蘭的家庭》，而我也十分榮幸為此書寫推薦序文。我用近一個月讀完二十萬字，深深受到啟發。身為婚姻家庭牧靈的服務者，受到教宗方濟各期許任命為聖座平信徒暨家庭與生命部顧問，真心推薦此書。現在我邀請各位讀者以榮幸之心，經由這本傳記讓作者方濟各會士斯德望-若瑟．畢阿神父帶領我們一起進入小白花德蘭的家，走進培養聖女的庭院。讓這個成聖家庭的生命之旅，作為我們效仿的恩典，因為你我也可以這樣培養成聖的孩子。

信德造就馬丹家庭的溫床，德蘭父母以堅定無比的心，為了成就家庭就應全心付出，雖然他們原本渴望修道。但經過分辨後回應婚姻召叫，他們義無反顧地答覆並將這召叫成為家庭跳動的心臟地帶，讓這跳動因此撼動全世界。如果說天主為了準備聖女小德蘭的養成而準備了馬丹和葛蘭成為父母，那應該是成聖家庭養成的必備條件——愛天主的父母。馬丹：忠貞的信仰，愛國愛家，憐憫之心。葛蘭：嚴以律己，勤於學習，慈愛化身。當父母的決心源自於結婚了就應該生很多孩子，奉獻給天主為教會服務。我百分百佩服這樣的決心。

建立家庭與承擔起傳生的責任，這是馬丹與葛蘭夫婦的決心。因為他們擁有天主的祝福，渴望生命。進入德蘭家裡總是充滿嚴謹又歡樂，感受到馬丹夫婦的用心經營。這個家如同你我的家一樣，平凡而又神聖地充滿生活細節。日復一日，年復一年，馬丹家的孩子個個出生，也因為那個時代醫療不足，個個都生病離世。父母的心痛也更增加了信德，因為他們從不放棄。馬丹給孩子說，信德是寬慰，在磨難中發出的。愛德是讓愛發光發亮，望德是走向朝聖之路。葛蘭為孩子犧牲，痛苦之多使她形容自己有一顆生滿老繭的心，且經常要在搖籃邊挖掘墓穴是何等苦啊。這位擁有司鐸之心的母親，真是我們所有為人母親的模範。

帶著榮冠的家庭，成聖的道路。馬丹夫婦在慌亂中養育孩子，所有重擔都搭在肩上，他們養育五個孩子，陪伴他們的每日餐前祈禱、主日的全家上教堂參與彌撒、聆聽孩子們的分享……這麼簡單卻堅持。現代的家庭卻好難，不過也不要氣餒，我們可以先從一樣樣來，慢慢地開始。

任何事都是一個決心、一粒種子開始。對馬丹夫婦來說，經歷了那麼多的艱難與考驗後，都成了可貴的恩寵。將這光榮恩寵的風吹向他們的小王后——小德蘭。這分光榮現在也經由此書照向世界，願馬丹夫婦的生命之旅，經由小德蘭的心照亮我們每個人的家庭。

為了更能體會到馬丹夫婦以愛做為犧牲果實，以信德做為榜樣的作為，以望德成就朝聖的力量。我和先生以朝聖的心來到台南菁寮天主堂，來朝拜天主並瞻仰遠從法國里修來的小德蘭與父母的聖髑，向他們祈求成為台灣家庭的榜樣。

感謝馬丹夫婦對家庭的重視，一個充滿天主恩典的家庭也同時也是培養聖人的場所。瞬間彷彿聽到小德蘭說：

「好天主給我的爸爸和媽媽，是只應天上有，塵世哪能配得上他們。」

譯者的話

里修的小德蘭在一九二五年五月十七日蒙教宗碧岳十一世宣聖，於一九九七年十月十九日又蒙教宗若望保祿二世宣佈為聖教會第三十三位教會聖師。她的三姊雷奧妮，教會正在為她進行列真福品，於二〇一五年元月二十四日第一步先宣布她為「上主的僕人」（然後是「可敬者」，再下一步就是「真福」）。她的父母親於同年，就是二〇一五年十月十八日，蒙教宗方濟各宣聖，是聖教會歷史上第一次夫婦倆同時宣聖的，讓人喜見一門四聖！不禁要問，是什麼樣的家庭竟然可以孕育出四位聖人？他們都有怎樣的心路歷程？答案就在本書內。

二〇二二年春，狄剛總主教打電話給我，告訴我他有一本關於小德蘭家庭的法文書，曾找過多人翻譯，都沒成功，問我是否可以做這件事。我因年邁，又視力不佳，早已封筆多年，然而不忍他再三要求，於是答應試試看。狄總主教小心翼翼地不用郵寄，而從八里居處託人親手將這本他珍藏了七十多年的書，交給生命之母會轉交給我。這是一本一九四六年出版、總主教在一九五〇年代在羅馬購得而現今已泛黃的書。我大略看了一下，發現作者畢阿神父是一位歷史學家，難免將其所長載於文內。這些片段並不算多，可是翻譯出來，不免還得找資料對其中之人與事加以解釋才夠清楚。於是請教狄總主教：例如馬丹夫人從事花邊工作，作者就將法國花邊的沿革詳加敘述，是否可以刪除？狄總主教回答：當然可以，主要是小德蘭的家庭生活。得到這個指示以後，我便開始翻譯。每每感到力不從心，卻不得不勉強自己要坐得住，譯出來；不但要堅持不斷，還要快馬加鞭，因為狄總主教年事已高，我得讓他看到中譯本才好。不意天主竟早一步召他升天。生命之母會告訴我，他於二〇二二年十二月二十九日離世，並告知她們所購得的這本敘述小德蘭家庭的再版書，竟然無故從書架上跌落在地！我心頭一驚，狄總主教臨走還惦記著這本書！

法國是聖教會的長女，懷著拉丁民族的熱情，蒙主垂愛，自古成就了多少聖人！這堅實的宗教傳統傳到了小德蘭的祖輩，她的祖父和外祖父都是愛國軍人，信仰堅定，行事為人堪為基督徒的楷模。她的父母親承襲了家傳那堅不可移的信德，心懷基督徒的崇高理想，都曾去扣修道院的大門，一心要奉獻終生，卻都被拒於門外，不能如願。兩人結婚後，只盼望有許多孩子，好全部奉獻給天主，以完成他們的未竟之志；尤盼望生男孩，可以成神父，登祭壇，去遠方為天主開疆闢土！

他們家居住在以出產精緻花邊聞名於世的省會阿朗松，生活上堅持奉行三大原則：天主至高無上，全心信賴天主，順從祂的旨意。家人都以基督精神互愛，而造成家庭的和諧與和樂。他們的天主不是遠在虛無縹緲中的神祇，他們的信仰不是模糊不清的思想，而是與活生生的天主、與天上諸聖共同生活，他們的臨在是那麼真實，互動是那麼頻繁！家人也以真摯的熱情與天主交融：早上望彌撒，獻上一天的勞苦，散步必朝拜至聖聖體，遇事必祈求天主的指示，時時倚靠聖神的指引。他們活得既充實又超性：兩眼望天，塵世只是旅程，遇痛苦困難則用以淨化心靈，以配得登天庭。

作者的本意是要寫小德蘭父母親的傳記，而在書內所敘述的馬丹夫婦的家庭生活裡，馬丹夫人無異是靈魂人物。首先，因為作者引用了她從一八六三年元月到一八七七年八月十六日所寫之大量書信，而使她的音容笑貌、為人處事和每日心態無不躍然紙上，因此在內容方面她作為本書之靈魂人物，實當之無愧。

從教育孩子方面，她也是靈魂人物。是她，在孩子的嬰兒時期即用心注意孩子的動向，猜測他的心境。例如德蘭十五個月大時，自奶媽家回到家裡，她立即著手給她的本能奠定正確的發展方向；以溫柔且堅定的作風，給她那半覺醒的意志，養成良好的習慣。孩子年幼時，她是慈愛的化身，但絕不放過孩子的任何錯誤，不用重罰，但孩子必須讓步，並改正才行。孩子漸長，她則做她們的貼心朋友，用清晰的頭腦認清她，以施以適當的教育方法；尤其授以超性的動機：如安慰好耶穌，為某個罪人回頭等。她鼓勵孩子坦率直言，並以信德的觀點，糾正她們過於倉促的判斷，或錯誤的見解。

她的勞苦功高也足以成為家庭的靈魂人物。她身體自幼纖弱，中年又過早身患當年似乎是不治之症的乳癌，還不時有神經痛，又常常發燒。然而憑著她堅強的信德，驚人的勇氣，在十四年內九次懷孕生子，在六十四個月內遭受六次喪事之痛。除了繁雜的家務以外，她還主持阿朗松花邊的生產業務，並照顧兩種生意。她更全心為人母：大女兒發高燒，她守在床邊站立二十四小時之久；小女兒病危，她站著日夜與死神搶奪她的德蘭。在日夜的忙碌中，為了維繫家的精神，她拖著疲憊之身，給散居各地的家人寫信：姊姊在芒斯，弟弟在里修，兩個大女兒住校，有時還寫給在出差中的丈夫，告訴他們家裡的大小事。在她女性的流暢之筆下，寫出的是她在生活中的感受，計畫、夢想和自己最微妙的心境；敘事常有妙趣，充滿動能和生命。

在家庭的信仰生活中，她更是靈魂人物。做為母親，孩子一出世，她的第一個動作，就是把他獻給天主；日後不斷用心仔細地把他們培養成天主的理想子女。她行事明智又果斷，例如她堅持讓大女兒連續兩年去參加避靜，以斷她的世俗之念。她自己的信仰生活更是孩子們的典範：她兩腳踏著實地，兩眼盯住天主，信仰堅定而不癡迷，熱心事主而不幻想。來到的無論是困難或災禍，只要想到那是天主的旨意，是祂所允許的，就即刻順從，只面對困難，解決問題，不再有二話。她常說：「好天主絕不會給人擔不起的十字架。」她愛天主，愛聖母，一到五月，就帶著孩子們把歡度聖母月的房間布置得盡善盡美，聖母一定要出現在萬花叢中。露德聖母不願治好她的絕症，她也不改其樂；甚至在病重時，仍堅持遵守教會規定的齋戒；病得舉步維艱時，仍堅持去望彌撒。懷著這種心靈上的殉道精神，她時時處處成為捨己忘我的榜樣，全心只為愛人。對父親照顧得無微不至，對姊姊推心置腹，對弟弟愛護備至，對窮人更是唯恐照顧得不夠周詳：她給他們吃、穿、住，家裡隨時給他們提供麵包；還費心給窮人家準備牛肉蔬菜濃湯和幾瓶葡萄酒（西方餐桌必備），再加金錢，囑女傭送過去，並叮囑她：「這事只有妳知我知。」說到這女傭，在她病重臥床時，女主人深怕她家貧得不到好的照顧，就留她在家治病，日夜守在床邊達三個星期之久，待她病癒，才送她回家休養；就連平日剩菜，也從不給傭人，只留給自己……。

母親是靈魂人物，父親也非等閒之輩。馬丹先生事業有成，他愛主愛人，一向嚴律己，寬待人。

他愛主：每天望第一台彌撒，把一天生活奉獻給天主，是喜是悲，都唯天主的旨意是從。兩個兒子都夭折，不能為祂效勞，他就大量捐獻給教廷傳信部。他尤愛天主的化工，每每在美景前衷心讚美天主，激情時感動淚下。他嚴守主日停止營業這自古即有的訓示（《依撒意亞先知書》五十八13），而主日正是生意興隆之時。

他割捨自己的骨肉，一次又一次地將愛女祭獻給天主。最後在他獻出他最寵愛的德蘭後，曾這樣寫信告訴好友：「只有天主能向我要這樣的犧牲，然而祂如此大力地幫助我，讓我在流淚中，心裡卻喜樂滿溢。」最後他追隨她們之後，也把自己獻出，作為犧牲。

他愛人：一生中始終堅持絕不判斷人，若人有錯誤，必找理由原諒他。他更愛窮人，給他們錢財，鼓勵，不遺餘力；每每為落魄之人四處奔走，給他找待遇好的工作，給社會邊緣人找棲身之所，到處碰壁也在所不辭。

馬丹家的孩子們在如此聖潔父母的教導和表樣下，自幼即養成愛天主在萬有之上及克己愛人的習慣。例如小德蘭，她一直沐浴在家人愉快地承行主旨的氣氛中，在父母親和姊姊們的循循善誘和天上四位哥哥姊姊的親切助佑下，自己變得熱愛修德，並時時蒙天主聖神的啟發與帶領，一直心懷大愛去做日常小事，而成就了她的神嬰小道。她更把對父母親的痴愛轉換到天主身上（她的小姊姊賽琳說：「她愛好天主就像孩子親熱父親一樣，用百般愛的點子來討祂的歡心」），把自己身為么女所得到的寵愛轉換到超性層面，使她從領悟到徹底實踐：忍耐是力的極致，信賴是愛的高峰，而努力將自己全面基督化。

最後有兩點說明：書內所引用的書信，雖然註明日期，卻並非按時間順序來使用，而是按所敘內容之需要而引用，日期可以顯示書信之真實性。第二點，關於書內之人名及地名，第一次出現必附法文原文，其中文譯名則儘量與原文發音相近，同時採用教會慣用之譯名。

今年是二〇二三年，欣逢聖女小德蘭誕生（一八七三年）整一百五十週年，一九二三年她又榮列真福品，今年正是一百週年，值此雙喜，謹獻上此書以為紀念。

衷心感謝生命之母會在多方面的大力協助，和各方人士心懷對狄剛總主教的思念為本書效勞，祈願馬丹家人和狄總主教豐厚地報答各位。

逄塵瑩　謹識於台北

中華民國一一二年三月

【譯者簡介】

逄塵瑩女士，台灣大學外文系學士，加拿大拉瓦爾大學法國文學碩士、博士，曾任教於輔仁大學法文系、台灣大學外文系等。著作有《法文結構分析》和《法國文學面面觀》等；譯作有《青年心理和信仰》、《原始故事與小說起源》、《靜觀復活奧蹟》、《慈悲之樂》、《與瑪利尤震神父祈禱十五天》、《沙漠裡的靈光》、《與巴赫一起祈禱十五天》、《默想玫瑰經奧蹟》、《我要見天主》等，曾獲法國政府頒發一級教育棕櫚勳章。

已故狄剛總主教的親筆信

編按，本書譯成並出版，與狄剛總主教的推動息息相關，由譯者逄塵瑩老師寫的〈譯者的話〉可以了解，請參照前文。附上他老人家親筆信影本，或可有助讀者領略本書繁體中文版好事多磨之一二。

狄總主教在二〇二二年一月六日致函逄老師，回覆對方於二〇二一年十二月三十一日的來信。他感謝逄老師接受這艱難的任務，不只是為這本書尋找譯者屢屢不得，且逄老師視力受限於年紀，翻查字典需賴放大鏡輔助，極其辛苦。狄總主教寬慰譯者，他已等待七十餘年，不必急於完成。

編者受狄總主教恩惠頗多，狄總主教曾數次替星火文化的書作序，幾次星火舉辦新書發表會，他也不辭勞苦全程參與。逄老師則是我大學時期的法文教授，雙重的恩情令我雖感自身才能有限，卻無法推卻。從逄老師處無償得到譯稿，我評估取得授權困難重重，沒有信心可以不負託負。然而在生命之母會的協助下，事就這樣成了。在此感謝狄總主教在天上代禱，希望您念在大家的努力，欣慰地接受這融合著汗與淚的奉獻。

天主教臺北總主教公署

主愛的壓瑩妳妹如晤：

很高興收到妳2021年12月31日的來信，好高興，也很感激：知道妳已翻到175頁，知道你須要舒着放大鏡去看法文字典的小字，精選中文美好的字彙，大段文字翻譯時就先起草打稿：…令人想見妳的認真將事，也明白妳翻譯作品的高度品質：處於上乘學報答：…請不必「盡快工作」，由我已渴望本書的中譯有70多年了！經過[redacted]兄、聖衣會位修女、[redacted]等人的試譯而未能

平安！多福！（聖方濟慣用的祝福語：Pace e Bene！）

地址：台北市樂利路九四號　電話：七〇七一三一一
信箱：台北郵政七之一九一號　七〇七九五五七

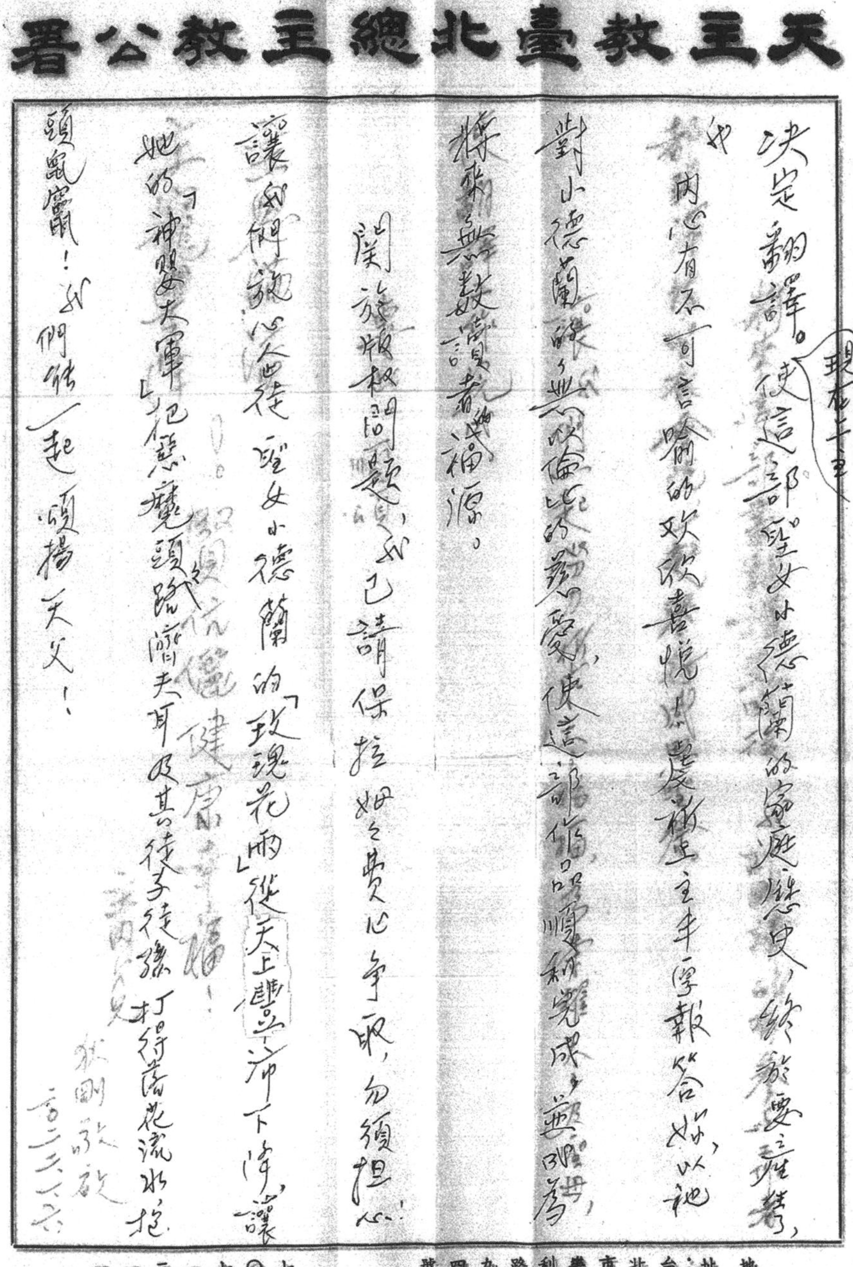

天主教臺北總主教公署

決定翻譯。（現在二十三）使這部「聖女小德蘭的家庭歷史」終於要誕生了，也內心有不可言喻的歡欣喜悅，感謝上主，手掌報答她，以祂對小德蘭說，無以倫比的慈愛，使這部作品順利完成，並願為帶來無數讀者的福源。

關於版權問題，我已請保拉姊姊費心爭取，勿須擔心！

讓我們誠心恭候 聖女小德蘭的「玫瑰花雨」從天上豐沛下降，讓她的「神聖大軍」把惡魔頭踏倒，及其徒子徒孫打得落花流水，抱頭鼠竄！我們一起頌揚天父！

狄剛敬啟

一二、三、一六

地址：台北市樂利路九四號　電話：七〇七一三一一

信箱：台北郵政七之九一號　七〇七九五五七

天主教臺北總主教公署

將來這部書翻譯完成後，我計劃請所有參與工作者都到深坑聖衣會院，一起舉行感恩聖祭。

讓我們一起努力祈求天主賜福，為榮耀天主及聖母，使翻譯工作完成。

專此。順頌

主恩滿溢！賢伉儷健康幸福！

主寵豐隆

主內兄

狄剛敬啟

二〇一二、一、六

地址：台北市樂利路九四號　電話：七〇七一三一一

信箱：台北郵政七之九一號　電話：七〇七九五五七

法文版序言

貝右及里修主教畢構閣下之書信序言

貝右．一九四五年四月六日

敬愛的神父：

承蒙你交給我《聖女小德蘭的家庭》[1]的手稿，我以無比欣慰的心情閱讀完畢。你寫此書的初衷正合我心意，因為我多年來也心懷此意，只是出於過度謙虛，一直未能付諸筆墨。現在，是你要向廣大的基督徒群眾展現馬丹夫婦（M. et Mme Martin）足為典範的家庭生活了。

我堅信讀者看到本書內生動的基督徒婚姻生活必會受益匪淺。目前社會上有多少不良影響摧毀了婚姻的穩定性、和諧性及生兒育女的神聖使命；而馬丹夫婦所營造的家庭生活，即使表面上因負責任、做犧牲，而有刻苦的一面，然而其內在是多麼引人入勝，又多麼魅力無窮！目前，許多兒童的家庭教育都嫌不足，這顯示出有

1. 編按，此為法文初版原文書名。

多少父母，即使是領過洗的教友，都沒有負起應盡的責任。反觀在馬丹夫人的書信內，看到她那卓絕的慈愛心，不懈的警惕心，不正是一位具有基督精神的理想母親嗎？目前，神父、修女的聖召，不時遭到社會的否定，甚至家庭的激烈反對，而阿朗松（Alençon）那製作花邊②的女士和比松耐（Le Buissonnets）的大家長向天主所吐露的高貴心願和神聖渴望，都強調了聖召的高貴性，又是何等強而有力的提醒啊！今日，我們還能找到許多父母，像當年的馬丹先生一樣，帶著他的「小王后」去見貝右的主教，好允許她早日進修會？這一步不也同時使他那慈父的心早日破碎、早日孤苦嗎？

在他們的婚姻和家庭生活之外，你還特意講述了他們的勞苦工作和職業道德，這種作風在今日正切中要點，能使許多讀者明瞭並改正他們的行為。總之，你所推薦的兩位無與倫比的典範——我認為他們也堪為天下父母的神聖主保——是足以供基督徒父母讚賞並效法的。

再說，你妙筆下的傳記才華和動人熱忱，更賦予人物十足的魅力，足以打動並感化讀者。敬愛的神父，我切願你大量的精選圖片③能給予你那生動的描述增添更多生活的趣味和當地的風采。

我認為以《靈心小史》④之廣受喜愛，也必給你這費盡心力的作品帶來成

2. 編按，lace，或稱蕾絲，是當地的特色產業，小德蘭的母親也參與其中。
3. 譯按，書中若干圖片取得授權，參見第八章及第十一章。
4. 編按，此書中文版有多個譯本（依序）包括馬相伯譯《靈心小史》、蘇雪林譯《一朵小白花》、張秀亞譯《回憶錄》。繁體中文書名現為《我的靈魂那麼小：聖女小德蘭回憶錄新譯》，光啟文化出版。

功，同時也必使讀者受益良多。在此願望下，我全心降福你構思動筆的初心，並祝

時祺

主內你的忠僕

貝右（Bayeux）及里修（Lisieux）主教

方濟各・畢構

（François Picaud）

茲鄭重聲明本傳記中的一切所述事實、所做判斷及所用教會詞語皆置於聖教會之權下，符合教宗尤班八世（Urbain VIII）之有關規定。

作者前言

一八五八年七月十三日，路易．馬丹（Louis Martin）和仁麗．葛蘭（Zélie Guérin）以婚配聖事結為夫婦。一九二七年七月十三日，教宗碧岳十一世欽定，普世教會都應在日課及彌撒中紀念法國里修的聖女小德蘭。這兩個日子的巧合，凸顯出以上的兩個事件在精神上的親子關係，再加上其血緣關係，使上天的奧祕與她的父母雙親，即使在光榮中，也結合在一起了。

撒斗夫人①某天，打趣地指著自己的婚戒和手上戴著主教戒指（將來成為教宗）的兒子說：「沒有這個，就沒有那個。」同理，若沒有聖布萊絲路（rue Saint-Blaise）②和比松耐那敬愛天主的傳統，這位加爾默羅會修女修德的路線就不會那麼清純了。她自己也在寫自傳前特別聲明：「小花兒在自敘其經歷之前，多麼高興可以宣揚耶穌白白賞下的許多恩典，…是祂使它生於那充滿貞潔之香的淨土，是祂使它生於那八朵皎白的百合花之後。」

凡事不能一步登天，土地要達到頂峰，必先從層層皺褶而上；同樣，聖寵除

1. 譯按，Mme Sarto，即教宗碧岳十世的母親。
2. 譯按，小德蘭誕生及幼年的家就位於這條路。

了偶爾會有突來的恩典或意外的光照之外，通常也最好是步步緩慢漸進的。天主要提昇並聖化一連幾代人，才能出現頂尖的聖德。與家庭土壤脫節，獨自晉昇為聖德巨人的現象，是少之又少的。不錯，有阿萊西③，這位「樓梯下的聖人」（指他習慣於作補贖），在新婚之夜逃走；有亞西西的聖方濟④，被父親咒罵並剝奪其繼承權；還有若安尚達爾⑤為了進修院，而從她親生兒子的身上踩過去，這些都是難得見到的特殊個案。正常的情況是：神祕靈修者是在家庭的氣氛中漸漸孕育而成的。

里修的德蘭被召要向世人教導如何聖化平凡的生活，她沒有跳脫這項一般法則。她的偉大有其來源：那就是她那雙重基督信仰的家世，因為俯首在她搖籃邊的，正是她父母親那兩張聖人的臉。麥西埃樞機⑥認為這是上天給的徵象，因而興奮異常，不禁喊出：「我太高興了！原來給這模範家庭的報酬，就是她呀！這件事一定要廣為傳揚！」

然而，人通常會指責教會把禮儀上的尊榮只保留給貞女、殉道者、主教和修道人。在教會眼裡，夫婦只有在早年喪偶後，才會獲得些許尊重。現代人的看法當然不同了——我們也不想去查閱羅馬日曆——我們只注意到在一般人的心裡，的確有這種成見，他們把婚姻生活貶為、即使不是平庸的，至少熱心程度是不及格的，這與羅馬教廷的禮儀部當然無關。我們可以看到大部分的靈修著作，都散發著修院的芳香，作者認為寫夫婦的床笫之事是非常不得體的。拉高代⑦曾說過一句名言，也

3. 譯按，Alexis，東正教聖人，1293-1378。
4. 譯按，François d'Assise，1181-1226。
5. 譯按，Jeanne de Chantal，1572-1641。
6. 譯按，Cardinal Désiré-Joseph Mercier，1851-1926， 比利時籍阿奎納學者。
7. 譯按，Henri Lacordaire，1802-1861，法國籍神父。

被教宗碧岳九世格外提及過：「一切全德夢想必然在婚姻這陷阱中失足幻滅。」真是這樣的嗎？

好幾位教宗在他們的演說中和日課的教誨中，都齊聲讚揚這兩位把現代「最偉大聖女」帶給人類的雙親，而及時將這些錯誤的斷言予以更正。今日孕育小德蘭的家庭也已進入了她榮耀的光輝之中，孩子頭上的光環也把培育她的父母親籠罩在內。父母親的聖召不正是自我忘懷，自我消失，一心只追求所愛兒女的成就，把自己的一切連同生命都給了他們？

從這個角度來看，出版馬丹夫婦的傳記絕對不是無益的。現今動搖國本的家庭情況，更增添了此舉的時代性。

家庭是國家的基石，必須是穩固又堅實的，同時身負天主的印記，才能給國家這建物提供堅不可破的基礎。現今，情慾歪風粉碎了家庭，男女同居侵蝕了家庭，非宗教婚禮、離婚都給社會基礎帶來了不穩定性，甚至使之趨向崩潰。法國曾傲立於世界，因為當年有穩定的家庭，兒女眾多。自從家庭崩解，生命的洪流趨緩，國力的衰退不可避免地就開始了。如果大家怕生孩子，等於民族在輕鬆愉快中輕易地陷入了集體自殺；工作勤奮，稅收滿盈，軍人英勇，能有什麼用呢？

要重建法國，就得重建家庭。教友或非教友，所有的愛國心今日都一致同意這一點。有些人，為了不違背他們慣有的冷漠態度，相信只要以社會機構和經濟政策來減輕父母親肩上的經濟負擔，就能解決問題。這是不錯的做法，我們也舉雙手贊成。然而，即使我們實現了物質上的平均分擔，就足以影響國人去克服他們心中那主要的障礙嗎？這障礙就是人性的自私，認為孩子就是麻煩。這種障礙不是目光短淺的生育率就能克服的，需要的是一股強大的精神力量來鼎力相助才行。一項廣泛的全國性調查有關低生育率的原因，其列出的首要原因不正是宗教紀律的喪失？家庭若不能找回基督精神，法國若不能回歸基督信仰，那麼只有繼續走下坡路了。

一九四四年五月三日，教宗碧岳十二世以敕書欽定加爾默羅會的小聖女為法國的第二位主保聖人，並邀請法國人民在二戰的惡夢過去以後，去里修朝聖，以能找到重建國家的路線。他認為這座飽受摧殘的城市，正是受傷法國的真實寫照。從一九四四年六月六日到八月二十二日，數十次的轟炸向這諾曼第城市投下了鐵和火的風暴，摧毀了兩千八百間房屋中的兩千間，三座堂區教堂中的兩座，把大多數的修院夷為平地，使六十多位修女和超過十分之一的居民喪生。里修具有歷史價值的舊城幾乎全毀，而信仰的里修卻屹立不搖！路人的眼中驚奇地看到了神蹟：小德蘭所居住的島狀加爾默羅會院，包括住宿會院及聖若望大樓，均毫髮無傷，且沒有一人喪命。一隻看不見的手阻斷了火海，而修院周圍的一切卻都遭火海吞噬。近百枚的燃燒彈落在修院的花園裡，無數爆炸彈和炮彈擊中了屋頂和高牆，卻只造成極易修復的小損傷，因為有法國傳教會（Mission de France）⑧的神父和修女們及時

8. 編按，創立於1941年，2002年改名為Communauté de Mission de France，傳教會成立的初衷是為了讓教區神父們在法國的貧困地區獻身鐸職。

控制了火勢。這火勢從門房修女的住處延燒，怕就要燒到供有小德蘭聖髑櫃的小聖堂了。小德蘭紀念大殿周圍都是巨大的彈坑，其主要部分卻完好如初。這座隱修院的修女們暫避在地下室的小聖堂裡，在槍林彈雨中仍繼續她們勤祈禱、做犧牲的使命，直到八月二十七日主日那天，才在光榮守護者小德蘭聖髑的護送下，又回到了隱修內院。比松耐的家人也一樣，從幾乎是一片廢墟中全身而出。而她在阿朗松出生的家和她家休閒用的別墅，也只受到了輕微的破壞而已。里修紀念小德蘭的機構倒沒能完全避免這場災難。法國傳教會的附屬機構也被嚴重破壞，十二棟房屋全毀，其中有神父宿舍和聖女小德蘭的出版中心。此外，小德蘭紀念大殿周圍的裝飾性建築群也均遭到嚴重的破壞。

從這些事件中看得出一種啟示：一定是我們敬愛的小聖女伸出了援手，才能在災難中免受傷害，因為正是她，是負責守護家國的主保。這種判斷匪夷所思嗎？不然，其實她是要藉此告訴國人，只要有更新的心靈，才足以制服衰竭的身體，才足以在國家的遍地廢墟中激發信仰的復興；只要對耶穌基督的信德尚存，一切就沒有一敗塗地。她提醒國人，一個國家的主要財富是她子民身上所流的慷慨熱血。今日我們引以為傲的高樓美廈遍布國土；然而由於我們的輕忽，有其他方面卻荒蕪不堪：沒有神父的教堂，沒有天主的學校，沒有子女的家庭。小德蘭一針見血地指出了我們的痛處。她以她的方式告訴我們：「文明已陷入險境，社會已步履踉蹌，需要趕緊歸向那是道路、真理和生命的那一位，要盡快扶起法國的家庭，這被毀的聖殿，這樣，你們才能得救。」

「聖女小德蘭年鑑」正是為了要復興家庭，這重建家國的首要條件，才出版了馬丹夫人的書信。筆者由於也想貢獻一份心力，因而試圖描繪出這孕育小德蘭的理想家庭。比較抽象的原則性敘述不足以激勵再出發的勇氣，「只有生動的經歷才能最有力地振奮人心。」親身經歷的種種將原則具體化，不離現實，以實實在在的事實用以震醒人心的怯懦，指出可行的路徑。聖奧思定⑨在他皈依以前，在心裡揮之不去的激將之詞，永遠不會過時：「這些男女人士能做到的事，我為什麼不能？」

要把小德蘭父母親的傳記做到最好，筆者有幸不缺任何文獻資料。馬丹夫人的書信和小德蘭的《靈心小史》是文獻中的首選，拉未依主教（Mgr Laveille）所著《聖女傳》也提供了不少資料。里修的加爾默羅會院禁不起我們一再地懇切要求，為了教化大眾，也不惜交出了一些祕密文件，其中還包括一些小德蘭出於孝心想永遠保密的文件。他們滿懷信任的合作，不僅給筆者卑微的工作提供了無價的保證，也是上天賜下的珍貴恩寵之一，我們感激不盡。

筆者如果將此書用較短篇幅、以趣聞的方式寫成小說型的傳記，目前可能更時尚，也更會受讀者歡迎。然而，出於對事實的尊重，也為了給日後心理學研究及家庭復興運動提供有應用價值的資料，筆者情願寫出他們完整的真實生活史，縱然稍

9. 編按，St. Augustine of Hippo，354-430。奧斯定或稱思定。著有《天主之城》、《懺悔錄》等。

嫌嚴肅也無妨。也許有人對內容的進展會有意見，筆者認為努力展現美好家庭之靈魂，重建其背景，然後將人物置入其中，並以其不少範例，祈能幫助那些在社會各階層大聲呼籲的人：他們不僅要求給法國更多的孩子，尤其要給法國眾多的剛強人士，傑出的基督徒，出色的宗徒，當然，更要有頂尖的聖人。

方濟各會士
斯德望-若瑟・畢阿神父
一九四四年十月三日
謹識於聖女耶穌聖嬰德蘭之慶日及
亞西西之聖方濟慶日之前一日

第一章 小德蘭家庭的淵源

故鄉阿朗松

離阿爾卑斯山系之不遠處，舉目是一片高大的樹林，阿朗松安閒自在地、幾乎是帶有貴族氣息地、座落在群山下明淨鄉間的中央處。城裡的宅邸有外設的樓梯，明顯的樑柱，和色彩繽紛的陽台，而大廈則顯得樸實無華。幾處溪流旁邊有點點洗衣處，平靜的街道有兩條深藏淤泥的河流通過其間，給城市構成一種秀麗和平安的面貌。這是一座當年屬於貴族領主的城市，有石雕在歌唱；又是夢幻的城市，有樹林在祈禱。它深入人心的嫵媚風光和出眾的貴族氣息，讓人感到古老法國的典雅特色。在安靜的時刻，市區幾乎空無一人，人們好像聽到古時巡邏隊的腳步聲，看到王妃瑪格麗特——「那位和藹的公爵夫人」——掠過的倩影。

現代的城市規劃並未減損阿朗松的神祕感。不論願不願意，大家還是得尊重歐杰（Ogé）家族的古風：因此保留了商業法庭曾經輝煌而目前破舊的原貌，那是《人間戲劇》（*La Comédie Humaine*）的作者①特意在其「古董陳列館」內所描述

1. 譯按，即法國文豪巴爾札克（H. de Balzac），1799-1850。

過的。還有古老的醫院，王冠狀碉堡的城樓，獨特的省政府辦公廳，都是現今遊客參觀的熱點；而歷史學家則偏愛波耐特路（rue Bonette）的外觀——因為那裡隱藏著無數動盪時代的傷痕和祕密——以及猶太區的那些攤販小店。有三座教堂對遊客開放：破舊的聖伯鐸大堂——今日已重建——聖雷奧納堂（Saint Léonard），幸得洛林（Lorraine）的真福王妃加以修復；尤其是聖母大殿，這座火焰式②建築的典範，與「國王之女」（Fille du Roi）正好相反，其外觀展現著美的極致。

這座大殿有三個拱孔的正殿大門，那絕對是一件稀世傑作：有八角形的小塔，繚邊的旗杆，其三角楣的蓬邊及上千個阿拉伯式的圖案，讓人不禁想到阿朗松那精美的特產：花邊。遊客會忘記去注意那外觀稍嫌笨拙的唱詩樓和它那不怎麼優雅的鐘樓，這兩處是在一七四四年火災後重建的。他們也幾乎會忽略去讚賞那高聳的絕美正殿，那魅力無窮的彩繪大玻璃窗以及那透著微光的側廊。為什麼？因為大家爭先恐後只想細看在入口處那十六世紀初由尚．勒毛尼（Jean Lemogne）在石板上以天才之筆寫下讓人驚嘆不已的那一頁。不斷有人群來來往往，這裡的確是阿朗松那跳動的心臟地帶。

如今，現在的喜慶與往日的輝煌相互結合了。美輪美奐的聖母大殿再一次進入了歷史。在一八五八年七月十三日星期二的子夜時分——這個時間在當年並非不尋常之事——路易．馬丹和仁麗．葛蘭，在少數親友的陪伴下，步入了大殿雄偉的

2. 編按，以火焰式曲線花飾窗格著稱，晚期哥德式建築，主要風行於法國。一三五〇年崛起，十六世紀被文藝復興建築風格取代。

大門。他們非常儉樸地、在沒有一點排場的情況下，在天主面前結為夫婦。十五年後，在一八七三年一月四日，這婚姻的最後一個孩子——小德蘭，也進入這哥德式的拱門來接受洗禮。再過半個世紀，這位加爾默羅會修女在一九二三年四月二十九日被教會列為真福，此後又光榮地封為聖人。她的石刻雕像將由雕刻家用鑿子精心製作，永遠與往日的聖人們為伍，阿朗松也因此將成為「靈修復興運動」的搖籃。

＊ ＊ ＊ ＊ ＊

這項靈修復興運動有其源頭，上天早已做好了準備：在小德蘭的先祖中，早已有人具有大無畏的精神，具有軍人的榮譽和堅定的信德。有不少無稽之談曾圍繞著她的聖德，企圖汙衊她的祖先。這些說法只會促使人去研究檔案，這些指責於是即刻不攻自破。這位加爾默羅會修女不僅對其無與倫比的父母親讚譽有加，更能理所當然地分享她祖先的自豪感。

父系：路易．馬丹的祖先及其青年期

在法國的洞弗洛（Domfront）行政區內，有一個大城鎮阿迪斯（Athis-de-l'Orne），在這城裡珍藏有自十六世紀以來有關基督徒的存檔，其中有好幾處是有關馬丹家族的記載。早在一六九二年四月二日，即載有尚．馬丹（Jean Martin）整個家族可靠的確實資料，直到一七七七年四月十六日，這一天所記載的是小比艾-方濟・馬丹（Pierre-François Martin）領洗的日子。他的父母親後來在岡迪尼艾（Quentinière）落腳，當年他們特別選擇住在教堂的鐘樓附近。新生兒的舅舅方濟・包阿（François Bohard）也是他的代父，人稱他為「好爸爸包阿」，因為一方面他以其十四名子女為榮，另一方面也因為其英勇行為而受人愛戴，以後更被推為當地的鎮長。他的英勇氣概表現在法國大革命最激烈的時候。當時教會受到迫害，而他將教堂的幾個大鐘藏在自己家中，堅決抗拒雅各賓黨人（Jacobins）所下的專橫命令，要他把大鐘交出來。當年的一般農民都有這種心態：他們把自己的宗教信仰，尤其是在被迫害時，頑強地深埋在心底。比艾・馬丹雖然過早被剝奪去望彌撒的權利，然而其信德的堅定卻絲毫未減。他後來的軍旅生涯也完全沒有動搖他的信仰。

一七九九年八月二十六日，他被召加入軍隊的第六十五戰線，愉快地追隨雄鷹王拿破崙一世的三色軍旗到處征戰：從萊茵河的軍隊到海口美島（Belle-Ile-en-Mer），從法國的布萊斯特城（Brest）到比利時的前線，然後到普魯士，波蘭，最後又回到法國的鄉間。在服役期間，他贏得了軍銜。法國王朝復辟③時他被調升為上尉，他以此軍階進入下洛阿（Loire- Inférieure）的省級兵團，然後進入里昂（Lyon）衛戍部隊的第四十二戰線，最後加入了第十九輕裝部隊。

正是在里昂，他結識了尼告拉・布樓（Nicolas Boureau）上尉，後來娶其女為

3. 譯按，1814-1830。

妻。尼告拉在十七歲時就當上了志願兵，在一七九一到一七九六年間，曾經歷了慘痛的革命運動。在一八一二年和一八一三年，他曾參與拿破崙一世之大軍的重大變故，並在西類西（Silésie）受了艱苦的牢獄之災，還害他兒子因為陪他坐牢而喪命，兒子只有十二歲半的小小年紀。在他軍人生涯中有兩次曾被人狠毒地指控，使他不得不退伍，離開了營地。然而檔案中的可靠文件駁斥了這些謊言，還給了他清白。阿夫蘭（Averin）的侯爵德格浪梅松先生（M. de Grandmaison），也是法國貴族院的議員，還有許多人也一樣，都表明了他為人絕對正直無私。艾內（Ainay）的本堂神父更曾做了以下的鄭重聲明：「上尉尼告拉．布樓，是本堂區居民，與妻子及兩位女兒同住在福貝古（Vaubecourt）路四號，其為人處事均遵照榮譽、智慧和信仰的原則，這個可敬家庭的道德善行應受本市市民的尊敬和讚揚。」

從一八一六到一八一七年間，比艾．馬丹經常造訪這個富有基督精神的家庭，後來就與布樓上尉的二女兒訂了婚。二女兒名瑪利亞，正值二九年華。馬丹由於財務上遭受了挫折，難以付出嫁妝，而當時要娶一位軍官的女兒是非付不可的。這位高貴的軍人認定了這位準女婿，不願解除婚約，就自己出錢給了他付嫁妝的款項。於是二人在一八一八年四月七日成婚。他們共生了五個孩子：長男比艾不幸在年少時於海上遇難而喪命，老二瑪利亞在她二十六歲那年也不幸去世，老三路易，就是聖女耶穌聖嬰德蘭的父親，老四法尼在二十七歲時離開了人世，小女兒索菲在九歲時就過世了。

路易・馬丹於一八二三年八月二十二日在波爾多（Bordeaux）的塞萬多尼路（rue Servandoni）的家中誕生，立刻以簡禮接受了洗禮，隆重的洗禮要等家長回來以後補行。馬丹先生當時正在第十九輕裝部隊中遠征西班牙，這次征戰歸來後，即榮獲頒發聖路易皇家軍人騎士勳章（Chevalier de L'ordre Royal et Militaire de Saint-Louis）。孩子領洗後父親遲遲未歸，因為戰役仍持續未決，於是馬特古特神父（l'Abbé Martegoute），他當時是監獄的指導神父，於一八二三年十月二十八日在聖額拉立（Sainte-Eulalie）大堂補行了聖洗大典。今日遊客可以在此教堂內看到紀念小德蘭父親的雕像。當年在場的那位聖德非凡的波爾多市阿未昂總主教（Mgr d'Avian du Bois de Sanzay）不知是否預見了將來，因為他對新生兒的母親和親戚們說：「高興歡樂吧！這孩子未來的命運不凡。」

軍營生活把馬丹家搬到了亞維農（Avignon），然後又搬到了斯特拉斯堡（Strasbourg），在此馬丹上尉被擢升為營長助理。他在一八三〇年十二月十二日退伍，而後一心想重新踏上祖先的土地。他渴望再見到自己的諾曼第，再見到自己心底日思夜想的阿迪斯及其鐘樓。然而為了孩子的教育，他還是選擇了省會阿朗松，因為這裡有較多的教育資源與學校。他先住在迪松路（Rue des Tisons），然後在一八四二年，又搬到了芒斯路（Rue de Mans），直到後來才住到新橋路（Rue du Pont-Neuf）與兒子路易相聚，因為兒子在此開設了一家鐘錶店。

對於一位職業軍人來說，這樣被退休可能是一項關鍵性的考驗，可能將他拋入社會之中，沒有工作、沒有理想、沒有活下去的理由。然而馬丹上尉本是有堅強信仰、有剛強性格的漢子。當年的達格雷照相機所留下他的相片上，看出他意志堅強，雙唇緊閉，目光炯炯，一副神聖羅馬帝國勇兵的神情：威武不屈，百折不撓！一位和他很熟的阿朗松貴族夫人後來對這位老兵的孫女們——她們當時都已是里修加爾默羅會的修女了——這樣描述他的體貌特徵：「他總是穿著體面，令人欽佩：他那一襲飾有紅色帶子的男士長禮服，在當時可不是隨便誰都穿得到的，他的神態讓人肅然起敬。妳們家可真是有不少聖人的家族啊！」馬丹上尉的知己朋友們都承認，聽他念天主經時內心不覺激起深深的感動。軍團的指導神父以前曾對他說，團隊的弟兄們看到你在彌撒中成聖體後，那麼長時間跪地不起，都甚為驚異，他泰然自若地回答：「告訴他們，因為我信。」

如此剛強之人在退伍後就不只是換個環境而已的了。他以基督精神欣賞諾曼第風光之幽靜宜人，對家庭更是殷勤盡責，也對信仰更熱心，對行善更投入；在這一切事上還都受到堅強妻子的大力支持，她的兒媳婦，也就是小德蘭的母親，日後曾坦承她婆婆是一位「有非凡勇氣和無數優點」的人。從以下這封信裡我們可以看出馬丹家人的心態，這封信是馬丹上尉寫給尼高拉·木蘭（Nicolas Moulin）的，此人即將因結親而成為他的侄婿：

「願耶穌基督受讚美！
阿朗松，一八三八年八月七日
尼高拉如晤，
來信已收到，知曉你已拿到我寄給你的結婚許可。蒙主助祐，我盡了最大的努力，終於把這件事辦成了。現在我只全心希望我們的主耶穌垂顧、降福你與我親愛外甥女的婚姻，並希望你們享有在此世最美滿的幸福生活，更在離世時天主能以仁慈接納你們，使你們與真福永生者為伍……請向你可敬的父母和我們的親友們問好。

在耶穌和瑪利亞內你的朋友
馬丹」

信裡的字裡行間不正流露出祖先的心靈脈動？今日還有誰會給年輕的訂婚男女寫這種信呢？

＊　＊　＊　＊

小路易離開斯特拉斯堡時才只有七歲半。他幼年耳濡目染的是在軍人操練時的嘈雜聲中那行軍的醉人節奏，以及那軍人的大鍋飯和營火的無邊魅力。他從小是聽著拿破崙的英勇事蹟、在短笛和軍鼓聲中長大的，因此他特別喜愛旅遊，對職業軍人這一行業心存無限尊敬。因此，在脫下他那兒童軍裝時，內心深感萬分的惋惜。

他的父母親最寵愛他，對他的教育也格外用心。他生不逢時，當時還沒有中學可唸，然而他靠自己勤讀，已能欣賞上好的文學作品，並努力研讀法國古典文學。因此他日後與家人談話時，可隨手引用記憶中的文學典故，他同時也收集了不少有品味的藏書。

這位愛冒險的軍人子弟怎麼可能選擇一種深居簡出的靜態職業呢？路易的本性喜愛從事軍職，然而他的英雄拿破崙已在聖海倫島上去世了，還有什麼光榮可尋呢？他本有藝術天賦，繪畫時筆觸甚為精準，可以從事精細的工作，他也在雕鏤貴重物件中找到樂趣。一次在他去漢納（Rennes）小住時，開始學到了鐘錶的精密手藝。家族文獻中記載著他從一八四二到一八四三年住在布列塔尼（Bretagne）省會父親的表兄弟路易・包阿（Louis Bohard）家裡，這位親戚就在城裡的波旁（Bourbon）路一號開了一家鐘錶店。

這一年的逗留讓他迷上了布列塔尼的風情：民風樸實，景色充滿詩情畫意，當地人對信仰的熱情更令他折服。他喜歡穿上當地人的服裝，鑽研當地的風俗。他並以他那美妙的歌喉唱出〈流浪的布列東人〉（Le Breton exilé）及〈布列塔尼頌〉：

勇士之母，萬歲！……光榮歸於妳的王權！

看了他無數熱情洋溢的來信，他母親給他回信，以當年的字彙親切地給了他不少明智的建議。這封一八四二年八月二十三日的信是要祝賀他生日快樂：

「我的愛兒，你是我夜間的美夢，我回憶中的甜蜜！多少次我的心靈舉向天主、隨著我心意奔向全能者的腳下時，我都想著你。我全心全意祈禱，期望天主賜給我所有的孩子們在此風雨飄搖的世間，能享有幸福和平安……我的愛兒，你要永遠保持謙遜。」

他的父親也講了差不多同樣的話，只是口氣更為嚴肅，並在信的前端自豪地表明信仰：

「願我們愛天主在萬有之上，願祂永受光榮！」

我們保有他這時期的文物，顯示他在學習鐘錶手藝，同時也在認真讀書。文物中有兩個本子，其中一本已不幸破損不堪，另一本則是全部手抄的文學作品，還給予以下的標題：「文學選段」（Fragments Littéraires）。那是非常完美的呈現：絕佳紋理的紙張，用鉛筆耐心畫好的橫線，娟秀的字體，主題和副題都是以圓形字體書寫，抄寫時絕不超出欄外，頁碼正確，附註鮮明醒目，還加有仔細制定的目錄。這一切都看出來他守紀律、愛整潔、有方法的特性。至於選擇詩文和散文的標準則無從知悉：近代作品與古代作品並列，長篇毫無價值的文字與純文學的傑作相混，可見只憑自學，無人授以文學評論是不行的。抄寫完了這些文學片段，最後他鄭重地寫下了他那坦率又堅強的宗教信仰：「願光榮歸於全能者和童貞瑪利亞！願萬民把榮耀歸於主耶穌！」

路易．馬丹在一八四三年九月間上了瑞士的山，是想加強他內心的需要？要在大自然界中更好地謳歌造物主？還是受到今後何去何從的憂慮所驅使？總之，他拿著有安（Ain）地區警察局長簽名的護照，日期是一八四三年九月六日，上面還有許多官印和簽證，是一件很珍貴的檔案，護照裡面顯示他十三日過了聖莫里斯橋（Pont de Saint Maurice），到了拜納（Berne），十天後經過巴爾（Bâle），最後才回到了斯特拉斯堡。在這期間他也曾以朝聖者的身分與著名的大聖伯納隱修院（Monastère du Grand-Saint-Bernard）進行了第一次的接觸，這次的接觸使他日後萌生了修道的渴望。在家族的紀念品中有一朵小花，上面記著1843這個數字，讓人聯想到他這次與隱修院的短暫接觸，卻沒有透露出當年內心的祕密。這個年輕人一定是想在開啟他事業的新階段以前，讓自己再次浸潤在深沉的宗教氣氛之中。

鐘錶業是一種實用藝術，需要長時間的學習和許多實務上的經驗。路易．馬丹借重他家人與斯特拉斯堡友人的關係，就選擇到了此城，因為他父親的朋友艾梅．馬代（Aimé Mathey）在此有一個工作坊，他可以不慌不忙地慢慢研究主教大堂的大鐘，那可是一件精密又巧妙的傑作，在這裡他同時也可以進修德文。

這段時間，差不多是兩年之久，給他留下了許多甜美的回憶。四十年以後，他還興致勃勃地把當時的生活和笑話講給一位他年輕時的朋友共享：我們一起走遍絕美阿爾薩斯（Alsace）那風景如畫的無數角落，又投入它清澈的流水之中。有一天，我們在河流中洗澡，差一點造成悲劇：馬代的兒子在水中失足，深諳水性的路易立刻衝過去救他，這個快淹死的孩子本能地用力抱住他的脖子，致使他無法動彈，差點兩人一起沉到水底。要不是路易極為冷靜地想辦法脫險，他們就會來收兩具屍體了！

路易．馬丹對這家人把他當自己孩子一樣對待，只有滿心的感激不盡，他很渴望再回去看望他們。二十五年以後，在他去巴黎的路上，意外地轉身一直走到了萊茵地區，在那裡他隔著櫥窗盯著一組最新式的鐘錶發條細看，然後像普通顧客一樣走進店裡，結果竟然被馬代一家人擁抱歡迎！

只有一件事讓他困惑不解：這些這麼好的人是基督徒，卻不進堂，「他們只這樣過著平順的日子，不想死後會怎麼樣？」他用盡各種方法想讓他們回頭，結果是他們的冷漠讓他寒心。而他現在則坐在工作桌前，夢想著要終生奉獻給主耶穌。

在敘述有關他新的情節以前，我們得先介紹給讀者那位天主要給他做終生伴侶的女性。

＊＊＊＊＊

母系：仁麗．葛蘭的祖先及其青年期

仁麗．葛蘭也和他一樣，從兒時即接受了宗教傳統和軍人勇氣的雙重教養。她的父親伊西道．葛蘭（Isidore Guérin）在一七八九年七月六日誕生，當時家人住在奧納（Orne）省的聖瑪丹雷吉翁（Saint-Martin-l'Aiguillon），那時正值法國大革命的初期。在他談起兒時的記憶時，喜歡提起在大革命時共和國士兵的褻瀆性遊行。那時教堂閉鎖不開，彌撒只有在地下暗中舉行，教友們還想出種種計謀來拯救拒絕宣誓的神父們，他的叔叔葛蘭神父就是其中之一。家人把他藏匿在住家的頂樓裡。小伊西道負責在他下鄉執行神父任務時陪伴著他。有時候盛怒的兵士們闖入家中，翻箱倒櫃到處搜查，只好委屈神父趕緊躲在和麵缸裡，能夠活下來就靠這小朋友趕緊把缸蓋一蓋，立刻就坐上去，還在蓋上玩他的玩具，不時發笑，好像沒事一樣，這才擺脫了他們的搜查。

這位信德堅強的父親也有不少的英勇行為。有一次，當他要把臨終聖體送進一個茅屋內，卻在半路遭到三個無賴攻擊他。他把聖體放在一個小石堆上，輕聲對聖體說：「主耶穌，我去收拾他們，請祢自己要小心！」然後他衝向這些壞蛋，把他們抓住，一個一個都拋在附近一個不太深的池塘裡。後來他們狼狽地爬上岸來，全身滴著水，而他則仍捧著聖體，平靜地繼續走他的路。

葛蘭神父敵不過他們的圍剿，終於在一七九三年被捕，被記入犯人名冊，並流放到雷島（l'ile de Ré）。在島上他遭受到當時政府對拒絕宣誓的神父最恐怖的報復。以後他從一八〇二年到一八三五年在奧納省擔任布賽（Boucé）的本堂神父。

至於當年的孩子伊西道・葛蘭，現在他已經長大了，在他過二十歲生日的前一天收到了入伍令。他在一八〇九年六月六日加入了第九十六前線部隊，在華格侖（Wagram）投入了他的第一次戰役。後來他轉到吾迪諾（Oudinot）師，參加了激烈的西班牙之戰，然後又從唯多利亞（Vittoria）的敗仗，一直打到杜魯絲（Toulouse）之役。這樣到處征戰的結果，是他幸蒙拿破崙三世頒發給他聖海倫獎章（Médaille de Sainte- Hélène）…第一王朝的落敗讓他回到了家裡，可是他仍懷念軍人的行軍、閱兵和艱苦的生活。此後他加入了法國憲兵的步兵隊，在一八二三年又轉入憲兵的騎兵隊；在望迪（Vendée）部隊接受培訓後，於一八二七年二月二十三日被分派到奧納部隊（第二憲兵團）的支隊中，在聖德尼（Saint-Denis-sur-Sarthon）駐防。

有好幾次上級要晉升他為上尉，他都堅決拒絕了，因為當年的軍銜給人榮譽勝過薪金。他微薄的收入不夠應付這種官階的開銷，因為他已成家，要顧及將來孩子們的需要。原來他在一八二八年九月五日已在梅言（Mayenne）於一個不起眼的教堂與路易絲-尚娜・馬賽（Louise-Jeanne Macé）結為夫妻。此後她給他生了三個孩子：瑪麗-路易絲，兩年後又生了仁麗，最後隔了十年才生了小兒子伊西道（Isidore），是家裡的寵兒。

這一家人住在格郎蘭（Grandelain）這個村莊裡，它位於橋（Pont）區域內，坐落在由巴黎到布萊斯特的國道旁。由於這個小村莊鄰近聖德尼堂區，就由這堂區的神父一併管理。小德蘭的母親仁麗・葛蘭在一八三一年聖誕前夜，即她出生後的第二天，就在此聖堂內領了洗。一九三一年，人們在此豎立了一尊聖女小德蘭的雕像，並在授洗用的聖水缸上放置了一塊銘牌，上面註明是為了紀念她母親在此領受聖洗整整一百週年。

＊＊＊＊

仁麗的童年籠罩在一片愁雲慘霧之中。她體弱多病，在七歲到十二歲之間，幾乎一直在病中，她忍受著要命的劇烈偏頭痛，感覺頭又緊、又痛、又重，接著就發作得更嚴重了。病痛使她變得更為敏感。她能在家裡獲得內心所渴望的溫暖呵護嗎？

她的父親是個正人君子型的人，他的正直無私有口皆碑，更是位完美的基督徒。在保留下來他的一張照片裡，看到他噘著嘴唇，一副悶悶不樂的神情，可以猜想到他性格耿直，有點不易相處的樣子。騎兵團的嚴格生活，外加他又習慣於發號施令，很可能造成他粗暴易怒的這種職業病。然而，他還是很愛他的女兒們，而她們也愛他。

使仁麗痛苦萬分的是她母親。母親對基督的信仰之強足以移山，卻缺乏教育孩子的心理素質。儘管她也有一顆慈母心，可是她那種心理素質卻重重地傷了女兒那格外敏感又細緻的心。

女兒好像一直得不到愛撫，而她自己以後將以多麼大的母愛去愛她那九個孩子，陪伴他們，愛撫他們，打扮他們；然而她自己卻無緣和她的孩子們一樣，可以享有在玩家家酒時有扮做母親的福份：其原因也許是為了要節省開銷而嚴以律己的精神在作祟。除了母親這邊，女兒也承襲了這種嚴格的作風，把女孩的詩情畫意和其他一切大小裝飾一律拋諸腦後。她日後在一八六五年十一月七日給她弟弟的一封信裡這樣說道：「坦白說，我小時候過的好苦啊！媽媽疼愛你，而她對我就太嚴厲了！這你是知道的，其實她真的很好，只是不知道該怎麼對待我，所以我那時心裡很苦。」

弟弟伊西道的確受到過分的嬌慣。他活潑好動，性格果斷，心情愉快，有一點好鬥。他會看眼色行事，讓人只好原諒他的調皮搗蛋。比方有一次他在市場閒逛，居然搶劫蔬果商貨架上的水果。這次可吃了媽媽的拳頭，她並急忙把貨補上。他再做什麼壞事，父母對他的偏愛總是不變的——雖然仁麗對他的深愛也始終不減，可是對自己所深受的苦惱卻無法有絲毫改善。所幸她與姊姊那特別互信互愛的友誼，確實給她帶來了不少安慰。

仁麗由父母親給她特選的老師們得到極大助益。原來她父親一心要培養孩子們能有不錯的將來，甘願做出重大的犧牲。自一八四三年起，在報效國家三十九年以後，眼看著就要退休，於是他先賣了聖德尼的那塊地，又於二月九日在阿朗松買下聖布萊絲路三十六號（現今的四十二號）那棟舒適的房子，雖然稍嫌狹小，他打算早晚還是要擴建的。他與家人在一八四四年九月十日入住，那時他已退休，年領二九七法郎的退休金。後來他自己忙於做木工貼補家用，他太太就開了一家咖啡館，每天沒什麼進帳，因為她愛教訓人的口氣是留不住客人的，不久就關門大吉。

從鄉鎮順利地搬到了省會，解決了孩子們的就學問題。城裡有不少學校，兒子到了年齡，便進入當地的公立中學就讀。兩個女兒則以走讀生的身分交給聖心會的修女們管教，她們的學校在當地是極負盛名的，她們修院的名稱是「永久朝拜聖體」修院。仁麗在此得到了很好的教育，這從她日後書信的風格中就可以看得出來。很多年以後，在她一八六三年十一月十二日寫給弟弟的信中，以開玩笑的口吻告訴他當年自己在學校的傲人成績：「以前我得過文章風格的首獎，又在比賽的十一篇文章中，我十次拿到第一名，我還是大班中分出來的資優第一小組成員，因此還可以給別人打分數呢！」

除了人文方面的成就以外，她在就學中還從教學的修女們身上學到信仰的精神和深入的宗教知識，這在她日後身為家庭主婦時，每每可以看到她當年的所學，其影響有多麼深遠。由於與這樣熱心的修會有密切的接觸，她甚至一時想終生獻身天主，一輩子過修道生活。然而天主早就在準備著小德蘭的誕生，祂把仁麗．葛蘭引向路易．馬丹，並使他們倆有同樣的經歷：兩人都渴望為天主犧牲一切，獻上終生。

〔第二章〕

追求理想

那是一八四五年的初秋——我們無法取得更確切的日期——路易·馬丹決定去實現他更完美的人生計畫。他剛好過了他二十二歲的生日，是決定要過婚姻生活或修道生活的時候了，他選擇了隱修院。

他有很深入的宗教培育，他父親馬丹上尉教給他如何把自己毫無保留地完全獻給天主，就像兵士獻身國家一樣，不僅要做兵士，更要做有戰鬥力的勇兵。只要時間允許，他一定去望彌撒，領聖體，與主耶穌的結合更提昇了他那虔敬的心。他在布列塔尼和亞爾薩斯所接觸到當地人的信仰，當然也加強了他的信德。他生性喜愛默想，在默想祈禱中與內心的主耶穌交心，主擁有了他，他也樂意被祂擁有。

他的下一步要走向何方？早年他受法國浪漫主義的影響，早熟地酷愛大自然：落日的輝煌，樹林的風聲，潺潺的流水聲，都讓他不覺就收斂心神，進入近似默想的心境。然而這個熱愛夏斗白央①和拉馬丁②的年輕人，尤其是飽讀聖經的基督信

1. 譯按，François-René de Chateaubriand，1768-1848，法國早期浪漫主義著名作家。
2 譯按，Alphonse Marie Louise Prat de Lamartine，1790-1869，法國詩人、作家和政治家。

徒。他敏感於地上的一切美景，他更超越地上，一飛上天，如聖方濟一樣，與萬物齊聲謳歌天工之無比絕美。他很想在一個壯麗的景點扎營隱居，任憑大自然帶自己舉目向天。此外，也有人向他建議參加一個機構，其成員的行動與祈禱不分，可以滿足他內心的騎士夢、冒險狂……不過，他自己的選擇已定。

路易．馬丹在大聖伯納隱修院

於是在一八四五年九月，他手握朝聖杖，從斯特拉斯堡出發，時而步行，時而坐車，終於到達了瑞士邊境。這位天主的腳伕所路過之處，呈現著的是多麼壯麗的偉大輝煌！讓他藉此更大聲地讚美天主；有時他不禁停下腳步，讚嘆景色之美，喜極而至淚下。他像但丁一樣，厭倦了塵世生活，然而他沒有經歷過聖福羅郎旦③神父的痛苦折磨，他要在隱修院門前乞討的，就是「主的平安」。

隱修院院長和善親切地接待了他，他看到這個年輕人的眼神裡透露著一種說不出的清純與熱情。他問他為什麼想進隱修院？家庭如何？以前做過哪些事？了解了這一切以後，又詢問他的就學情況，馬上知道了來者原來沒有完成正規的教育。路易．馬丹有沒有希望就地補足這項缺失？總之，他失望極了，因為院長告訴他，必須會拉丁文，才能收他為修士，囑他回去先把拉丁文和希臘語的古典課程唸完以後再來。

3. 譯按，Saint Florentin，483-553。

路易從修院的山坡上走下來，滿心淒涼，好似被趕出家門的人一樣。他這輩子都心懷對隱修之處的無限遺憾，懷念那與天主面對面的寧靜斗室。

新橋路上的鐘錶店

當下，他心想這只是一個短暫的延期。回到阿朗松，他立刻去找聖雷奧納堂的主任神父，告訴他自己的困境，這位神父馬上答應他要助他完成他的讀書計畫。我們在檔案裡找到不少他記帳的紙張，上面仔細地載明日期，還劃下粗線：從一八四五年十月十六日到一八四七年一月初之間，他多次購買了拉丁文、希臘文和法文作者的課本；帳面上也寫著他規律性地去華格里先生（M. Wacquerie）家上課，每堂課繳一塊半法郎的學費，算來一共上了一百二十次，並又清楚地記下從一八四六年五月十八日到六月二十三日停了一段時間。在一八四七年第一學期的記載中，沒有給老師的學費，也沒有買書的費用。帳上還有一則把拉丁文-法文字典交換掉的記載，讓人想到他可能不再讀書了，因為當時他讀書用功太累而病倒了，讓他不得不放棄原先的計畫，遠離他所愛的書本，而去找別的比較輕鬆的事來做。果然，好似是在天主的安排下，他又重拾了他的鐘錶業。

＊　＊　＊　＊

仁麗．葛蘭也有了同樣的遭遇：自己熱切的渴望遭到了幻滅。她極度敏感又多情的心，很可能過早地會接受男士的求婚；所幸她所受到的家庭教育，她周圍人暗中的警戒，尤其是她生性正直虔敬，這一切都強有力地保護著她，於是她只好把她愛的全部能量都轉向天主。

原來她深愛的姊姊瑪麗-路易絲早就悄悄告訴她自己的夢想是獻身耶穌做修女，目前因為要幫助母親管理家務，就暫時擱置此想。仁麗心想自己沒有這種負擔，就決定比姊姊先一步走上這同一道路。她那熾熱的愛心使她傾向於選擇服務他人的生活，她那悲天憫人的柔腸，特別想要服務病人和貧困之人，因此她渴望穿上仁愛女修會（Soeurs de Saint-Vincent-de Paul）的會衣。

於是她由媽媽陪同，到了阿朗松的醫院，要向修女院傾訴她此行的心願。媽媽的話裡是否有所保留？她看起來是否不夠強壯？還是修院院長受天主光照，直覺地感到天主對這女孩另有計畫？總而言之，要求是立刻被拒絕了。院長姆姆當下直接告訴她，天主不要她進修院。仁麗聽了如此斬釘截鐵的明確答覆，心裡雖然深受打擊，還是勉力接受了。今後她只有向天主傾訴她這天真的心願：「我的天主，我既然不配如姊姊一樣做祢的淨配，那我就遵照祢的聖意去結婚。那麼，求祢給我很多孩子，讓他們都終生奉獻給祢。」此後很多年，由於無緣進修院，她心裡一直有揮之不去的痛楚。然而，在她一生中有不少次，由於她對窮苦人的盡心照顧，讓人隱約見到她的確是穿著仁愛女修會的會衣的。

仁麗．葛蘭從事花邊工作

今後要做的就是為將來的事做準備。父親微薄的退休金無法支付二女兒的嫁妝和兒子的學費。兒子想從事自由職業，不久他就要進公立中學去讀書了。仁麗則把這不確定的未來託付給聖母瑪利亞。她很快就得到了回覆：就在一八五一年十二月八日，聖母借她內心的聲音很清楚地告訴她：——當時她正在專心忙著做事，不可能有自我暗示——「去做阿朗松的花邊！」她把這回答看作是天主的命令，立刻負責地去進行。其實在就學期間，她早已經學會了這負有本市盛名產業的基本手藝。為了要徹底掌握這門手藝的全部技法，她進了一所培育製作花邊專門人才的學校，他們會系統性地授以千百種這種行業的訣竅。

仁麗很快就學會了這種女性的靈巧手藝。檔案中藏有幾片她的傑作，其精巧細緻令人嘆為觀止。她好像沒有把學校的課程全部念完。在學校裡她的美貌，她的聰敏，她天生對人的格外親切，這一切旁人都看在眼裡。當她發覺一個男老師總是跟在她左右，就決定離開學校。她準備自己創業，同時在城裡所開的許多課程中，選擇幾種自己需要加強的課來繼續進修。

於是她在一八五三年底正式開業，她的身分也登記為「阿朗松花邊製作者」。開業並不一定需要有一個店面。花邊是一種集體手藝，然而也不是一定要由一個工作小組來完成，主要是要有一位勤奮的承辦人來與客戶打交道，彙集訂單，按照各人的特長把所需的材料提供給手下的女工們，讓各人在家裡作業；她還須注意這一人的成品傳給下一人時，產品是否合格。她這樣調配人手，還要修飾產品，最後才銷售獲利。當年阿朗松可被人譽為是花邊業的靈魂呢！

仁麗把她的辦公室放在聖布萊絲路家中前面的房間裡，每個星期四她就在辦公室接待女工們，交貨、接單，調配一切。她通常把修飾絹網的工作留給自己來做，同時也修補一手接一手所造成的破損，——這在工作過程中是難免的——，她更在幾乎看不見的小瑕疵上展現她將其美化的才華。這種仔細的工作需要有眼力、有品味、有巧手，說她是箇中翹楚實不為過。她實在喜愛這種工作，有一天她曾在信中這樣寫道：「除了坐在窗前收集我的花邊以外，我再也找不到別的樂趣了。」出自她手的花邊也很快就被歸為上品，並以高價賣出，不僅博得了客戶的信任，也使她的事業興旺發達。

＊　＊　＊　＊

從一八五三年開始，仁麗和姊姊這兩姊妹就各走不同的路了，路雖不同，兩人互信互愛仍然依舊。姊姊瑪麗-路易絲盡全力要進隱修院。其實她從年幼即不屈不撓地全力抗拒犯罪，就連一點罪的影子也不放過。對罪的懼怕在她心裡逐漸造成一種不安，同時她更戰戰兢兢地一心要守好規矩：例如在她陪母親在教堂望彌撒時，她以為必須從頭到尾雙眼盯住彌撒經文，不能抬頭。少年的教育最需要愛，而她卻是在沒有愛的環境中長大的。

她在修女辦的學校裡讀了兩年書，使她對修道生活開了眼界，她巴不得立刻走上這條聖德的大道，然而她必須在家照顧弟弟伊西道，做他的第二個母親。然後就在一八五三年，她突然發病，得了肺癆，這在心理上當然也受到影響。此後五或六年，她心裡總糾纏著疑慮和良心上的不安，這也大大地損害了她的健康，她因而消瘦了不少。當年她還一心要嚴守貧窮佳蘭隱修會（Clarisses）的苦修規章，給自己加上許多贖罪性的苦行，這種冒失的過錯更使她元氣大傷。結果在一八五五年底，她經歷了肺病嚴重地復發。

她以無比的毅力戰勝了這一切困難，除去了種種障礙：現在家事不用她管了，內心的憂慮也掃除了，健康也恢復得差不多了，因此她在一八五八年四月七日到芒斯去叩往見會（Visitation du Mans）的大門。心裡定下了這個基本目標：「我來就是要成聖。」她當時二十九歲，還不知道有更可怕的考驗在等著她。院長姆姆考慮到她前幾年的嚴重肺病，告訴她不可能留她在修女院裡。瑪麗-路易絲自己沒有辦法，只好再一次祈求天主賜下奇蹟。在她回家以前，在修院暫住的幾天裡，她以最大的努力完成她洗衣、縫補的職責，以最大的熱心參與祈禱，以最大的誠意專心遵守會規，因而打動了院長姆姆，終於答應暫收她為「附屬修女」（Soeurs associées）中的初學生，可以不用參加唱日課經。她母親從阿朗松跑來要接她回家，知道了她那些英勇行為後，也不禁服了這個孩子。這一戰她是光榮地取得勝利了。

妹妹仁麗焦慮不安地關心著她申請入會的整個過程。原來仁麗因為自己得不到母親的理解，就急忙把整個的心投向姊姊；姊姊也那麼善良、那麼體貼地聽她訴心。姊妹倆可以說在一起難捨難分。

二十年後，在那往見會修女聖善地去世以後，馬丹夫人在一八七七年三月四日在一封給女兒寶琳（Pauline）的信裡，這樣回憶：「我這親愛的姊姊，我太愛她了！我不能沒有她。一天，在她要去修院的前幾天，我在花園工作，見她不在身邊，我受不了，就跑去找她。她正色對我說：『哪一天我不在家了，那妳怎麼辦？』我告訴她我就和她一起走。其實我三個月以後也離開了家，只是走的是不同的道路。」

仁麗就在這與自己心連心的姊姊要離別的時候，突然在眼前展現了婚姻的前景。她下意識地是否仍被修院的寧靜收心所吸引？她個子不算高，面貌嬌麗，表情純真，棕色頭髮隨便打個結，線條秀麗的鼻子，黑色的眼睛閃爍著果斷的光芒，有時也會閃過一絲憂鬱的陰影。她看上去的確楚楚動人，全身散發著活力、細緻和親切的氣息。她氣質優雅，活潑愉快，頭腦實際，個性剛毅，尤其有頑強的信德，是一位傑出的女性，引人注目。

天主使兩人相遇

有一位上流社會的婦人，她以前在巴黎住過，想將她引進巴黎的花花世界，她對這個建議只報以一笑，心想我才不要去出風頭呢！就在這時，天主出手了，祂利用一位有見識的婦人，這位婦人一心想給兒子找對象，而她這信仰堅定的兒子只想獻身天主，過單身生活。

這位婦人就是馬丹上尉的妻子，她實在受不了兒子馬上就三十五歲了，還整日埋首在鐘錶和珠寶店裡，過著只想天主的孤獨生活。她好言勸誡兒子好幾次，他都不為所動。她得空時會去上幾堂職訓班的課，讓自己對那著名的花邊手藝更加精進，同時也能獲利貼補家用。她就這樣認識了仁麗．葛蘭。她見仁麗既聰明能幹又優雅動人，豈不是兒子的夢想情人？於是她回去跟兒子好說歹說，終於動搖了兒子那看似頑強的抵抗。

這時好像又有神祕力量的介入，使雙方可以見面。一天，仁麗．葛蘭走在聖雷奧納橋（Le Pont Saint-Léonard）上，迎面來了一位男士，他相貌高貴，神情內斂，穿著挺拔，給她留下了深刻的印象；同時內心有聲音輕聲對她說：「他就是我準備好要給妳的。」不久後她就知道了這人是誰，然後就認識了路易・馬丹。

子夜的誓盟

兩人很快就由相識而相戀，他們情意相投極了，馬上就以訂婚互許終生。接著在一八五八年七月十三日，在他們相識三個月以後，倆人就在壯麗的聖母大教堂內互發誓言，永結同心。聖雷奧納堂的主任于瑞爾神父（l'Abbé Hurel），接受了他們的誓盟。他以男方神師的身分，全力支持這門婚事。婚禮在子夜時分舉行，只有少數親友參加，氣氛莊重親密，來賓好像只想品味婚禮中那基督精神的芳香；也可能是由於天主的偉大工程只在寧靜的夜裡進行，因為里修的聖女將由這對新人來到人間。

在新橋的房屋裡快速地布置了新房。房子很大，還有一扇特別開出的邊門，因此兩家人可以各有獨立的住處，互不干擾，也不會影響到路易的鐘錶和珠寶店。路易的父母住在二樓。仁麗則把她的辦公室搬來新家。這裡離她自己的家不遠，只隔了一小段路。

第三章 家庭的聖召

我們前面看到路易．馬丹一直喜歡單身，他不是要獨立自由，不是要擺脫家累，也不是出於自私，只管自己，而是要以苦修讓自己不被情慾所牽制。即使他最終還是從商，他內心深處仍對修道的理想念念不忘。他在仁麗那高貴的靈魂裡也看到了對修道的嚮往，於是就在心裡設想兩人可以過有些前人所過的聖善生活：就是兩人互愛互敬，超越肉慾，以聖化的純淨之愛，同心奔向天主。

守貞的前奏

他潛心研究這種婚姻的神學價值。在他私人的文件中，我們找到這樣一張他親筆抄錄下來之當年的文獻：

聖教會關於婚配聖事的教義：

「此聖事所締結之兩人關係可以超越圓房。從童貞聖母和聖若瑟兩人堅守禁慾，卻仍維持著實質的婚姻關係，即可為有力的證明。

此後許多聖善夫妻即以他們為典範，過著婚姻生活，卻各守童貞，只以純潔之心彼此結合，這種作法並無損於婚姻之有效性。相較之下，這種婚姻更有另一層深義：可以更完美地反映出耶穌基督和聖教會之間既貞潔又靈性之完美結合。」

仁麗也抱有同樣的看法嗎？自從她被迫放棄修道以來——其實修院生活仍暗中在吸引著她——內心的一種母性的強烈本能忽然覺醒了。現在她唯一的雄心壯志，就是要生許多孩子，把他們一個個培養成深愛天主的人。然而要怎麼做，她完全不知道。當時沒有關於兩性生活的書籍，對於性教育更是學校裡避口不談的問題。在有基督信仰的社會裡，這更是一大忌諱，唯恐青年男女對此有了好奇心。以葛蘭夫婦的嚴厲家庭教育，這些事也是絕口不提的。在這種情況下，一個純淨似水晶的靈魂進入了婚姻，卻未曾預先了解婚姻所包含的本分與責任，那會在她心理上造成多麼大的衝擊啊！

仁麗在完全了解了真相以後，對肉慾之事只覺得既羞恥又恐懼，就也傾向於配合丈夫內心的想望。她的這些心事很快就告訴了在往見會修道的姊姊。原來在婚禮的當天，兩夫妻就趕往芒斯，要向他倆稱為「聖女子」的姊姊報告，並求她為他們祈禱。這是她第一次去姊姊的修院，又正處在那巨大的心理衝擊之下，她對修道生活的懷念一時爆發開來，不禁嚎啕大哭。十九年以後，在她一八七七年三月四日給女兒寶琳的一封信裡，這樣寫道：

「我可以說我這一輩子沒有像那天那樣大哭過，我姊姊竟不知道怎樣才能安慰我。我不是見她在修院才難過，不是的，我反而希望自己也在修院。我把自己今後的生活與她的相比，就不禁激動而淚如雨下。其實以後很長一段時間，我常去看她，修院的寧靜、平安確實令我心醉。我離去時只覺得自己身在塵世是何其不幸，我只想把自己和她一起隱身在修院中。我的寶琳，妳那麼愛妳爸，也許會想我在新婚時期竟然會這樣想，豈不讓妳爸傷心。其實不然，他很了解我，並盡力安慰我，因為他和我有同樣的心志。我甚至相信我們彼此的感情因而更加親密。我們對很多事情都有同感，他也總是安慰我，支持我。」

夫妻倆彼此的靈性之愛與日俱增，姊姊對此也極為滿意。她在一八五八年七月二十七日給妹妹的信裡，這樣寫道：「我真高興妳生活在幸福中，妳丈夫對妳那麼無微不至，我不知道怎樣才能表達我對他的感激。」對於妹妹悄悄告訴她的禁慾之事，她也頗為欣慰。認為他們過的是一種「完美的婚姻生活」，也把她丈夫當作自己親兄弟一樣看待。

＊　＊　＊　＊　＊

夫妻倆共同生活了十個月以後，有一位聽告解神父及時介入，而使他們改變了對婚姻的看法，並決定以另一種方式來實現天主對他們的旨意。與神父談了一席話後，他們的眼界擴大了，明瞭應如何合理地看待肉身，不但不干擾心靈，反而為心靈所用。最初對肉身的反感，現在換成了對生命的讚嘆：天主教的神學不僅認為生兒育女是天主藉以延續人類，增加天上的聖人，更是男女結合的具體表現，是彼此抒發無限愛情的最高境界。

生命的呼喚

促使夫妻倆決定改變以前生活的最大動力，是兩人都雄心勃勃，要把許多兒女全獻給主耶穌。他們年輕時令他們著迷的修院和祭台，不是可以在自己教導的兒女身上重現，讓他們去事奉天主？這是多麼可喜的回報：孩子們，就是他倆愛情的保證和結晶，可以繼承自己的性情和面貌，兩人全力教養後代，要他們代替自己全獻給至高者，這樣就可以賦予他們的婚姻一種神職性和修道性的延續！這是多麼令人興奮的前景！哪能使基督信徒不動心？操持家務的勞累就不算什麼了。在前述母親對寶琳訴心的信裡，可以看到她心情的轉變，最後她這樣下結論說：

「我們有了孩子以後，我們的想法就大不相同了。我們只幸福地為他們而活，除了在他們身上，我們再也找不到幸福了。塵世生活不再是我們的負擔，對我來說，反而是一大賞報，因此我只願有很多孩子，把他們教得一個個直奔天主。」

從此以後，夫妻倆就在婚姻聖事本身去尋找內心的平安和聖德的泉源了。往日那遠離塵世、遁入修院尋求聖德的渴望也漸漸淡忘了。婚姻已經不是成聖的障礙，他們反而在婚姻內、藉著婚姻來聖化自己。他們可以證明婚禮不是暴風雨的海角，會把服務他人和渴望聖德都吞噬無蹤，而是攀登聖山的起點，腳步更輕快，心情更愉快，因為是兩人攜手同行。把本性置於聖寵的節奏下，不僅不會拖延進程，反而使本性能更加快腳步。原罪破壞了天主的計畫，卻不能使天主的化工失色。人的自私自利會使家庭失和，破碎，而跟隨天主的家庭，則和樂融融；至於負起對家庭的一切責任，也提升為一種聖召了。

夫妻倆現在一切準備妥當，只等待孩子出生。兩人早就商量好，要把孩子都置於聖母的保護之下，孩子的第一個名字一定要用瑪麗，男孩子則一律再尊聖若瑟為主保。每每在一天辛勞的工作以後，晚上兩人的思慮、談話和祈禱全集中在將要來到的孩子身上。母親更勤於收斂心神，舉心向主，她自發地活出蓋主教（Mgr Gay）當年給未來母親的勸諭：

「懷孕的母親，尤其是在孩子快要出生的前幾個月，要把自己的靈魂浸潤在天主之內，因為她身懷並滋養的孩子，是天主的手工，是天主的肖像；她要做所懷孩子的殿宇和聖所。她要投入天主的懷抱，因為祂正在強化她，祝聖她，而她則要在天主內汲取能量、光明、本性和超性之美，這些都是天主要藉著她賜給孩子的。」

＊＊＊＊

一八六〇年二月二十二日這天，馬丹夫人興奮地成為母親了。七年以後，在她一八六七年元月十三日寫信給弟妹時，仍心懷激情，她這樣回憶當年的事：「從妳告訴我的這些情況看來，妳是不是要做媽媽了？妳會有一些小小不適的，但是在不適中也有不少喜樂。我聽爸爸說妳起初好像生病了一樣，我懷第一個女兒時也一樣，當時我以為懷不成了，我那麼想要孩子，急得我只有掉眼淚，可是這點不適並沒有妨礙孩子到了足月才出生，她還強壯得很呢！」

瑪麗、寶琳、雷奧妮和艾蘭相繼誕生

通常新生兒的洗禮是在出生當天舉行，最晚也是在出生後的第二天，這是教會所規定的。因為教會要避免萬一孩子沒有領洗就死亡，就不能得救了；同時父母親也要親見孩子盡快成為天主的兒女。當馬丹先生帶著她的大女兒瑪麗-路易絲（Marie-Louise）來到聖伯鐸（Saint-Pierre-de-Montsort）老教堂的授洗所時，副本堂神父驚異於他那麼容光煥發，只聽到這位幸福的父親興奮地大聲喊說：「這是我第一次來讓孩子領洗，這可不是最後一次噢！」

真的不是最後一次！當年的十二月八日聖母始胎無原罪節，新生兒的母親記起在九年前的這一天曾得到聖母特別的助佑，就再向無原罪聖母求恩，求她能再給她一個孩子。一八六一年九月七日，瑪麗-寶琳（Marie-Pauline）來到世上。一八六三年六月三日，又有瑪麗-雷奧妮（Marie-Léonie）誕生，出生的第二天，在基督聖體聖血節這隆重的日子領受了洗禮。這個孩子給母親帶來了很多焦慮：她有藍眼睛，金色頭髮，身體相當纖弱，跟前面兩個一頭棕髮、精力充沛的小姊姊完全不一樣。

在馬丹夫人的信裡，可以看出她初次擁抱新生兒所深深感到的欣慰與陶醉。她仔細觀察孩子最小的動作，猜想他發出的模糊聲音是什麼意思，這些都是夫妻倆晚上在燈光下說不完的話題。在生孩子以前，馬丹夫人先感覺到護士小姐的不安，而她自己對於產痛，則一點也不怕，她會為別人的產痛擔心，「在輪到她自己的時候，她連想都不去想。」然而，她最怕的是看著她的新生兒被痛苦折磨，見他在生與死之間掙扎，那時她才真正體會到什麼叫心如刀割。在她一八六八年五月寫給她弟妹的信裡，她這樣回憶：「我帶老大的時候，開心極了。因為她是個健康寶寶，一點也不讓人操心。我可能太驕傲了，好天主沒有讓這種情形繼續下去，後來生的孩子個個都難帶，讓我好生煩惱。」在她一八六四年三月十一日給她弟弟的信中這樣寫道：「小雷奧妮已經九個多月大了，還不太會站，她姊姊瑪麗三個月就會站了。這個孩子身子太弱了，還得了百日咳，只是沒有她姊姊寶琳得的那麼嚴重，可是只憑她自己，根本沒辦法克服。所幸好天主只按我們的能力給我們十字架。」

一八六四年十月十三日瑪麗-艾蘭（Marie-Hélène）出生後，她沒有辦法像以前一樣享受親自餵奶的喜樂了，只能勉強餵幾次。她常感到疲憊不堪。很快就出現各種症狀，這種病多年後有一天會使她抵抗不了，最終離世而去。目前要面對的是一個殘酷的問題：得把孩子送出去。馬丹先生對這一點要求很高，他認為要選擇奶媽，不但要調查她的為人，還要注意她個人的衛生習慣。嬰兒的靈魂如一塊白板，很容易受到沾染，一旦沾上了污點，那是他一輩子也去不掉的！

善寫書信的馬丹夫人

此後去奶媽處看望孩子就是她做為母親最甜蜜的時刻了。在她一八六五年三月五日給弟弟的信裡可以感受得到：

「我上星期二去看了我的小艾蘭了。我一早七點鐘就出門，這一趟來回都是風雨不斷，你可以知道我走在路上有多累，可是我心裡只想著一會兒我就可以把我的寶貝抱在懷裡，就不覺得累了。小艾蘭真是個寶，她漂亮極了！」

在一八六五年四月二十三日，還是給弟弟的信裡，她說：

「我抱她在懷裡，她嫣然對我笑，我抱著的好似是一個小天使，頓時無比的幸福滿溢心頭，這種美好的時刻好像以後再也沒有過了。這種體驗真是難以言喻。我想以前沒有人見過、以後也不會再見到這麼可愛的小女孩了。我的小艾蘭，我什麼時候才可以享有妳一直在我身邊呢？我不敢相信自己竟然是這麼可愛寶寶的母親！⋯⋯噢，真的，我一點也不後悔結了婚。如果今天你看到我那兩個大的，她們打扮起來是多美啊！人見人愛，都盯著她們看不夠！而我呢，我太開心了，我對自己說：『她們是我的女兒！我還有兩個不在這裡，一個比較漂亮，另一個差一點，我兩個一樣都愛，只有一個不太討人喜歡。』」

最後這句話指的是雷奧妮，她脾氣不好，不過她以後自己不斷努力改正，推翻了別人的預見，也以其德行給母親的花冠上增色不少。

馬丹夫人的信裡透露著她對天主的絕對信任和內心對祂的真誠與深情，更含有她生花妙筆下的文字是那麼活色生香！有多少婦女愛虛華，爭財產，盡全力修面瘦身，最怕別人見自己人老珠黃。馬丹夫人則不然，只有孩子才是她的最愛。一天有人告訴她一個驚人的消息：有一個她區域的婦人生了三胞胎，她不禁喊出：「多幸運的母親啊！我只要一個雙胞胎就好！我可能永遠不會有這樣的福氣！」在這世上，她最愛的事，就是巡視每一個搖籃，聽新生兒哇哇啼哭，那是神妙生命的覺醒，再教他們牙牙學語，以後看他們圍在自己身旁嬉戲，不給她片刻休息；接著就是逼著她回答一連串的問題，貪婪地不停親她。

弟弟伊西道最愛看她的信，信裡有說有笑，妙趣橫生，讓他好似發現另一個世界；他尤其在信裡尋找關於他代女寶琳的點點滴滴。在一八六三年元月一日給他的信裡，她這樣形容寶琳：「你不知道她有多麼可愛，多麼體貼！沒有人叫她，她就會跑過來不時地親你，又給好耶穌飛吻，她還不會說話，可是什麼都懂，她真是個小精靈！」孩子稍大以後，又有別的趣事。一八六三年四月五日給弟弟的信裡，她說：「一次在聖週五莊嚴的禮儀在進行時，這孩子揮動著人家給她用紙做的往見會修女，大聲喊說：『這是我阿姨！』又有一次，她手裡拿著她舅舅的照片，取笑她小姊姊瑪麗說：『這是我的代父，他好帥喔！妳看，他頭上有頭髮，妳的代父①沒有！』」她母親說：「你信不信，小不點是不是已經愛漂亮了呢？果然，一聽說要出門，她就急忙跑到放她最美衣服的櫃子邊，還伸長她的小臉蛋說：『給我塗！』我覺得這一切都妙極了，妙不可言！」

這位母親從來不嫌累。她認為做母親不是可怕的負擔，也不是勉強接受的責任，而是克盡天職，為人類更新。母親發揮潛能，夫妻的面貌有人繼承。身為女性的傑作，就是孩子。

1.　譯按，原來瑪麗的代父是她的外祖父。

＊　＊　＊　＊

關於這個主題，馬丹夫人留給我們的書信比文學作品更有價值，那是她生活的真實紀錄：信裡她逐日抒發她的感受，講述她的計畫，勾勒她的夢想。總共差不多有兩百封信之多，都是女兒的孝心到處收集起來並仔細加以珍藏的。時間從一八六三年元月到一八七七年八月十六日。寫信的唯一動力就是家的精神：當時家人散居各地，就用書信來維繫家人的關係。弟弟伊西道起初在巴黎念書，後來在里修開藥店，姊姊瑪麗-路易絲關閉在隱修院裡，以後女兒瑪麗和寶琳在往見會辦的學校裡做寄宿生，都不在跟前，總要讓他們知道家裡的大小事才好。孩子們的爸爸，就像許多男人一樣，懶於動筆——他太太有時不免責備他幾句，也沒有用——於是媽媽就自己寫：因此從她筆下可以看出她的性情為人。在我們以下的敘述裡，她的形象特別突出，不免使家長馬丹先生居於次要地位，其實他事業有成，家中大事也都由他定奪。

這本書信文集可惜有幾許遺憾：有關準備大女兒瑪麗初領聖體的信和告知兒子小瑪麗-若瑟-路易死訊的信都不見了，最令人惋惜的是，他給姊姊的信，也全部失蹤。

姊姊瑪麗-路易絲由於她在修院裡的英勇表現，終獲長上允許她參加穿會衣盛典。一八五九年二月二十四日，她以會名瑪麗-道西地修女穿上會衣，成為正式的修女。她將於一八六〇年三月十二日發終生奉獻的誓願；以後六年之久，她認真又忠心地盡她初學院助理的職責。不論以前在家、現在身處修院，她都不但是妹妹的胞姊，更是她的摯友。仁麗什麼都告訴她，倆人的親密感情與日俱增，她們的友誼已達到靈性的極高境界。在她一八六五年三月五日給她弟弟的信裡，用半嚴肅、半開玩笑的口氣所寫下的話，對於這一點說明得再清楚不過了：「我不知道跟你說什麼才好。如果你看到我給修女姊姊寫的信，你可能會嫉妒，有五頁之多呢！我對她說的話，不會對你說，我倆說的是靈性、天界的事，跟你只能說地界、泥土的事……。」可惜，修女姊姊無時不做犧牲奉獻，她一定是把這些寶貴的信都付之一炬了，因為至今毫無蹤跡可循。我們也沒理由譴責這種過於激進的犧牲精神，只是小德蘭母親內心生活的唯一文獻，就再也看不到了。

儘管有這些缺失空白，馬丹夫人的書信仍然是無價的珍寶。先不論是否有文學價值，她操作了一星期的沉重工作之後，拖著精疲力盡的身子寫信，匆忙間信筆寫來，不加塗改，完全不在意布局修辭，她本意就不是要舞文弄墨。然而她在走筆疾書之下，無不絲絲入扣，言簡意賅。她筆下常有妙趣，充滿動能、熱情和生命。信裡有的地方讓人看到她最小女兒小德蘭的筆風：文筆是那麼流暢，畫面是那麼生動，用字又是那麼精準，整篇是流放在世間之人渴望天鄉的哀歌。

她的書信尚有其他特色：筆下的趣事純真，手法細膩，坦率之心自然流露，滿紙是天生的慈愛和激烈的感受。總之，是以一種女性的流暢之筆，在具體的每日家庭生活中，寫下自己最微妙的心境。篤信基督的母親之形象躍然紙上：她高貴、親切、詼諧、務實，不怕勞累，討厭遊手好閒和複雜無序，謙心坦承自己耐心不夠，自己的擔心害怕；她兩腳踏著實地，兩眼盯住天主，信仰堅定而不癡迷，熱心事主而不幻想，一腔善心，一片深情，全心造福他人卻不失尊嚴。她把虔敬又忠貞的信仰深埋心底，平時不輕易表達出來，只有在需要的時候，才會浮出檯面讓人見到。在需要的時候，她會猛烈斥責弟弟伊西道，也是句句中肯，不弄虛假。本書也可以說是一部《靈心小史》，更是一部《家庭畫冊》。

＊　＊　＊　＊

從馬丹夫人給弟弟的信裡，也許最能看出她為人處事的風格。仁麗是他親愛的二姊，兩人無話不談，可以論事，可以說笑，即使怒罵以後，兩人間的情誼只會更加濃厚。兩人彼此只吐肺腑真言，絕無虛情假意，這正是這些信裡的動人之處。

她對弟弟的友愛

大姊去隱修院做了修女以後，她和家人的書信往來就不多了，於是二姊就取得了權力，可以教訓一下弟弟了，他也需要有人管。他雖有一顆慷慨、忠誠的心，然而他的信仰卻太過膚淺，總是朝三暮四，還是個長不大的孩子。他在巴黎念醫學院，他的活潑機靈到處無往不利，自己也如魚得水；他對人、對事也抱持著醫學界的懷疑態度，並在花都追求享樂，這對於這個剛滿二十二歲的青年不無風險。於是在一八六三年元月一日，她為了要警告弟弟，就給他寫了以下這封信：

「祝你新年快樂！我全心渴望你做的一切都順利成功！其實只要你願意，我確信一切都會成功的。好天主護祐所有信賴祂的人，從來沒有一個人被祂棄而不顧。我全心信賴天主，並把一切大小事都託付給祂。當我想到祂如何助祐了我和你姊夫，我就不可能懷疑祂總是以特殊的關注對待祂的每一個子女。」

接著她敘述了她丈夫當年在巴黎面對險境時如何應對，並在最後勝出，就給弟弟提出了以下的建議：

「我求你，學學他吧！祈禱，你就不會被洪流沖走。只要你跌倒一次，你就完了。第一步最重要，無論走正道或邪道，第一步以後，你就只有被那潮流帶著走了。

我只要你答應我做一件事，那就算是你給我的新年禮物吧！我就會比你把整個巴黎送給我更高興。這件事就是：你的住處離全勝聖母堂很近，那好，你就一天只進去一次，去對聖母念一遍聖母經。你會看到她會以特殊的方式保護你的，不但使你在此世處處順利，來世還使你樂享永福。我說這話不是出於沒有根據的迷信；我信賴聖母是有理由的，我受她的恩惠只有我自己最清楚。

你知道人的壽命不長，你我很快就會走到盡頭了。我們當然願意好好過好在世的生活，免得到了臨終的時刻會過於痛苦。

最後，如果你使壞，你會取笑我，如果你心好，你會說我說得對。」

伊西道不會使壞，他也許會嘲笑一番她的精采說教，不過還是接受了她的勸告。因為她除了罵他，還給他寄去了鵝肉醬和幾瓶果醬，令他興奮不已，也消除了幾許不快。自從母親逝世，就是二姊會想盡各種辦法嬌慣他，而他的回報就是每次接到警告後，他就替她向全勝聖母做奉獻，去為她點一根蠟燭。

弟弟通過了考試，消息傳來，阿朗松的家人喜極而泣。他二姊曾動員了聖佳蘭修會的修女們為他祈禱，所以也應歸功於她們。大家都急著要見他凱旋歸來，她一八六四年一月十七日給他的信裡這樣告訴他：「趕快回來！你以前也說過會儘快回家的，我們又可以歡聚在一起了。我們或許會吵個小架，跟以前一樣，不打緊的，只不過是散心消遣而已……。」

不意伊西道突然一心想要娶一個才能平平的女孩，而這女孩竟然還不把他放在眼裡呢！阿朗松報紙上的一則社會新聞，正好用來勸說大家，要知道人間的幸福是多麼不可靠！我們要全文轉載，因為可以從中欣賞仁麗那堅強的信仰和生動的筆風。這封信是在一八六四年三月二十八日寫給她弟弟的：

「我不知道你認不認識甲先生，他擁有一個大磨坊，娶了乙太太的妹妹為妻，他倆僱人造了一棟漂亮的大房子，房子就座落在文藝復興咖啡館的對面。夫妻倆還沒住進去就已經對人津津樂道了，準備在聖若望大瞻禮那天入住，只有住到死才會離開。這位太太尤其讓人感到要住進新屋，讓她感到多麼興奮，她見人就說：『我的天啊！我太開心了！我想要的東西一件不缺，我也不會有孩子來煩我，總之，我看，沒有人比我更幸福美滿的了！』

我常聽人說，說這種話的人有禍了！三倍之禍！弟弟啊，我對以上這話是堅信不疑的。我以前有的時候也覺得自己幸福快樂，可是我一這樣想，就不免膽戰心驚，因為經驗證明，幸福一定不是在此世就能得到的……一切都興旺絕不是好兆頭。天主的睿智要我們記住：只有在天鄉才有真正的美滿幸福。

好吧，故事還沒說完。甲先生夫婦在一個星期六晚上六點左右，帶親友去參觀他們的豪宅，完了大伙在文藝復興咖啡館用餐。快到八點半時，先生對太太說『我有一封信要投郵筒，現在很晚了，妳和我一起去！』他們立刻走了，又回來，說：『走我們的花園過去比較近！』原來他們的花園就在對面，親友們就在店裡等他們回來。不料在花園盡頭有一個大坑，正在興建，必須從旁邊走鋪在上面的木板過去。由於天黑看不大清楚，先生沒踩好，一下就掉進坑裡；接著太太也掉了下去，還拖下了一塊大石頭，正好砸中先生，讓他當場斃命；她喊救命，立刻有人聽到，把她救起。她傷勢嚴重，他們送她到她姊姊家，結果她十分鐘以後也嚥氣了。

快到九點半的時候，我聽到門前有許多腳步聲，而且人聲吵雜。我探頭一望，原來是幾個人抬著兩個擔架，上面正是那夫妻兩人。他們不是那麼幸福美滿嗎？下場卻是如此悲慘！……。」

結局如此令人毛骨悚然的故事，卻沒能改變伊西道他那輕浮無聊的想法。他一直想結一門光彩的婚事。馬丹夫人多麼希望他能做神父，也甘願把自己那份繼承來的遺產捐給他做神父培訓的費用。她承認自己的這種想望只是空想而已：「絕對不可能！有很多驚人的奇蹟，只是這樣的不會有了！」至於弟弟心懷的婚事，那簡直是荒唐！她對這事非常生氣：這不正是好時機告訴他理想的妻子應該是怎麼樣的？她不知道，她在一八六四年七月十四日給弟弟的信裡所描述的理想妻子，其輪廓正是她自己：

「你好像一直在想著X小姐？你不要傻了！你找死啊？害你的若不是她，就是別人，因為你只想著無聊的事：漂亮、有錢，而不考慮那能讓丈夫幸福的優點，或細想有哪些缺點會讓丈夫傷心，甚至會成為他的禍根！你要知道，外表是騙人的。現在重要的是找一個能真正持家的人：做事不怕弄髒手，衣飾整潔就好，知道在工作和信仰上把孩子教育好。你會怕這樣的好女孩，因為她在世俗面前看來不夠光鮮亮麗；可是聰明人情願沒有嫁妝，也不要一個沒有這些優點、卻有五十萬法郎嫁妝的人。好吧，現在就講到這裡，以後再談這件事。」

第四章 家人的喜與悲

婦女若不怕生孩子，就是不怕操勞，能以愉快的心情面對家務事：用心解決各種煩惱問題，全力投身於長時間的辛勞工作。而當時在十九世紀的法國，在個人主義的風氣下，人人把社會生活觀念變得以個人至上，凡事有斤斤計較的心態，那曾經擁有偉大詩人和曠世著作的「永恆法國」，卻輕忽地以可怕的政治思想，任生育率下降，好像就是要拒絕國家民族的永久延續。在這種氣氛下仍願意生很多孩子，那就是擁有達到英雄氣概的聖召。

職業的艱辛

馬丹夫婦沒有在這種觀念前退縮。縱然生活中有困難，他們也不怕。他們曾經度過以禁慾來聖化婚姻的生活，後來又為了不違背自然，不侵犯天主的計畫，而讓孩子們來臨。他們把孩子看作是上天的恩賜，並負起責任，盡全力養育他們，讓他們吃飽穿暖，教育他們，給她們準備陪嫁。他們知道天主要人完成任務，必同時給人所需要的資源。

總之，他們不斷勞苦工作。在金銀細工製品陳列櫥窗的前面，顧客空前地絡繹不絕。誠心要買東西的顧客喜歡這位親切的店主，他更享有誠實優良商人的美譽。他不要為了賺錢而違背主日的休業；而在別的珠寶店，主日正是人聲鼎沸之時，賣得奇好。許多鄉下人紛紛到阿朗松來採購，準備結婚禮或新年禮。他們來到新橋路的大珠寶店，然後本能地去對面的鐘錶店，門卻是關著的，他們著急也沒有用，因為告示牌上寫著：「閣下，今日只侍奉上主」，意思就是不侍奉顧客。

馬丹先生的朋友們覺得他太過分了，不該藐視商業競爭率到這種程度，他們建議他特別在走廊處開一扇側門，可以讓貴賓私下進來：這樣一方面做生意，一方面也不丟臉。他毫不客氣地直接回說，他情願失去生意，也不願失去上天對家人的保祐。他的聽告解神父一定是聽了他朋友們的勸告，覺得他們說得也有道理，就勸他至少主日上午開半天。其實，他見路易如此堅持遵守教會誡命，不但欽佩他，心裡也很欣慰。

馬丹夫人這邊呢，她也把她的阿朗松花邊生意做得又快又好。她還是每星期四在家接待她的女工們，她們好把在家做好的成品帶給她。她覺得這是最好的方式，因為她和女工們都可以同時兼顧家務。她堅持母親一定要在家裡，若是家裡沒有母親，那麼家就不成家了，更不可能有孩子了。

馬丹夫人自創業以來，生意一直不錯，自從一八六三年有了馬丹先生的協助，客戶更是迅速地大為增加。他很不喜歡以信件往來做生意，並自願擔任會計工作，於是他常跑巴黎，直接把貴重花邊送給零售商，拿訂單，收貨款，並購買所需用品。他喜愛祈禱默想的天性並不妨礙他有務實的生意頭腦，他做的成績斐然，還得到太太的誇獎呢！他天生的藝術才能使他很快就掌握了製作花邊的要領。這種細緻、極需耐心的工作其實離鐘錶手藝並不遠，都是要在極細微處下功夫。他負責選樣，組織圖案。在他有空的時候，還會去刺上幾針呢！這個工作就是要在羊皮紙上按圖案線條刺針，為了不太傷眼睛，羊皮紙是預先染成綠色的；把它放在墊子上，針是有特製柄部的針，以便刺過去不致撕破羊皮紙，因此需要眼準、手準。難怪在他們的公文紙上端，現在印的是「路易．馬丹，阿朗松花邊製作者。」

他的妻子仍負有最大的責任。在淡季時，她就擔心她的女工們；旺季時，訂單大量湧到——買這種奢侈品的市場總是短期的——她就得日夜趕工。在她一八六五年十一月七日給她弟弟的信中，她不禁悲嘆道：「就是這個鬼阿朗松花邊，讓我日子過得這麼淒慘：訂單太多時，我就成了最可憐的奴僕中的奴僕；沒有訂單時，我手裡拿著二十萬法郎的貨，却沒有人要買，還得自己掏腰包付工錢。我費盡心思找到的好女工，現在只好遣送她們給別的製造商。真讓我傷透腦筋，還不斷做惡夢呢！有什麼辦法，只好認了。打定主意勇敢承擔一切！」

馬丹先生倒是老神在在，他唯一操心的事就是避免負債，只專心處理現金法票。他認為遲發薪金是犯了違反社會公義的罪，因為會給工作人員及供應商帶來痛苦。原來供應商的信用額是有限的，拖欠貨款會使他步上絕境。他的女兒們有一天告訴別人，父親常常把舊約中多俾亞教訓兒子的話唸給她們聽，並以此為自己的座右銘：「一切勞工者的工資，不可在你那裡過夜，要立即付清。」他還講了一則賣女裝婦人的悲慘故事以為佐證。這位婦人寡居，獨力撫養四個孩子，最小的只有兩歲。她唯一的生活費用來源，就是她每天的工作。她日夜縫製，可是這些貴夫人訂了衣服以後，也許是忘了，也許是安排不當，總是一直不付錢給她。她敲她們的門，也沒有用。她們排斥她，總說以後會給。直到一天她花完了自己的積蓄，而過著三餐不繼的悲慘生活。她總是讓孩子們先得到溫飽，自己最後得了肺病，竟然因而不治，就這樣死在這些女債務人的手裡！

馬丹先生講述這個真實故事時，內心的氣憤不時從他的聲音裡流露出來。他為人一向正直，絕不允許有這種事發生。因此他堅持必須立刻付給人家錢。他說：「該給人家的款項或薪金一定要按時給，免得由於疏忽，把別人的錢用掉而不自知。」

馬丹夫人對待她的工作人員也是以社會公義的原則行事。主日的晚課唸完以後，她總會去看望生病的員工，並送給她們所需要的物品。夫妻倆的超性理念爭先恐後地要把每日生活的單調工作變成聖善的事功。每天早上的彌撒讓他們能把當天的大小事都獻給天主，而成為真正的祈禱，友人也大膽地說，這是「第八件聖事」。

一位北方人旅經阿朗松時，心血來潮去他們店裡買了一隻手錶，回到家跟女兒說：「這錶是我在馬丹先生店裡買來送給妳的，他很了不起，真是一位聖人！」那可是一隻長命錶：根據一位傳教士神父所說的動人細節，它是在一九一七年麥維爾（Merville）大轟炸時才受損的，可見他的錶有多麼堅固耐用。

他們的正直誠實和職業道德，結果都給家庭帶來了一筆可觀的財富。他們本著基督信徒的精神並不以賺錢為目的，而常把《師主篇》的話掛在嘴邊：「人的幸福不在於大量擁有，小康就好。」錢財對他們來說，只是可以用來讓孩子們得以受到上好的教育的。他們孜孜不倦逐漸累積的財富，不想時間會給金錢帶來貶值的危險，也不想從事輕易可以賺大錢的投機作法。在當年金融穩定的情況下，只要一年的預算可以打平，就把餘額放在利息不多但穩妥的投資上，這樣漸漸地就可以存上一筆養老金。給窮人、捐善功，奉獻給天主的部分，都是以大數目登記在帳簿上。省吃儉用和慷慨捐輸就是這樣並行不悖。

＊　＊　＊　＊　＊

翻過勤勞工作的一頁，現在要展開的是傷心悲淚的一頁。在一八六四年五月，這家的母親寫信給她的弟弟：「小雷奧妮老是長不好，也不想走路。她又瘦又小，可也不致殘廢，只是又小又弱。她剛得了一場嚴重的麻疹，還伴有強烈的抽搐，更有各種病症：心跳加快、腸胃發炎。」更糟糕的是，她全身滿是化膿的濕疹。可憐的小人兒，看了讓人心碎。總之，整整十六個月的期間，她一直在生死邊緣上掙扎。

夫妻倆呼天搶地，全心祈求，好使她盡快痊癒，也請她舅舅在醫藥上幫忙，……倒沒有請他代禱，因為當年他二姊曾調皮地在信裡告訴他，由他的祈禱是不會有奇蹟出現的。有幾次小女孩眼看就要不行了，兩夫妻就向天主喊說：「如果她有一天會成為聖人，請治癒她吧！」她爸爸最愛的運動，就是步行，就在這時，他決定去塞艾聖母聖殿（Notre-Dame de Séez）朝聖，一路上邊步行邊祈求。從修女阿姨那邊也來了支援，她們向剛列真福品的通靈者巴瑞（Paray-le-Monial）做九日敬禮為她祈求。沒想到九天以後，小雷奧妮以前抱她坐在腿上都難，現在居然「跑得活像隻小兔子」，看起來「她敏捷靈活，簡直讓人難以置信」。

馬丹夫人的初期病兆

現在是這位母親的健康讓人憂心了。她在一八六五年四月二十三日寫信給弟弟，還是以她那慣有的坦誠口氣和勇於面對困難的心態，對他說：

「你知道我年少時胸前曾碰在桌子角上，遭受到了重重的一擊，當時沒有在意，如今我的乳房腺讓我不安了，尤其近來還覺得有點痛。不過我觸摸它，卻一點也不痛，但是每天都有好幾次感到麻木。唉，我也不知道該怎麼說，有一點是肯定的，就是覺得痛。要怎麼辦呢？我深感困惑不安。若需要開刀，我不會退縮，我完全準備好了，可是對這裡的醫生，我只有一半信心。我很想去巴黎你那裡，因為對於這個問題你可以給我幫個大忙。只有一件事讓我裹足不前：我不在家，你姊夫該怎麼辦？」

家人都把這位弟弟當作是醫界權威，他怎麼回答呢？在下一封信的口氣裡，我們猜到馬丹先生著急地到處打聽，並跑到巴黎去見了內弟，要問他哪種治療方法最安全可靠。然後就是一片靜默，直到十一年後，這病就一發不可收拾了。為什麼有這個缺口？有什麼理由排除了治療？我們沒有證據，只憑猜想：也許是當年的外科手術不可靠，讓人失望，甚至是危險的，而且非常痛苦；當時尚沒有X光這種設備，無法有效地指引解剖刀達到最隱密的人體組織。總之，大家猶豫不決，等等再看，也許暫時用了一點外用藥品，就這樣，時間就過去了。

家裡的一件喪事可能也讓人疏忽了這個病症。馬丹夫人發現了這個致命之疾的先兆時，她的公公在新橋路的公寓裡漸漸不行了。這位上尉軍官一直健壯如昔，輕鬆地活過了八十八歲。他以老前輩的尊榮，給城裡在熱心公益和敬主愛主方面都留下了榜樣。在一八六五年四月，他突然中風，留下了半身不遂。醫生告訴他只能再活十五天，結果他的彌留時間持續了十個星期之久，一直頭腦清楚，信德堅強。

一八六五年六月二十七日，馬丹夫人給弟弟寫信，告訴他公公過世了：

「我的公公昨天下午一點鐘的時候過世了。他上星期四領了臨終傅油聖事。他像聖人一樣的過世了：人真是怎麼生，就怎麼死。我絕沒有想到這件事會影響我這麼深：我簡直驚呆了。

我婆婆兩個半月的時間整夜不睡照顧他，凡事她一定要親力親為，不接受別人的幫忙。是她日夜陪著他，親手埋葬了他。她真了不起，她的勇氣尤其讓人佩服。

坦白講，死亡讓我驚恐莫名！我剛才去看了我公公，他的手臂那麼僵直，臉部那麼冰冷！想到也許有一天我的親人也會那樣，或者他們會看我這樣在棺木裡！……。

你也許已經看慣了死亡，而我，我從來沒有離死亡這麼近過。」

馬丹夫人在寫下這些話時，會不會料想到，她將會對死亡比很多人更熟悉？因為將有六次，從一八六五年到一八七〇年，她將必須俯身面對墳墓。

＊　＊　＊　＊　＊

目前，她還是想要孩子。每天晚上，只要她喚一聲，小女孩們就雙手合十，向聖若瑟要一個小弟弟，希望有一天他可以祝聖聖體，遠赴異鄉，向外教人傳布福音。聖若瑟這位好木匠受感動了，於是就把自己的名字給了新生兒。一八六六年九月二十日，瑪麗、寶琳、雷奧妮、艾蘭這四個小姊姊興奮歡呼，歡迎小弟弟瑪麗－若瑟－路易來到家裡。

瑪麗－若瑟－路易和瑪麗－若瑟－若翰的生與死

母親更是喜不自勝。她在一八六六年十一月十八日寫給弟弟的信裡，興奮之情溢於言表：「啊！好漂亮的小伙子！既高大又強壯！再好沒有了！除了瑪麗以外，我從來沒有生下過這麼好的孩子。啊！你不知道我有多麼疼他，我的小若瑟！現在我已經心滿意足，別無所求了。」她丈夫和她一起滿懷興奮，充滿期望。她對他說，話裡母性的自豪表露無遺：「你看他這小手，長得多漂亮啊！他將來登上祭台或講道誨人之時，這手多讓人稱羨啊！」她心裡已經想好了，要親自用阿朗松花邊做一件長白衣，給他在晉鐸大典時穿用，那將是一件配得上至高司祭的傑作。

可惜！美夢很快就要破碎。孩子必須交給數公里以外的奶媽，人稱「小玫瑰」的鄉下婦人大葉太太（Mme Taillé）去帶。元月一日過新年，把孩子接回來幾個小時，家人一起熱烈歡迎他回家。馬丹夫人還記得自己小時候無緣擁有玩具娃娃，現在就喜孜孜地把兒子當玩具寶寶。她一八六七年元月十三日給她弟妹的信裡，這樣說：

「我把他打扮成一個小王子，作為他的新年禮物，妳不知道他有多漂亮，笑得多開心！我先生說我：『妳端著他像個聖人雕像一樣到處去！』我是讓人看我的寶寶啊！可是……啊，此世的喜樂是何等的虛幻不實啊！第二天，從清晨三點起，就聽見一陣大聲敲門聲；我起身開門，有人急忙對我說：『快來，妳的小兒子病了，怕快不行了！』妳想我哪有工夫穿好衣服，立刻急忙出門往鄉下跑，不管雪、不管冰，那可是最冷的一天！我沒叫我先生陪我去，我不怕，我獨自穿過森林也不怕，結果他還是急忙跟著來了。」

孩子得的是丹毒，這病很快就止住了，然而孩子還是愈來愈虛弱了。一八六七年二月十四日，當時的情況不清楚，因為沒有信件提及這件事。馬丹夫人第一次遭受喪子之痛，她的心碎了。她和丈夫一起把一切交在天主手裡，丈夫的勇氣力量和泰然平靜，在最悲慘的考驗下，才最為突出顯眼。

就在第二天，從往見會送來了這封安慰她的短信：

「親愛的小妹，我昨天下午五點半收到了妳的急件，知道我們的小天使已在天鄉了。妹妹啊，教我怎麼安慰妳呢？我自己現在也需要有人安慰啊！我兩手發抖，可是，還是得接受天主的旨意。祂把他給了我們，現在又從我們手上拿走；願祂的聖名受讚揚！今天早上我在彌撒中領了聖體以後，我曾求主耶穌給我們留下這孩子；再說，我們把他養大只是為了祂的光榮，是要為祂征服靈魂，當時我內心好像聽到了這樣的回答：祂要把這頭生男孩要去，以後再賜下另一個，就可以完成我們的心願了。」

擁有無比勇氣的基督信徒是有能力接受這樣的說法的。他們會漸漸習慣於和逝去的親人共處，因為他們仍真正地活著。女兒艾蘭因患耳疾而痛苦不堪，找醫生看了，結果也不見好。母親只好向天祈求。她在一八七一年十月十七日給弟妹的信裡，這樣說：「我忽然靈機一動，何不向我的小若瑟求救，他過世才只有五個星期而已。我抱著女兒，教她向小弟弟祈禱。第二天早上，她的耳疾竟然完全痊癒了。流出來的東西突然止住不流了，女兒的耳朵也不痛了。我還得到了別的恩寵，只是這一次最明顯。」

她心心念念、日夜盼望的就是「她的神父」、「她的傳教士」。因此，她轉向聖若瑟祈求。她為他做九日敬禮，正好在一八六七年三月十九日聖若瑟慶日那天結束。結果就在同年十二月十九日，再準確不過了——一個可愛的小男嬰來到了世上，給家庭添上了新的一員，他就是瑪麗–若瑟–若翰。生產過程非常辛苦，馬丹夫人在一八六七年十二月二十一日寫給弟弟夫婦的信裡，這樣說：「他身體強壯，充滿活力，可是我經歷了極可怕的產痛，孩子也冒了極大的危險。我四個小時之久頑強地忍受著從來沒有過的劇烈疼痛，可憐的孩子也差一點窒息而死，急得醫生在他未出生就先給他付了洗。」這孩子可愛極了，哭聲清脆，表情十足，一副聰明相，喜歡聽瑪麗和寶琳的嬉鬧聲。寶琳是他的小代母，她愛極了自己的這個小代子。

小若瑟很快就要隨哥哥去了。奶媽「小玫瑰」把他抱走時難掩心中的擔憂，他母親則希望和懼怕各半。她一八六八年二月十四日給弟弟的信裡，這樣說：「他像花朵一樣討人喜愛，他笑得那麼開心，會笑得喘不過氣來呢！我求天主把他留下來給我，我無時無刻不這樣祈禱；如果祂不願意，我也只好隨祂了。」她一人身兼三職：柴米油鹽、花邊事業和孩子們的母親，心裡還盼望著兒子斷奶以後能盡快回到她的懷抱。在她一八六八年四月十四日給她弟妹的信裡，說：「看顧小孩是多麼開心的事啊！如果我只帶孩子，那我就是天下最幸福的人了。可是他爸爸和我，我們必須工作，才能給他們賺到嫁妝，否則他們長大以後，會對我們不高興的！」

夢想很快就要幻滅了。孩子一週不如一週，三個月的支氣管炎把他已經柔弱的身子折磨得更衰弱了。馬丹夫人一天兩次，早上五點和晚上八點，跑到鄉下奶媽處去看他。面對孩子的咳嗽和氣悶，她苦無對策。快到七月中旬時，見他稍有起色，就趕緊帶他回家，結果在家裡忽然又得了急性腸胃炎。一八六八年八月二十三日給她弟弟寫信，她悲歎道：「我一點辦法也沒有了，我連照顧他的力氣都沒有了。見他那麼受罪，我心肝俱裂！他只痛苦地呻吟，他已經四十八小時沒有闔眼了，肚子痛得緊彎著腰。」

終於有了結局，一八六八年八月二十四日，一封短信，語氣之節制讓人讀了不免心碎：「我親愛的小若瑟今天早上七點整在我懷裡過去了；只有我伴著他。他受了一整夜的殘酷病痛。我淚求天主讓他解脫，見他嚥下最後一口氣，我才放下心來。」她把一個白玫瑰花圈放在他的額頭上，讓他躺在一個小棺木裡，憑著信德無所畏懼，把他放在自己身邊，停留在她接待女工的辦公室裡，一直伴著他。她幾次悲歎道：「我的天主，非把他埋在地下不可嗎？……不過，既然祢要，願祢的旨意承行！」

在芒斯的修女大姊一接到噩耗，立刻針對這新的考驗送來了同樣先知性的盼望：會有奇妙的補償：「啊不錯！天主的計畫誰能識透！……人生在世盡是痛苦，這妳比誰都清楚，然而最後的結局就是：妳現今有多少悲痛，將來也會有多少喜樂。對於這一點，妳要堅信。現今妳含淚播種，將來收割的是在主內無比的喜樂。」從聖方濟．沙雷得來一則詩意的比喻，示意要絕對順從上主的手，因為祂傷害，為的是要治癒：『鴿舍的主人要取走小鴿子，大鴿子不會反抗；如果是別人，牠可就要哀鳴了。』「現在就是鴿舍的主人來取走小鴿子，將他們置於天庭，我們應當全力配合祂的旨意。」

受到兩個兒子都過世的教訓，馬丹夫妻倆不再對天主堅持己見了，只願更配合天主的計畫。他們以前那麼想要兒子做耶穌的門徒，現在也不求了。可是還是指望再有孩子。一八六八年五月在給她弟妹的信裡，談到孩子，馬丹夫人說：「我不灰心，想再有三、四個。」然而今後他們只全心全意地順從那「鴿子的主人」了。聖若瑟也維持著他們的信心。修女大姊可另有想法：她說若再來一個男孩，應該給他取名叫方濟，似乎在怪罪好爸爸聖若瑟該為兩個夭折的兒子負責，因為既然以他為主保，卻沒有保護好他們。對於這個問題馬丹夫妻倆是沒得商量的。馬丹夫人談到要給將來的男孩取名字的事，斬釘截鐵地絕不做二想，她在一八七三年三月一日寫給弟弟的信裡，這樣強調：「我給她回信說，兒子不論是死是活，他的名字就是要叫若瑟。」這樣絕對的信賴，令人嘆為觀止。

＊　＊　＊　＊

一個新的考驗又露出端倪來了：葛蘭爸爸在一八六五年有過健康上的警訊，可是很快就忘記了。當年是腿腫，怕會導致癱瘓、病勢嚴重，而在那時，正當第二個小若瑟剛嚥了氣。

在馬丹夫人的生命裡，她父親占有很重要的位置。她雖已婚，卻好像從來沒有離開過他。母親在一八五九年過世以後，她就安置他住在新橋路，離自己的住處只有兩步路，吃的用的無不給他準備齊全，對他噓寒問暖照顧得無微不至。老先生這邊呢，以前他自己做家具的本事，現在就用來給老二服務了，給她做點木工。六年以後，他想再回到以前自己聖布萊絲路的家，心想萬一空出來了？女兒想盡辦法要他打消此念。不好意思說他可以就近含飴弄孫，就堅定地說自己不能沒有爸爸在身邊，馬丹先生也跟著勸說。弟弟仔細修了書信說服爸爸，修女大姊則以祈禱求爸爸留下。最後，被女兒糾纏夠了，「被她喋喋不休的勸說打敗了」，這位退休老人軟化了，同意了，帶著微笑把重話沖淡一點：「別煩我了！」

一八六六年十二月，事情必須更徹底地解決了。原因是老先生用的人在家裡橫行霸道，讓人忍無可忍。要解決這個問題，只有一途，就是不再獨居，而去馬丹家同住。這個辦法當然對他們家的生活習慣會造成不便，可是孝心不會考慮這些事。這種神聖的責任是有基督信仰的家庭所必須承擔的。馬丹夫人怕自己說不動他，就找弟弟負起這項重任，因為老先生最聽兒子的話。她一八六六年十二月二十三日給弟弟的信裡這樣寫道：

「你勸他不需要再僱別人了，來和我們同住。你不知道我給他找可靠又勤快的人有多難！你姊夫也贊成他來，他對自己岳父的好，是打著燈籠也找不到的。你知道，爸爸是極好的人，可是現在老了，難免有些小毛病，這是我們做孩子的必須容忍的，我已決定承擔這一切了。如果你在這裡，他會去住你家，因為他比較喜歡你，可是要他搬離此地可就難了，所以他得住我們家，直到他離世。」

此後家裡就會看到這位自負的老兵，在外表高傲戰士的神情下，藏著一顆無限慈愛的心。他愛女兒，卻說不出口，總是難以向她表現出來，只在一切事上，急著去幫忙。他寵愛外孫女們，尤其是艾蘭，因為她最會跟他撒嬌。有時，在孩子們打開新年禮，或彼此笑鬧爭吵得他頭昏腦脹時，他也不免生氣，罵她們幾句。晚上，獨自坐在火爐邊，抽著菸斗，緬懷著拿破崙一世的豐功偉業，回味著自己的英勇戰功，也不免喜上心頭。他的感情通常是在嚴肅的表情下掩而不宣的；可是一收到兒子的短信，告訴他自己尚未完成的田園詩歌時，他頓時開懷大笑，變了一個人似的。他對這個兒子得意極了，因為他醫術高明，事事成功；對兒媳也讚不絕口，對這門婚事極為滿意，不斷感謝天主。

父親葛蘭先生的病與死

他快到七十九歲時，忽然呼吸不順，窒息感不斷，伴有身上的毒瘡，差點送了命。馬丹夫人在一八六八年六月八日給弟弟寫信，並附上他的健康報告：「不要擔心，我一直在他身邊，寸步不離。我一天兩次給他換藥包紮，我把能想到最好的都給他了……看他病痛的樣子，我們難過極了。他卻以最大的耐心忍受這一切……。」幾個星期的暫時平靜後，病情突然轉壞。弟弟急忙趕回來，隱修院的姊姊也送來一張聖像，在反面這樣寫著：「親愛的爸爸，死亡就是一種睡眠，白天過去了，靈魂要接受他勞力的報酬；死亡也是流放生活的終結，兒女要回歸到他摯愛的天父那裡去了。」至於臨終傅油聖事，前陣子已經恭領過了。馬丹夫人在醫生表示病情嚴重以前，就已經，用她自己的話來說，「非常焦慮不安」了。有堅實信仰的人不會怕神父來授終傅，也不怕病人會因此受驚；他們怕的是親人沒有及時得到臨終傅油，沒有領到臨終聖體，而突然過世。

一八六八年九月三日，侍立床側的馬丹夫人通知她弟妹，父親已於當天早上過世了，她哀傷地寫著：「我難過得心都碎了，而同時又充滿著天降慰藉。妳知道，爸爸是以何等聖善的心態來準備死亡的來臨：在凌晨三點鐘時，他還劃十字聖號祈禱。我希望，甚至堅信，爸爸已被好天主迎接升天了。但願我自己也能和他一樣地死去。」

她嘴上說已經「習慣了哀痛」，可是這次的打擊剛好和第二個小若瑟的死亡同時發生，使她過於激動而喘不過氣來，有時還好像有點呆滯。她一八六八年九月七日給她弟妹的信裡，這樣說：

「昨天我去了墓園，人家看我的樣子，應該會說：沒見過這麼冷漠的人！我跪在父親的墓前，卻無法祈禱。離那裡沒幾步路，我又在我兩個小天使的墓前跪下，看起來還是一樣的冷漠⋯⋯五個星期前，我帶著兒子和父親曾走過這一段路，我沒法和妳說我當時的感想⋯⋯現在我周圍發生的任何事，我都好像視而不見；我看著父親以前常坐著的地方，只呆站在那裡，頭腦一片空白。我這輩子沒有這樣悲哀過。回到家裡，我吃不下，只覺得有再大的災禍，我也無動於衷了。」

她的做法非常合乎基督信徒的精神：因為她立刻為雙親獻了一百五十台彌撒，自己私下還要獻更多。她為父親獻上自己一切贖罪的善功和自己一生的痛苦。她甚至願意把一切善事的功勞全轉給父親。她給弟弟的信中不斷談到兩人同哭的父親，下面是她在一八六八年十一月一日的信：

「我常常希望你在我身邊，好和我一起談談爸爸的種種。他走得多像個聖人啊！記得嗎？他在去世的前一天還和我們握手，他看起來真像聖人！如果好天主俯允我，祂會今天就讓他進天堂；如果是我，我一定讓他立刻進。我們的好父親，他不習慣受苦；而我，我不怕進煉獄，受苦對我是很自然的事。如果好天主願意，我願立刻承擔他和我兩個人的煉獄之苦，只要他快活，我就心滿意足了。」

＊　＊　＊　＊　＊

會有人說這位身負家庭重任的女主人不可能有空坐下來品味往日的回憶，也不會向人強調她的各種十字架。因為生活以令人目眩的快速之手拉著她向前推進，每天有新的局面要她面對。這回是從小與自己心靈相通、形影不離的姊姊得了重病。

往見會修女姊姊的病

一八六八年十月初，馬丹先生雖然因家人的去世滿心悲戚哀傷，還是決定讓兩個大女兒，一個八歲半、一個七歲，去住校讀書。他這樣做，一方面是要讓妻子減輕負擔，因為她的健康情況讓他很是擔心；一方面也想趁著孩子的修女阿姨身在修院，可以讓孩子們在「聖女子」的影響下，得到特別細心的教育。往見會有一所附屬學校，名聲極好，是上流社會家庭的孩子們爭相進入的學府。瑪麗和寶琳由阿姨幫忙，得以報名入校就讀。姊妹倆雖因離家悲傷心碎，所幸在阿姨那慈愛母性心腸的照看之下，使兩人稍感欣慰。在三學期制的第一學期結束時，馬丹夫人去接女兒們回家過年，同時開心地去探望姊姊，豈料姊姊病了：異常氣悶，聲音微弱，支氣管炎不斷復發，把她折磨得不成人形了。她一八六九年元月立刻報告給在里修的弟弟夫婦：「看到她的樣子，讓我難過極了。我若沒有了她，就什麼都沒有了。我和她那麼親，孩子們也需要她。想到這裡，我傷心透了。如果往見會沒有了她，我再也不敢去了。」

原來她得的是肺結核。病情進展得很慢，有時會暫緩一陣子。一天，大家趁她病情暫緩，要給她最大的安慰，就提前讓瑪麗舉行初領聖體大典。為了女兒的這件大事，馬丹夫人給她寫了一系列的信，內容既美又深，連修女們都熱烈地傳閱。瑪麗把這些信看做是她的至寶，不願與它分離，假期就帶著回到家裡。不意有一天她哭著說寶貝不見了。結果是家裡的女傭路易絲沒有細看，就把它拿來做火引子燒掉了，可惜！

母親給女兒的信中最緊急的建議之一，就是要求上天把修女阿姨的病治好。她不斷重複囑咐：「在初領聖體那天，求什麼就一定得到什麼。」孩子把這些話記在心裡，並以無比的熱心學習初領聖體的要理。她更以祈禱和做犧牲猛力懇求天主。她日後向人吐露：「我內心想耶穌是故意讓人以為阿姨快不行了，因為祂急著要把自己給我，想到這裡，我開心到不行！」至於顯奇蹟把病治好，她相信已經得到這恩典了。照顧她的護士氣她不懂事，要她接受天主的旨意。這是什麼推論？不會有結果的。孩子天真地固執於自己的邏輯：「必要時，天主的旨意是可以改變的。」神學家們也必然會認為她是對的。她還請了聖若瑟為她向天主求情，每次病情加重，發燒、咳血、氣悶，她就看若瑟像一眼，好像怪他沒有幫忙。

大日子終於來到了。那是一八六九年七月二日，瑪麗還不到九歲半，媽媽坐在第一排。她感覺自己的一切辛苦都得到補償了。身為基督信徒，她品嘗到身為人母最純正的興奮。她一八六九年七月十一日寫給她弟妹的信裡，談到這個女兒，這樣說：「妳不知道她準備得有多好，像個小聖人似的。指導神父告訴我他對她非常滿意，還在要理班上給了她第一名。我在往見會過了這輩子最美好的兩天，我很少感到那麼幸福。姊姊也好得多了，瑪麗告訴我她那麼努力為阿姨祈禱，好天主一定會垂允她的。」果然，姊姊肺部的損傷很快就結疤了。這位修女見自己還要留在世上，不免有點傷感。不過，很久以後，她還是對外甥女說：「是妳讓我多活了七年。」至於這小女孩呢，她對聖若瑟感激不盡，在她領堅振聖事時，就特別選用了聖若瑟的名字做為自己的堅振聖名：若瑟芬。

＊　＊　＊　＊

這次的初領聖體大典開了頭，以後一系列的慶典和慶日接踵而來，孩子們也相繼成為盛典的主角；外加一次次快樂的慶生活動，這對父母親也是一個個不斷自我革新的機會，家庭生活也持續得到滋養，幾乎成為一種周期性的聖典禮儀，大家藉此更看清自己，並在聖寵中得到改進。

賽琳的誕生

兩個月以後，代父母陪伴著小瑪麗-賽琳到了教堂裡的付洗池，按照當時教會的規定，小嬰兒在出生當天，就是一八六九年四月二十八日，就可以領洗了。在她出生以前，大家曾心懷多少焦慮！母親帶著最近兩次喪事的傷痛，在生產期前不久，就是一八六八年十一月一日，這樣寫信給弟弟：

「不管你會怎麼說，我們又要有一個孩子了！這是一定的，除非我在生產前會有什麼災難。如果好天主要把這個孩子拿去，我只求祂不要讓他沒有領洗就過世。我至少在天上有三個小天使可以聊慰我心。」

她一八六九年二月又寫信給她弟妹：

「妳不會相信我對這肚子裡的孩子的將來有多麼恐懼！好像前兩個孩子的遭遇也會發生在他身上，這是我揮之不去的噩夢。我覺得預感到害怕災難比災難本身更折磨人：災難來到面前，我很快就認了，可是害怕災難會來，卻是真正的酷刑。今天早上在望彌撒時，這件事一直在心頭翻攪，讓我驚慌不安到了極點。我想最好還是把這一切都交託在天主手中，以平靜及委順主旨的心態，靜等事情的到來。我得努力做到這一點。」

然而生育的盼望和自豪感在她內心是那麼強烈，在她一八六九年寫信給在出差中的丈夫，報告他賽琳的事時，不禁加上了這樣一段：「孩子們的事你不必擔心，我恐怕不會再有孩子了。我一直希望有個男孩，如果天主不給，我也只好接受祂的旨意了。」

在孩子開始咿啞出聲又踢小腳時，馬丹夫人可真捨不得與孩子分離，可是又不得不尋求外援，然後就是不停地往奶媽處來回跑。她一八六九年八月二十九日寫信給弟弟夫妻倆，這樣說：「為了這孩子，我好苦惱啊！我覺得我累壞了，好像活不久了。我照顧這孩子的那六天，我沒有一天不發燒。」

孩子送走了以後，一切都慢慢好轉。她的健康漸漸復原了，煩惱也不見了，生意大致不錯，醫生也不再踏進新橋路的家門了。於是一切平靜了下來，馬丹夫人對這平靜無波的幸福好像感到驚異，她一八六九年十月這樣告訴弟妹：「目前我什麼都不缺，只缺災難呢！」可惜這暫時的平靜，為時不會長久。

艾蘭之死

使家庭朝氣蓬勃的女孩子們中間，艾蘭好似帶著一種神祕的印記。她可愛極了，鮮美得像清晨的玫瑰，有討人喜歡的撒嬌，尤其有早熟的聰敏，說話俏皮有趣，是別人學不來的。從照片上來看，她相貌細緻清淡，面容上隱約掛著一絲淡淡的嚴肅，讓人預感到彼岸冥府。家人幾乎沒有注意到有一種虛弱逐漸在損害著她的健康。到了一八七〇年二月二十二日，在只有一天的突發病情後，連醫生也沒有覺察到病的嚴重性，不料這回竟然輪到她被死神的黑翅膀掃到了。

可憐的母親對於這出人意料的結局，只不斷地自責。一八七〇年二月二十四日她給弟弟夫婦描述了孩子臨終那悲愴的畫面：

「我抱著我的寶貝，傷心地看著她那灰暗的雙眼，已了無生氣，不禁哭了出來。於是她用她那小雙臂緊摟著我，用盡力氣安慰我。她一整天不停地說：『我親愛的媽媽哭了！』我整夜陪著她，那真是難過不安的一夜！早上，我問她要不要喝她平日喝的肉湯，她說好，可是嚥不下去。她費盡了全力對我說：『如果我喝了，妳會更愛我嗎？』

於是她全喝了。不料喝了以後就不對了！我見她痛苦極了，不知如何是好。她看到一瓶醫生給她的處方藥水，想要喝下去，還說只要把藥喝下，馬上就會好的。然後，十點一刻的時候，她告訴我：『再過一會，我就會好了，立刻就好……。』就在那時，她的頭突然倒在我肩上，兩眼也閉上了，五分鐘以後，她就走了……。

我永遠不會忘記這一切，誰也沒有料想到會這麼快，她爸爸更沒想到。在他出差回到家裡，看到他的艾蘭死了，不禁大哭，邊喊著：『我的小艾蘭！我的小艾蘭！』然後我們倆一起把她獻給了好天主……在安葬她以前，我一直陪在她身邊，我看著她，見她死後比生前更漂亮。我親自給她穿好衣服，把她放進棺木。我覺得我也要和她一起去了。我不許別人碰她。」

全家人都籠罩在悲痛之中。兩個住校的姊姊也痛哭她們的最愛。爸爸的心都碎了。自此小艾蘭一直活在他的腦海裡，很多年後，大家還聽見他吟唱著夏斗白央的那首悲戚的抒情詩：

啊！誰會把我的艾蘭還給我？
還有我的山岳和橡樹？
每天回憶縈繞我心
令我悲痛萬分……。

馬丹夫人呢，她的傷痛實在令她心碎。她在一八七〇年三月二十七日這樣寫信給她的弟妹：

「有時我想像自己也和我的小艾蘭一樣，會慢慢地走了。我確實對此生已了無興趣了。自從這孩子走了以後，我那麼急切地想再見到她。然而，她不在了，只是還在的孩子仍需要我。於是我求天主讓我再留在此世，多活幾年。

我捨不得兩個兒子離我而去，可是艾蘭的死讓我更加傷心。我剛開始享受她的可愛，她的親熱，她那早熟的聰敏！我每一分鐘都在想她。給她上課的修女曾說，像她這樣的孩子是活不長的。罷了！她已在天上了，比在地上幸福得多了。然而，對我來說，我的全部幸福都飛走了。」

於是她努力想要振作起來。從往見會帶給她那充滿希望的訊息，現在看來，好似曙光乍現，預告聖女小德蘭的光榮：

「我親愛的妹妹，我見到妳的信德如此堅強，妳如此順服於天主的旨意，我真高興！妳馬上就可以再見到現在妳所哭泣的孩子了。的確，妳的花冠會很美，非常之美。妳的心如今在痛，然而，由於妳接受了天主全部的旨意，從妳的心底將升起一股芳香，能使天主的聖心歡愉……。

妳絲毫不動搖的信德和對天主的信賴，有一天會得到絕佳的報償。要堅信主耶穌會降福妳，妳現在有多少苦，祂就也會給妳預備多少安慰；因為，如果好天主對妳滿意，要給妳的孩子做大聖人，來滿足妳光榮祂的心願，難道祂不會好好地賞報妳嗎？」

再說，面對這麼一大家子的人，做母親的哪有時間一直埋首在悲痛之中？生活的步調不斷在推著她前行，心裡的空虛逐漸被現實的生活充滿了。父母親的眼皮上刻有對逝去兒女的傷痛，現今只全心全意照顧好還在身邊的人。他們把地上的家庭和在天上的家庭相互美好地團結在一起了。

由於這種超越死亡的相互交融，有一天，馬丹夫人有一種直覺，幾乎是身體上的感覺那麼真實。她忽然想起小艾蘭有一次不經意地撒了個小謊，她想起自己沒有讓她去辨告解，因而痛苦地不斷自責。想到因自己無意的疏忽會讓孩子也許遭受煉獄之苦，她簡直無法忍受，於是她向家裡的聖母祈求，以擺脫這個苦惱。這尊聖母像的手指因為被人不斷親吻而斷落，已經換過好幾次了。無原罪聖母立即讓她聽見一種既神祕又極溫柔的低語聲：「她在這裡，就在我身邊。」聽到這回答後，苦惱即刻消散了。一種莫名的歡樂湧上這位母親的心頭，同時她對做母親的聖召也有了更崇高的觀念。

母親放下心來，心情歸於平靜後，就把她全部的慈愛都專注在小賽琳身上，即刻把她從奶媽家帶回家來。一八七〇年三月六日她給弟弟的信裡，這樣說：「有她在身邊，給我們帶來些許安慰。此外，我上街只有一個孩子在身邊，是不行的。」馬丹先生因此也非常高興，因為小寶貝奇怪地對他特別親熱。馬丹夫人一八七〇年六月十日給弟妹的信裡這樣告訴她：「只要有她爸爸在，沒有人能抱她。她會用盡力氣叫喊，只要爸爸抱。別人要用大力才能把她從她爸爸手上奪走。」這不是一個遙遠的前兆嗎？因為在父親晚年痛苦、屈辱地在病中掙扎時，不是只有賽琳能如守護天使般地侍立在父親身邊嗎？

第五章 狂風暴雨中的家

法國的一八七〇年在多種灰暗的徵兆下展開。拿破崙三世的帝國因意外事件、烏托邦空想和軍事失敗而積弱不振。帝國傾向「自由主義」，既失去了威信，也沒有贏得民心。拿破崙三世本人在被病痛侵蝕之下，更是毫無作為，只被自己的幻想所愚弄。天主教友們焦慮地看著阿爾卑斯山的另一邊，那邊的義大利人繼承卡浮①的政治理想，要在教皇帝國的廢墟上，建立起團結的義大利。頭腦清楚的愛國者想知道在萊茵河國界後面的普魯士想做什麼，因為他們在鐵血宰相俾斯麥的帶領下騷動沸騰，有如一個興盛的兵工廠。精明的觀察家對法國的社會深感憂心，因為見到巴黎周圍日漸增大的無產階級正在奮爭，他們生活困苦，淪為沒有信仰之輩，且其行為已到了傷風敗俗的境地，給革命分子提供了最佳的宣傳資料。前人曾說「法國嘆：好無聊」，現在則是「法國憂：心焦焦」。

1. 譯按，Cavour，義大利政治家，1810—1861。

瑪麗-梅拉尼-德蘭的生與死

馬丹夫人讓男人們去討論這些惱人的問題。對於她來說，她全力以赴的是她的工作，其中最美好的一項，就是「為人母」。一個新生命即將來臨，使她喜不自勝。她一八七〇年二月十二日給弟妹的信裡，這樣說：

「想到今年八月我們倆會各有一個男孩——至少我這樣盼望——就開心極了。不過，不論男孩女孩，總要以感恩的心來迎接好天主所給的，因為祂比我們更知道我們需要的是什麼。讓我深感苦惱的，是我還得把孩子交給奶媽，要找一個好奶媽可真難啊！我多想有個奶媽住在家裡，可是不可能，家裡的人已經夠多了！我想反正好天主會幫助我，祂知道不是我懶惰不肯奶孩子，我從來就不怕吃苦。我昨天和甲太太談到妳，她認為妳很幸福，希望自己能跟妳一樣。有人建議她去露德朝聖，祈求天主賜她孩子，而她則宣稱她不要去，因為怕孩子太多；同時因為她愛玩，她情願一個也不要，免得做孩子的奴隸。」

在最後這句語帶諷刺的話裡，我們不難猜想到馬丹夫人對於這種在生命面前的怯懦深感多麼不齒！她認為新馬爾薩斯人口論②的算計是該詛咒的，那是折損理想的行徑，是放棄偉大前景的觀念。詩人雨果③那激動的斥責，正可以代表她的心聲：

2. 編按，1798年由英國牧師、政治經濟學家、人口學家馬爾薩斯（Thomas Robert Malthus）發表：世界人口數量將以等比成長，但糧食產量僅以等差增加，兩者數量差異將導致飢荒與戰爭。
3. 譯按，Victor Hugo，1802—1885。

主啊！邪惡在凱旋中得意洋洋，
請保護我，護祐我所愛的人，
兄弟、父母、朋友，甚至我的敵人，
主啊！讓我們永遠不會見到，
夏日沒有朵朵豔紅花，
鳥巢中沒有小鳥，蜂箱中沒有蜜蜂，
家裡沒有孩子。

一八七〇年八月十六日，女兒瑪麗-梅拉尼-德蘭在激烈的戰事中誕生。就在第二天，本應做她代父的好友拉構夫（Henry de Lacauve）在聖皮瓦（Saint Privat）之役於戰場上受傷被俘，無法見到他的代女。他從被囚禁處寫了一封動人的信給孩子的父親，稱他為「我的好兄弟路易」，信裡充滿悲憤之情。

母親這邊呢，在這第八個孩子出生後，她較以往更是勇氣百倍，決定親自餵奶，結果卻還是不成。她希望至少能找人就近帶著寶貝，於是就在阿朗松附近找奶媽。找了很久以後，終於找到一個就住在附近巴耳路的婦人。結果不妙！這個人辜負了馬丹家對她的信任，竟然讓孩子日趨衰亡！馬丹夫人見此情境，立刻帶孩子回家。馬丹先生連夜在埃蘆（Héloup）找到另一個奶媽：她卻臥病在床，起不了身。可憐的母親眼看著她的德蘭在兩個半鐘頭的彌留時間後，在自己懷裡嚥氣了，那是一八七〇年十月八日。馬丹夫人當天就寫信給弟妹告訴她這個意想不到的慘況：

「妳真想像不到她受了多少苦！我傷心悲痛極了，我那麼愛這個孩子！每次一個孩子死去，我總覺得我愛這孩子遠勝過其他孩子。這個孩子可愛得像一束花，而且是我親自照顧她的。啊！但願我也死了才好！我這兩天以來累到不行！兩天沒吃什麼，連夜沒合過眼，就怕有個閃失……。」

她一八七〇年十月又寫信向弟弟傾訴：

「她是那麼漂亮的小女孩，她的眼睛之美是這個年紀的嬰兒絕不會有的，她的臉那麼清秀……誰能想到她竟然會把她餓死！不是太恐怖了嗎？妳不知道我當時帶她帶得有多高興！我當時感到的幸福快樂好像她是我的第一個孩子一樣……算了，一切都完了，沒有辦法了，我只好接受了。這孩子現在是快樂的，這讓我稍感安慰。」

母親的本性又開始專注於尚留在身邊的孩子們了。她津津有味地繼續寫這封信：「小賽琳跟人親熱極了，她已經開始說話了。每天我悲嘆我的小德蘭不在了，不禁說出：『我可憐的小女兒！』賽琳立刻跑過來纏著我，以為我在說她呢！她到處找她妹妹，還不停地喊：『妹妹』！」

不認識馬丹夫人的人會以為她冷漠：因為在重大打擊之下，她哭不出來；她非常有力地控制住自己的悲情。她忙於家事，好像沒事一樣。只有她的親人才感受到她內心那肝心俱裂的傷痛。當一家人去公園散步時，她刻意避開巴耳路。只要眼見這個路名，她就想起那惡毒的奶媽，那時她的創傷會再度刺痛她，使她難以忍受。她的親人擔心這些重大的考驗接踵而來，她已經虛弱的身體如何受得了，會不會造成危險？她虔誠的修女姊姊在這悽慘之年的諸聖慶日，給妹妹抄寫了一些自己看聖書時認為是好的摘文，來安慰她：

「我想我要寫的這些片段會對妳有益的。波城加爾默羅會可敬的聖體瑪格麗特修女說：『聖嬰孩在天上有很大的權能，領過洗的嬰孩在死後會共同組成一個宮廷。』法波神父則宣稱：『這些嬰孩在天主教會裡組成另一個獨立分區，他們持續不斷地以絕妙的方式愛天主，侍奉天主，是我們難以窺其深奧的，他們離天使王國很近。』這同一作者在別處又說：『有幾個孩子只屬於天主（就是祂從世間取走的孩子），他們在天上比其他孩子更愛自己的母親。有這樣孩子的母親是有福的，我們稱她們為天主的春日花朵。』

因此，妹妹，妳要勇敢，妳那些寶貝現今在天上和全部聖人一起圍繞著羔羊的寶座，因為離開了此世，避開了此世的危險，而滿懷喜樂。」

馬丹夫人與這些超性的信念完全相通一致。一八七七年三月四日這天，她寫信給女兒寶琳：「我孩子中的四個已安置妥當，至於別的孩子，不錯，他們也將進入天國，只是要帶著更多的功勞，因為他們要在世上做長時間的戰鬥。」在一封給她弟妹的信裡，她才表明了自己心底的理念。弟妹剛生下一個兒子，不久就夭折了。要安慰這位遭受喪子之痛的母親，馬丹夫人寫下了感心動耳又刻劃入微的心聲，那是一八七一年十月十七日的書信：

「妳剛遭遇到的不幸讓我深感悲痛，我知道這痛苦有多難耐，這是妳的第一次，我求好天主給妳力量，勇於接受祂的聖意。妳的小寶貝已在祂的身邊了，他看著妳，愛著妳，有一天妳將和他重聚。這是我以前感到、現在仍感到的巨大安慰。

當我給我的寶貝們閉上眼睛又埋葬他們時，我的確悲痛難耐，可是每次終於在最後也都接受了。我不後悔曾經為他們忍受過的操勞和操心。很多人告訴我：『如果從來沒有生過他們會好得多了。』我不能忍受這種說法。我認為自己的操勞和操心算不了什麼，孩子們現在享有的永遠福樂才更重要。再說，他們不是永遠不存在了，其實生命短暫又充滿災難，我們很快就要和他們在天上重聚了。

在我第一個孩子夭折後，我特別真實地感到有了孩子在天上有多麼幸福。因為好天主以一種有感的方式給我證明祂接受了我的犧牲。由於我這小天使的代禱，我得到的恩典是多麼奇妙啊！」

接著她描述上文所提到關於小艾蘭經由剛去世的弟弟之代禱而得到痊癒的往事。她從心底湧出的結論就是：「妳看，弟妹，有小天使在天上是多大的福氣啊！當然對母親來說，孩子沒有了，給她帶來的是巨大的悲痛，然而，這就是多災多難的人生啊！」

＊ ＊ ＊ ＊ ＊

不多久以後人人要哭泣的是國家的淪喪了。在俾斯麥的領導下，戰爭部長魯翁④和軍隊總司令毛耳開⑤所精心訓練的精銳部隊，很快就搗碎了法國的防線，法軍雖然奮勇抵抗，也抵擋不住他們的凌厲攻勢。麥茲城（Metz）失守，塞當城（Sedan）投降以及第二帝國的落敗，是造成今日災難的三個階段。為了營救被敵軍占領的巴黎，法國國防部以驚人的速度組建了軍隊。法國西部，按照魯瓦（Loire）的兩個軍團對情勢的評估，而逐漸成為作戰區域。所謂戰事，只是敵軍的闖入和掠奪，並非廣大面積的占領。因為情勢還不致於糟到需要動員數萬人投入大戰，如果到那時，就會使整個國家戰敗而任人宰割了。

4. 譯按，Roon，戰爭部長，1803—1879。
5. 譯按，Moltke，軍隊總司令，1800—1891。

一八七〇年，在戰火中的阿朗松

從十一月中開始，奧耐（Orne）省就進入了高度警戒狀態。馬丹夫人給弟妹的信裡解釋當地的情勢，看來好像是一九四〇年元月的情境，「歷史就是不斷地重新開始」，這話真不錯。她一八七〇年四月三十日給弟妹的這封信是在普魯士軍隊占領下寫的，心中滿是出自愛國情操的焦慮，卻也帶著些許調皮。即使在極度危險的情勢下，法國人愉快的天性絲毫未改：

「這個月的二十二日，阿朗松突然響起了警報，普魯士軍隊第二天就要來了。城裡幾乎一半的居民都匆忙離家去別處避難。我從來沒見過大家如此憂傷，每個人都把自己的寶貝藏起來。我家附近有一個先生把他的寶貝藏得太隱密了，連自己都不知道藏在哪裡了，於是三個人用鏟子翻了一個上午的泥土，到現在還在找呢！我不怎麼害怕，沒有什麼會再把我嚇倒了。如果我想逃，就會直接去你們家，可是我先生獨自一人可就難為他了，我也不會放心，所以最好還是留在原地不動。普魯士軍人去了白蘭城（Bellême）和附近的村莊，搶奪了不少東西。其中一次竟成了笑話。妳想想看，他們中有人搶到了農民的一頭豬，這農民費盡力氣捍衛他的豬，我看即使是他的親生孩子，也不可能讓他更努力奮鬥了。當兵士把豬綁在馬上往前跑時，這人用盡全力抓住豬的尾巴跟著跑，豬總是還在自己手裡啊，不意那兵士用軍刀用力一劈，豬跑走了，尾巴還留在農民手上！

軍隊從白蘭城出來，要來阿朗松，他們先經過馬麥（Mamers），然後忽然轉向了，又往芒斯去了。他們的人數是兩萬人。」

現在母親擔憂的是在芒斯的兩個女兒瑪麗和寶琳了，她們在學校住宿，然而不可能去接她們回家，因為鐵路已被軍隊徵用，公路上不平安，而且滿是運兵的車隊。

至於馬丹先生，他血管裡流著的是軍人的血，他切身體會到國家的屈辱，雖然年齡已達四十七歲，仍悔恨沒有加入法國正規軍參加作戰。馬丹夫人在一八七〇年十一月三十日給弟妹的信裡這樣寫著：「現在四十到五十歲的男子仍能被徵召入伍，我幾乎感覺到這一天就會來到。我先生絕不會反對，他也不會為自己請求免除兵役，反而常說，如果他還是單身，他早就去參加法國游擊隊了。」他的這種想法使做妻子的不免難過，然而她還是很驕傲地接受這種犧牲。她聽說市內有一位太太把丈夫藏起來，成功地躲過了兵役動員，不禁喊說：「怎麼可能做出這種事來？」其實她自己也是軍人世家出身，天生英勇無畏，認為這種怯懦的行為的確可恥。

當時上級把阿朗松列為防守區。於是偵查小隊藏身在樹林裡窺視敵軍的動態，這偵查小隊就是法國的游擊部隊。如果被敵軍發現，一定會被槍斃。馬丹先生陪著他們，和他們一起監視，直到德國人突然侵入的威脅暫時排除，於是監視任務完成，他才離開他們回到家裡。

不料情勢很快地就急轉直下。在法國這邊，由巴拉丁將軍[6]所率領的左翼軍隊在波耐（Beaune-La-Rolande）和魯阿尼（Loigny）都打了敗仗，尚茲將軍[7]重組殘軍，領導抗敵達五個星期之久；從馬士諾（Marchenoir）直到薩特河（Sarthe），不斷和敵軍糾纏作戰，可惜最後仍不敵德軍。德軍參謀長形容法軍節節敗退為「地獄式的退縮」，極言其死傷慘重。馬丹夫人再也忍不住了，認為女兒們有危險了，決定冒險去往見會把她們接回家。十二月三十日，她寫信給弟妹告訴她此行的所見所聞：

「到了芒斯，只見一片悽慘和破壞，看了讓人難過極了，悽慘之甚是從來沒有見過的。與我們的幾個城市相較之下，我們的真不算什麼，要在芒斯親眼目睹，才知道這次戰事帶來的是何等可怕的災難。姊姊告訴我的一些事，聽了讓人心如刀絞。只在芒斯的收容所裡，就有數十個可憐的傷患死去，每天埋葬的人數竟然可達八十人之多。救護車到處在忙著救人。學校和所有修會都得收容傷患。我到往見會的一刻鐘以前，就有芒斯市政府的官員來預先告知修女們，要給她們送來三十個傷患……芒斯的救護車被全部徵用以外，滿街跑的更有紅十字會的車。幾乎所有富有人家的大房子裡都收留了病人，就連甲夫人也不例外，她收容了一個患痢疾的士兵，

6. 譯按，Aurelles de Paladine，1804—1877。
7. 譯按，Chanzy，1823—1883。

已經快不行了。天花也到處在流行。」

敵人的鐵騎繞著阿朗松進逼而來。魯瓦的第二支部隊在一八七一年一月十一日在芒斯前遭到敵軍慘烈地粉碎。這部隊的殘軍逃到了拉瓦城（Laval），好似有天助，竟然把敵軍擋在了城外。現在輪到奧耐省被侵入了。在省會阿朗松，戰事在慌亂中開啟。省長下令在三座橋下埋上炸藥。準備工作於是快速地進行，後來因居民請願，怕因爆炸而受害，才中止進行。馬丹家正住在離新橋幾公尺之處，大家要預防爆炸，就急著把地區居民全部撤退到地下室，小女孩們也都拿著凳子和書本躲進了地下室。

法國國民自衛隊被召集來到城裡。大家對全民入伍的能力仍有信心，認為只要立刻武裝國民自衛隊，——他們都只是男子而非士兵——，就能阻止敵軍的進攻。馬丹夫人在一月十七日的一封信裡敘述了這場雙方實力不相等的戰鬥：

「所有的居民都滿懷憂愁，大家都沮喪極了，因為我們少數的國民自衛隊要去攻打離城四公里的普魯士軍隊。我們聽到從不同的三路傳來的大砲聲：馬麥公路、奧內（Aunay）公路和芒斯公路。砲聲隆隆不斷，直到下午六點鐘。

這些可憐的傷兵回來了，有的沒有了腳，有的沒有了手，我看到有一個滿臉是血。總之，傷兵之多，全部救護車都是滿的。還不清楚陣亡了多少人，他們中有許多是游擊隊員。

我們的人員這麼少，要他們去抵抗敵人，這合理嗎？而敵人又是我們親眼所見那麼精銳的部隊，那不是送他們去被人屠殺嗎？沒有人想像得到普魯士兵士的裝備看來是那麼令人生畏。只見他們的軍隊舉著黑色旗幟，頭盔上還有一個死人頭，看了就讓人感到是不祥之兆。怎麼大家都不肯承認這場戰爭是一種懲罰？」

在短暫的一陣轟炸以後，一個木材工地和好幾間房屋起火燒掉了。當馬丹一家人在地下室避難的時候，砲彈的彈片落在附近地區，一個彈丸打穿了鄰近一間房屋的正面。德軍接著就進了城。他們在新橋路上遊行了好幾個小時，人數大約有兩萬五千人。他們被城裡的抵抗激怒了，要強迫阿朗松付出天文數字的戰爭負擔。勒官特（Eugène Lecointre）市長勇敢地拒絕了。敵軍更生氣，就威脅要洗劫阿朗松作為報復，市長大膽地回答他們：「這是我家的鑰匙，從我家開始！」「威力勝過權利」（「La force prime le droit」，譯按，這是俾斯麥的格言）戰勝者被這種態度深為感動，就讓步了事。

居民還是得收留這些敵軍。馬丹夫人趁著信件恢復通行，趕緊在一八七一年一月十七日把信寄往里修，告訴弟妹這些悲慘日子以來的點點滴滴：

「星期一，快三點鐘的時候，所有的門上都寫上這家人要收留多少個敵軍；一個大中士來到我家，要求看看我們家。我把他帶到二樓，同時告訴他我們有四個孩子，他於是沒有想再上三樓，我們算很幸運。最後，他決定派給我們九個人，這算是很不錯的了，因為在我們這個區，有的小店主只有兩套房間，就要收留十五個、二十個，甚至二十五個……。

我不跟他們客氣；他們要求太多的時候，我就說不可能。今天早上，他們帶來了一大堆肉，是足夠給三十個人吃的，我現在正在給他們煎著呢。

既然敵軍來了，我們只好把二樓全部讓給他們，自己家人都擠在樓下。我沒辦法告訴妳一切，不然要寫成一本書了。

由於市政府拒絕支付給他們戰爭負擔，他們就威脅要報復我們。最後，是麥郎布的公爵站出來，答應給他們三百萬法郎用以買大量的物品給他們，才解決了問題。於是周圍的牲口都給他們帶來了。我們居民可糟了，沒有地方買得到牛奶了，我的小賽琳怎麼辦？她一天要喝一公升呢，還有很多有很小孩子的母親，她們該怎麼辦？到處的肉店裡也沒有肉了。總之，全城的人都陷於悲慘之中。大家都在哭，除了我以外。」

馬丹夫人沒有說的是，她和丈夫在他們超性化的愛國心裡，會把對抗邪惡的勇氣和排除仇恨的基督精神結合起來。因此，在住在他們家裡的九名敵軍中，她看出有一個比其他人更和氣、更體貼的人，臉面上帶著遠離親人的流放之苦。她立刻找機會和他交談，甚至私下給他一些溫暖，讓他感動不已。

至於馬丹先生，他則努力防止有人掠奪物品，在店裡也排除他們過分的要求。一個德國士兵要在他的珠寶店裡偷東西，他立刻強力挺身擋住，制住了他的反抗，把他丟出門外，並向軍方上級提告。第二天他聽說有一個士兵因相似的行為而被槍斃，以能殺一儆百；於是他趕緊向軍方上級請求赦免他頭一天所提告的人。他在敵人面前展現了我們法國人的善良又富有同情心的一面，這份心思再加上基督徒之愛，而把他們的為人提升到了更高尚的優美境界。

對於這位從小就熟悉拿破崙傳奇的軍人之子馬丹先生來說，國家淪落到這等境地，對他的打擊之殘酷絕不亞於他妻子。她在一月十七日的信裡向弟妹特別提到：「我先生的情緒低落到了極點，他吃不下，也睡不著，我想他快要病倒了。」

就在他寫以上這幾句話的時候，一個神祕的事件發生了，給了天主教徒們莫大的鼓舞。當時她在報紙上看到了這則新聞，她立刻叫她的丈夫，激動地告訴他這個好消息：「聖母瑪利亞在蓬曼（Pontmain）顯現了！我們有救了！」

教會的上級很快就證實了這則初期以為是謠言的新聞。原來在位於郎迪未（Landivy）南方六公里的蓬曼小鎮，於一八七一年一月十七日的晚上，在滿天星斗的天空裡，有幾個孩子看到一位穿著藍色衣服的美麗女士，除了聖母還能是誰！

一隻看不見的手在她腳下寫下了金色的字：「我的孩子們，祈禱吧，天主馬上會俯允你們的，我兒子已被你們感動了。」原來就在這同一天，在聖布里厄（Saint-Brieuc），希望聖母慈善總會向該會主保發了隆重的願，願聖母保護布列塔尼地區免遭敵軍侵入。同時在巴黎的全勝聖母大殿內，群眾在祈禱中也許了正式的願，祈求戰事儘快結束。誰知就在聖母顯現的當夜，敵軍的第二十分隊，由斯密特將軍（Schmidt）率領，正要侵入拉瓦城，而此城只有極少數的法軍殘兵鎮守。不料這位將軍突然接到命令，沒有說明理由，居然命令他們立刻撤退。敵軍的侵入攔住了，於是居民開始回流了。布列塔尼的土地因而完好未被侵害。十天以後就有了停戰協定，接著就開始和平條約的預備性談判，最終簽訂了《法蘭克福條約》（*Traité de Francfort*）。

只要有上天對法國一展笑顏，新橋路馬丹一家人的樂觀情緒就立刻覺醒了。在他們這次戰爭中所造成損失的清單裡，就物質方面來說：家具被破壞得不成樣子了，債券無法兌現，商店一時也必須停業。家裡以前習慣性的整潔、勤儉和工作，現在都在逐漸恢復，並趕緊著手補救各種毀損。

物質方面以外，精神方面的創傷就更深了。馬丹先生不斷哀哭他年輕時所深愛的美麗阿爾薩斯，還有萊茵河畔的珍寶斯特拉斯堡（譯按，這兩座城市在條約中都割讓給了德國）以及該城主教座堂那衝向天際的鐘樓，經常有鸛在那裡群聚棲息。

後來有蘇比斯⑧的可愛歌謠，稱：「鸛是來自法國的鳥類」，並把牠排在所收集目錄中的第一排。馬丹先生的愛國心不是短暫的情緒，他相信自己的國家，相信法國的偉大及其使命。他的心會再痛——馬丹夫人在一封信中也曾表明了那是他們共同的悲憤——就是在災難結束的第二天，為了籌措戰爭賠款，在里修和阿朗松，大家想了一個最好的辦法，決定以車馬行列及化妝舞會——在陣亡將士的墳墓上跳舞，來大力宣傳並支援各界努力捐輸。

＊　＊　＊　＊　＊

馬丹夫人在今後三年的書信裡，顯示出一般人的苦惱與天主教友們的焦慮。法國政府由於戰敗而毫無頭緒，正在努力找到平衡與安定，而全國重要人士的各方人馬則趁勢爭權奪利。巴黎的無產階級正在激情地抵抗政府，暴動持續了兩個多月之久，直到殺害了人質。在無數誤解的保護下，一股反教權的浪潮逐漸湧向全國；同時社會問題一直無解，讓共產主義者輕易取得了上好的宣傳資料。

社會變遷所造成的種種威脅

在一些保守派的人士中，瀰漫著一片恐懼的情緒。天主教中的小部分激進分子則瞞著教會人士的一切管控萌發出一種神祕思想，並發出多種預言。而全國的許願在吉拜主教（Mgr Guibert）的支持下，全力籌措資金以建造蒙馬特聖心大教堂⑨，

8. 譯按，Soubise，移居英國的法國貴族。
9. 譯按，Sanctuaire de Montmartre，1875年開始建造，要到1923年才完成。

祈求耶穌聖心保祐法國。這個時期又顯示出了信仰的偉大展現：有梵蒂岡衛兵的英勇，有無數人為在囚禁中的教宗不斷祈禱。原來在一八七〇年九月二十日義大利王國占領了教宗國都城羅馬，那時教宗碧岳九世憤慨至極，自囚於梵蒂岡城內，以示抗議。當時梵蒂岡尚不是國家，要到一九二九年二月十一日，教宗碧岳十一世之代表與義大利國王之代表在拉特朗宮簽署《拉特朗條約》（*Les accords du Latran*）才結束了雙方的敵對。義大利政府承認教宗所在梵蒂岡這塊四十四公頃的土地為一主權獨立的國家，稱為「梵蒂岡城國」，教宗則為此城國之元首⑩。他們高唱著：「因耶穌聖心之名，祈求主拯救羅馬，拯救法國！」

在這種氣氛和情況下，應該看一下馬丹家的超性理念會有什麼反應。看到了「血腥週」的結局，馬丹夫人在一八七一年五月二十九日寫信給在里修的弟弟：「我身體很好，只是心情不好，尤其是今天上午知道了在巴黎的情況，讓我難過極了！我剛聽說昨天巴黎公社員將總主教處死，又槍斃了六十四位神父，怎不讓人捶胸頓足！」

股市立刻崩跌，貸款凍結，資金是不可能回收的了。沒關係，馬丹夫人一八七一年五月二十九日寫信給她弟妹：「這陣風暴過去以後，我們只好把剩下的殘餘收集起來，用這點錢好歹過日子。」還得想到孩子們的需要。專家們對將來的預測總是既黑暗又精確，因此努力工作又付出犧牲的結果，只拿到票據，可是一次

10. 譯按，譯者引自《恆毅》雙月刊第643期，民國一一一年十二月號，江國雄，「聖座外交的本質與使命」，第7頁。

又一次地預測票據到期可以兌現，結果卻都無法實現。後來她對這些預測越發不相信了。在一八七二年七月二日她給弟弟夫婦的信裡，這樣說：「我已決定不去理會這些預測了，我開始變得不輕信人了。我認為只有天主才知道什麼時候會發生什麼事情，別人以為早看到的什麼趨勢，結果證明他什麼也沒有看到。」她自己也不願再探究局勢會怎麼演變，只靜待雲清霧散、一切明朗化了。

她信裡有時會冒出對君主主義的希望，她驚訝於有人竟敢斷言法王亨利五世[11]已改變自己的理念，去迎合革命人士的原則，這讓她非常氣憤。然而，在政治問題之前，馬丹家人在晚飯後散心時所熱烈討論的，還是耶穌基督和天主教會。一八七三年五月，馬丹先生寫信給女兒寶琳：「妳要為夏特大教堂[12]的朝聖團祈禱，我也參加，團中有許多我們美好法國的朝聖者，我們將齊聚在至聖童貞聖母腳下，求她轉求，讓我們的祖國能表現得配得上其光榮的歷史，她太需要有人為她祈禱了。」朝聖團的成員有兩萬人之多，要一同步行穿越波賽隆大平原[13]，到達這敬禮聖母的發源地之一，其鐘樓完美無瑕，直衝天際。朝聖者比預期的多太多了，床位不夠，只好睡在稻草上，或留在教堂內。馬丹先生整夜都在地下室的小聖堂裡，有彌撒一台接一台，從子夜一直到第二天的中午。朝聖結束，他回到了家，心裡充滿希望。

在虔誠合十祈禱的群眾旁邊，有另一群樂觀者，他們把憂愁拋在一邊，以尋歡

11. 譯按，Henri V，年僅九歲即登基，1820—1883。
12. 譯按，La Cathédrale Notre-Dame de Chartres，是當地的主教座堂，特敬聖母瑪利亞，是哥德式的偉大建築，於十三世紀建成，其藝術及建築成就，是法國人的驕傲。
13. 譯按，La plaine Beauceronne。

作樂來驅趕內心的恐懼。一封一八七三年三月九日給她弟妹的信裡，馬丹夫人以她的方式來斥責這些人：

「我要告訴妳一件趣事以能博妳一笑。甲太太辦了一場化妝舞會，轟動了整個阿朗松，無人不說：太好了！太棒了！沒得比！阿朗松有史以來，從來沒有過如此盛大的舞會！

甲太太自己扮成皇后，頭戴金色后冠和飾有點點星斗的頭紗。乙太太呢，她代表『瘋狂』，穿著一襲印度黃的洋裝，緊緊地綁在身上，看來十分滑稽。當她看到與其他婦人的盛裝相比，自己那可笑的模樣，直羞得她無地自容。

這些細節都是參加了這場盛大舞會的人告訴我的。他們跳舞要跳到清晨五點鐘才結束，最後還有極豐盛的餐會，結束了以後，客人才各自去睡覺。

會客室的地板是經過支撐的，否則這些人跳著舞就會掉到樓下去了。我剛才忘了告訴妳，這些客廳是用花環和長春藤樹枝裝飾得那麼美輪美奂的。多可惜啊！費了這麼多事，花了這麼多錢，最後只落得被人嘲笑。」

現在是這副雙連畫的另一面了，說的是階級的鬥爭，也描述得可圈可點。這時馬丹家已搬到了聖布萊絲路，馬丹夫人在一八七三年十一月三十日這樣寫信給她的女兒瑪麗和寶琳：

「一位夫人的馬車停在省政府前面，就在我們家對面，沒想到竟會有這麼一件事發生在她身上。馬車伕穿著飾有毛皮的體面制服。一個衣衫襤褸的人手裡拿著一個帆布袋，從他們面前經過。他停下腳步，端詳了那個車夫，又仔細打量了那位坐在車內的夫人，就往開著的車門走過去，然後打開他的袋子，把袋子裡面的東西全部倒在那位夫人的懷裡。

她立刻發出了可怕的尖叫聲，馬車伕趕緊過去要幫她，路人也都跑過去要看個究竟。只見這位夫人神經緊張地邊叫喊邊扭動，原來有二十隻青蛙在她身上爬，頭上也是！

這個壞人就站在前面，看著她不停地在掙扎。不一會派出所所長趕到，質問他為何做出這種事來。這人平靜地回答說：『我剛去抓了這些青蛙要賣，可是見到這位「貴族」和她穿著皮毛的馬車伕，我想還是打擊一下她的神經比賣青蛙要好。』結果他被關進了拘留所。他又沒偷沒搶！」

社會上在富有者和貧窮者之間挖下了一條設有路障的鴻溝，面對這種日漸擴大的對立情況，想知道馬丹家人有何感想嗎？那就要在以福音仁慈思想做為緩和劑、而發出的幽默性指責裡去找答案了。一八七七年四月二十九日馬丹夫人在給女兒瑪麗和寶琳的信裡，敘述了一場有表演節目的盛會，還有大人物發表談話呢！

「他們送出了兩百份邀請函給貴夫人，即人稱『美嬌娘』的貴賓，又送出了一些邀請卡給『不怎麼美』的平民婦人，並且周到地設置了障礙物，將這兩類賓客隔開。

有一位婦人，她兒子是演出項目的主角之一，卻只收到了卡，就說：『如果你們不讓我到有函的那邊去，我就去找我兒子，叫他不要演了。』然而，她沒能去到另一邊，也沒敢把兒子找來。只是全部有卡的婦人都因而忿忿不平。

為了防止有暴動發生，他們今天又辦了一次小型晚會，就不再有兩類賓客之分了。這些主辦人要讓大家都高興，可真難為了。當然，這次貴夫人們是不會來的，因為沒有給她們保留上位；可是讓自己孩子辛苦去表演的母親們也很氣惱，因為把她們棄置在最後一排。唉，人不管怎麼做，還只有在天上，窮苦人才能坐上首位，在地上是想都別想了。」

讓馬丹夫婦最憂心的，莫過於見到社會各階層裡日益擴大的「去宗教信仰」潮流了。在羅馬，在囚禁中的教宗遭在權的共濟會辱罵。馬丹夫人，在一封一八七一年九月五日的信裡說：「我堅信勝利很快就會到來，教宗將回歸原位。」可是年復一年，她的夢想總難以實現。在阿朗松，她指出反教權主義的種種不當行為：在一八七三年八月十五日聖母升天慶日那天，教友在街上遊行祈禱時，一些狂熱份子跑過來，對在隊伍中的馬丹夫人口出惡言，並衝撞遊行隊伍。馬丹先生呢，他去了露德朝聖，朝聖團回來時，即刻組成反示威隊伍。只見馬丹先生在隊伍中容光煥發，還帶著從露德岩石上刮下的兩小片做為紀念。他第一個從火車站出來，胸前戴著一枚小紅十字架。迎接他的是一群人的辱罵和嘲笑；而他，卻大膽地越過了障礙物，但是在他後面的幾個朝聖者，卻不幸被帶到警察局，被控以不當遊行的小罪。

＊　＊　＊　＊

母親的勇氣

透過無數次的各種災難，我們看到在馬丹先生從容又嚴肅的面容旁邊，馬丹夫人理想母親的形象愈來愈突出，也越發重要了。怎麼能不讚賞她呢？她身體虛弱，過早身患不治之症，又得了神經痛、偏頭痛，還時常發燒，她承認自己的面容有些日子會變得很嚇人。她在十四年內有九次懷孕生孩子，在六十四個月內遭遇過六次喪事，還不要說自己親為護士照顧了多少病人！除了家務以外，還要掌管花邊的生產事務，並在繁忙中宣稱自己曾從早上四點半鐘一直站到晚上十一點鐘。最後，除了一肩挑起家庭的重擔以外，還要因應經濟危機帶來的各種衝擊。面對這一切種種，她的信心從不動搖，她的好心情也從不改變。

有時她也不免承認自己累極了，以懷念的眼光投向修道院，那裡是她曾經一心想進入的地方。這種誘惑一下就消散了。她既然上了船，就得一直向前行，直到盡頭。她忠於自己的選擇，在第一個男孩過世前的幾個星期，就是一八六六年十二月二十三日，她寫信給弟弟，傾訴她的心情：

「我做這鬼阿朗松花邊也做得太苦了，它讓我所有的病痛都惡化到了極點。我能賺一點錢，不錯，可是，我的天啊！讓我付出的也太多了……我付出的代價是我的生命！我相信這工作正在縮短我的壽命，要是好天主不特別保護我，我可能活不久了。如果我沒有孩子要養，我會備感安慰，以喜樂迎接死亡，就像人家迎接一個大好晴天的美好黎明一樣。

我常常想到我那神聖的姊姊，想到她正過著平安寧靜的生活。她也工作，可不是為了賺那可朽壞的錢財，而是為了賺取天堂，只向天嘆息；而我呢，我彎著身子面朝地下，無限辛苦地只賺點我帶不走的銀子，我也不想帶，帶它在天上有什麼用！

有時我會後悔沒有像姊姊一樣進修道院，我馬上就想到：『如果那樣我就不會有那四個小女孩和我那可愛的小若瑟……。』不！我最好還是留在目前的位置繼續操勞，有女兒們在身邊。只要我和你姊夫一起到天堂，兒女們也在天堂，他們還比我更好，我就心滿意足了，別無所求。」

最後這段話點出了她的全部：為了家人的幸福，她已把自己釘在十字架上了。她告訴女兒寶琳，只要她爸爸先自己而昇天，女兒們也各自走上自己的道路，她就可以重拾往日的夢想，到往見會去，在那裡終老一生。目前她是家庭的奴隸，也是祢的「家庭之光」。為了善盡這首要的責任，她願意犧牲她最甜蜜的長時間靜禱，犧牲最適合她天生熱情的福傳工作。

她的生活奠基在對天主的全心信賴之上，在她一八六八年二月十四日給弟弟的信裡，她描述自己的這種心態，讀來好似出自她小德蘭的筆下：

「在我開始做阿朗松花邊生意的時候，我拚了命地幹，結果累到生病了，現在，我不那麼傻幹了，不再那麼擔心，只平安地接受所有現在發生和將來會發生的不幸事件。我告訴自己那是好天主允許的，就不再想它了。」——「大家都有苦，最幸福也不過是少遭難而已。在遭難時，最聰明、最簡單的做法，就是順服天主的旨意，預備好自己，以最勇敢的心態背起自己的十字架。」——「好天主給我聖寵，讓我心毫無畏懼，只有平安。」——「好天主是好父親，決不會給祂的子女擔不起的十字架。」

每天看著她如此寬宏大量，女兒瑪麗和寶琳在為妹妹的列真福品和宣聖的調查程序時這樣說：「我們的母親特別聰明又充滿活力，各種困難都難不倒她。」她的修女姊姊對弟弟坦言，怕親愛的仁麗在多重的打擊下會倒下去，然而「讓我有點放心的，是她有堅定頑強的信德和異常驚人的勇氣，多麼難得的女強人！逆境打不倒她，興旺也只淡然處之，她真了不起！」

馬丹夫人自己從來不問這些問題。她內心深知自己在世的日子不長了。她注意到別人在為她擔心，然而她總是猛力地振作起來，她寫道：「很多人以為我活不長了，但願他們都想錯了，因為我沒有時間死，我還有太多的事要做。」況且，在永恆的黎明之前，不是應該實現修女姊姊那先知性的直覺：最後要有「大聖人」昇起，做為這樣一位母親全犧牲的代價，成為她慈愛之心陶冶下的傑作？

第六章 家裡的小花

很多年以來，馬丹先生一直想減輕妻子的負擔，因為她得照顧一個大商店，外加要應付兩種生意帶來的麻煩。一八七〇年初，他的外甥勒里士（Adolphe Leriche）剛繼承了一大筆遺產，決定買下馬丹先生珠寶店的地產和新橋路的房子。賣了房子以後，他們到處找一處有大院子的房子，因為馬丹夫人要給女兒們有足夠寬大以供玩耍的地方，可是總是找不到。戰爭開打以後，過戶事宜又變得極為困難，於是他們只好退而求其次，住到聖布萊絲路的房子裡去，那是馬丹夫人在父親過世後所繼承的財產，一直空著沒有人住。

搬進聖布萊絲路的家

馬丹夫人稱讚丈夫把這間舊房子整理得那麼好。原來他一心要為妻子籌畫一個舒適的房子內部，把每個細節都做到盡善盡美。住家不就是一種鑲嵌著過去生活的聖髑嗎？說的更確切一點，房子不就是鑲嵌著過去，以能活化現在？住家不就是「穿著石頭外衣」的家，在有限的舒適設備下，品嘗生活在一起的快樂嗎？家裡的處處都向現在的眼光訴說著過去：掛在牆上的相片，相框裡的旅遊風光，先人臨終時吻過的十字聖架，結婚時收到的禮物：那尊聖母像；這張掛毯訴說著某親愛家人的喜好，某件家具包含著過去的點點滴滴等。在法國，由於缺少嚴密又大膽的平民住屋政策，有太多的骯髒陋室，讓大城市的面貌因而受損；而中產階級最可貴的傳統，就是喜歡裝飾、維護、珍惜他們的住處。

那是在一八七一年七月，馬丹先生搬出聖伯鐸（Saint-Pierre-de-montsort）堂區，搬進了聖母（Notre-Dame）堂區，他的母親還是住在珠寶店樓上的公寓裡，有孫子和她同住。進入聖布萊絲路——因為阿朗松人敬拜一位古代亞美尼亞的光榮殉道者布萊絲，而以他的名字來命名這條路——一座富有歷史價值的古堡立刻抓住遊客的目光：它的前方是路易十三世式的豪華大前庭，這裡曾經是各時代貴族的豪宅，現在則是省政府的辦公大廳。

在省政府對面，門牌是四十二號（以前是三十六號），有一個用寶石鑲成的銘文，向朝聖者說明這裡正是耶穌聖嬰德蘭的出生地。從外觀看來，這座房子簡單樸實，外牆是用紅磚砌成的，一樓有兩扇窗戶，窗外有百頁板用以遮陽，二樓有三扇玻璃窗，窗戶上方是典雅的拱形設計，窗外的陽台是全部用鐵欄杆圍住的，頂樓則只有一扇窗戶。房子的右邊有一圈鐵柵欄與鄰近的建築物隔開，左邊則是一間和它一樣安靜的房子。

第一眼看去，這個房子對於一個有很多孩子的家庭來說，似乎嫌太窄小了，馬丹夫人的父親曾經想把這房子加大，這個夢想一直沒能實現。一樓有三間：客廳、飯廳和廚房；二樓有三間臥室，其中兩間面向街道；三樓則有一間臥室和一間閣樓。樓下有一條鋪了石板的走廊，一直通到小內院，那裡有一個鄉村的石製洗衣池。走廊一直走下去變成了狹窄通道，與毗連建築的高牆形成了高低之勢，通道盡處是一塊四方形土地——可惜太小了！後院雖小，卻喜見鮮花果樹。牆邊種有花壇，另有水泥做成的一個正圓和一個半圓的水泥墩。貼牆則有梨樹行列。花園前的房子部分，築有一個簡單的棚子用來晾衣服，旁邊有一個小客房和一個放雜物的地方。整個房子的空間不算大，兩個大女兒住校，只有假期才回來，其他家人擠在一起，親熱地其樂融融。

當你跨進房子的門檻，立刻感到一片寂靜和祈禱的氣氛，有多少回憶立即從四方湧現！這裡就是前面的那一間，是客廳兼辦公室，馬丹夫人如她年輕時一樣，在第二扇窗前按羊皮紙上的原跡舞動著針線，並在此接待女工們。那邊就是那斜度很陡的樓梯，小德蘭在這樓梯的每一級要叫一聲媽媽。那裡呢，是小德蘭出生的房間，目前在旁邊建了一個祈禱室，和房間相通。在後院的這裡，是爸爸給小德蘭支起的一個小鞦韆架，那邊是紫藤棚架，小德蘭就在這棚下數著她的小善功，棚架旁是冬天壁爐要用的柴堆，然後就是賽琳的雞棚，她在那裡敏捷地抓住小白雞中那最小的，和牠一起玩耍。

進入這樣一個法國家庭，欣賞它的每一處，讓人感到無比溫馨，到處都流露著平靜、清新和溫情。馬丹先生在大門上安放了一塊大理石的牌照，上面刻著：「路易・馬丹，阿朗松花邊製作者」。這表示他要減少他鐘錶和珠寶店的業務，參與更多妻子的花邊製作，以減輕她的負擔。沒有工作坊，也沒有商品陳列架以吸引顧客，只是每星期四有做花邊的女工們來來往往，她們在這裡毫不感到拘束。

＊＊＊＊

等待德蘭

搖籃準備好了，千呼萬喚的「大聖人」可以來了：這是這個家庭的詩歌中最新、也是最後的一個詩節，其中有光亮與暗影交錯出現；而父母的心仍然清新活潑，也不會失去發出驚嘆的動能。在他們周圍，可能有些聰明人會竊竊私語：生了八個孩子，四個夭折，母親的身體又陷入危險的境地……是時候就此打住了吧？馬丹先生自己有時也不免焦慮不安，做母親的總是叫他放心：「不要怕，有好天主和我們同在。」從她的靈修精神裡不斷出現的一句話，就是：「好天主絕不會給人揹不動的十字架。」再說，她已經四十出頭，她先生也快五十歲了，在這成熟之年，兩人好似又重溫夫妻得到頭胎的喜樂，使兩人的心情變得多麼年輕愉快！她的第一個德蘭的靈柩剛蓋棺不久，她要另一個德蘭，好在她內找回第一個德蘭。然而在這之前，她在一八七一年五月二十九日曾寫信給她弟妹，以傾訴她所心懷的希望：

「好天主好像走錯了門，我失去了我上一個孩子，我能再有一個該多好！不可能的，我不可能再有了，現在再盼望也沒有用了。我的小德蘭不在了，沒有人能安慰我。夜裡，我常常想起來就睡不著。」

一個女性朋友笨笨地勸她要面對現實：「好天主一定是見妳沒辦法撫養那麼多孩子，才把其中的四個召回天國。」她立刻激動驚叫，並在一八七一年五月五日向弟妹報告這件事，同時說出她的超性異議：「我的看法完全不同……好天主是至高的主宰，祂要做什麼，不必預先問我是否同意；然後，直到現在，我完全可以忍受做為母親的一切辛勞，不斷把自己交付給祂的聖意。此外，有什麼可說的？我們在世不是來吃喝玩樂的，那些做此想的人是大錯特錯，一定會大失所望的。」可敬可賀的母性勇氣！她將得到的償報必定是非凡的。如果馬丹夫婦如世俗人一般，凡事遵循「理性」，那麼他們的花冠上將缺少一樣最美的珍貴飾物。天主的計畫常推翻人的小小算計，而將以非凡的償報給予這對了不起夫婦的盲目信德，那正是他們晚年的孩子，這第九個孩子將大力肯定他們的光榮。

一封一八七二年七月二十一日的信宣告了這令人雀躍的消息：

「我得告訴你們一個可能在今年年底就要發生的大好事件，目前只關係到我個人而已。如果我能把這個要來到我們家的孩子養大，我會非常高興，只要他和我還活著，他就不會離開這個家。我的身體這次比上次好得多了，食慾很好，不再發燒。但願這次孩子的一切都好，災禍是不會總來到同一家大門的。總之，願好天主的旨意承行於地！」

馬丹夫人在十二月十五日再次告訴弟妹，她的歡樂裡有憂慮閃過：

「現在我天天在等我的小天使，可是內心還是不安，因為還沒有找到奶媽。我見過幾個，都不完全合適，我先生也沒法決定要選哪一個；不是價錢的問題，而是怕找來家裡一個有問題的人……如果好天主給我聖寵，讓我能親自餵奶，那麼養他將是我莫大的樂事。我太愛孩子了，我生來就是為孩子的，然而是時候該打住了。我這個月二十三號就滿四十一歲了，人家這個年紀已經做奶奶了！」

她靜心甜蜜地等待著，有人將她的等待美稱為「將臨期」……在她向「將來」詢問時，好像聽見有一種聲音與她的聲音相合。她後來在一八七三年一月十六日寫信給弟妹談到她的小女兒時，這樣說：「在她出生以前，我注意到一件事，那是所有以前的孩子都沒有過的：我唱歌時，她也和我一起唱……這件事我只告訴妳，因為沒有人會相信有這種事。」害怕神奇陰影的人會說：那是來自女性虔誠的自我暗示；心靈簡單的人會說：那是感人的上天的介入。總之，那是小德蘭的和諧之靈與母親激動的靈魂，在母胎中暗自準備著德行和聖寵齊唱的甜蜜象徵。

妳深愛的胎兒跳動著！

那在妳內的小天使振翅欲飛，
妳們彼此對話，白色搖籃召喚著她，
她的影像在窗簾的花朵間歡笑。

地獄要擾亂這寧靜的平安。一天晚上，她獨自在一樓要看完聖書，心裡想著氣憤的魔鬼會讓天主的偉大忠僕受害受罪。她寬慰地想：「我不會這樣被牠當眾羞辱，只有聖人才能體會到這種事。」就在此時，她感到一個巨大的重物壓向她的肩膀，一種怪物緊綁著她，好像是猛獸的爪子。她一時嚇壞了，立刻在全心信賴的祈禱中鎮定下來，於是又恢復了與天主結合的平靜安詳。

德蘭可以出現了，在這奇妙的孕育期間，只有母親才知道在自己內所發生的大事，德蘭以她身體的生命力汲取這些接觸，這些本能，這些無以言喻的宿命。早在她出生以前，就已經一心向善，舉心向主了，就如法國詩人普呂道姆①在他一首最佳的十四行詩裡這樣唱著：

這孩子將是甜蜜的，聰敏的，漂亮的，
如果每個靈魂是在母親的靈魂裡被點亮，那麼
她的心在母親的心火裡點燃，
眼睛靠母親的眼珠發亮，
就如火把碰到另一火把就即刻燃起一樣。

1. 譯按，Sully Prudhomme，法國詩人，1839-1907。他是1901年第一屆諾貝爾文學獎的得主。

＊＊＊＊＊

德蘭的誕生和疾病

那是一八七三年一月二日星期四，在夜裡十一點三十分，那位自稱為「冬天的小花」誕生了。她的母親立刻開始祈禱，那是她在每個孩子出生後必作的祈禱：「主啊！請賜我恩寵把她奉獻給祢，不讓她靈魂的純潔遭到任何玷汙，萬一她會失足，我情願祢立刻把她收回。」瑪麗和寶琳當時正值假期住在家裡，被爸爸連夜叫醒，但一直等到清晨才喜能擁抱這家裡的老么，她的可愛立刻征服了她們。

消息剛一傳開，立刻有人來按門鈴。一個小男孩靦腆地拿出一張紙來給新生兒的父母親，上面這樣寫著：

微笑吧！快快長大！
一切都邀請妳走向幸福：
溫柔的照顧，體貼的愛心……
對！向曙光微笑吧！
花蕾乍開，有一天
妳將成為玫瑰。

原來這是一位父親細心週到的美意。馬丹先生以前看見他和太太、兒子棲身在省政府的一個大門下，忍著飢餓，驚慌失措。馬丹夫人對於這個失去一切的家庭動了憐憫之心，請他們到家裡來，吃過飯後，恢復了元氣，也得到了他們的信任；馬丹先生則急忙給這個失意的可憐人找個待遇不錯的工作。這家人的感恩之心就在這一天表現得讓人格外感動。

瑪麗-方濟絲-德蘭（Marie-Françoise-Thérèse）的代母就是大姊瑪麗-路易絲，她馬上就滿十三歲了；代父則是一個與大姊同年的男孩，是父親朋友的兒子，名叫保祿-雅伯・布爾（Paul-Albert Boul）。由於男孩一時不在——這使做母親的有點不安——只好把洗禮延到一月四日星期六。那天，家裡忠信的女僕路易絲抱著她來到華麗的聖母大堂左下方的付洗所。當年聖路易（即法王路易九世，1214-1270）在家鄉波阿西（Poissy）領洗，而使那教堂的付洗所得到格外的尊榮和新穎的裝飾；小德蘭的付洗所日後也同樣因聖女而獲得殊榮。聖洗是由父親熟稔的杜曼神父（M l'Abbé Lucien Dumaine）主禮，這位神父將來會在聖女列真福品之調查程序上作證。

快樂的媽媽執意要親自執筆寫信給在里修的弟弟一家人，告訴他們她喜得一女，孩子的好氣色、好體重，還有豐富的面部表情，都令母親感到格外自豪。她一八七三年一月十六日給弟妹的信是這樣寫的：「這孩子叫德蘭，和我上一個女兒一樣。她的五官都顯示出她很漂亮。她已經會微笑了，那是我星期二發現的，我後來想可能是我看錯了，哪有可能！可是昨天這疑慮就完全消除了。昨天她很專注地看著我，然後對我嫣然微笑！」可惜，下一封信就沒那麼開心了。母親試著自己餵奶，她認為這是自己的責任，也給她帶來無限喜樂，不料還是沒有成功。再下一封信就更糟了。她一月十七日再寫信給弟弟：

「我為我的小德蘭苦惱焦慮極了，我怕她也得了腸胃病。我在她身上發現與死去的孩子們同樣的症狀，怎不讓人驚慌不安！難道這一個也留不住了嗎？……我恐慌極了……我夜裡睡不到兩小時，因為我一直陪在她身邊，她大半夜都哭鬧不安。」

接著情況更嚴重了，最後孩子是生是死就在四十八小時內可見分曉。一個急件送到芒斯修女姊姊那邊，徵求她的意見。不知是哪來的靈感，姊姊竟然建議她把小外甥女交託給日內瓦的教會聖師（譯按，即聖方濟．沙雷[Saint François de Sales]，1567-1622，曾任日內瓦的主教，被教會尊為聖師，並與聖女若安．尚達爾在一六一〇年創立往見會）並許下願：如果孩子痊癒，就在平日以她的第二個名字稱呼她：方濟絲（Françoise），還請馬丹夫人認可這個許願，並且立即用這個名字取代原先的德蘭。母親拒絕了姊姊的建議，拒絕她這是頭一回，以前是沒有過的。她堅持用改革加爾默羅會的德蘭為孩子的主保，非萬不得已，絕不更改。況且，在修女姊姊建議以前，孩子的情況已有明顯好轉。再說，給孩子去掉她領洗時的聖名，與和藹的聖方濟．沙雷有什麼關係？她堅決不從。於是，就給聖人傳記作者保留了第二個德蘭可供揮毫。

過了幾個星期的平靜日子以後，在三月她的腸胃炎又復發了，體溫一直上升，全家人怕情況會更惡化。一八七三年三月一日，馬丹夫人給弟弟的信裡充滿了悲嘆之情：「我常想到別的母親們可以享有自己給寶貝餵奶之樂，我呢！我只能眼睜睜地看著我的兒女一個個死去！」不顧自己的疲累，這位了不起的母親日夜站著與死神搶奪她的德蘭。醫生的診斷很明確：只有她吃母奶才能救她。

做母親的立刻想到「小玫瑰」，她曾經把兩個小若瑟交給她帶過，這奶媽忠厚老實，可以讓她放心。可是夜已深，她沒辦法獨自一人走夜路去找她，只好等天亮。

一八七三年三月在給她弟妹的一封信裡，她說：

「我覺得這一夜特別漫長，德蘭幾乎什麼都不喝。我其他的小天使死前最嚴重的這些徵兆都出現在她身上，我難過極了，因為我的寶貝已衰竭到了這種程度，我沒有任何辦法可以幫得上她。天剛一亮，我立刻動身去找奶媽，她住的地方離我們阿朗松有將近六公里。我先生不在家，我不要找任何人代替我去找，怕萬一不成。路上空無一人，有兩個男人讓我覺得有點可怕，我心想：『就是他們把我殺了，我也不在乎，我已經悲痛絕望到極點了。』」

奶媽有點為難，她不能把她先生放著不管，還有她的四個孩子，最小的才剛滿一歲，外加他們茅廬之家中唯一的寶：那頭乳牛，由於牠有白底加深色斑點的毛色，就給牠取了個外號，叫牠「紅棕妹」（La Rousse）。大家商量、談判，到最後雙方終於同意：「小玫瑰」來馬丹家住八天帶德蘭，然後把她帶回到自己家。奶媽的先生當時答應得很勉強，不久就改變了主意，在她們還往回走在路上時，他就差他的兒子來，要求奶媽反悔回家。機警的村婦粗暴地回絕了他，繼續走她的路，直到聖布萊絲路的馬丹家。

奶媽看到德蘭的樣子，就一直搖頭，心想這趟是白來了。看樣子孩子是好不了啦，她什麼都喝不下，已經快不行了。我們還是把話留給她那無與倫比的媽媽來說吧。那是她一八七三年三月寫給弟妹的信：

「我急忙奔到我樓上的房間裡，跪倒在聖若瑟腳前，懇求他救救德蘭，內心同時想，如果好天主要把她帶回自己身邊的話，我也順服祂的旨意。我不常哭，可是在祈禱時，眼淚不停在流。

我不知道我是不是應該下樓……最後，我還是下樓了。妳知道我看見了什麼？孩子在全心吸著她的奶呢！直到下午一點鐘才肯放開：她吐了幾口，然後就倒在奶媽懷裡，像死了一樣。

我們五個人守在她周圍，大家都震驚不捨，我們的女傭在哭，我呢，我覺得我全身的血好像都凍結了。孩子看來已經沒有呼吸了。我們幾次俯身仔細看她，都看不到一點生命的跡象。然而，她看來那麼平安，那麼寧靜，於是我感謝好天主讓她走得那麼安詳。

一刻鐘過去了，我的小德蘭居然睜開了雙眼，還笑了！從那一刻起，她就完全痊癒了，她的好氣色又回來了，也活潑開心了，一切都好轉了。

可是，現在我的小可愛走了。我帶了她兩個月，現在要把她交給外人，心裡真不是滋味！能安慰我的，就是想到這是好天主要的；既然我已想盡所有辦法想自己帶她，結果不成，我在這方面也沒什麼好自責的。

我當然很想把奶媽留在家裡，妳姊夫也一樣，因為他不要別的奶媽，只要這一個，認為她是個好人，是個極好的人。

我全心祝願妳不會有孩子危險到這種境地，讓做父母的不知該怎麼辦，又怕給的東西對孩子不好，那可是一直放不下的焦慮，要有過這種經歷的人，才知道這種痛苦有多深。我不知道煉獄會不會比這個更糟，因為人在煉獄裡會很痛苦，不錯，可是至少會知道該怎麼辦。總之，這又是一個殘忍的考驗，好在已經結束了。」

這位可憐媽媽的苦還沒受完呢。生一個聖女固然榮耀，可是得付出血的代價。德蘭到了奶媽家，那裡是林木繁茂的諾曼第地區。主人的小房子是再粗陋不過的了：只有一層，外加一個屋頂架，全部用石塊和柴泥草草築成，再以茅草的屋頂覆蓋。牛欄就在近處，當然有廄肥堆。房子周圍是家禽飼養場，空氣中瀰漫著田野的氣息：有草原上千萬種植物的氣味，還有割下的乾草和金色小麥在飄香，都對健康有益。房子裡面倒是整潔明亮，小玫瑰是做家事的高手。她的孩子們都很有教養。暫時託她帶的孩子們和自己的孩子一樣，享有同樣的伙食，同樣的疼愛。德蘭在這種環境下怎能不恢復體力呢？她長胖了，兩腮泛紅，她的肺裡盡是純淨的空氣。

不到三個星期以後，腸胃炎又復發了。馬丹夫人接到緊急通知，立刻往奶媽家奔去，並拖著醫生同行，兩人以強行軍的步伐趕過去。在路上，她不覺心理浮起了悲觀的思緒。在一八七三年三月三十日她寫給弟妹的信裡，這樣敘述她當時的心境：「我看到一座宏偉的古堡和許多漂亮的房子，我心想：『這些都算不了什麼，我們只要和孩子們一起在天上相聚，就幸福美滿了。』然後就把我的孩子獻給祂。」

危險立刻解除了，焦慮卻仍在心頭，怕以後還會有問題。馬丹夫人以謙遜的心，溫和地順從了。她本來就習慣於控制自己的悲情：「總之我用盡了我能有的辦法來救我的德蘭，現在，如果好天主要有別的安排，我努力以最大的耐心接受這個考驗就是了。我實在需要加強我的勇氣，我這輩子已經受了許多苦；我衷心祝願你們，我親愛的朋友們，能比我更幸福。」在這位英勇的女性面前，所有古代的女英雄都黯然失色。她這種心靈上的殉道精神，要找到更單純、更高貴的範例，那就要追溯到聖母抱著死去的愛子（La Pieta）那一幕了。馬丹夫人就是攀升到了這個高點，在那裡暗中汲取力量；那裡也是加爾瓦略山的丘陵，就在那裡，那位眾母親中最慈愛的母親，向天主獻上了世間兒子中最尊貴的那一位。

＊　＊　＊　＊

瑪麗的病

這一連串的災難還沒有停止。一八七三年的聖週又為馬丹夫婦帶來了一個最意外的十字架。直到現在，他們的苦難都來自孩子中那最小的，這回卻威脅到了長女身上。瑪麗是父親暗中最寵愛的女兒，是他心頭的活寶貝。在聖枝主日的前一天，家人應該把她從芒斯接回家，那時她十三歲。不料她必須與家人隔離，因為她好像得了傷寒。回到家，阿朗松的醫生也確認了先前的診斷。

媽媽的心裡立刻閃進了殯葬的預感，她一八七三年四月十日這樣寫信給她弟妹：

「她星期六晚上到家時，看來病情並不怎麼嚴重，我心頭卻受到了重重的一擊：我怕她可能會死於這病了，這念頭一直揮之不去。我早就為她的身體擔心了，這孩子有顆特別敏感的愛心。她還不習慣於住校，她苦於見不到我們，讓她真受不了。關於這一點，她告訴我的一些話，讓我聽了直感到心如刀割。

在病床邊，我盡量安慰她，讓她能懷著很快就能痊癒的希望。昨天，我告訴她，在我走了以後，是她要管理這個家，並要好好地把妹妹們養大。唉！我真不該對她講這些話的，她只不斷地哭，不能接受我會比她先走。其實，我心裡很怕好天主會讓女兒先我而走。

總之，我們一起祈望，好天主不要讓我們失去這孩子，那可是太大的考驗了。我先生守著她，寸步不離。今天上午是他做護士，因為今天是星期四，我得整個上午接見我的女工們，因此他取代了我一個上午。可是，他聽著愛女的痛苦呻吟，真讓他受不了，好像他自己也要病倒了似的，連他的勇氣也都消磨殆盡了。

再見了，請為我們祈禱，因為，如果好天主要我們做這個犧牲，好讓我們有足夠的力量來承受。

瑪麗星期二早上已經過了她的復活節了。她在早上五點半領了聖體，內心準備得非常好，當時從她的表情看上去，她活像個天使一般。」

孩子發燒，她的熱度直線上升。怕受到傳染，家人把寶琳留在修院過復活節的假期。兩姊妹有深厚的友誼，這下分開，兩人都感到心碎；而媽媽平日最疼老二，最知道如何巧妙地安撫她，這次她不回家，豈不也讓她心頭感到悵然若失！

在不到四月中旬時，病情發展到了極期：燒得燙手，白天難熬，夜裡譫妄，這種情況持續了快五個星期之久。雖然有修女護士熱心相助，馬丹夫人還是累到感覺要癱了。聖週五，她過了一個「恐怖之夜」：聽女兒以暗啞之音，低聲說了些語無倫次的奇怪話。她和丈夫守在床邊，不顧疲累，連續站了二十四個小時。她一八七三年四月十三日寫給弟妹的信裡坦承：「在這種情況下，一定有天主的恩寵，我倆才不致倒下。」

女兒的體溫一直持續在高點，身體也越發衰弱，最後到了疲憊不堪的程度。她經歷了這些病痛，加上神經方面的耗損，現在不要別人，只要媽媽照顧她。不錯，那是孩子的任性，可是在這種情形下，媽媽只能順從，無怨無悔地把擔子扛下來。

馬丹先生眼見愛女處於危險之中，擔心又焦慮不安到了極點，只祈求上天下決心前來救她。他配戴一根旅遊杖，在花開處處的五月初，步行十八公里，到他休孟（Chaumont）小丘上的聖地，去求一位民眾相信能治一切熱症的師傅。他要空腹去，空腹回，為了愛女的痊癒，這點代價算不了什麼。他的努力終於打動了上天：孩子很快就在康復中了。最後他回到最能消除疲勞的可愛之家，路上還買了特選的油煎食品。不管媽媽的責罵，他決心要讓女兒解解饞，他沒辦法不寵愛她。

五月十三日那天，馬丹夫人寄給弟弟家最後的健康報告，上面寫著女兒的氣血恢復得很快。在耶穌升天節那天，瑪麗第一次出門；在聖神降臨節，寶琳終於回家了。全家人一起去望彌撒感謝天主⋯現在大家只準備快樂地出發，去鄉下茅屋看望家裡的小么妹。

＊　＊　＊　＊　＊

德蘭的初次覺醒

德蘭雖離家在外生活，却已經成為家裡的一道亮光了。在她母親一個個星期的信裡，可以知道她的初次覺醒，她豐富天性的快速發展。她戰勝了三月二十九日的大病，和春天一起重生了。新鮮空氣，美好陽光，在工作中的犁溝所散發出的氣息，有開著花的莊稼在飄香，置身在田野的大自然環境之中，再加上諾曼第南部農場裡健康又操勞的生活，這一切都在她身上養成了鄉下人的本能。只有「小玫瑰」與和她一樣謙卑之人在她眼裡才覺可愛。有時她的奶媽把她放在布萊絲路的家裡，自己去望彌撒。結果她又哭又叫，嚇得女傭路易絲連忙跑到教堂，叫奶媽彌撒一完就趕緊回家；而這奶媽一聽說孩子不對，沒有二話，才望了一半的彌撒，就立刻趕回家來。馬丹夫人認為這樣沒有望完彌撒，還很不高興，因為她自己一向嚴守規矩，絕不妥協。五月十五日那天，又有一回，德蘭在家裡又哭又叫，沒人能安撫得了她，只好把她帶到阿朗松的市集，因為奶媽正在那裡賣農產品。馬丹夫人一八七三年五月二十二日給寶琳的信裡這樣說：「她一眼看到了奶媽，立刻笑臉看著她，然後安逸自在地和其他村婦一起賣奶油，直到中午！」

在接見花邊女工時，德蘭回到家裡來，會怎麼樣呢？馬丹夫人把她交給這個或那個女工，都可以。她一八七三年十一月三十日給寶琳的信裡這樣說：「她很喜歡見到她們，甚至和她們比和我還親呢！她還抱了她們好幾次。」農婦、女工，只要穿得像小玫瑰，她就如魚得水，自在愉快。呸！什麼穿錦衣戴金銀的貴夫人！那天，有一位這樣的女士進到辦公室裡，媽媽繼續調皮地告訴寶琳：「我一看到她，就對她說：『看這孩子要不要你抱！』這位女士一臉狐疑：『為什麼會不要？』——『那妳試試看！』……她伸出兩手要抱她，孩子把頭一躲，一邊尖叫，好像被火燒到了一樣，她甚至不要這女士看她。大家都笑壞了。總之，她怕穿著摩登服裝的人。」

德蘭只有在奶媽家才感到自在舒適。一八七三年七月二十日，馬丹夫人寫信給弟妹：「她被太陽曬黑了，奶媽要到田裡工作，就把獨輪車放滿乾草，讓她坐在上面。」她要去擠奶時，就把她放在大圍裙裡，偶爾也會把她綁在乳牛身上，以能空出雙手來好做事。這頭牛脾氣溫順，就乖乖地揹著這個柔和的負擔。在鄉下，到處是這種新鮮氧氣刺激著她，使她生氣蓬勃。

馬丹夫人喜見這種種跡象，都顯示出德蘭已重獲健康，尤其以她那敏銳的洞察力，看到孩子內心各種乍現的徵兆：含混不清的話，一個動作，一個微笑，不都是母親探索孩子內心世界的管道嗎？探索的結果，是毫無保留的樂觀又正面的傾向：

「小玫瑰說再也找不到比她更可愛的孩子了！」——「她長大會很可愛，甚至非常漂亮。」——「只要讓她靠近椅子站著，她就會好好扶著，從來沒有跌倒過。她會很小心，這顯示她很聰明。我相信她的個性一定是很好的，她不停地微笑，從她的表情看來，似乎生來命運不凡。」——「我的小德蘭星期四開始獨自走路了。她溫柔可愛，像個小天使。她的個性非常討喜：笑得那麼甜美，我巴不得立刻帶她回家。」——「這孩子可愛極了！她很溫柔，是個早熟的孩子。」——「我很高興有她這樣的孩子，我想這是最後一個了。她既漂亮又優雅，她的小嘴可愛極了。」

一八七四年四月二十日小德蘭終於回到家裡了，她已經有十五個月大了，給全家人帶來了陽光。在她這個年齡還談不上要受什麼教育，而只是一種初步的導向：給本能奠定正確的發展方向，以溫柔卻堅定的態度給她半覺醒的意志養成良好的習慣。這時放縱天性只會造成被溺愛的孩子，駕馭天性則能喚醒他成為天主的子女。馬丹夫婦不會逃避這胚芽時期的培訓。他們要親力親為。現在看來這件事不難。他們彼此結合而有的這最後的結晶，使他們感到有了生命的第二個青春時期。這孩子是他們彼此獻身的最高標記，是他們兩人的共同展現，兩人同時出現在這面清亮的鏡子裡。如果說瑪麗長得活像父親的面貌，寶琳恰好是母親容貌和性格的翻版，那麼德蘭在面貌和性格兩方面就是父母親的合成體，是兩人的繼承體，正如拉馬丁詩云：

你們雙雙在我內，看，我就是你們，
就是你們的長相、聲音、靈魂和思想。

德蘭有她的一些溫存的愛撫動作，讓媽媽在給兩個小姊姊的信裡充滿情趣，這封信是一八七四年六月二十五日寫的：

「小貝貝剛才來抱抱我，用她的小手撫摸我的臉。我看她是有她的目的：她是要拿我的一個髮夾。寶寶一直黏著我，寸步不離，滿心歡喜地跟在我身邊，尤其是在花園裡；我一不在，她也不肯停留，還一直哭個不停，只好把她帶到我身邊來。我很高興她對我那麼情深，但有時也不免有點煩人。」

至於馬丹先生，他愛極了這個小女兒，已經稱她為「我的小王后」了，一有機會就會溺愛她一番。她還不到十八個月，就在花園入口處給她架了一個小鞦韆，也不怕把她放在上面。媽媽有點不放心，在給瑪麗和寶琳的上述同一封信裡，她寫道：「她抓住兩邊的繩子，像個大孩子一樣，不怕她會鬆手。在她覺得不穩時，就大叫，她爸爸就再把她的身子綁在鞦韆上，這樣就掉不下來了。可是見她飛得那麼高，我還是挺不放心的。」

從媽媽在一八七四年六月二十五日給瑪麗和寶琳的這封長信裡，口氣是那麼得意，可以看出上天似乎特別眷顧德蘭的每一天：

「最近小寶貝有一件意外的驚險事件。我習慣於每天去望五點半的彌撒。起先我不敢把她獨自留下，可是等了很久，她一直不醒，我只好留下她。我把她放到我的床上，把搖籃緊挨著床邊放好，這樣她就不可能掉下來了。

一天，我忘了放搖籃就走了。回來時卻找不到我的小德蘭了。就在那時，我聽見一聲叫，我仔細一看，見她竟然坐在靠床的椅子上了，頭靠著床頭的長枕，她睡得不穩，因為很不舒服。

我不明白她怎麼會跌坐在那張椅子上的，見她全身無傷，我感謝天主，這真是天主保祐，不然她很可能就滾在地下了。一定是她的護守天使守護著她，我每天都向煉獄靈魂為她祈禱，他們也都保守著她。我是這樣處理事的，妳們要如何處理，就隨便妳們吧。」

德蘭已經會雙手合十對著聖體龕含糊地讚美「好耶穌」了。馬丹夫人經常和她熱烈地重溫這各種場景中那最崇高的一幕：母親俯身圍繞著孩子，包圍著她，緊摟著她，兩人一衝向天，好像要把自己的全部心靈投入小女兒的心靈，一同沉入那神聖的洪流之中。

第七章 家庭的靈魂

我們的敘述似乎流入了專題著作的樣貌，全文都是在回顧一個理想法國家庭一天天所發生的大小事。現在是時候應轉向探討隱藏其中的原動力了，透過外在的佈景，試圖掌握其內部燃燒著的熱情，即人物的內心世界。總之，就是要深入探討這個家庭的靈魂。

阿朗松及其社會環境不容置疑地影響了馬丹夫婦的日常習慣。平靜的阿朗松擁有一萬七千個居民，主導社會的是地主、高官、富商和退休人士，此城既然貴為省會，便完美地成為典型的省城：既保守又傳統。

奧耐省長辦公室檔案保管官員朱安先生這樣介紹阿朗松：

「本城無意成為其他城市的典範，它不隱瞞其缺點，也不標榜其優點。如果偶爾有人在此把疏遠的高傲與真正的高雅混為一談；把表面和實質、把初步概念和高深科學混為一談；如果城裡的排斥異已和嫉妒仇恨同時展現，如春天蘋果樹上的繁花一樣多：其實那都是小城市所共有的人本性缺陷。這些城市對人性的正面或負面的表現不會感到詫異，不會違背其所堅持的美德，也不願改正其缺點：它擁有一種緩慢又明智的謹慎，會排除危險的創新；又有一種可讚美的天分：慣於節儉。各種權力在健全均衡的制度下運作，這一切都是秩序和內部平安的保證。」

如果本書主要人物馬丹夫婦之堅強的基督徒精神排除了上文前一部份的特徵，那麼後一部份的正面形象，他們實當之無愧。

馬丹家何以屬於資產階級？

從他們的出身、教育水平和財務狀況來看，他們是屬於所謂的資產階級，却不是高端的資產階級：那是資本主義的首領們，從事自由職業高人一等的人物，以及發號施令的政府高官們；而是屬於小資產階級，在社會上是中產階級，是穩定國家的中堅分子，保留著固有的美德。今日資產階級變得含有貶義：表示沉迷於舒適生活，不想改革創新，缺乏昂揚精神，因此不再能用它來恰當地稱呼當年偉大法國的這些人所擁有無數健康又堅實的美德：行為純樸，尊重工作，勤儉度日，收支平衡，為將來儲蓄，重視孩子的教育，擁有體面的富裕生活，房裡整潔明亮，正直地處理事務，做人有分寸，守紀律，處事有組織，有方法。

在馬丹夫婦身上，是否還應加上福音的理想？這實在給他們此生在處世的思想上添加了翅膀。他們絕不似暴發戶那樣炫耀財富，那樣要以初獲的假光彩來迷惑別人；也不似法利塞型之人，在自私的富貴安樂之保護下舒適度日。不錯，孩子們會有一點愛漂亮，節日或請客的伙食會豐盛一點，衣著清潔整齊，傢具時尚，然而，絕對禁止奢侈浪費，亂花錢。他們配合自己的社會地位簡樸度日，如此而已。

我們得看馬丹夫人多麼微妙地嘲笑那些年輕貴婦們，她們為了騎馬遊行的盛會而傷透了腦筋。她一八七〇年三月二十七日給弟妹的信裡這樣寫著：「妳相信嗎？居然有人把芒斯的師傅請來做衣服，生怕阿朗松的女工們會在遊行以前向人洩露她們華服的式樣，這不是很可笑嗎？」一八七三年三月三十日，她親自安慰弟妹，因為她正遭受嚴重的考驗：「甲太太看來比妳幸福得多了，因為她活著只為吃喝玩樂，還在封齋中期時開舞會呢！然而，我情願看妳身處逆境，也不要像她一樣忘了天主，只在地上享樂。」

這一族人的智慧就展現在馬丹夫人的這番話裡：「大多數的男人活在多麼可笑的幻想裡啊！他們握有財富，就想再要榮譽，有了榮譽還是不滿，因為人心尋求的是別的東西，而不是天主，那麼他是永遠不會滿足的。」阿朗松人的性情和資產階級的文化在與基督徒的熱情相遇後，會得到淨化，會變得更文雅，更超性。要瞭解這樣的家庭生活，就得深入探討馬丹家的靈修生活。

意。

＊　＊　＊　＊　＊

家庭的靈修

馬丹家的靈修在於堅持三個原則：天主至高無上，全心信賴天主，順從祂的旨意。

除了天主之外，其他的一切都是謊言；人若放棄不要天主，是愚蠢，是瘋狂；而應一切都要以求得永生為目的。在馬丹夫人的信裡，這些思想不斷地重覆，處處可見。關於這一點，賽琳這樣告訴我們：「她對地上的一切全無眷戀，她輕視此世的一切。她所思所念只專注於永恆之事。我耳邊還響起她看聖書時所念出的詩歌片斷，語氣充滿悲嘆，因為她覺得自己是流放在地。」——瑪麗在小德蘭受封為真福之調查程序中說：「我們的父母親有很深的信德，我們小時候聽他們談永生，久而久之，年齡雖小，就已經把世上的一切都看作純然是虛空了。」馬丹夫人常說：「真正的幸福不在世上，在世上想尋得幸福，必然是浪費時間。」加爾默羅會的聖女也回應同樣的話：「不錯，天主以外的一切皆是虛空。」不要懷疑，家庭教育的關鍵即在於此。就如聖女貞德，聖女小德蘭的信德全然是來自她母親。

還是在家庭這個學校裡，小德蘭學會了崇敬天主的一切作為，天主為了祂的最大光榮，為了我們的最大好處，以智慧、以高超技術、以最大的愛心帶領一切。因此，盲目地順從祂，就是極好的策略。馬丹夫人的弟弟遭受了挫折，修女姊姊因而苦惱傷心，她的回信堪稱是出自修院的初學生導師之筆，那是一八七二年七月，她把自己的想法寫來與弟弟分享：

「我告訴姊姊，不要為這一切傷腦筋，要做的只有一件事：祈求好天主，因為姊姊和我，我們都不能用別的方法幫得了你。而天主，沒有事難得了祂，在祂認為我們受的苦已經夠了，就會把我們從中救出。到那時你就會承認，你成功不是由於你的能力，你的聰明，而只是由於天主才有的結果。就像我，我做這阿朗松花邊也一樣，這種信心極為有益，我自己已檢驗過了。

你知道我們都容易犯驕傲，我注意到有些人一旦致富，多半會驕傲自滿，令人討厭。我不是說我會墮落到那種地步，你也不會，可是我們多少都會沾上點驕傲；而且一直只享有成功興旺，那一定會讓人遠離天主。祂從來不會帶領祂的選民走這條平坦大路的，他們一定得先經歷考驗痛苦，才能得到淨化。你會說我在講道，我沒這個意思，只是這些都是我常想的事，就把它告訴你：現在你要稱它為講道，隨便你！」

以上這番話不是用來對外講道，而是一個靈魂的心聲，是她每天默想的成果，也可以說——因為他們夫婦思想一致——那正是這家人的信理：這信理終會轉變成實用的行為準則，順著邏輯推理，最終得到的心態就是：捨棄一己，全心信賴。

對於這兩位英勇的基督徒來說，生活就像遭退貨的花邊，要使之完美，就需要漫長、耐心的刻苦功夫。天主這位藝術家自永恆即畫好圖樣。聖寵就似一根看不見的線，以勸誘在紗布上縫上軌跡，剩下的工作就是人要謹慎地遵守著軌跡來刺繡，避免弄破紗布或偏離軌跡。女工一天一天地只做她那一塊紗布，仔細地把每個細節都做得到位，卻不知道整個布局。最後由花邊師傅進行修補，精心修飾，聚集女工所做的各塊，將其連接在一起，絕美的成品於焉出現了。她懷著滿腔熱愛，默然地辛勤工作。誰要臨時另作安排，用自己的計畫取代天主的計畫，那他是大錯特錯！馬丹夫人對於這一點有她個人的經驗，說來多麼動聽，那是她在一八七一年十月一日給弟妹的信裡，她是這樣寫的：

「我曾對好天主說：『祢很清楚我沒時間生病。』祂應允了我，超出我的一切期望，我也有點以此為榮。於是祂似乎這樣回答我：『妳既然沒有時間生病，妳也許有時間多受點苦？』結果我沒有少受苦，千真萬確！妳看，在這個世界上，就是這樣，必須好歹背上自己的十字架。若有人對好天主說：『我不要這個十字架』，常常他會如願得到另一個。結果這一個更難背。因此，最好還是耐心地接受來到的一切，因為在痛苦旁邊總會有喜樂。」

這不是在逆境前自吹自擂說大話，也不是裝出不在乎的樣子，或懷有斯多葛式的鐵石心腸。心在流血，眼在流淚，人在考驗中發出悲嘆：然而，無論是生離，是死別，是病痛，是生計無法確定，或心神處在巨大的壓力之下，唯一不變的心態就是：願祢的旨意承行於地！

這種心態更不是在假裝有高超的聖德。在母親的信裡，我們收集到了這些她對自己的看法，這絕不是出於假謙遜：馬丹夫人是最不會給自己塗脂抹粉的人。

「天啊！我真是苦夠了！我一點勇氣也沒有了，我對所有的人發脾氣。」——「在希望別人成聖以前，我自己也得走這條路才是，可是我不走。」——「我在一天內常說：我的天主，我多麼想成聖啊！然而，我又不做聖善之事。」

＊　＊　＊　＊

苦修的精神

馬丹家的全部生活都跟隨天意的腳步在走。祂的旨意就是法律，不用評論，也不用召叫。大家認真遵守主日的一切規定，遵守教會規定的大小齋，他們這些都做得一絲不苟。主日這天，不僅家裡的店嚴格地關門不做生意，——這在當時是奇特又不尋常的，法國的法典中也沒有這項規定——，而且，除非迫不得已，主日這天也禁止旅遊或購物。家裡的傭人早就知道要在頭一天把東西都買齊，包括麵包和牛奶。孩子們在城市的慶日裡，看到架上令人垂涎的美味，只看得到，却吃不到，那滋味可真難受，也只好自認倒楣罷了，因為那天是主日，這些東西是不能碰的。一家之主的父親先做了榜樣：一個主日，他在市場的一家攤販處，看到一塊精美的石頭，甚為喜愛，却只能這樣告訴攤販：「請記下，我要這同樣的石頭，我明天來，因為我在主日不買東西。」

母親從中看出那是聖寵的保證。她一八七五年九月二十九日寫信給她在里修的弟妹，他們當時在財務上正遭受挫折，她告訴他們她的希望：他們很快就能解除困難：

「我之所以有這樣堅定不移的信心，尤其是由於你們遵守主日的做法，真堪為楷模！所有遵守主日規定的信友，不論本身是完美、或不怎麼完美的，做什麼事都會成功，最後，不論用什麼方法，都會致富。我對這一點深信不疑，所以，我常對孩子們說：『妳們舅舅有一天會很富有。』她們問我：『妳怎麼知道？』我告訴她們，我就知道，她們就很驚奇，瑪麗說：『媽媽，那麼妳是先知了！』總之，將來會知道我是對還是錯，我相信我不會錯。」

這個「將來」證實了馬丹夫人的期待沒有落空，她弟弟意外地得到了來自繼承權的幫助，而突然高居一項輝煌事業的首領地位。

至於馬丹夫人如何守主日，她謙虛地坦承，自己沒有像丈夫那麼嚴格。在與上文的同一封信裡，她說：

「在我需要什麼，例如要給孩子小麵包時，我就差人去買，我常常讚賞路易的一絲不茍，我心想：『他從來不是一個想賺錢的人……我們現在能享有舒適的生活，完全是天主的特別賞賜，那正是他忠心遵守主日的結果。』」

更有利的，還是他嚴格遵守教會大小齋的功勞。家長父親對這事的尊重，是不可動搖的。他們在家請客時，他讓客人們大快朵頤，自己卻只吃一點粗食，這對女主人可真尷尬極了……因此，她以其書信外交，總是促使朋友們在不用守齋時來家中做客。

其實她自己，由於身體不夠強壯，對於遵守教會規定還是堅決執行毫不妥協的。她在一八七五年的封齋期時這樣寫道：「好在封齋期就要結束了，我守齋守得太苦了！這種禁慾其實不算嚴苛，只是我的胃實在受不了，也把我累垮了。如果我照自己身體的要求，我是絕對不能守齋的。」為了支持她刻苦的勇氣，她去聽每天兩位傳教士講道三次，然而她俏皮地又加上一句：「他們兩個講得都不怎麼樣……聽他們講道是再加上一項補贖。」

次年的封齋期在精神上的安慰更加有效，可是身體就更加衰弱了。她一八七六年三月二十六日給寶琳的信裡這樣說：「再見了，我的寶琳，離封齋期結束還有二十一天，我感覺這二十一天太長了，因為要守齋！太累人了，上星期我想我要放棄、不守齋了，因為我的胃太痛了，我連我的連衣裙都穿不住了，一整個下午都疼痛難忍，於是我決定放棄。可是晚上聽了一位神父的講道，又給了我勇氣，決定繼續堅持下去。」一八七六年十二月，在癌症的折磨下，她去里修看一位醫科專家，想看他如何判斷，是否應該開刀。那天正是四季大齋日，弟弟正準備豐盛又熱烈地歡迎姊姊，她告訴弟弟：「你知道今天要守齋，我要守齋，因為我病得不夠嚴重，不應受豁免。」大家還見她在封齋期強迫自己少寫信，這種剝奪對她來說，是極為痛苦的。有人會說：那是太嚴格的作風！然而相較之下，我們是不是過於鬆散，甚至是墮落了？

其實，這些基督徒所表現的刻苦精神，正透露出他們對隱修院的嚮往。馬丹先生的生活也仍保留著修院的修道人特色：他禁止自已吸菸，不許翹二郎腿，在吃飯以外絕不喝酒，不太冷時也不烤火，每逢聖週五，他只吃午飯，晚飯絕對不碰。如果在守齋期他在花園工作，女兒們給他端來飲料解喝，一定要再三勸說：飲料不是食物，不是法律規定要禁止的，他才喝。在他去毛大尼（Mortagne）的大苦修院做避靜時，他三天之久沉浸在無邊的喜樂之中。

至於馬丹夫人，她在本份工作加於自己的痛苦之上，再加上自願的苦修，賽琳告訴我們：「她每天望過彌撒回家以後，先給別人準備早餐，自己却都趁著別人不注意時，快速地只喝一碗湯。她以無比的精力忙著做許多事，晚上總是最後一個去睡。」在本堂神父的指導下，她渴望度完美的使徒生活。她參加了好幾個堂區善會。她還報名參加耶穌臨終聖心慈善總會。然而，她說這並不能使她更好，因為自己沒有盡好責任。不過，以她那一貫的謙德，讓人很難相信她真的沒有盡好責任。

自她年少時就常去聖佳蘭隱修會。這個修會離聖布萊絲路自己家不遠，就在半月路三號。她來到會客室，向修女訴說自己的各種考驗，祈求修女們為她祈禱，為她做九日敬禮。在她們的小教堂裡，她還發願參加補贖第三會，並勤奮地去參加每次的會議。女兒雷奧妮陪媽媽去過許多次，所以也夢想有朝一日穿上此修會的棕色粗呢會衣。小德蘭的母親比誰都準備妥當去瞭解並活出這第三會的會規。這會規使會員的在俗生活也享有修道生活的聖寵，使她所處的世界成為荒僻的隱居之地。

＊　＊　＊　＊

共同的信仰

現在讓我們進入天主的殿堂，就是馬丹家人的住處，那裡有受到尊重的「家庭的教會禮儀」，使家人的共同信仰表達出其虔敬的節奏。在這裡我們記起主耶穌的許諾：「因為哪裡有兩個或三個人，因我的名字聚在一起祈禱，我就在他們中間。」因此他們是在一起，更應該說，他們是「融為一體」來祈求主耶穌的。那尊聖母態像已成為家人心靈相遇的中心點，是促成家人合一的鮮活中間人。大家齊聲在她面前做晚禱。每天早上小德蘭會跪在她面前細訴她的祈求。聖母的目光俯視著兩個大女兒的住處。瑪麗認為地方太小，與大聖母像不合，想換一個小一點的，媽媽可大不以為然：「我的女兒，等我不在了，妳愛怎麼做，就怎麼做，只要我還活著，絕不許把這尊聖母像從這裡移走！」

快要到五月聖母月了，家人把這尊聖母像置於一間真正的祈禱室中間，給她構建一個以樹葉、花朵，外加英國山楂樹枝做成的幃幔。這樹枝是一個窮困婦人，為了要報答他們的慷慨施捨，特地跑到鄉下去剪來的。在聖母腳下則布置有無數燈光和花籃。最美、最好的都不能表達馬丹家人對聖母的心意，馬丹夫人執意要見聖母出現在花冠和花瓣中間。

長女瑪麗有幸以她自己的房間做為祈禱室，她直言不諱地說：「我的聖母月美極了，直可媲美巴黎聖母院的布置。在家布置聖母月可真是件大事，媽媽太挑剔了，比童貞聖母更難伺候！她一定要用白色荊棘布滿直到天花板，四壁則另用綠色的來鋪滿等等。」小女兒則心懷多大的歡樂，把花園裡最美的玫瑰採來供奉在聖母面前，通道上還隨處撒著雛菊和矢車菊！她也留一份給聖若瑟，因為媽媽喜歡在他面前靜心祈禱。這樣很自然地使她感到自己被上天的慈愛所包圍。

馬丹家的整個家庭生活都以堂區生活為中心。父母親的一天從早上五點半的彌撒開始，起初在聖伯鐸大堂，後來搬家後去聖母大堂，如果有特殊情況或慶典，他們也會去聖雷奧納大堂或聖佳蘭修女院；即使他們頭一天晚上守夜，或在困難的封齋期——媽媽已經坦承她有點受不了啦——他們還是早上五點起床。鄰居們聽見安靜的路上有一聲關門的響聲，就知道馬丹聖夫婦去教堂了，他們還有時間再睡一會兒。他們根據情況一星期一次或多次領聖體，每月的首星期五則一定可以領聖體。馬丹先生參加至聖聖體會已經很久了。在他房間裡恭放著一尊戴刺冠的耶穌雕像。恭領耶穌聖體，默想耶穌苦難，能幫助他把工作做為奉獻，把考驗獻為犧牲。

主日星期天，全家人一起去望大彌撒，唸日課；有傳教講習或特殊講道時，他們也一定參與並唸夜課。有人也許會說這樣做不是過份虔誠了嗎？不會讓人心煩、甚至讓人害怕信教了嗎？今日，小德蘭的父母親如果可以回來，會對他說：上教堂會比去電影院好得多了。不錯，上教堂的人會不知道輕浮的流行歌曲，因為他們更喜愛宗教歌曲，真正的聖歌，能打動心靈、導向祈禱的好歌。其實他們也欣賞非宗教性的美好音樂，可是不喜歡把這種音樂引進聖堂。有一次在聖母月裡，有人把品味低下的交響音樂置入禮儀之中，馬丹夫人在一八七六年五月十四日這樣寫信給瑪麗和寶琳：「其實，我不太喜歡這樣的禮儀，歌曲難聽極了，好像鴿子在咕咕叫，聽不清在唱什麼，好像是咖啡座的演奏，讓人討厭！以前的音樂虔敬多了，可是人家說，這叫進步！」

他們的信德單純又率真。心懷這同樣的信德，中世紀的藝術家才能雕刻出巴黎聖母院門廊上那雄偉傑出的聖經篇章，才能在彩繪大玻璃上描繪出那光彩奪目的聖經故事。參加教會禮儀不是必要責任，也不是例行程序，更不是沉重負擔，而是一種需要，一種休憩，總而言之，是一種節慶。偶爾也會加上幾次朝聖：他們去塞艾（Séez）的全勝聖母大堂，去夏特或者去露德。朝聖回來心靈得到了淨化，留下了美好的回憶，更是家人熱烈討論的話題。朝聖的目地常是感謝賜恩或祈求病癒。父親帶著一個女兒完成這項使命，完全像個神父一樣。母親沒有想陪他們同去。她一八七五年九月七日給她弟妹的信上這樣說：「至於我，對於這些旅行我興趣不大，只有一種讓我心儀良久，那就是去聖地耶路撒冷，我想這個夢只能在最後審判時實現了，到那時，我一定仔細參觀每一個角落，哪裡都不放過！」至少現在她在精神上與他們同行，虔誠地帶上她的小小世界一同祈禱。就這樣，漸漸塑造成了這微型基督教會的共同精神，這微型教會就是馬丹家的家庭。

＊　＊　＊　＊

使徒的精神

這樣的家庭一定會發出信德的光芒。當時還沒有到天主教教友展開運動的時代，有些教友的事功也才剛開始而已：馬丹先生就已經參加了在孟（Mun）城的雅伯教友聯誼會。然而，一種與教會爭鬥的氣氛已經在醞釀之中，教會與學校之間有什麼分際，大家已開始爭論不休；一些祕密組織也已準備進攻。結果他們只用了半個世紀，就把公共生活全部非宗教化，把政教分離了，並把天主從意識層面上驅逐出去！當時唯一能做的反擊，就是表現出自己忠誠、熱情的深刻信念，從中發出體貼人的無私愛德；換句話說，就是表現出一種全面性的信德，將自己的生活與邁向天主和近人的腳步聯合一致，不斷在聖寵中求進步。

小德蘭的父親不理會別人的眼光，不論和誰在一起，在教堂前一定脫帽，一定向神父及修道人問候，路經聖體時一定屈膝跪拜，他的座右銘就是：「不要彰顯自己，只要別人看見自己。」他常常在有人褻瀆天主時，禮貌地請人噤聲；若有人蔑視聖體遊行，高傲地打量聖體光，把鴨舌帽壓在頭頂，他會按照指示，毫不遲疑地把他的帽子摘下來。他平時不愛與人爭論，可是事關天主的尊嚴時，他一定挺身而出。

馬丹夫人為人慷慨和善，受人愛戴，可以隨時進入街坊鄰居的家。她先生利用她的良好關係，常常與她結伴去給垂死者傳臨終聖事，深感榮幸地護送聖體給最困難的人，讓他能領聖體。馬丹夫人一八七五年十一月七日給寶琳的信裡講述其中一則故事：一位女鄰居是冷淡教友，由於她的好，終於接受了神父去她家。

「我目睹了一場我永不會忘記的禮儀。我看著這可憐垂死的婦人，她的年齡和我相仿，她將要留下那麼多孩子，他們都還需要媽媽呀！孩子們圍在她身邊，房裡只聽見他們的哭聲！她領了臨終聖事，忍受著可怕的痛苦，隨時都可能離世。她十五天以來夜裡只能站著，躺不了幾分鐘。她兩個最小的孩子，愛麗絲和喬治，目前在我們家，我下午照顧他們，他們無憂無慮地玩著……天啊！沒有宗教信仰的家庭是多麼悲哀啊！死亡顯得多麼可怕！在病人的房間裡，沒有一張圖像是可看的，牆上是掛滿的，竟然沒有一張是宗教性的！總之，我希望好天主會憐憫她，她可能沒有得到好的教養，因此她現在的表現是可原諒的。」

馬丹先生親自料理這婦人的一切喪事，而他太太則以真正的母愛照顧婦人留下來的孤兒們。

如果有一個罪人固執地抗拒他們的幫助，他們就動員全家人一起救他。大家以九日敬禮熱切地祈求聖若瑟前來介入，在這樣的祈禱中，有好幾次都成功地救了人。父母親因而得到的極度喜樂，自不在話下。他們也把這方法用在褻瀆天主者的身上，而這些人最後還是堅不悔改，讓他們的希望落了空。

馬丹先生的影響力擴展到了城裡，他組織了一個以羅麥（Vital Romet）先生為首的朋友圈，要不是他，其中很多人就只會尋求世俗歡樂了。他帶領他們參加教友聯誼會的聚會，使他們熱心地參加堂區的禮儀，還一同去探望窮人，更去參加聖文生德保（Saint-Vincent-de-Paul）的討論會。從他們中間，他還吸收了成員來參與他最珍愛的夜間明供聖體。這每月一次的崇拜，即使有天大的事，他也不會缺席：他置身於那一小撮人中，欣慰地凝視著明供的基督。一八七三年諸聖節的頭一天，雖然已累得精疲力盡了，他還是堅持要赴那和主耶穌的神聖約會。禱文唸完後，他把守聖體的責任交給一個好朋友，就上樓躺下了。萬幸的忠誠！宿舍裡居然彌漫著重重的嗆人濃煙，原來是其中的兩張床起火了，要不是他奮力滅火，大火會燒到聖器室，甚至燒到整個教堂。

馬丹先生之所以喜歡守聖時，就是能在那時感恩，抒發他讚美天主的飢渴。他到處看到的都是天主的安排。在造物主的雄偉奇觀前，他的靈魂歌唱，讚美，狂喜出神。他要向世上萬民傳輸他的讚美歌，這就是他那麼想有一個傳教士兒子的初衷。這個夢想既然破滅，他就每年向羅馬傳信部大量捐輸，聊以自慰。

* * * * *

愛德的精神

教友之使徒使命，其重點在於有傳導熱能的愛德：「看他們多麼相愛！」這番景象，自教會初期身處偶像崇拜或新異教徒的社會之中，總能征服不少心地正直的人。馬丹先生在這方面堪為典範。他為人溫良親切，絕不判斷批評別人，而總是說別人的好話。他更進一步：如同他的主保聖路易一樣，他高度重視主耶穌對「締造和平」的許諾，有好幾次，他不顧危險，奮勇地將雙方手持刀械互鬥的強盜拉開。

馬丹夫人則坦承很難控制自己的衝動，很難克制自己熱情又多感的第一反應。她尤其自責她那尖銳的眼光，第一眼就看出人家的怪癖、滑稽或弱點，脫口就會給家人速成一副好笑的畫面，沒有絲毫惡意，只不過想逗弄別人，博大家一笑罷了。然而她還是立刻改口，坦然認錯，一八七一年十二月二十五日她在給弟弟的一封信裡就講了這樣一則故事：

「我呢？由於那該死的脾氣，總是喜歡嘲笑甲太太，現在我後悔極了。我不知道為什麼，就是不喜歡她，而她總是對我好，幫我忙。我那麼討厭忘恩負義的人，現在就該討厭自己了，因為我這是真真正正的忘恩負義；因此我立志改正，我已經開始了。這些日子以來我把握一切機會，只說她的好，其實這完全不難，因為她本來就是個大好人，比嘲笑她的人都好，這些人從我開始！」

從以下這個事件可以看出馬丹夫婦有多麼大的容忍度。一個居心不良的鄰居在與他們家分界的牆邊挖了一個大坑，離他們的牆太近了，他們告訴他這很危險，不料他竟惱羞成怒。為了要和鄰居和平相處，他們就讓步了，不久那面牆果然崩塌了。馬丹先生大發雷霆，把鄰居告到法院，要求他們分擔一半的修繕費。這鄰居的惡意太明顯了，連法官也很氣憤。可惜！離倒下的圍牆只差幾公分，於是要請專家來界定。一般來說，法律提供不少協助，給那些打官司的常客。一旦打官司，總會捲入不少煩瑣的程序。遭受如此惡毒的欺凌，這對受辱的夫婦還能心平氣和嗎？且聽她在一八七〇年三月二十六日如何把這件事告訴寶琳：

「我們現在已走到了這一步，我不知道什麼時候才會結束，我不太把這件事放在心上，既然在此世應受苦難，我們只能以耐心接受這些矛盾對立。如果這件事能讓我們稍微避免煉獄，我們在另一個世界會感謝他，因為他讓我們在此世先受了一部分的苦。其實我情願是他欺侮我們，而不是我們欺侮他，即使是他欺侮我們之量的四分之一，也不情願。」

從這件事我們可以見得他們對他們尷尬的虧欠者是多麼忍耐又包容，有多少次他們及時助人，把錢借給快要倒閉的商人。

至於如何行善濟貧，《靈心小史》告訴我們家裡多麼重視這一點。媽媽常說：「要上天堂就要施捨財物。」賽琳對於這一點這樣寫道：「媽媽和爸爸一樣，對窮人心懷莫大的愛心，不論他們有多大的難處，媽媽絕不怕辛勞，也絕不給自己的慷慨設限。我常看見她接待窮苦人在家裡住，並給他們衣服穿。」忠僕路易絲還作證說，她的女主人常打發她去窮苦人家，給他們帶去「蔬菜牛肉濃湯，幾瓶酒和好幾個四毛錢的硬幣，」然後又囑咐她：「除了我們兩人，誰也不許知道。」在里修發大水的時候，他們緊急送了一大筆錢去救助災民。

愛心施捨不是會計問題，不全是從家庭預算中算出多少百分比來行善，而是把自己和身家全搭進去，可以讓自己身陷窘境。小德蘭有驚人的記憶力，她記得在她兩歲半時參加雷奧妮的初領聖體大典，有一個窮女孩也同時初領聖體。媽媽預先早給她穿上了新衣，好參加盛典，在慶祝晚餐時，還特別請她坐在上位。他們全家出遊時，絕不會去找最舒適的旅館。她媽媽回憶起有一次在火車上的分隔車室裡，一個女鄰座對突然進入的婦人厭惡皺眉，因為她抱著兩個嬰兒還拖著行李。到了終點，馬丹夫人由先生陪同一起替她拿著行李，抱著孩子，送她到家。他們自己回到家裡則已過了子夜了。

在火車站，馬丹先生看見一個癲癇患者，就前去和他說話，知道他身無分文，又餓得發慌，就立刻把帽子摘下，自己在帽子裡放了不少錢，然後在候車室裡向大家募捐。銅板像下雨般掉在他帽子裡，病人喜極而泣，終於可以吃飯並買車票回家了。還有一則更值得表揚的故事：在一條很多人走的路上，我們的大善人看到一個喝醉酒的工人躺在路邊，他的工具箱就放在身邊。路人經過，看看他就轉身走了，不願連累自己去管這個一直打嗝的人。馬丹先生看見他就立即彎身叫他，扶他起來，叫他挽著自己，替他拿著工具箱，送他回家。第二天，哪怕他會不高興，還是勸戒了他一番。

這種種愛德的表現，有其親切面，或英勇面，的確是聖方濟初期愛德故事的重新展現。

他喜歡這樣幫助別人，不遺餘力，不理會別人會怎麼說，也不顧危險。他極諳水性，是游泳高手，從水中救過不少人；在突然失火時，他也會臨時充當消防員，有一次還把一位老年人從火焰中救了出來。家人知道他總有不顧一切的英勇無畏精神，常常擔心會有不測，若是他遲遲沒有回家，大家就怕是不是出了什麼事。

如果看到衰弱無助的流浪漢，他也不怕跑煩瑣程序的行政窗口，好讓他進收容所或醫院。馬丹夫人曾在一八七六年五月十四日把這樣的一件事寫信告訴寶琳：

「我們在田野走了好一會兒以後，在回家的路上，遇見一個可憐老人，看來氣色還不錯，我叫小德蘭拿一點錢給他；他深為感動，一直感謝不停。我見他腳上連鞋都沒有，就叫他跟我們走，我要給他鞋。到家以後，給他吃了豐盛的一餐，因為他餓壞了。

我沒法說這個人到了老年會有這麼多苦難。他這個冬天，兩隻腳都凍傷了，睡在一個沒人要的破房子裡。他什麼都沒有，白天蜷縮在軍營旁邊，就為了要一點湯來喝。總之，我告訴他可以隨時到家裡來，總有麵包給他，我希望妳爸爸替他辦手續，讓他進收容所，完成他的夢想。我們會進行這件事。

我想到這個可憐人心裡就難過，我給了他那點錢，他高興得不得了。不斷地說：「我有錢了，有湯可以喝了，明天就去平民爐取暖；我還可以買菸，找人刮鬍子。」總之，他開心得像個孩子，一邊吃飯，一邊看著給他的鞋子，滿臉的幸福，還對著鞋子笑呢！」

馬丹夫人一直掛念著這件事，他先生則忙著去替他辦事，好幾次碰壁打回票，最終讓他進了「痼疾患者收容所」，她才放下心來，而這個流浪漢則喜極而泣。

她行愛德會讓不少麻煩找上她。她把女兒雷奧妮的學業交給兩個前任小學修女老師負責，她們竟枉穿了修女的會衣：她發覺她們虐待一個八歲的小女孩阿蘭丁，還不給她吃飽。而這孩子本是她們答應要監管她的教育的；於是她在暗中給她吃飽，過了一陣時間後，就叫她說出真相。掌握了這些證據後，她就決定介入。這些潑婦竟然不理不睬，於是她就把這情況告訴了女孩的母親，又告訴了本堂神父，最後告訴了檢察官。這兩個被告是十足的偽善之人，還企圖煽動公論。她們更威脅小女孩，說要報復，還灌她烈酒，小女孩於是昏了頭，就變卦改口了。事情於是鬧得更大了。最後大家一起對質，才結束了爭論，使真相大白。最後孩子交給了她的家人，警察分局長總結這次事件，對馬丹夫人說，——她已經累得精疲力盡了——，「夫人，我把這孩子交給妳，由妳保護，既然妳已經願意照顧她，我也會照顧她，做好事真是太美了！」

這次打了勝仗，可是代價卻是多大的擔憂害怕！她以後少不了還有不少麻煩。故事還沒完呢，她最怕這孩子會變壞。馬丹夫人要給她繳住進庇護所的費用，她却不願意去。一八七五年十一月七日在她給寶琳的信裡，把這件事告訴她，最後以使人心酸的悲情結束這封信：

「妳看，我的寶琳，
在此世，不是一切都美好，
沒有甜密的希望，更沒有幸福！
早上花開豔麗，晚上花落無蹤。
可是，說實在的，這件事我是管定了，我此生已經忍受過了多少災難，我的心上已經生滿老繭了，妳的心上還沒有，因此有一點刺，妳就會痛得受不了，我被刺得可多了，結果痛的感覺就不會那麼強烈了。」

毫無私心的愛德到了這種程度，從其高標準的要求來看，不正符合聖保祿宗徒在《格林多人前書》裡以簡潔有力之筆所寫出的那著名的「愛德特徵」？

＊＊＊＊

家人的情感

還要需要說明馬丹夫婦在愛德方面不但對近人慷慨解囊，幫助自己的親人，更是不遺餘力。他們對近親不但熱情，更是殷勤服務，他們心懷一種族長的心情，對有血緣的近親懷有特殊的責任感。這位爸爸有好幾次去到祖先的墓地，在他們的墳前祈禱，同時探訪所有的親戚。祖父母當然是家裡的上賓，小孫女們早就訓練有素，從小就知道要容忍老年人的怪癖，要處處尊重他們，要好生伺候他們。他們這麼多年住在一起，從來沒有產生過摩擦，可見這份孝心有多麼強大。

最熱情的親密關係要算是和弟弟一家人了。弟妹心性極為細膩，弟弟在她的影響之下，已經是充滿基督精神的熱心使徒了。他曾遭受過不少挫折，身為藥店的負責人，後來又增設了一間藥品雜貨店，經歷過種種的打擊，卻從來沒有削弱過他的勇氣，因為他把自己經常交付給全勝聖母。在挫折中他耐心地等，終於等到及時的有效幫助。在懷疑或沮喪的淒慘時刻，只要看聖經，所讀聖言就足以使他心情平復。他熱心加入聖伯鐸主教座堂的管理委員會，並與人合作在里修成立聖文生德保討論會和教友聯誼會。他還發起、並在財務上支持創辦天主教報紙。馬丹夫人在一封信裡曾提到弟弟在一八七六年搭建了一座「恭迎聖體的臨時祭台」，還曾有點引起轟動：在燈光和綠葉的背景下，閃耀著一尊彩色玻璃的十字架，十字架上方看到這樣的讚詞：「愈受辱、愈閃亮。」這話正可以用來描述他自己。

這個以前愛嘲諷又作風輕浮的學生，現在已改變而成為熱心的教友了，讓小德蘭的媽媽更加倍地愛他。她現在不必教導他，更不必訓斥他了。他創業，她急忙幫助他，她關心他的業務，擔心他年底的收支是否平衡；他病了，她急得掉淚，其實她是很少哭泣的人。她給她年輕的弟妹提供女傭，她必自己先試用，調教好了才給她。至於馬丹先生，他以有分寸的玄妙方法解決了遺產的繼承問題，自己吃虧，多給了內弟，因為他那時手頭正不方便。他還多處奔走幫助他的藥品雜貨店開業。這個店在一八七三年三月二十七日竟然於一場大火中全毀。馬丹夫人在一八七三年三月三十日的一封信裡向弟妹表達他們共同的悲哀，其中也透露出基督徒應有的望德：

「妳告訴我你們遭了火災，我傷心極了——這回還是妻子動筆寫信——當我想到弟弟歷經了千辛萬苦才開了這家店，現在一下子竟然全功盡棄！…我知道要有很大的信德才能毫無怨言地承受這個挫敗，才能順從天主的旨意。我也因這次的不幸深感悲痛，連同我以前所有的苦難，不禁感到勇氣全消…不錯，各人都有十字架要背，可是有的十字架比別人的更重，親愛的妹妹，妳現在開始覺察到了人生不都是順境，好天主要這樣讓我們不要依戀此世，而引導我們多思念天上的事。」

家裡有可喜之事也立刻互相告知，例如在一八六八年二月尚娜（Jeanne）的誕生和一八七〇年八月瑪麗（Marie）來到世上，這兩個弟弟的寶貝。這些往來的信件好似在忙亂中的巡視：媽媽有喜了，孩子出生了，走了，來了，交錯而過，有時也不幸逝世了。信裡滿紙都是孩子們的動作和話語，父母親自己却很少提到。總共有一百多封這樣的信，可以給一個這樣的總稱：「兩個年輕母親探索並發現孩子。」信裡提到家人及其深刻的心聲：希望與期待，失望與焦慮，準備新生兒的用品，準備領洗，選擇優良的基督信徒做孩子的代父、代母，以能盡好日後的責任；然後是小寶寶的覺醒，彼此告知新的發現，互送新年禮物以及母親們心頭激起的熱情。看著這兩位高貴的婦人帶著微笑彼此學習並彼此帶動如何去承擔她們肩上那光榮的負擔，這是多麼美好的景象啊！來自阿朗松的信裡說：「孩子們來了，如果妳也有像我這麼多，妳需要時時克制自己，時時做犧牲，並心懷這重大的渴望：給天上增添新選民！」來自里修醫藥專家的，則是寄上合適的藥品與中肯的勸告，給那位俯身看顧生病孩子的可憐母親。

要在孩子的搖籃邊挖掘墓穴時，兩家之間的交流就達到了最高點。在弟弟的兒子出生不久就夭折、令他們夫妻心痛悲傷時，姊姊在一八七一年十月十七日給他寫了以下這封長信：

「我心痛之甚如同我當年失去我的孩子一樣，我可以想見你們在孩子身邊流淚悲嘆，可憐他在如此不幸的情況下過世。然而，既然他及時領了洗，好天主還是給了你們莫大的恩惠。總之，你要勇敢，我想你有足夠的勇氣、足夠的力量和信德來承擔人生的痛苦災難。

我接到你的來信時，我們正要請朋友一起上桌吃飯。吃飯時，我見我們的客人照樣吃喝談笑，好像沒有不幸事件發生一樣，我感覺好心酸。你姊夫可不一樣，他深感悲痛，不斷提起這件事。

我們回想弟妹這六個月以來所遭受的一切痛苦和煩惱，最後竟是如此可悲的結局，實在令我們只有悲嘆。不錯，這事很難忍受；然而，不要埋怨，好天主是主宰，為了我們的好處，祂可以讓我們受這些苦，還可以受更多，可是祂的援助和聖寵絕不會缺少。

如果你能在我去看你以前給我寫封信，我會很高興，尤其要記得告訴我孩子領洗時是否還活著。在見到孩子有危險時，第一要務是先給他付洗。」

彼此探訪比寫信更能在傷口上傳上油膏。可惜路途是那麼遙遠，火車是那麼不方便，店裡又是那麼走不開！馬丹家最大的歡慶之日，就是弟弟一家來訪之時。家裡把最漂亮的房間讓給他們，女兒們歡樂起舞，母親也合著節拍，像孩子一般與她們同樂。要是去造訪里修一家人，那是馬丹夫人一生中的大事，她六個月以前就想著，說著，開始活出這趟遠行了。為了要在既訂日期能有自由之身，她一連八天工作到子夜。她渴望的快樂不是豪華的接待，不是星辰公園的煙火，更不是去楚城的遠足；而是遠離公文，遠離女工和花邊，只沉浸在親人的溫暖中休息幾天。她內心最熱切的期望，就是能看到兩家人親熱地在同一城市生活，不再分居兩地，而是在同一屋簷下的同一家人。這個夢想將在她去世以後，家人搬到比松耐時實現，目前她只能在太短的逗留中見到其美好的前景。

＊＊＊＊

家裡的傭人

說到馬丹家人與家裡傭人的關係，那就幾乎要把她們放在家人情感的層次上來談了。做母親的親自談論她在這方面的想法。一八六八年三月二日，她給弟弟的信裡這樣說：

「不總是高薪就能確保傭人喜歡做下去，必須要讓他們感到主人對他們的愛心，對他們的好感，而不是以強硬的態度對待他們。如果主人有好心，可以肯定他們會盡心服務。你知道我性子是急，可是我用過的人都愛我，我要用多久都沒問題。我現在用的這個若是走了，那我一定會難過到病倒，可是我肯定任何人給她再加兩百法郎她也不願離開我們，我對傭人

真的像對我的孩子一樣。我告訴你這些話，不是把自己當作典範，我絕對沒有作此想，只因為大家都說我不會讓傭人侍候我。」

「親信」這個詞，以前指的是僕役身分，在馬丹家這個稱呼是再貼切不過的了：傭人就是家人。重要的是小心選對人，不要找個有毛病的，選定以後就完全信任他，孩子們已教育成要對傭人尊重服從，這也許有一點過份；而父母親則對現在的路易絲實在過於寬厚，她已經在家服務了十一年之久了。她個性倔強，脾氣暴躁，可是忠心耿耿，賣命苦幹。她的隨便和頂嘴常常要考驗主人的耐心，對小女孩們漸漸地竟然竊取了專橫的權力。只有老大不聽她的支配，只要路易絲粗暴地命令她，她就說：「我不用妳管！」至於雷奧妮，我們以後會看到她對這種監督會感到多麼痛苦。

老大瑪麗證實媽媽對路易絲屈就極了，從來不把剩菜給她吃，只留給自己。她自己不管有多累，總擔心不要讓傭人太累，自己做得比她還多：比她早起，比她晚睡。傭人病了，她就照顧她如照顧自己的孩子一樣。有一次路易絲因風濕性關節炎只能臥床，她三個星期之久日夜守在她床邊。只有等到消炎以後，她才讓她坐車回家，讓她在家慢慢康復。她認為不管她，把她送到醫院或回到窮困的家，是不負責任的行為。

有時候她也給她個機會教育。一八七六年七月十六日在寫給女兒寶琳的信裡，她敘述自己給她上的一課如何沒有成功：「我們的鄰居甲昨天安葬了，這事給路易絲很大的感觸，她不明白人在世如此幸福怎麼會死了呢！我想她情願犧牲她那份天堂，來換取在世如富人一樣的美滿生活，因為她認為有錢就是完美的幸福。我告訴她富人不見得比窮人幸福。我說了半天還是白說，她完全不相信。」要不是有嚴重的病變她是不肯請神父去看她年邁的父親的，最後要不是馬丹夫人生氣了，她才去請神父給父親傳臨終聖事，否則他過了一生冷漠的教友生活，就會在缺少教友的意識中死去了。

由此可見，馬丹夫人把所用之人的任何事都掛在心上。在她家，傭人不感覺自己是傭工，是外人。路易絲和維基尼，後者在家幫傭三年，結婚後繼續做花邊女工。在女主人逝世時，兩人都傷心痛哭，說她心地是多麼善良，對人是多麼寬大仁慈。小德蘭就是從父母那裡學到了如何同情窮苦人的痛苦，如何心痛他們的屈辱，如何重視他們做為天主兒女的卓越尊嚴。

＊　＊　＊　＊

家人的消遣

這樣的家庭讓人肅然起敬。他們也有歡樂嗎？讓我們走進布萊絲路36號他們的家中去看個究竟。一進門，只聽見歌聲、歡笑聲四面響起，個個喜氣洋洋的臉，完全掃除了想像中守舊、傳統教友生活之封閉、沉悶和乏味。一家人籠罩在歡樂的氣氛之中。家人不像今日的一群人昏頭昏腦地向商人所編造的娛樂一湧而上，這些人無論如何要逃離住所；而在當時還沒有這類大規模的商業性活動，還沒有商人利用人性所推出的娛樂節目。馬丹家人的逍遣問題先在家裡解決；在工作告一段落以後，適度地放鬆一下，恢復體力。其中也含有教育意義：能使心靈放鬆，休息，使家人因彼此交融而更加親近。這種散心使人靈汲取新的動力，才可以再出發。孩子們的爸爸會適時去釣魚，那是他的最愛：坐在薩特（Sarthe）或布里央（Briante）河邊，與鮭魚和白斑狗魚鬥智。他對打彈子也熱情不減，還會用半正經半開玩笑的口氣對女兒們說：「看，在人世間我們還有這些漂亮的彈子好玩……。」有時他也隨朋友們去他們的古堡住處參觀。在結婚之初，夫婦倆也曾應邀參加過幾次無趣的宴會。馬丹夫人談起這些來賓，從晚宴的東道主直到沙龍裡的狗，每個人刻意扮演好各自的角色，戲談歌曲、衣服等。從她的口氣聽來，他們對這些是毫無興趣的。等到孩子們出生了，那就在家裡忙了。孩子多的家庭不正有此特恩：大家一起歡樂地動起來，彼此影響，在歡樂中成長。總之，他們的娛樂是「自給自足」的：嬰兒覺醒後帶給大家意外的驚喜，長大後帶給大家獨特的妙言妙語。父母親則以其組織能力使一切井然有序，他們自我犧牲，為家人貢獻一切，他們除了去參加教友聯誼會以外，通常都在家過主日和假日。

孩子們的媽媽為了娛樂女兒們，不惜暫時放下她的針線，她這樣寫道：

「我像個孩子一樣和她們玩拼板遊戲，結果為了這孩子氣而付出了代價：我本應以急件送出的一批花邊，如今要補上，只好在夜裡趕工，直到凌晨一點鐘。」——「我們去參觀一個展覽會，第一次展出用瓷器做的一家人，看他們玩遊戲和全部的辦家家，一共表演了兩個小時。我看孩子們從來沒有這麼開心過。晚上賽琳說：『唉！一天就這樣過去了，我真希望還是在今天早上。』我倒完全不以為然，因為我獨自照管這群孩子已三天之久了，對我來說，這可是一場艱苦的戰鬥！」——「我向孩子們許下要在主日晚上慶祝聖佳琳節（譯按，Sainte-Catherine，本為給年滿二十五歲之未婚女孩過的節日），瑪麗要煎餅，有的孩子要蛋糕，有的要栗子，而我呢，我只求清靜。」

至於爸爸，他可是一個無與倫比的帶動者。沒有人會像他那樣與孩子們打成一片，他自己也說：「我是孩子王！」剛放下嚴肅的書，他就會拿著金色大彈子在女兒們驚奇的眼光下轉出各種花樣，又會做些小玩具，還會不停地變戲法，更會讓他的「小王后」坐在他的一隻靴子上，帶她出去散步。

他靈敏、風趣又開朗樂觀，會在晚上與家人共聚時講些趣事，歷史故事，或民間妙趣橫生的諺語；不然就和大家一起玩遊戲，讓家人過一個快樂的夜晚。他還有動人的歌喉，既悅耳又響亮，歌聲豐滿得讓人著迷。他善於朗誦詩選裡的好詩，更愛朗誦帶有諾曼第語的幽默小品。他擁有、且傳給瑪麗和小德蘭真正的模仿天份。他模仿聲調，摹擬奧弗涅人的方言，重現鳥類的叫聲或行軍時的鼓聲和喇叭音調，一切音韻節奏都掌握得恰到好處，好似真的一樣。他尤其喜愛法國老歌，會唱的歌可不少。他把聖誕夜加上了奧秘的魅力：在壁爐旁，在燃燒著的木材前，緊挨著一排裝禮物的靴子，大家準備妥當去望彌撒。馬丹家的女兒們小心地保存著一大本手抄歌曲，都是父親當年常常哼唱的。這些歌曲像是真正的見證，證明當年的法國人擁有多麼健康的精神生活，古老法國的創作尚未被現代的吵鬧所取代。

在諾曼第的樹林變成翠綠一片時，全家人就往山林的新鮮空氣中去蹦跳嬉戲。主日參加了大彌撒以後，或唸完日課後，一家人就到肥沃的鄉下，小德蘭曾在《靈心小史》中如此俏麗地形容過：「看著麥田裡點綴著猩紅點點的罌粟花，淡藍的矢車菊和亮黃的雛菊花，一種深刻又詩趣的印象在心頭湧起，我現在仍能感受到當時的感覺。我小小年紀已喜愛飄渺的遠景，遼闊的空間，參天的大樹；總之，一切大自然的美景都令我陶醉，把我的靈魂送進了穹蒼深處。」在一家人散步時，她有一項甚為自豪的使命，就是把家人的奉獻拿去給路上的窮人。看到郊外狐立的教堂，就會欣然進去朝拜聖體，或在鄉村墓園中央的耶穌受難十字架腳下祈禱。與其他美景相較之下，媽媽最喜歡的是人稱「小鴿籠」（La Fuie）的巷道：兩邊以高樹為簾幔，一直通到有各家墳墓的墓園，最後隱沒在高大的帷幔間，這帷幔就是英國山楂樹所形成的籬笆圍牆，樹上還綴有白色和紅色的點點繁花。

在放假期間，女兒們最喜愛的出遊地就是去巴維翁（Pavillon）了，那是馬丹先生在拉弗阿路（rue de Lavoirs）布置的一處供家人休憩的別墅。沒有什麼比在下午隨意在老冷杉和胡桃樹周圍、在鮮花和水果間嬉戲更開心的了！父親如果沒有展示他的釣魚工具，就在一樓客廳靜心地看他心愛的書。他喜愛身邊農村風味的傢俱，農莊的大鐘，扶手椅，折疊式的桌子，他可能尤其喜愛壁爐上方畫框裡所展現寶琳初次的水彩畫作。媽媽則帶一點手工活來做，她一邊做一邊和女兒們聊天；她們則忙著採草莓，或製作花束，或在耕種各自的一小方地，因為父母親曾分給三個大女兒各人一塊地來種。當她們玩累了，姊妹們就坐在草編軟墊的長椅上擠在一起，打開食物籃：又是一陣驚叫和歡笑聲！一家人在簡樸中的歡樂不也是一種頂級的教育？完全不用求助於娛樂工業的虛假誘餌來消除那不治的世俗煩惱。

＊　＊　＊　＊

親密的家人

一家人和樂的奧秘，就在於各人以基督的精神互愛。愛德正是這家人的靈魂。由於彼此相愛，因此絕不會有衝動的對立所造成的巨大風波。這種明亮清澈的泉源是持懷疑論者所不能明白的，他們只沉迷於色情小說；也會使不再相信愛情的人聳肩不屑，因為他們已把愛情糟蹋盡了。法國人放縱的性格喜歡嘲諷人，也不免尖酸地挖苦婚姻：「兩人相識三星期，相愛三個月，相吵三年，相忍三十年……孩子們再重新開始。」還有：「夫妻相鬥而非相愛。」這種妙語多得是，也不無其真實性。這是這個墮落時代到了最底點的寫照，與其這樣把神聖婚姻當作笑料，不如像正經人一樣，去向馬丹家學習。

這兩位頂尖的基督信徒在婚姻之初曾決定雙方禁慾守貞，後來才學聖路易王夫婦，以純真的柔情彼此相融。在他們夫婦之間存在著一個真實的紐帶：耶穌基督，他們手牽手，攜手前進。他們知道婚姻是活人的聖事，需要兩人共同經營；婚姻又是永久性的聖事，以其聖寵把無限活力給予婚姻的全程。這樣的家庭在本質上已被聖化了，幾乎具有司祭的特色。聖德不僅不會使愛情乾涸，反而使愛情能夠繼續不斷地有創新的成果：夫婦間相互更加瞭解，各人無私地付出，以忘我之心獻出自己的全部。他們的兩人世界裡沒有自私——他們本能地對此早就抗拒了——也不會逃脫婚姻去追求神秘生活——他們也許有過這種誘惑——而是在婚姻內，藉著婚姻，兩人一起攀登向上。這樣他們才能把造物主的計畫充分地活將出來。

這兩位基督信徒所活出的愛情，不是過份微妙到高不可攀，也不是細緻到好似不食人間煙火。他們已經把相戀的熱情、細膩的愛情與互訴超性知心話的友情結合在一起了。妻子仰慕丈夫。在結婚四年半以後，她在一八六三年元月一日這樣寫信給弟弟：「我和他在一起，一直感到十分幸福，他讓我的生活變得非常甜蜜，你姊夫是個聖善之人，我祈願天下的女人都有像他一樣的丈夫，這是我元旦新年給她們的祝福。」他出差不在家時，她日子難過，就以整理文件等來打發時間，同時向他巨細靡遺地講述家裡的大小事，以彌補自己的失落感。當她想到他馬上就要回家，即刻就使她容光煥發，興奮到無法工作。沒有他在身邊，就連去里修弟弟家也變得索然無味：有一八七三年八月三十一日的這封信可以作證。我們全文轉載以作為這兩人心靈相契的忠實見證：

「我親愛的路易，

我們昨天下午四點半到了弟弟家；他先在火車站等著我們，在見到我們時非常高興。他費盡心思和太太一起給我們安排了不少娛樂節目。

今天晚上，星期天，在他們家為我們舉行豪華的歡迎會，明天星期一，出發去楚城，星期二，應毛府邀請去參加他們的盛大晚宴，可能還會坐車兜風去傳家的別墅參觀。孩子們開心極了；如果天公作美，那就再美滿不過了！

我呢，我輕鬆不起來，對這一切都毫無興趣！我完全像你從水中釣出來的魚一樣，如魚失水，只有死路一條！

如果我在這裡的住期再延長，那我就真正是如魚失水，難過極了，這種心情也影響身體，我感覺幾乎要生病了。然而我要想清楚，並努力振作起來。我的心一整天都跟著你，想著：『他現在正在做什麼事。』我急於想立刻回到你身邊，親愛的路易，我全心愛你，現在你不在，我感到那麼失落，而更加倍愛你，遠離你我真要活不下去了。

今天早上我望了三台彌撒，我去望了六點的，在七點的彌撒中我感謝天主，做了祈禱，後來又去望了大彌撒。

弟弟的生意不錯，一切都很順利。

告訴雷奧妮和賽琳，我熱情地擁抱她們，會給她們帶去里修的紀念品。

如果可能，我明天想辦法給你寫信，只是不知道幾點才能從楚城回到家。我沒時間了，他們在等著我出去造訪朋友。我們星期三晚上七點半回家，我覺得這段等待的時間好長啊！

我以全部的愛擁抱你，女兒們叫我告訴你，她們在里修開心極了，她們也緊緊地抱抱你。」

簽名：

馬丹先生的回信總是比較樸實，因為他不太愛寫信，可是仍流露出同樣的深

情，以下是他在一八六三年十月八日所寫的一封簡短回信，可為佐證：

「親愛的朋友，

我要到星期一才能回到家，我覺得時間好長，我急於回到妳身邊，妳的信我看了不用說有多高興，只是知妳過於勞累，因此我勸妳要沉著，要有節制，尤其在工作方面。

我從里昂公司拿到了幾份訂單；我再說，不要煩心，有天主幫忙，我們會衣食無虞的。

我有幸在全勝聖母堂領了聖體，這聖堂有如人間天堂。我也讓人為我們全家人的意向點了一根蠟燭。

在與妳們共享重聚之福以前，我全心擁抱妳們，我希望瑪麗和寶琳都很乖，是吧？

終生愛妳的丈夫和真正的朋友

簽名：

這樣的愛情沒有擔心和不安，既不多疑也不嫉妒，而是一種來自信任和安全感之平靜的力量。丈夫讓妻子主內，就是主管家裡的布置和家事的安排。她那過人的務實精神在家庭生活中發揮了最大的效能。丈夫專心做他的事，他不在乎享受，不求錦衣美食，一點麵色和豬肉成品就可以解決一餐；而妻子則滿懷愛心地為家人張羅一切。兩人之間從來沒有出現過半點陰影，兩人的看法也從無二致。馬丹先生執行家長的權力，其行事風格就讓人起敬，並立即服從。唯有一點：他極不喜歡與家人分離，做媽媽的就得運用其外交手腕，讓他也同意自己認為是明智的決定：例如讓女兒們去舅舅家住一陣子，或瑪麗到芒斯往見會去做封閉式的避靜等。她明理又極為細膩的心思，知道如何委婉地讓丈夫贊同她的看法。可能在一次類似的討論中，口氣也許比平時更激動一點，結果讓七歲的寶琳向媽媽說出她那坦率的感想：「媽媽，像這樣，是不是就是夫妻不和？」這句話讓這對恩愛夫妻長久提起來就開懷大笑。當時馬丹夫人把這句話悄悄告訴了丈夫，邊大笑邊大聲說：「我的好路易，我們得小心點了！」

至於孩子們，她們感到被父母親溫柔又堅定的愛所包圍，伴以由衷的關心。他們的四個小天使之死使他們比以前更深感自己只是天主的全權代理人，唯有祂才有至高的「所有權」。他們的愛經過考驗的熔爐加以淨化，留下了十字架的印記，再也不會尋求自我，只會付出，服務他人。寶琳，以後的耶穌．依尼斯姆姆（Mère Agnès de Jésus），在她天使般的妹妹列真福品程序上所提出的作證辭，是經過仔細斟酌過的：「我一直感覺父母親是聖人，我們孩子們對他們總是充滿尊敬和景仰。我有時想人世間是否還有像他們一樣的雙親，至少在我周圍是看不到的。」這番話不只是出於孝心，而是真正的崇拜。在幼年時瑪麗和寶琳想要表示對父母親同樣的愛，在祈禱中巧妙地把父母親合併起來：「主啊！請保祐爸爸媽媽！」或把次序顛倒過來：「請幫助媽媽爸爸！」這樣就確保對他們有平等的對待了。

每次離家去住校都令兩人心碎，她們永遠不會習慣於遠離父母親。且看瑪麗在她初領聖體的第二天，與父母親同聚後，私自寫下自己內心的深刻印象：

「我又見到了爸爸、媽媽！遠離他們讓我多麼痛苦啊！和他們一起簡直就是天堂，只是這天堂太短暫了，因為晚上他們就要離開我們回家去了！因此，我的幸福離圓滿太遠了！我們一起去鄉間散步，很快我就置身於開滿大雛菊和矢車菊的草原上，我好想去採幾朵花，可是要去就要離開爸爸的手，於是我就不去，還是喜歡留在他身旁。我看看他，再看看媽媽⋯在我九歲的心裡對他們有深不見底的愛⋯我沒法描述離開他們心裡有多苦，我想要解釋這種致命，沒有辦法，只是徒勞而已。」

假期回家又是一幕幕狂喜的景象。瑪麗身還在學校，腦海裡就開始重溫每一個場景：她給妹妹表演鐘聲，報告媽媽已來到修院，然後一起回家。火車頭的噗噗噴氣聲，火車開動了，各車站站名的報告，最後到了阿朗松火車站，大家擁抱，歡聲笑語，樂不可支。寶琳坦承有一次被朋友送回家。當她遠遠地看到了家，心都要停止跳動了，她以為自己要激動而死了，不得不停下來等一會兒，免得昏倒。

女兒們彼此也同樣有親密的深情，雷奧妮的固執有時會激發爭吵，然而爸爸一來排解，馬上就恢復平靜了。他最怕她們激烈爭論或爭吵。當孩子雙方情緒激動、聲量放大時，「安靜，孩子們，安靜！」話說得那麼溫和，雙方的神經好似奇蹟一般立刻平靜下來，因為沒有人要讓父親難過。

基督是家裡的君王，這位君王還沒有正式登基（譯按，教宗碧岳十一世在一九二五年頒布基督君王節為普世教會的節日），克勞雷神父（Le Père Mateo Crawley）也還沒有講十字軍東征的教理，然而這一切都在他們家庭的精神裡呈現。他們重新活出納匝肋、伯大尼；耶穌聖心也在家裡把各靈魂凝聚起來密切地結合在一起，喚起一切情感，指揮一切行動：天主準備了最有利的土壤來孕育這位聖女。小德蘭飽享了家庭的甜蜜氣氛，以後才會唱出：

噢！我多愛憶起
我兒時那蒙主祝福的日子！
為了保守我童貞的花朵
上主總是以愛圍繞著我。

▲ 法國聖女里修德蘭的父母，路易・馬丹Louis Martin和仁麗・葛蘭Marie-Azelie Guerin夫婦。（saints Louis et Zélie Martin ©Sanctuaire de Lisieux）

第八章 家庭的教育責任

在這個家的工作坊裡，靈魂的培育與肉身的養育同步進行，這才是完整的家庭教育。其實，給人肉身的生命事小，使天主兒女的誕生與成長事大，這正是教育的目的。這是一門最高的學問，然而被太多家庭忽視了。這是一門「藝術中的藝術」，所一心追求的，是要塑造高尚的人格，尤其是具有神性的人格，所用的材料不是塑料，而是人的全部靈性實體。

教育的原則與方法

馬丹夫人的書信裡高度透露出她對女兒們的教育有多麼用心又操心。她的孩子不是玩具，不是只讓父母親用來玩得開心的；也不是沒有教好的猛獸，讓人害怕，而是從造物主手上得來的「寄存物」：要以服務的心態把孩子養大，不要怕他成為偉人①。馬丹夫人在每個新生兒誕生時，都一定作以下的祈禱：「主啊！我把他獻給祢，如果他會失足，不如祢先把他帶走。」這正顯露了她理想的高度：她要塑造

1. 譯按，作者以信友的心態，怕孩子成為偉人，自已會驕傲，而驕傲則為眾罪之首。

的是完美的基督徒，是聖人。

馬丹夫婦懂得如何運用做為父母的權力，知道其目的及其限度。他們清楚地知道如果沒有負起責任，就會失去資格；如果濫用權力，就會失去信用。他們認為以身做則，可以增加十倍的效能。孩子有驚人的直覺和推理的能力，只有在他景仰父母，認為父母是美善的化身，才能對父母心悅誠服。如果爸爸認為可以溺愛——在此詞最輕微的意義之下——一點女兒們，讓他愛極了的瑪麗得到滿足，讓小德蘭最微不足道的渴望也無不俯允，然而他慈愛的表露從未稍減孩子們對他的尊敬和服從，其原因正是他那聖善的生活和高貴的人格，都賦予他無上的威信。他對他的「小王后」的任何意願無不欣然順從，而小德蘭則說，只要她的「君王」的一個眼色，一句話，對她就是聖旨，絕無二話。賽琳對此也宣稱：「在家裡我從來沒有見過我們中的任何一個人，對父母親說過一句不敬的話，甚至連隨便的話都沒有，除了雷奧妮有時會發點小脾氣以外，我們對父母的命令，從來不評理爭辯，連想都不想，只以愛來服從。」

這就是他們教育孩子的關鍵：以無邊的慈愛配以出奇的堅定來對待她們。總之，馬丹先生在孩子們偶發的激動爭吵時會生氣，並能使她們立刻平靜下來；他也精於發現瑪麗心懷女孩子對虛榮的心計，並適時提醒女傭切勿對小賽琳過於奉承愛撫，免得她變得懦弱無能。他不是寵孩子的爸爸，也不是鞭打孩子的爸爸，而是以其威嚴令人敬畏……不過，他偶爾也會俯就孩子，暫時扮演一下「如何做個好祖父」（譯按，此為法國文豪雨果之名言）。

母親以其高度警覺性的關心支持著父親，在這個模範家庭裡，母親絕不會與父親不同調，他們盡力在家裡——家的延伸即學校，也必仔細選擇有良好宗教教育的學校——營造出一種氣氛，一些傳統，使孩子們自動地傾向修德。這樣的做法就預先防止了罪惡，是醫治罪惡的最佳方法。可疑之人是嚴格被排除在外的。媽媽不會吹毛求疵，不會為一點小事囉嗦，也不會多疑；然而，只要她在，什麼都逃不過她的眼神，不論是玩耍或工作，她都和女兒們不分不離，好使她們遠離一切危險。

珍尼薇修女（Soeur Geneviève），本名賽琳，提出兩件事證明母親在這方面有多麼用心。其一：小德蘭誕生後不久，家人靈機一動，想玩模仿聖洗的典禮。女傭路易絲為了增加趣味，想把賽琳打扮成男孩，當時她四歲，要在典禮的行列中充當代父。今日給女孩穿男裝完全不成問題，然而當時是一八七三年，母親完全不能接受化裝，也不許喬裝，處處都必須中規中矩；又如堅持女兒的裙子一定要長到膝蓋以下才行。她對於要把賽琳打扮成男孩非常不滿，囑女傭立刻停止，並強烈地訓斥了她一番。其二：母親以本能立刻覺察出，並冷酷絕情地揭穿一切能危害心靈純潔的事。一次，她答應一個比自己女兒們大幾歲的少女和她們一起玩。她一眼看到這個少女把一個女兒拉到花園，對她貼耳說些不知什麼話。看她那可疑的舉止和不軌的行動，她猜到一定是在慫恿女兒做什麼壞事。她立刻嚴厲地責備了這個少女，並把她逐出門外。然後她以無限委婉的語氣訊問女兒實情，並向她解釋為何對那女孩如此嚴厲，仔細地讓女兒知道應避開一切有害的影響。接著把她抱在懷裡，坐在膝上，親自教她在告解以前應如何做省察。至於那個輕罪的少女犯人，受到了那番責備，大為震驚，深自反省，痛改前非，後來竟棄俗進了修院修道了。

彼此信任是這種教育的基礎。馬丹夫人從小忍受母親粗暴、冷漠、強制式的教育而非常痛苦，因此立志絕不讓自己的女兒們受這種苦。她喜歡給她們養成外向開朗、坦率快樂的性格。雷奧妮有時的沉默寡言讓她困惑不安，她知道緊密封閉的靈魂會有什麼誘惑，壓抑的內心會有什麼危險。從她的書信裡可以看出，她多麼用心地以她那出奇清晰的頭腦去認識每個孩子，以能個別施予適當的教育方法。

她以無限的愛啟發孩子說出心裡話或供認錯誤。對於年長的女兒們，她像她們最好的朋友；對於年幼的女兒們，她又是慈愛的化身。沒有比這幅賽琳熱愛媽媽的畫面更動人的了。這是她在一八七一年五月五日寫給弟妹的一封信：

「妳不知道她有多麼可愛！沒有一個孩子像她那樣孝愛我，要是她極想做什麼事，只要我說那會讓我不高興，她就立刻放下。一次女傭把她打扮停當，要帶她出去，她很高興，尤其喜歡戴著她那頂白色的帽子。正要出門時，我傷心地對她說：『妳要丟下我嗎？』她立刻撇開女傭，奔到我

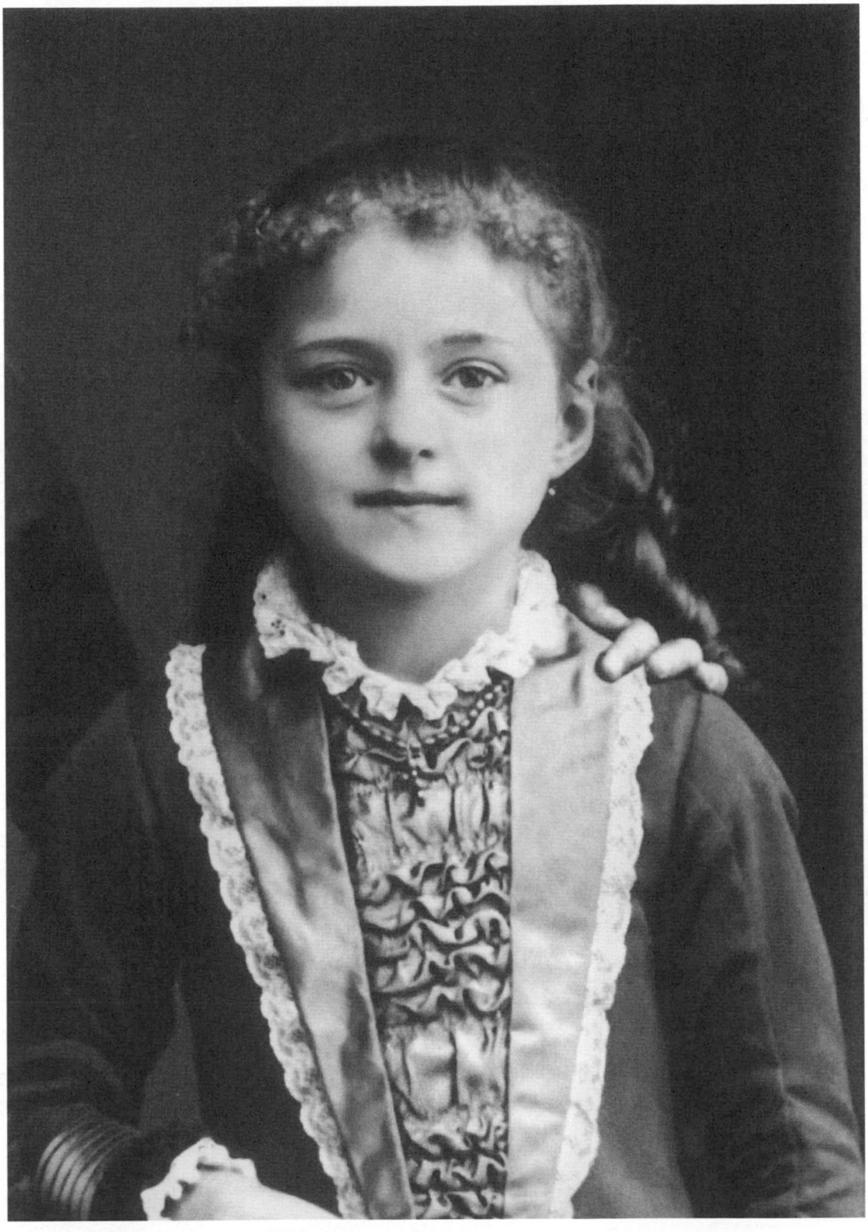

▲ 小德蘭童年照片（局部放大）。（Copyright credit to Office-Central de Lisieux）

跟前，用全力抱著我：『不要！不要，我不要丟下媽媽！』又對女傭說：『妳自己去吧！』然後，我神情愉快地叫她走，她仔細看著我的眼睛，看清楚我是不是真的不再難過，接著就開心地蹦跳著出門去了。」

馬丹夫人總是以深情待人，可是從不軟弱，絕不寬容孩子的執拗，也不放過她們孩子氣的任性，她一八六九年二月三日寫給弟弟的信裡這樣說：

「你的小尚娜脾氣過於急躁，不要擔心，她以後還是會成為一個絕佳的孩子的，會讓你欣慰。我記得寶琳在兩歲以前，也是這樣，當時我真發愁，而現在，她可是我最好的孩子。我得告訴你，我沒有溺愛她，她再小，我也不放過她任何一個錯誤，可是也沒有重罰她，然而她必須讓步，必須順從才行。」

那頭號敵人，破壞一切教育、騙取天主恩惠的，就是驕傲自愛。在她一八七〇年二月八日給弟弟的信裡，談到弟弟兩個女兒中的一個特別聰敏過人，她加上這麼一個意見，用以暗示她的建議：「我擔心的只有一件事：就是怕她心生驕傲。被大家捧在手心裡的孩子，如果父母親沒有及早制止，特別會心生這種缺點。」

馬丹家的教育理念也包括最低限度的嚴肅刻苦。說話時用語應精練正確，絕對禁止出言粗魯，舉止端莊則認為是純潔的外衣，禮貌則為愛德的光彩。如軍人一樣準時的爸爸，強調要維持紀律；媽媽則留神清潔和整齊。在飯桌上坐姿要正確，飯不合口味時，不許抱怨撇嘴。爸爸大聲說：「誰不喝湯，就沒有肉吃！」他要事先粉碎一切反對的意見。要吃很多麵包，否則就會被指責只貪肉食。在封齋期，菜單會稍加削減。總之，大家共同生活的種種都旨在激勵動能並啟發刻苦精神。

母親善於激發慷慨的胸懷。她的策略就是利用每天的大小事教給小女兒們，應該怎樣戰勝自己。這種機會教育不需要高深理論，抽象的動機論也影響不了她那絕對具體的想法，正如詩人所說：

> 孩子不喜歡過於寬闊的遠景；
> 而偏愛大世界中那最美的地方：
> 昆蟲、花朵、一條小小的蹊徑。
>
> 若望．艾卡②

她利用日常微不足道的小事來塑造孩子們，授以絕對超性的動機來激起她們對信仰的忠誠：要某罪人回頭，要安慰耶穌，要贏得天堂等。有人就以此稱那是「在她花冠上飾以珍珠」，這話在家裡頗受歡迎。在《靈心小史》中提到小德蘭用功過珠來計算自己的刻苦功夫，就是由此而來。長女瑪麗由母親陪同，為了使剛過世的外祖父能早日從煉獄進得天堂，便以超出她九歲年齡的勇氣，去迎戰牙醫的鉗子；不料需要延期拔牙，這讓她非常懊惱：「可惜，外祖父已經不在煉獄了！」還有，

2. 譯按，Jean Aicard，法國詩人，戲劇作家，1848-1921。

當小德蘭自告奮勇給兩個孩子講要理，大的還不到六歲，她許下給她們的不是玩具和糖菓，而是「小耶穌給乖孩子的永存獎賞」，她這是重現她兒時坐在母親懷裡所學到的功課。

從馬丹夫人的信件裡可以彙整出一套完整的教育規章。她的女兒們在小德蘭列真福品調查程序中，曾這樣做證：「母親沒有溺愛我們，她非常仔細地監視孩子們的靈魂，連最小的過錯也絕不放過，必加以斥責，予以糾正。她以和善和深情教育我們，時時小心，處處注意。」這樣的讚詞正讓人想起聖女貞德的母親羅梅夫人③在山谷的身影，法國歷史學家暨文學家米舍來④形容那位了不起的洛林人（即貞德）的一席話，用在加爾默羅會那位謙虛的小花身上，是再貼切不過的了：「她知道母親所知道的一切聖善之事，她接受了她的信仰，不是課程，不是宗教儀式，而是以平民樸實的口吻在晚上聊天時，所講述的美好故事，那正是母親那單純的信仰……我們這樣以血和奶所接受的，是鮮活的生命本身。」

＊　＊　＊　＊

瑪麗和寶琳的培育

瑪麗和寶琳是最早受惠於來自母親的浸潤和這種靈魂之灌注的。她倆的性情却形成了強烈的對比：長女瑪麗獨立，熱愛自由，異常靈敏，痛恨把事情複雜化，

3. 譯按， Isabelle Romée，聖女貞德的母親，1377-1458。
4. 譯按，Jules Michelet，法國歷史學家及文學作家，1798-1874。

正直坦率，有獨到的風趣，有時她的羞怯會讓她顯得有點孤僻，令人捉摸不透；二女兒寶琳則精力過人，有時需要稍加抑制，她和母親一樣和藹可親又外向愉快，整個人內心的和諧也和母親一樣，其堅實的才能和聰敏的機智足以讓她執掌大權。總之，兩人都既聰明又有愛心，並相互結有深厚的友誼，彼此難捨難分。

從小父母親就讓她倆學做犧牲。瑪麗常提到她那第一個修德的行動：她有一個非常漂亮的橘紅色皮製茶托，她忍痛把它送給了妹妹，「好能在媽媽的花冠上加飾一粒珍珠。」然後立刻搶著問媽媽：「媽媽，我可以上天堂了嗎？」充滿她內心的，是對好天主的愛和對家人的深情。她不屑向路人打招呼，不願向別人屈膝以討得別人的注意。媽媽糾正她，她直接這樣反駁：「別人不愛我，我才不在乎呢，只要妳愛我就夠了。」如同畫家勾勒出一個人像一樣，馬丹夫人在一八六九年給弟妹的信裡這樣描繪她的女兒們：「我的老大變得很懂事了，可以見到她很努力地在改正她的小錯誤，她深情得很呢！只要見我對她不高興，就立刻淚如雨下。而寶琳則非常可愛，最得人心，只是沒見過像她那樣激情奔放的孩子。」

瑪麗憶起兩姊妹在阿朗松修女辦的學校暫讀時的一件事：「在我們的同班同學中，有些學生不守紀律、沒有教養……還比這更壞!!!而我們的女老師却完全看不見，我既然從來不對媽媽隱瞞任何事，就把我見到和聽到的全告訴媽媽。」馬丹夫人很高興女兒對最輕微的失禮也感到那麼嚴重可怕，就利用這個機會培養她的道德

▲ 小德蘭八歲時和姊姊賽琳合影。（Copyright credit to Office-Central de Lisieux）

心，並鼓勵她在辦告解時要完全坦白認罪。她在信裡繼續說下去：

「她還告訴我一件事，讓我毛骨悚然：『有一個孩子在辦告解時不敢說出她的罪，在告解之後，神父看見從她嘴裡伸出一隻大蛇的頭，一下又不見了。後來有一天，她鼓起勇氣坦承了她的罪，那整條大蛇就出來了，跟著還有一大群小蛇也出來了。因為趕走了最大的，其餘的就像中了魔法似的也跟出來了。我牢記住了這件事，所以我絕不會隱瞞一個罪。』當然，大罪一定要在告解時坦承清楚，故意隱瞞則會使告解無效。」

一八六八年十月，瑪麗和寶琳進入芒斯往見會所辦的寄宿學校就讀。臨別前，那可真是一場熱淚滾滾的場景！馬丹夫人承認：「你不知道看著她們離我遠去，讓我多麼傷心！然而為了她們的前途，不得不作此犧牲。」瑪麗也同樣感到離開父母真正是一種酷刑。「啊！要不是為了不讓阿姨難過，我絕不會在修院的柵欄後面待上七年之久！」難過歸難過，兩個孩子還是用功讀書，母親看了，很是欣慰。她一八七二年給弟弟的信裡這樣告訴他：「瑪麗是個非常出色的學生，寶琳則學她想學的，也很用功。在同年齡的孩子中，還名列前茅呢，……有一次瑪麗在自修時間跟她說話，她對姊姊說：『不要浪費時間，這都是爸媽的錢！』你看，這兩個孩子都為我們爭光呢。」

這副美好的畫面也不是沒有陰影。老大的風趣玩笑話，老二則精神煥發，說起話來妙言妙語，不免招來「聖女子」的指責。她對這兩個孩子的影響是非常深遠的。在芒斯和在阿朗松一樣，心地正直就是行為準則。瑪麗在信裡坦率認罪，連最小的過錯也不放過。獎賞她的是幾條絲帶，並在她耳邊輕聲說：「表示寬恕？」她拒絕用它，並解釋說：「我不要用我完全無功得來的東西來打扮自己。」

她們的父母親與學校密切合作，絕不把自己的責任推給學校。他們仔細察看每份成績單，為孩子們的成就鼓掌，提醒她們在大節日和重要敬禮中要恭領聖體，如在家裡一樣；還向她們提出祈禱意向，尤其要告訴她們家裡的大小事，好讓她們與家人休戚與共，保持家庭的精神，不感覺自己是流亡在外。母親信裡的敘述是那麼有趣，連學校的老師都樂於傳閱呢。

父母親以同樣仔細又警覺之心來帶領老大瑪麗。在她傷寒病癒後回到芒斯的學校，結交了一個好友，這孩子出身貴族，結果使瑪麗失去了內心的自由，而開始追求光榮與財富。馬丹先生非常重視這種轉變。一天，他和瑪麗在自家簡樸的莊園裡散步，他見女兒急忙去採集一束花，並神祕地強調說：「我要把這些花帶到往見會去，用來紀念莊園。」──父親敏銳地反駁說：「是啊！然後向妳們有錢的朋友炫耀妳房地產裡的花。」瑪麗發覺被父親猜中了自己的心意，一時氣急敗壞，就把花束丟在草叢中了……然後繼續談別的事。

擊破「崇高夢想」的最佳方法就是來自本分工作的不斷約束。瑪麗十五歲半時從寄宿學校畢業，母親立刻教她如何主持家務。她早就感到自己來日無多，這種預感縈繞心頭，於是加倍熱心地把家裡的重擔傳授給她。女兒在學習期間有這樣的報導：「下午我和媽媽一起工作，她見我只顧說話，停了針線，就告訴我要一邊工作，一邊說話。」瑪麗在這種動力之下快速成長，令人稱讚，很快就擺脫了虛榮之心，避免了她那美好的樸實本質遭到質變。

她個性獨立，崇尚自由，痛恨因循守舊。她激烈反對修女聖召，拒絕誦唸「大聖若瑟，童貞之父及護佑者……。」她認為這篇禱文是專門留給那些戴著頭巾和修女帽的修女們去唸的。她對婚姻不感興趣。她要的是自己的獨立自主：「我是自由的！」

母親對她照顧周到，激勵她，把她拉回到現實面。她一八七六年一月十六日給寶琳的信裡這樣說：

「瑪麗夢想去住在半月路的一棟漂亮房子裡，面對聖佳蘭女修會。她昨天晚上一整晚都在說這件事，好像那就是她的天堂！可惜，她的願望無法成真：我們都必須留在目前所在的地方，當然不見得一輩子都要留在原地，而我，我就會一直住在這裡一直到死。妳的姊姊其實毫不熱衷於凡俗生活，只是對於自己的處境總是不滿，總想要更好的，要大房子，好像俱……其實她一旦有了她想要的，她心裡的空虛感可能會更強。」

這封信裡的一字一句都旨在加固寶琳的信念，同時也透露出馬丹夫人對她孩子們的教育手法：她不會叫她們閉嘴，不壓制她們反對的聲音，她讓她們說出心裡的話，她喜歡她們坦率直言，然後緩慢地以信德的眼光，去修正她們過於倉促的判斷或錯誤的見解。

她不讓瑪麗去參加富有人家的晚會，她在一八七六年十一月十二日寫給弟妹的信裡，這樣說：「那樣會引起孩子有不良的想望，」而只允許她去參加一些普通人家的晚會，讓她不至於想入非非。她不管別人對此感到氣憤難忍，即使是她往見會的阿姨：『那就把她關到隱修院去嗎？不能讓孩子在社會上活得像個孤僻的狼！』「聖女子」的話有的要聽，有的也就算了，主要的是我很高興瑪麗有一點社交散心的機會，讓她不致於過份喜歡離群索居，她已經夠孤僻的了。」

讓母親深感困惑的是瑪麗總是公開抗拒一切宗教性的熱心超性行為。她會引用修女阿姨的話，——她稱其為「聖德的講道」，卻顯得對她自己毫無效果。其實瑪麗的內心還是虔誠的，她天天望彌撒，只是討厭社交露面，結果就使她顯得有點古怪。母親不氣餒。一八七六年她把女兒送去和往見會的舊生一起做封閉式的避靜。一八七七年，她再送她去做同樣的避靜，雖然父親不怎麼贊成：第一，因為他不喜歡與孩子分離，第二，也嫌旅費過於昂貴。母親回說：「與一個靈魂的聖化和轉化相比，金錢算不了什麼，去年瑪麗避靜回來完全改變了，現在餘溫尚存，必須再去加溫一番。」她第二次避靜回來，其結果就是決定性的了。她和瑪麗的談話，就已猜到她將來會做什麼了。她向別人透露：「我對瑪麗滿意極了，世俗的一切已進不了她心裡去了，她只醉心於超性的一切。她變得非常虔誠，我想她會去修道，做修女，我全心祝願她將來成聖……。」

至於母親偏愛的老二寶琳，她尤其是以書信來往來教育她。母親的這些信是動人心扉的，可惜遺失了不少。她文思敏銳，下筆成章，內容極為豐富。孩子要求，除了封齋期以外，每封信都要密密麻麻地寫上四頁，信裡以極動人的字句表達出滿溢的母愛：「讀了妳上封來信，我沒法形容我有多高興；妳雖然生性歡躍奔放，却為了讓我們高興，而做了這麼大的努力，因此我對妳感激不盡，我太愛妳了，以致我總覺得愛妳愛得還不夠。」這封信是在一八七五年十一月七日寫給寶琳的。

母親很清楚女兒的聰敏伶俐，學業對她來說是易如反掌，因此這方面不是母親的教育重點，她唯一害怕是自負的陰影：由於學業成績優異而心生自滿。她認為虔誠敬主可消除這種毒害。她擔心的只是這件事。因此，她給女兒的信裡，談的是她自己因信仰而有的心態與行為，並以親密朋友的口吻傾訴自己的心裡話。她在一八七五年十二月五日寄給寶琳的信裡，說到以前在始胎無染原罪聖母節日那天，曾祈求童貞聖母賜下恩寵，再給她第二個孩子：

「我沒忘記一八六〇年十二月八日，現在想起來只覺得好笑，因為我向聖母祈求，完全像個孩子向媽媽要一個洋娃娃一樣。我說我要一個和以前一樣的寶琳，還把細節說得清清楚楚，生怕童貞聖母不知道我的心願：首先她必須有一個美好的靈魂，有能力成為聖人，我也要她美麗可愛。關於這最後一點，結果她不是很美，可是我認為她已經夠漂亮，甚至非常漂亮了，我要的正是這樣的寶琳！今年我還會一大早去見聖母，我要第一個到，像以前一樣，向她獻上蠟燭。只是我不再向她要女兒了，我只求她，讓她給我的女兒們都成聖，而我呢？我就緊跟在她們後面，她們必須比我好很多。」

有什麼比母親坦率的心裡話更可愛、是更有力的教誨？

＊　＊　＊　＊

雷奧妮或教育工作的十字架

教育工作不免會遇到十字架。有時會遇到生性反叛的孩子：不僅對於約束會倔強不從，而且對勸解的好言好語也無動於衷，雷奧妮就是這其中的一個。她有點弱智，身體發育也不全，那是因為她幼年時接二連三不斷生病，而阻礙了她的發育成長。結果由於自卑感，她變得難以管教，幾乎是難以捉摸的。媽媽好幾次表達了她的痛苦。她一八七二年七月這樣寫信給她的弟弟：「這孩子讓我憂心極了，因為她生性不馴，智力又不足。」——「我很難分析她的個性。其實有再大學問的人也會捉摸不透的。然而，我還是希望有一天好種子終會發芽生長。如果真有這麼一天，那我就要唱：『主啊！現在可以照祢的話，放祢的僕人平安去了。』」

她想到要靠在芒斯的姊姊之聖德及教育才華來馴服這孩子。初次把她送到往見會的學校做寄宿生的嘗試，結果慘敗：這孩子太反覆無常而很難守好各種規矩，太容易激動而無法適應共同生活，太弱智而跟不上正規學業。修女姊姊却毫不悲觀：在粗糙又粗野的外觀下，她猜到孩子有堅實的優點。她這樣寫信給妹妹：

「這個孩子之所以難養，是因為她幼年不快樂，可是我相信以後她會和她姊姊們一樣出色。她的心地善良極了，她的智力發育不全，的確是在她的年齡以下，然而她有辦法作出正確的判斷。除此以外，她的個性也格外剛強。總之，她能力強大又慷慨大方，我最喜歡這樣的孩子。只是，如果沒有天主的恩寵，那會怎麼樣呢？」

母親接到姊姊的來信，看到了她的預言，自是非常欣喜。可是目前，有時想把她再送回修院的學校，又覺得那像一梱芒刺在身一般地不對勁。艾蘭的過世讓雷奧妮失去了能讓她健康成長的良伴；特別的補習也不見成效。責罵或愛撫對於這古怪的性情都沒有長效。好的時候極少，她的後悔也短暫即逝。

一八七四年元月，為了準備雷奧妮的初領聖體，母親再次把她送到往見會，由修女阿姨做她品行方面的監護人。她最初的表現讓人抱很大的希望。幾天以後，阿姨發現責備只滑過這飄浮不定的靈魂，不留痕跡。於是她改變策略，改用特別和藹和絕對信任的手法，居然有神奇的效果！幾個星期以後，阿姨以為成功了，不料忽然又變得模糊不清了，那是本性難移啊！孩子又開始喧鬧不安，注意力不能集中。阿姨後來稱這種現象是「可厭的童年」又回來了。

四月一到，就得通知母親來接女兒回家了。母親沒有要求延期，因為她認為「父母親應負起管教任性孩子的責任」。然而她對她的失望還是痛苦難忍。一八七四年六月一日，她這樣寫信給弟妹：

「妳可以想像我所感到的是多麼大的挫折！這樣說還不夠，這事給我的痛苦之深，至今仍難稍減。我曾經想只靠姊姊就能改造這孩子，我深信她會留住她，可是雖然費盡心思，看來還是不可能的了，除非把她與別的孩子分離。因為她只要和別的孩子在一起，就不能克制自己，立刻變得格外淘氣。總之，我曾祈禱有奇蹟出現來改變她的天性，現在看來也是不可能的了。的確，我不配有奇蹟。不過，我還是在沒有希望的情況下仍抱著希望。我愈見她難教，就愈確信好天主不會讓她就這樣下去。我全心祈求祂能心動垂允。她十八個月大時生病差點送了命，如果好天主對她沒有慈愛之心，為什麼還救她不死？」

頑強的孩子帶給母親的是莫大的痛苦，也成為她日思夜想的問題，然而同時也是她滿溢之母愛的對象——做母親的會很容易明瞭這種似乎不合常情的心理。她親自準備孩子的初領聖體，幫助她學習相關的教理，鼓勵她做些小犧牲。為了參加這盛大的典禮，還帶她到塞艾的聖母無染原罪大殿去朝聖。母親費盡心思，這些心血的結果，當時是萬里無雲的歡樂。

可是她那變化無常的本性還是沒有因此矯正過來。事事頑抗似乎是她與生俱來的本性。有時她似乎在封閉自己，把自己封閉在賭氣之中。飯後故意不參加與家人在一起的散心，而滯留在廚房裡和路易絲混在一起，這女傭好像對她有特別的魅力。有時她會對母親特別親熱。有時也會突然作出犧牲，例如她極力拒絕去里修舅舅家——很久以後大家才明白——那是因為怕賽琳去不成。

好像有一種奧祕籠罩在雷奧妮的上方，那要到很久以後才真相大白。父母親看她好似謎一樣的人物。母親不氣餒，記下每次最輕微的進步。她把小女兒交給大女兒去悉心照顧。瑪麗剛從寄宿學校畢業歸來，對妹妹有非常有利的影響。她自己則以愛撫喚起雷奧妮的心志，並滿懷希望地記錄下所得到的成果，即使是轉眼即逝的，也覺得分外可貴。

幾段母親信裡的敘述可以顯示出她在各個不同的階段，對於這有點徒勞的工作所使用的不同教育手法：

「我對我的雷奧妮相當滿意，只要能克服她的固執，軟化她的脾氣，她一定可以成為一個好女孩，既忠誠又耐勞。她有鐵一樣的意志，只要是她想要的，她會戰勝一切障礙，不達到目的絕不罷休。然而她完全不篤信宗教，只有在不得已的時候，才會向好天主祈禱。今天下午，我把她叫到身邊，讓她唸幾段禱文，她很快她就感到厭煩，對我說：「媽媽：給我講耶穌基督的生平吧！」我起先有點猶豫，因為我喉嚨痛，要講真有點為難。最後我還是努力給她講了主耶穌的一生，在我講到祂的苦難時，她忍不住掉下淚來……。

雷奧妮下樓來，把玫瑰唸珠帶給我，對我說：『媽媽，妳愛我嗎？我以後會聽妳的話。』她有時會很好，也下決心要做好孩子，只是不能持久……。

昨天，她一整天都討人厭；中午，我告訴她要做些小犧牲，來克服她的壞脾氣，要她每次克己成功，就拿一個榛子放在我指定的抽屜裡，到晚

▲ 小德蘭十五歲獨照。（Copyright credit to Office-Central de Lisieux）

上可以來數放了多少。她很高興願意照辦，可是榛子用完了，我就叫她拿一個瓶塞來，我把它剪成七個小圓墊來代替榛子。

到了晚上，我問她做了多少善功？結果一樣也沒有，還只做了壞事。我很不高興，重重地責罵了她，對她說，妳這樣下去，別想做修女。

於是她誠心地後悔，把我的臉上沾滿了她的淚水。今天，現在已經有好幾片瓶塞在抽屜裡了。」

只有一個信念支持著馬丹夫人從事這項一直要重新開始的工作：這個女兒在那麼多的祈禱和那麼多的憂慮之下，不可能救不回來！然後，還有她修女阿姨的吉言，她那超性的直覺離預言總是不遠，關於雷奧妮，她不是說過這樣的話：「我不得不相信這孩子將來會成為往見會的修女。」

＊　＊　＊　＊

賽琳：一個綻放的靈魂

關於賽琳的教育，不但容易而且格外令人欣慰。馬丹夫人從搖籃就開始教育她了。孩子還不到兩歲，媽媽就擔心她的任性和倔強，「她是被人慣壞了」。她許多的小麻煩都和被慣壞有關，外加女傭特別偏愛她，而這女傭在家裡放肆慣了，這和孩子的任性不無關係。「她像喜鵲一樣有說不完的話，她很可愛又特別風趣……

她只要想學什麼，必然一學就會。」她只用十五天就把全部字母都學會了。她的姊姊們一首歌要重覆好幾次才學會，而她只要一聽，就立刻唱得既不走音，也不缺歌詞。

教育方面的藝術家要配備鏨子，以拿捏適當的力度把天主銘刻進靈魂裡去。她在一八七三年七月九日給寶琳的信裡講述了這樣一則生活中的實例：

「賽琳學寫字學得很快，可是她變得像魔鬼一樣惡毒！當然，她才四歲，感謝天主，她還很容易受教……，昨天晚上，她對我說：『我呀，我不喜歡窮人！』我回答她說，那麼，好耶穌會不高興，也不會愛妳！她回說：『我很愛好耶穌，可是我不喜歡窮人，永遠不喜歡！我就是不要喜歡他們！這和好耶穌有什麼關係，祂是主，我也是！』

妳無法想像她有多激動，沒有人能和她講得通，那是因為她之所以恨窮人，是有原因的。

幾天以前，她在門口和一個小孩一起玩，一個窮女孩經過那裡，以一種無禮和嘲笑的眼光看她。賽琳很不高興，對她說：『滾開！』這孩子大怒，臨走給了賽琳一個大巴掌，一個小時以後，她的臉上還是紅紅的！

我鼓勵她要原諒那個小女孩，可是她不會忘記那件事，昨天還對我說：『媽媽，妳要我愛那給我巴掌的窮人？她打得我臉上發燙呀！不！絕不！我不可能愛他們！』

然而，靜夜出主意，今天早上她對我說的第一句話，就是要告訴我：『我有一束漂亮的花要獻給聖母和好耶穌，』然後又加上一句：『現在我愛窮人了！』」

馬丹夫人開始親自教賽琳的課業。因為她見這孩子過於嬌弱，又發著高燒，生怕把她送到學校，她會變得像她姊姊艾蘭一樣衰弱。因此賽琳是在媽媽的懷裡開始學習基礎知識的；然而那可不是舒適、沒有規矩、不講方法的培育；她的學習之路上是設有標竿、是要做犧牲的，同時在意志方面也每每受到鼓舞。

瑪麗離開了寄宿學校，就接受了教育小妹妹們的任務，她全力以赴。她說：「我即使有二十個學生，也不會像現在這樣操心。」她從芒斯帶來了一串計數善功的功過珠。賽琳堅持克己為善，好的時候，一天竟做了二十七項之多！母親循序漸進地引導大女兒去從事她艱難的使命，並明智地讓她減輕對小女兒的過份要求。她在一八七六年十一月八日給寶琳的信裡這樣告訴她：

「小賽琳非常可愛，她有時為了讓阿姨的病能早日痊癒，會做許多善功，只是不能持久。昨天晚上，我想不起來她有什麼東西不肯給妹妹，別人求她也不行。瑪麗很生氣，對她說：『妳只會做自己喜歡的犧牲，這種犧牲不做也罷！』我對瑪麗說，妳說這樣讓她喪氣的話是不對的，這麼小

▲ 小德蘭著會服照。（Copyright credit to Office-Central de Lisieux）

的孩子不可能突然變成聖人。一些小過錯就不要計較了。」

從各方面來看，這樣的教育，其成果是讓人欣慰的。馬丹夫人好幾次這樣說：「賽琳特別讓我欣慰，她是個非常好的孩子，她向天主祈禱時活像個小天使。她學得很快，也很聽瑪麗的話。加上天主的聖寵，她一定會很有出息。」——「她完全心向立德，這是發自她內心的。她的靈魂單純坦率，本能地厭惡罪過。」——「她天性聰敏，已經用心想知道應該如何準備初領聖體了。（她才七歲呢！）」

布蘭琪．德．卡斯提⑤俯身教育路易，是以同樣清醒的頭腦監視孩子，是以同樣的慈愛鼓勵孩子，是以同樣堅強的態度支持他攀登聖域的。歸納以上三點，就是教育。

5. 譯按，Blanche de Castille，1188-1252，是法王聖路易九世（1214-1270）的母親。

〔第九章〕聖女的初期培育

就如一位雕塑大師，在無數次的摸索和試驗之後，終於從一塊石頭裡創作出一件藝術珍品，他的才華將永駐於這件珍品之上；同樣，馬丹夫婦在他們婚姻生活的晚年，將精雕細琢出一件使他們永垂不朽的傑作。母親去世時，小德蘭才四歲半，但她對母親卻保留了不可磨滅的印象。她在《靈心小史》的開端，這樣寫道：

「好天主恩賜我很早就開智了，兒時的記憶深深地銘刻在腦海中，對於當時的種種之清晰如昨天才發生的一樣，很可能是因為耶穌要我認識並體會祂賜給我那天下無雙的母親。」

母親的見證

她的自傳把母親的形象描繪得躍然紙上，而在馬丹夫人的書信裡也把聖女的面貌敘述得栩栩如生。她所寫有關小德蘭的書信既大量又密集：包括給里修弟弟家的八十二封，給在往見會寄宿的女兒們四十七封，而構成小德蘭童年的主要文獻。信裡絕無明知的輕率，也沒有無意的錯誤判斷，母親流暢筆下所寫的，是以敏銳的洞察力，以正直誠實的心態和完美的觸覺，來分析孩子的各種傾向，各種缺點，各種進步以及孩子的脾氣和性格，因為她是受託要把孩子導向正軌的人。

給弟弟和弟妹的信裡，口氣比較樸實、嚴肅；而對於要求長信的寶琳，就心直口快，有大量的細節，專找妙趣橫生的故事來講，甚至強調某些特點，並給小德蘭的一些兒語，賦予超過其智力的意義，而聖女在她生命末期也認為的確不錯。然而，她對這雙方都給予同樣精確的描寫，懷著同樣真摯誠懇的情感。在母親臨近死亡，將小女兒們託給大女兒們代替她照顧，告訴她們她對小女兒的想法，這臨終的託付是多麼悲愴，又是多麼莊嚴，還有比這個見證更有價值的嗎？

＊　＊　＊　＊

小德蘭的音容笑貌

小德蘭是最後一個來到家裡的孩子，是家裡可愛的微笑和春天的鮮花，馬丹夫人不禁喊道：「我有了這個孩子，我太幸福了！我覺得我愛她比愛任何別的女兒都多，可能是因為她最小吧！」──「我的天主，如果我失去這個孩子，我會多麼傷心啊！我先生更是愛極了她！……他日夜為她做的犧牲之多，真令人難以置信！」她的姊姊們也都被她迷倒了，瑪麗在一八七七年五月十日寫信給寶琳，這樣說：

「妳不知道她有多調皮又可愛！我對這個『小花束』讚賞不已！家裡每個人都親她親不夠。她真被我們折騰壞了，然而她對別人的愛撫早已習慣了，已完全不在意了。

因此，當賽琳見她一副不在乎的冷漠樣子，不禁責備她說：『她以為她是大小姐啊！別人捧著她，她還不理不睬！』」

那麼她是被慣壞的孩子嗎？要不是有父母親的警覺心和她自身一心向善的本能，她是可能成為小慣孩的。她早熟又靈巧的智力令人吃驚，還不到三歲，隨便跟她講一下，她就學會了字母；不論是寓言或歌曲，她都那麼容易記住，也令人費解。賽琳要上的課，也允許她去上，她很喜歡；不讓她上，她就大哭。她上課時無論時間多長，總是安靜地坐在那裡。她用心穿珠子，小腦袋却沒閒著，別人說的話她全都聽進去了。難怪她才四歲就會解釋「全能」是什麼意思，並能在句子中適當地加上諾曼第語的詞組，這讓馬丹先生聽了喜在心頭，面露微笑。「我不聲不響地注意在我四周發生的一切事和別人所說的一切話，好像我那時的判斷力已和現在一樣了。」她媽媽可以這樣寫信給寶琳：「她的聰明才智是妳們當中沒有一個能比得上的。」

她的多情善感也格外激烈。她以體貼熱情回應所有人對她的體貼熱情。她也承認自己有顆「多情的心」，她日後寫道：「沒有人能想像我會如何討爸媽歡心，我用千萬種手法向他們表示我對他們的痴愛，我的性格原本是熱情奔放的。」——馬丹夫人說：「這個孩子很容易動情，一點小事就能讓她悲從中來：例如她喜愛的人暫時離去，媽媽額頭閃過的陰影，對一件小過失的悔恨，或者賽琳譴責她：『妳讓妳的洋娃娃沒教養！』以及『妳隨便它們任性彆扭！』等等，都讓她立刻眼閃淚珠。」

她隨時會抽抽噎噎地哭起來，並善於同情別人，可別因此就以為她天性柔弱，悶悶不樂。她三歲半時拍的照片上看似不安又若有所思，媽媽特別聲明，那是因為那台照相機讓她有點害怕：「她原本總是微笑著的，相片上卻撇著嘴。」這張家人認為沒照好的相片有誰會不喜歡呢？她的目光縱然不夠明亮，然而是那麼純淨，緊閉的雙唇，倔強的下巴，這一切不是已經顯示出溫柔與力量可喜地結合在一起，而成為小德蘭之美嗎？她那麼豐富的面貌，不論是擺好姿態或瞬間捕捉，絕沒有底片能將其真實地顯示出來。這孩子的個性可強了，例如當她的線從針上掉下來時，她可以待在那裡一連幾小時之久，忍住焦急，也不願去打攪瑪麗為她穿針，因為姊姊正在上課。

她品行之光明正大也值得為她鼓掌，連最小的過錯她都自動認錯。馬丹夫人曾得意地詳述她那些自發性的告罪，小德蘭在她的《靈心小史》中也提到過，她如何向父母親一樣一樣地認罪。例如她推了別人，說了不客氣的話，打碎了花瓶，撕破了壁紙……對於能減輕罪過的情況却故意隻字不提。她站在那裡，好像罪犯一般，等待判決，一心要彌補過錯。其實她心裡篤定是可以得到原諒的。被原諒的感動和對過失的悔恨是同樣深刻的，媽媽不倦地畫出她的畫像：「小不點兒無論如何都不會口出謊言。」——「我的小德蘭是少有的可愛孩子……」——「她如琥珀一般真誠坦率又靈敏活潑。」

那麼她沒有缺點？若說沒有，則未免過於自負傲慢，然而也不致於使她的畫面過於陰暗，因為她的缺點的確很少。馬丹夫人要即時告訴寶琳小德蘭初次覺醒的最微小跡象，以她的靈巧與機敏，也只取得一點芝麻小事，沒有什麼應受責備的：例如她和賽琳一起玩積木，兩人起了爭執。媽媽在一八七五年十二月五日寫信給瑪麗和寶琳時，這樣告訴她們：「我只好給她講道理（小德蘭還不到三歲），只要事情不合她的心意，她那付可憐像，好像天就要塌下來一樣……。」聖女自己還講了一則故事。她去芒斯時，修女阿姨給了她兩個糖戒指。後來發現其中一個不見了，很是傷心。「於是我把那不見了的戒指算是給賽琳的，自己留下那個還在的。你看，我們從小就本能地只捍衛自己的好處，雖然我當時誠心願意與人分享！」這事當然立刻遭到了斥責。她第一次感到遺憾的事，是媽媽讓她穿上她那最漂亮的衣服，那可是件長袖的，「然而我心裡啾咕：要是露出雙臂，我會更好看！」在她三歲四個月大時，母親在一八七六年五月十四日寫給寶琳的信裡所描繪的小德蘭尤其刻畫入微：

「這個小寶貝將來不知會怎麼樣，這麼小就這麼輕躁！這孩子極聰明，但比起她那小姊姊的和順，就差遠了。她尤其有一股永不屈服的拗脾氣。當她說『不』，你完全沒辦法讓她改變主意，就是把她關在地下室裡一整天，她也不肯說出一個『好』來，情願在那裡過夜！」

以上這段文字被悲觀的傳記作者看作是斷然的口實，而用來抹黑小德蘭的個性，把她的品行特徵說成是粗暴又高傲的固執，而使她此生難於與人步調一致。一位注釋者將大量此時期的同類文獻與此段文字相對照，同時置回當時的環境之中，再加上母親會為了娛樂寶琳未免誇大其詞，因而所得到的結論就審慎保守得多了。事實上，小德蘭從來沒有被罰進地下室過。撇開幼年下意識的本能不談，在她固執己見時，是因為對象不是對父母親的愛，也不是對耶穌的愛。在她拒絕彎腰去拾起媽媽放在地上的銅元時，她所表現的是高貴，而不是固執。媽媽是欣賞她，所以並沒有責備她。

再者，這個孩子是特別多情善感的，自愛之心也特強，更有非凡的意志力。她熱愛父親、母親、好天主，現在要看她如何用以上的特點來獲得他們的歡心了。在她所著《靈心小史》的第一章裡，她用假設性的語氣這樣寫道：「以我這樣的秉性，我很清楚，如果撫養我長大的是沒有德行的父母親，我很可能變得很壞，甚至可能走上喪失永生的道路。」這番話肯定了家庭教育對於孩子的一生是多麼至關重要！

馬丹夫人筆下的這個有藍綠色明亮眼睛、熱情又愛笑的金髮女孩足以引人注意，又討人喜愛。她不是生來就是聖人，也不是一個軟弱、萎靡不振、整天無所事事的人。其實她才華橫溢，生來就是要發揮其英勇氣慨的；無奈身上背著原罪的汙點，很可能將其才華引入歧途。所幸有她父母親和姊姊們的英明教育，刺激她向著偉大理想邁進。

馬丹夫婦盡量滿足這個最小女兒對愛的渴望。她那麼小就對愛的需求那麼殷切，令人驚訝。媽媽總是耐心地回答她那無數稚氣的問題，又安詳地接受小寶貝愛她愛得熱切時會祝願她死。在她每登上一級樓梯必叫一聲媽媽時，她也絕對回應：「哎！我的好女兒！」爸爸呢？為了逗「他的小王后」開心，和她玩亨利四世式的骰子遊戲，跟著她說些可愛的天真兒語。這孩子心靈裡深藏著驚人的滿溢之愛，以致她可以不再怕地獄，因為她確信好天主不能把她從母親懷裡搶走。而從父母親這方面來看，只要他們訴諸愛，就可以完全駕馭她，說一是一、說二是二。

她將以這同樣愛的動力，推升到其最高的能量，用以奔向天主。在她的心智剛出襁褓時，家人就教她如何讓在天之父高興。她以後透露，一天幾次，媽媽教她唸這優雅的禱文：「我的天主！我把我的心獻給祢，請祢收取；我的好耶穌，除了祢以外，沒有任何受造之人可以擁有我心！」媽媽病重之時，每天早上有一位太太來把她和賽琳帶到她自己家裡去，我們知道她有一天會感到多麼失望，因為這位太太

「不像媽媽那樣總是陪著我們一起祈禱。」

小德蘭很小就參加家裡所重視的共同祈禱了。這些鮮活的畫面點燃她的想像力，滋養她的虔敬之心。如果她沒有唸她那些晚禱的小小經文，她可就睡不著覺了。每次得提醒她唸全部經文，最後也別忘了求賜……恩寵」。馬丹先生不知道這種孩子禮儀的竅門，有的晚上要代替媽媽舉行這禮儀時，會顯得手足無措。有時小不點兒見他沒有像平常一樣跪下，還出口糾正她爸爸：「爸爸，你怎麼沒作你的祈禱呢？那麼你是在教堂和太太們一起作過了？」

每個主日，她一定要去參加一部分的晚禱，否則就是一陣大哭。一次，晚上出外散步，完了就帶她直接回家，可能因為雨太大，就沒有像平常一樣去聖母大殿朝拜聖體。她居然從半掩著的大門溜出去——當時她才兩歲兩個月大——在傾盆大雨之下，逕自往聖堂走去。路易絲追上去抱住她，她還因此哭了一個多小時。年齡漸長，對於宗教禮儀的喜愛也與日俱增，至於對講道的喜愛則是以後的事了。在她四歲大時去參加「四十小時禮儀」①，她聽完講道後，嘆氣說：「比平常好，只是太長了！」

她如此熱心向主，令媽媽讚嘆不已，乘機向她建議要有超性的動機，這更大大地增加了她向善的動力：「小德蘭今天早上告訴我，她要上天堂，因此她要時時如

1. 譯按，此禮儀是在十六世紀時在義大利開始的，舉行的時間是在封齋期前的主日直到聖灰禮儀前的星期二，有講道，每人輪流朝拜聖體兩小時。

天使一般乖巧可愛。」以她的這種心態，發現自己的小小缺失並加以根除，豈不易如反掌！在這方面最有代表性的莫過於瑪麗講述的這件事了：「小德蘭要找賽琳，賽琳在上課，她想打開她的門，自己卻打不開，於是心生不滿，就躺在門前。媽媽知道了這事，就說，不能這樣由著她。第二天，她又躺下了，於是瑪麗對她說：『我的小德蘭，妳這樣做會讓小耶穌傷心的！』她定睛看著我，心裡完全明白了，自此不再那樣淘氣了。」這就是教育的手法和其效果。

家人連一點不規矩的小事都不放過。她喜歡剪紙或做些小項鍊，那是她最喜歡的消遣。可以做，可是每次得先請求得到許可後才可以，她不能撇嘴表示不滿或撒嬌引人注意，她的「君王」也不許。一次，他叫她從鞦韆上下來，給他一個擁抱，她倔強地這樣回答他：「爸爸，你自己過來吧！」瑪麗聽到了，馬上斥責她：「沒教養的小孩！」悔恨之心立刻使她衝上樓去，向爸爸請求原諒。

一天早上，媽媽來到她床前，想親親她，她突然往被底一縮，說：「我不要人家看見我！」她是鬧著玩的，媽媽顯然不高興，就走開了。她立刻奔去找媽媽，滿臉淚水。媽媽自是原諒了她，她則緊緊蜷縮在媽媽懷裡。這件事的結局可愛極了，媽媽在一八七七年二月十三日在信裡這樣告訴寶琳：「她見我完全原諒了她，就對我說：『媽媽，妳要不要把我像裹襁褓那樣把我裹起來，像我小時候一樣！我就在這桌子上喝我的巧克力。』我就特別跑去找她小時候的毯子然後把她包起來，好像她小時候一樣。我好像在玩洋娃娃遊戲！」

很難看到小孩這麼容易勇於認錯，並以同樣激烈的方式悔恨自己犯了錯，瑪麗記下了她的觀察而驚嘆不已，在她一八七七年五月十日給寶琳的信裡這樣告訴她：

「當她多說了一句話或犯了什麼過錯，她自己馬上察覺，悔恨之下就以眼淚加以彌補，並不斷地請求原諒。人家告訴她已經原諒她了，也沒用，還是繼續哭。小孩子們真是天真無邪呀！難怪好天主比較喜愛小孩子，勝過大人，他們的確可愛多了。」

以上這番話裡有一絲外交手腕的味道嗎？也許，然而還有更進一步的表現。嚴格地說，小德蘭不能容忍自己傷了別人，比自己重獲聖寵更重要的，是她一心一意想如何補償對方，如何去治癒自以為造成的傷痕。且聽她媽媽於一八七六年五月十四日給寶琳的信裡說了些什麼：

「今天早上我給了她一個小花瓶，像姆指那麼大，結果她把它打破了。跟平常一樣，一有什麼事，就立刻跑來告訴我，我顯得有點不高興，她那小小的心裡悔恨極了……過了一會兒，她又跑過來，急著要告訴我：『親愛的媽媽，不要難過，等我賺了錢，我一定買一個一模一樣的給妳。』妳看，她那麼小，我還得等很久才拿得到呢……！」

媽媽用高超的手法來教育她那極易觸動的多情善感，她把它都用來討耶穌歡心。小德蘭從很小就學著做自我犧牲，戰勝自我。她和賽琳總是比誰最慷慨，兩姊妹關於這事有說不完的話。在花園圍牆的另一邊，回音傳到了鄰居太太的耳朵裡，她大惑不解，跑來問路易絲：「功過，功過」是什麼意思？

原來小女兒德蘭很快也蒙姊姊賞給了她一串功過珠，於是這位將來的聖人就開始追逐靈修的計算了：她每天上百次伸手到她的衣服口袋裡去扯功過珠上的珠子，要算她做了多少犧牲。不論數字有多少，這已經是「神嬰小道」了。當然赫赫戰功還不是她這種年齡能做的事，目前只是在生活上的種種小事上默默地做犧牲，自己不張揚，別人看不見。因此，有一天，這位加爾默羅會修女會在《靈心小史》裡寫下：「我養成了一種習慣，要是有人拿走屬於我的東西，我絕不抱怨，或有人不當地指責我，我也情願緘默不語，而不為自己辯解。」

她在散步時採集了不少野花，喜孜孜地將其綑成一個花束，不料糟糕！馬丹祖母見了愛不釋手，要把它供奉在自己的祭台上；她立刻奉獻了這個犧牲，快樂地答應送給她。只有賽琳猜到妹妹內心的掙扎，並瞥見她眼角閃爍著的淚水。

小德蘭已經能忍耐生活上的小煩惱了。在她去世前不久，寫下了這樣的感想：「耶穌總是寵愛著我……不錯，祂的十字架從我小時候就伴著我；然而祂使我愛這十字架愛到瘋狂！」

這位將來的修女目前還不明瞭，也許只以直覺感到些許救世的奧蹟，但她完全服從母親，這位真正的了不起的初學導師。若心裡有苦惱或身上有痛苦，她會避免呻吟或顯得不快，似乎她已經預感到忍耐是力的極致，信賴是愛的高峰。

＊　＊　＊　＊

看來真不可思議，然而真相就是：小德蘭自很小就養成了真正的自我控制的能力，而且母親愛的教育又將其性格提昇到高度的沉著與鎮定。母親很快就對她的將來放心了：因為她是「聖寵的化身」——「她使瑪麗感到自己幸福又光榮：這位大姊因小德蘭而自豪到難以置信的地步。」——母親對大女兒們說：「妳們撫養她長大不會有半點問題，她天分那麼高，是個特選的人才。」在她去世以前所畫出的一幅小德蘭的畫像，其色澤之清新可以媲美法國畫家德拉杜②的傑作，那是她在一八七七年三月四日寫給寶琳的信：

「她會很善良，已經可以看到在她內心那向善的胚芽了。她每句話總不離好天主。她無論如何也不會忘記作她的祈禱。我真希望妳能聽她朗誦一些短小寓言，我從來沒見過小孩能唸得這麼好：她自己就會找到應有的表情和語氣，尤其是當她說：

2. 譯按，Georges de La Tour，1593-1652。法國畫家，生於洛林，活躍於巴洛克時期。

金髮小孩，
你想好天主會在哪裡？
——祂無所不在，也在眾人心中
還在那高處，在藍天裡。

在她唸到最後這句詩時，她就把眼光轉向高空，面露天使般的表情。別人不斷叫她重覆這句話，因為太美了，她眼神裡好似有絕世之美，令人讚嘆不已。」

往見會的修女阿姨對她的看法也相當令人振奮，那是根據一八七五年復活節後的星期一，她們在修會的會客室裡見面後所留下的印象：「仁麗把她的小德蘭帶來給我看，那是個很可愛的小女孩，出奇地服從聽話；別人不用求她，叫她做什麼，她就做，而且非常安靜，叫她坐在那裡一整天不動，她也會做到。我真高興能見到這個可愛的小天使！」

在小德蘭列真福品的調查程序中，她的姊姊們曾宣誓聲明，小妹最初的修德讓她們多麼感動。大姊瑪麗明確地說：「我覺得耶穌聖嬰德蘭修女從她最小的兒時起，就好像在母胎中已被聖化了，不然就是好天主把一個天使以人身送到世界上來了。她自己所認為的過失或缺點，其實都不是。我向來見她連一個小錯都沒有犯過。」自覺這一時的讚美有點誇大其詞，立刻再加以說明，解釋她如何自小就對自己下功夫：「在她做錯事時，不必罵她，只要告訴她那是不對的，或那會讓好天主傷心，她就絕不會再犯……她的善功在於在任何的情況下都聽姊姊們的話，這樣她就得努力克制自己，因為她天性剛毅。」

二姊寶琳形容她是個多情又聽話的孩子，偶爾犯了錯，她在懊悔和改正上，都表現出她的天真和純樸。雷奧妮則說明小妹德蘭尤其受全家人特別的偏愛，「這孩子可愛極了！大家都寵著她，而她則從不濫用別人對她的愛，還是一樣聽話，而且比我們還順從。我從來沒有見她對我們表現出任何一點優越感。」

至於賽琳，她玩耍和最初行善功的良伴，她所強調的是她的堅定：「在母親過世以前，小德蘭是個活潑外向、熱情奔放的孩子，生來高傲又固執，那是在與得罪小耶穌無關的時候。因為她從小就拿定主意，仔細控制自己的言行，絕不得罪小耶穌，只會讓祂高興。」

比這些見證更好的，就是聖女自己的證言，她那驚人的記憶力保留了她人生最初步伐中的種種事蹟。在《靈心小史》中，講完了她孩童時期的過錯和危險的不良傾向後，她不得不在結論中以樂觀的口吻說：

「不過耶穌守護著祂的小淨配，將她的種種缺點從小時就加以約束、壓制，並將其轉化為邁向全德的動力。」——「我對修德有莫大的興趣，我覺得小時候對於自己的言行舉動已有極大的控制力，和現在一樣。」

──「的確，甚至在我三歲以前，要改正我的過錯，不必罵我，只要溫和地說一句話，就足以讓我明白並悔恨自己的錯誤，讓我一輩子絕不再犯。」

這最後的結論，只有出自無比的謙遜，才能說出如此驚人的告白：「我從三歲開始，就從來沒有拒絕過好天主。」

大家都知道雷奧妮有一天拿著一個裝滿幾個洋娃娃和舊衣物的籃子給兩個小妹妹，讓她們選自己想要的東西，小德蘭二話不說：「我全要了。」就整籃拿走。這句話以開玩笑的口氣說出，且毫無私心──因為籃裡都不是好東西──在以後卻成為聖女對天主的呼喚所做出之犧牲到底的回應。她在兒時不已活出了這預像了嗎？她在聖布萊絲路家的陽台上，倚著欄杆，雙眼望著車站，想著寶琳；並且在年僅兩歲時，就已夢想跟隨小媽媽寶琳去當修女了。

有這麼多人以無可置疑的一致見證，強調她如此早熟地奔向天主，卻讓有些聖人傳記作者感到困惑與不安。他們認為這種款式的苦行太過柔軟，毫無護教功能。這種好似在母胎中就得到的聖德，全然沒有經過本性與聖寵之間悲愴的掙扎過程，會有什麼價值呢？難道這不是最危險的歷史性捏造，顛覆最基本的靈修基礎，而讓人無從仿效？

且稍安勿躁，這種論述可能對全德的本質有所誤解，這可非同小可，是無比嚴重的。如果聖德只是沒有形於外的缺點，只消去除或全然控制其行動，以免向外洩露人③與生俱來的劣根性即可。也有人認為如果小德蘭自兒時就幾乎成為聖人，那是因為施恩的天主在她身上大量地傾注聖寵，再加上後天的教育才有的結果。這種看法又未免過於簡化，在這過程背後，還有墮落的人性有待做深度的淨化，有待自我革新，以回歸天主；還有在福音意義下的「悔改」：旨在消除個人在情感、意向及行動各方面與天主相抵觸的一切；最後更有這個驕傲又充滿肉慾的「我」，這常是感覺不到的擾亂因素，更是使一切崩解的酵素。以上這一切隱密的可悲因素都以擴展的形態在個人長久不察覺的情況下在擾亂著我們，唯有在天主聖神，為了要將其治癒，而將其敗壞的氣味顯露出來；這些天生的粗糙之處，唯有這天上的雕刻大師，才能以其利刃刺進肉的中央，使人以不斷地捨棄自我，而變得順服，變得有可塑性時，這位大師才終能將粗糙變為光滑。

這個痛苦的過程即使在暗中展開，必然和震驚的歸化或靈魂高潮迭起的曲折進展，同樣令人難以忍受。然而，這種痛苦的過程小德蘭完全經歷過了。她自傳中那些自述的情節，其精確度堪稱為神祕神學。她不似聖十字若望筆下的「心靈的黑夜」，有突發的叫喊和嚴格的分析，而是用絢麗、影射的動人筆法寫下她的自傳。讀者只要能掌握箇中真意，就會發現那也是同樣鋒利的尖刀利劍直刺到意志的骨髓

3. 譯按，作者用的是hommerie，此字表示人性本善，可是會如機器般自動轉壞。

裡，使它專心一意地只求悅樂天主。這就是小德蘭的功力。在她那卓越的驚心動魄的行動之上，還需要添加什麼前言，說她曾經歷過狂風暴雨嗎？

還有，要明瞭全德——當然，因為童貞聖母的確在受造之人中是最真正、最值得讚揚的完人，而她沒有經歷過主動性及被動性的可怕淨化過程，因為她是始胎無原罪者——還應該想到，在一個完全平和的靈魂裡，存在有愛的火焰，它扭轉自己最微小的動作，以契合天主的至高聖意，而賦予這些行動最大的衝力、熱愛和超性的激情；——再提升至更高層面，更應想像在一個能力有限的人心內，懷著遠大的渴望，卻因無法達成而造成內心的煎熬。這種愛的煎熬遠遠超出人心可能忍受的範圍，而造成這人心中之愛消磨到精疲力盡，直到焦慮不安，直到醉態的狂熱。這就是，這尤其是小德蘭的《靈心小史》所歌唱的實情，直到第十一章的最高峰，那最後的飛躍。

因此，無需讚揚她的功德，無需強調她言行的力道，也無需複雜化她的童年，強化她的特點或將其變暗，或打造她的明顯缺失。她的偉大不在於此，而是在於她能排除感性，超越世上的一切，修正內心的障礙，無悔地做出純正無偽的全面奉獻。總之，就是她能將自己整個人全面基督化。這就是她英勇壯烈的博大志業。小德蘭自出生就蒙天主揀選，不可能因此就是個現成的聖人，一個溫和無作為的聖人。下面這句話不是要使她的光環黯然失色，而是要把她置於正確的光照之下，即教宗碧岳十一世給她的聖德特色所下的定義：她是「人性與聖寵的傑作」。

＊　＊　＊　＊

在剛巴尼（Campanie）城有一位貴族夫人將她的珠寶展示在人眼前，而高奈麗④回答她，指著自己的兩個兒子說：「這就是我的珠寶和我的榮耀。」她立意要在歷史定位上，少做西比昂⑤的女兒，而願意更偉大地做格拉古兩兄弟的母親。

馬丹夫人不是也有同感？只不過她有更多的基督聖寵，更少的外教人的驕傲，如高奈麗一樣。她的大女兒瑪麗敘述一個在這方面意味深長的小故事：「我當年七歲，一天我們初試新裝，要穿深藍色的羊毛緞洋裝出門。媽媽把我們四個人叫來，我和我的妹妹們，在出門散步前看我們穿得怎麼樣。她久久地看看我們，表情得意又感動，然後對我們說：『孩子們，去吧！』她特意避免讚美我們的服飾，免得我們心生虛榮，而我却覺得我們確實都非常漂亮。」

這位母親對於外觀完全不在意，這使瑪麗非常失望。她討厭給自己張羅衣飾，絕不做她稱為「時尚的奴隸」，却樂意照顧女兒們的儀容，但仍維持簡樸的作風。母親們對於以下這張小賽琳的素描必定會怦然心動，她才十六個月大，那是她一八七〇年七月十九日寫給弟妹信中的一段：

4. 譯按，Cornélie，她是位了不起的母親，教育兩個兒子提比略・格拉古及蓋約・格拉古有成，兩人都是出色的政治家，致力於在羅馬帝國改革其社會制度。
5. 譯按，Scipion，她的父親，也是一代偉人。

「在聖體瞻禮那天，我給她穿上她代母送給她的新衣，妳不知道她穿在身上有多漂亮！

大家一致稱讚她，我也以她為榮！與這件衣服相配的，還有一頂飾有白色羽毛的帽子。

總之，整套衣服漂亮極了，大家喜歡給她穿白色衣服，她也只穿上白色衣服才出門。衣服雖極簡單，穿在她身上可真漂亮！我從來沒有給別的孩子穿得這麼漂亮過。」

當年，她也是以同樣的熱愛等待著小德蘭從奶媽處回家。她預先早給她準備好了衣服行裝。她一八七四年三月給瑪麗和寶琳的信裡這樣告訴她們：「我給她準備了一套天藍色的衣服，配上藍色小鞋，一條藍色腰帶，和一頂漂亮的白色有摺加上繫帶的帽子，她看來會很可愛，我預先嚐到了打扮這個娃娃的樂趣。」

如果她沒有在女兒們身上顯示出她在穿著上的品味，那麼這位「天下無雙的母親」將會缺少一點女人味了。馬丹先生對她買衣服的作風會愉快地開她個玩笑，其實內心還是在分享著她的自豪。其實兩人確切掌握著他們的小天地，在可見的美麗外觀之外，他們瞥見的是更崇高的顯貴價值，那是羅馬夫人高奈麗所不能想像的。他們知道，孩子根據所受教育，將會成為父母親的獎賞或懲罰，因此他們同心協力地要為主耶穌培育好祂所託付給他們的人，這就是他們最大的雄心，也是他們生活的唯一目標。

第十章 母親的苦難

前面說到在一八六五年四月馬丹夫人首次感到不適，原因出自乳腺，她感到麻木又疼痛。最初可能只是一個單純的腺瘤，後來決定不予切除，可是早晚難免會發生癌變。此後的十一年間，這病似乎一直在冬眠，然而不時的偏頭痛，發燒及不尋常的疲憊，都透露出她的健康愈來愈差。這位小德蘭的母親以不服輸的耐力，控制住身體上的衰退。依尼斯姆姆，即寶琳，稱母親為「克己忘我的化身」，因為她從來不痛惜自己的體力，在一切事上總是勇往直前。

一個靈魂的攀升

她也不時被自己不久於世的預感所糾纏。多少次她的女兒們聽她朗讀以下的這段文字，節奏清晰如音樂，使人心碎如咒語。作者拉莫耐①以此文追念其已故親友：「蜜蜂飛回窩，鳥兒夜歸巢，樹葉寧靜地安睡在樹枝上，悲傷又溫柔的靜寂籠罩著昏沉的大地，只有一種聲音，只有遠方村莊那教堂的鐘聲，在安靜的空氣中盪

1. 譯按，Lamennais，法國文學及思想家，1702-1854。

漾。這聲音說：『勿忘故人！』」這位母親懷念天鄉，想著她在天上的家人，不禁喊出：「噢！告訴我此世的奧祕，那是我的願望所預感到的，我靈身在此世，對地上的陰影已深感疲倦，只想縱身於奧祕之中。告訴我那創造此世的那位，又將自己充滿此世的那位，只有祂才能填滿祂在我內所鑿出的巨大空虛……。」

她不是要在生活中卸責，這種怯懦從未在她的心頭掠過，她在一八七一年十一月五日曾做過以下的解釋：「雖然我極想再見到我那四個小天使，我情願再等，因為我知道他們不需要我，而剩下的四個，我對她們還有用。」她只想準備好自己以跨入彼岸，她強烈的信德對彼岸早已不陌生了。

然而，她並不是身處於虛無飄渺之中，她的靈修是堅實地腳踏實地的，她相信天主是主宰，祂的良善是無限的，祂愛她，親自為她標出了一生的道路，好使她幸福快樂。她知道實踐「祂的旨意」是唯一明智的做法。她在家庭責任和職業工作中找到了祂的旨意，而這些旨意時常是以十字架的形式呈現出來的，她一八七六年二月六日給她弟妹的信裡這樣說：

「我不是一心要賺大錢，其實我現在所擁有的比我想要的已經多很多了，只是現在丟下這事業未免荒唐，因為我還有五個孩子要養，為了她們，我得挺住……如果我是單身一人，要我忍受這二十四年以來的痛苦，我情願一文不名地餓死，因為只要想到這一切，就讓我不寒而慄！」

她的謙遜可以讓她再加上以下這句話：「我常想，如果我只做了我所做這一切的一半，想要得到天堂，那我早就是待受封的聖人了！」讀者不要弄錯，她所憑藉的，只是超性的愛德，不是別的，這愛德激發並支持她不斷被釘在本份工作的十字架上。

然而還是有時——亞爾斯的本堂神父也有過這種誘惑——她熱烈地只想躲進修院的拱門裡，在那裡結束「她可悲的一生」。在一切事上她總是求好心切，這種心情一直折磨著她。一八七三年十一月一日諸聖節的晚上，她這樣向在芒斯寄宿的瑪麗和寶琳訴心：

「親愛的女兒們，我得去做晚禱了，為已故所愛長輩們的意向祈禱。會有一天妳們也要去這樣為我祈禱，可是我得先多做，免得需要妳們為我做很多祈禱。我願成聖，這可不容易，必須拼命努力。我早該在不太困難的時候就開始，然而，『晚做總比不做好』。」

飛向天主和被生活奴役是不能兼顧並存的嗎？她這樣自問，又深感不安。她為生活而勞累已從痛苦到了焦慮的地步了。寶琳收到她在一八七六年十一月八日寫給她的訴心話：

「我渴望休息。我甚至沒有戰鬥下去的勇氣了，我需要收心，想一下我的得救，此世的諸多麻煩讓我把這事給忽略了。然而，我應該記得《師

> 主篇》的這句話：『你生來就是為了工作，你為何想休息？』可是，為工作消耗你太多的精力而你又不再有年輕時的能量時，難道不能希望卸下擔子，或至少減輕一部份負擔？總之，我是抱著這個希望的……我覺得如果我放下阿朗松花邊不做，我身體會好得多，我至少可以有時間修德養性。啊！如果我能解下這個負擔，那就太美好了！」

馬丹夫人愈臨近墳墓，在她心中，「瑪爾大」和「瑪利亞」之間[2]的內心爭論就愈發激烈。那抱怨的一方，在這種情況下，總是那位忙於家務的人；然而，一旦繁重的勞動使她精疲力盡，她就只想和從事默觀的妹妹在一起了，如她一樣，享有那「更好的一份」。馬丹夫人一八七六年七月十六日寫信給寶琳，這樣向她訴心：

> 「今天早上在望彌撒時，我沒辦法祈禱，於是我心想如果我是往見會的修女，我還是得祈禱，這個念頭幫助我來抵抗我低落的情緒。我覺得做修女就不會這麼悲哀，至少不會有那麼多憂慮；而我，我的憂慮是多得讓我焦頭爛額！」

馬丹夫人以格外投入的心情重溫修道院的魅力。讀了法國聖女若安・尚達爾[3]傳記的第一卷之後，她在一八七五年十二月五日寫信給寶琳，告訴她自己的讀書心得：「我太欣賞她了，因為我深愛往見會而對她更感興趣；現在也更愛這個修會了。我覺得被召進入這修會的人是多麼幸福啊！」在她開始看第二卷時，女傭路易

2. 編按，典故出自《路加福音》10：38-42，瑪爾大忙碌款待耶穌，抱怨妹妹瑪利亞坐在耶穌跟前聽耶穌講道。耶穌寬慰瑪爾大的辛勞，卻勸告她不要剝奪瑪利亞所得到的福分。
3. 譯按，Jeanne de Chantal，1572-1641，她在聖方濟・沙雷的領導下，創立了聖母往見會。

絲放聲大笑，直接說：「又要講這本書講上十五天了……。」她對這種談話實在不感興趣。這位母親難道要申請、希望戴上往見會修女的黑色頭紗嗎？她一八七六年一月十六日寫信給寶琳，有這樣的告白：

「我整天夢想修院和靜獨。我真不知道，以我的這些心念，為什麼我沒有往見會的聖召，或終生不嫁？或把自己關進隱修院？我現在只希望能活到很老，在孩子們都長大成人後，自己退隱到靜獨生活中去。」

那是她的幻景，她的海市蜃樓。世上的女人，不論是貴為皇后或從事神祕靈修的修道人，誰沒有自己的幻景？然而，她不會抱著幻想不放。以她的聰明才智，不可能讓自己沉緬於空想之中：「我感到那一切都是不實的念頭，因此不會讓自己留戀其中，還是應該好好利用當下，而不要太管將來。」這正是小德蘭讚美曲的前奏：「活在當下」。她英勇地回歸正途，服從這句金玉良言：「天主把你栽種在哪裡，你就在那裡開花。」她明白了自己應該是在家庭裡聖化自己，並聖化別人。

＊　＊　＊　＊

在一八七六年的十月，有了新的警訊。乳腺不尋常地長大，還常常引起陣陣劇痛，是一種持續性悶悶的鈍痛，而且整個這邊都有麻木感。這位勇敢的婦人不驚不慌。她一八七六年十月在寫給弟妹的信裡，這樣說：「如果好天主允許我死於這個病，那我就盡量順從，盡量耐心忍受這疼痛吧，這樣可以減少我的煉獄之苦。當然我還是希望一切都會好轉。」

疾病的可怕攻擊

用了弟弟所提供的各種藥物，結果證實都無效。在先生的強烈要求下，她答應去看阿朗松的某位醫生④。這位醫生所做出來的診斷之鋒利，如宣判定罪一般：「妳得的是一種很嚴重的纖維性腫瘤。」他支支吾吾地說要開刀，又立刻加以勸阻，建議還是開個處方藥。當病人問他：「這藥有什麼好處？」他坦率地說：「沒有好處，只是個安慰劑。」這真是一記沉重的打擊！而且如此唐突地說出來。馬丹夫人感謝醫生的坦率。她一八七七年六月十四日寫信給弟妹，告訴她：「他幫了我大忙，把我病的全部真相都告訴我了，這次的看診對我是無價的。」

家人圍在她身邊却無法如她那樣平靜。這位母親在此打擊下懷著即時的激動情緒，在一八七六年十二月十七日寫信給弟妹，內容已經有遺囑的味道了：

「我本不想說，結果還是把真相全部告訴了家人。現在我後悔極了，因為大家都一片悲戚，不能自己……大家都在哭，小雷奧妮更是放聲大哭。我向他們指出，有多少人與病症共存，還活了十年，十五年……我自己顯得毫不在意，還如平常一樣開開心心地做我的事——也許比平常更開

4. 作者以X代稱這位醫生。

心——這樣才讓他們悄悄平靜下來。

然而我內心哪敢抱這種幻想，夜裡想起這往後要怎麼辦，就睡不著覺。儘管如此，我還是盡量順服天意，只是，我還真沒有想到有這樣的考驗……我先生傷心沮喪至極，他那麼喜愛垂釣，現在也不去了，已經把釣竿魚具全部收到頂樓裡去了，聯誼會的聚會也無心去參加了，整個人像槁木死灰……。

我切望這事不會讓妳過於憂慮不安，同時妳也要順服天主的旨意；如果祂覺得我在世還很有用，祂就不會允許我生這個病，因為我曾那麼急切地祈求過祂，只要孩子們還需要我，請千萬不要把我從世間取走。

現在瑪麗已經長大了，她個性沉穩，完全不會有年輕人的幻想。我相信一旦我不在了，她可以是一個好管家，會盡全力撫養她的妹妹們，並給她們立下好榜樣。寶琳也很可愛，只是瑪麗更有經驗，而且妹妹們都聽她的話。賽琳身心非常健康，會是個很虔誠的孩子，像她這麼大的孩子，很少會像她那樣一心向主。小德蘭是個真正的小天使。至於雷奧妮嘛，只有好天主才能改變她，我深信祂會做到……。

我走了以後，她們有妳，會感到幸福；妳以妳的忠告幫助她們；萬一不幸她們的爸爸也不在了，到那時妳會收留她們，是吧？

我有幸有這麼好的親戚，在災禍來臨時會有利地代替我們，世上有多少比我可憐的母親，孩子們要什麼，沒什麼，完全沒有人幫她，也不知道自己的孩子會變成什麼樣子；而我，在這方面我全無顧慮。最後，我不會把這事看得很悲慘，其實這是好天主給我的再好不過的恩寵……。」

由於家人一再的要求，馬丹夫人終於到里修去看一位當年有名的外科醫師，就是攘大醫師⑤，六年以後給小德蘭看病的，也是這位醫師。她把這次看診的負面結果親自寫信告訴先生，對於負面的診斷，她萬般小心地不露失望，這封信是在一八七六年十二月二十四日寫的：

「醫師認為非常可惜沒有在發現之初就施行手術治療，現在已經太晚了。然而他好像說我可以這樣再活很久，因此就把這事交付在好天主手裡吧！祂比我們更清楚我們需要什麼：『祂傷了你，也給你包紮。』我會第一個報名參加露德朝聖團（當時一知道噩耗，馬丹先生就堅持要她去露德朝聖，祈求病癒），如果童貞聖母認為有必要，她會治癒我。在這之前，我們就安心吧！

我只想盡快再見到你們，我覺得時間過得好長啊！我巴不得今天就啟程回家！

我親愛的路易，只有和你在一起，我才心情愉快！」

正是在這次痛苦的旅程中，馬丹夫人這位英勇的基督徒，雖然臉色灰暗，在

5. Dr. Nota。

聖誕節前夕仍堅持守齋，拒絕接受豁免。她故意小心地打扮自己，好讓弟弟看了放心。由於他特別注意她病症對她健康的嚴重威脅，她還刻意把話題轉向別處。她說：「我多希望大家不要再談起這些事！有什麼用？已經盡了人事了，剩下的就交給好天主吧！」

她給寶琳的信還是和以前一樣多，內容也一樣精彩。她特別選用一些有趣的事：如雷奧妮把洗碗抹布忘在有蓋大湯碗底下了，給湯加了怪味，於是爸爸驚呼：「這好像是奧凡湟（譯按，Auvergnat，法國中部舊省之省名）的小鞋，不髒，只是占地方！」家人的散心也照常，如以前一樣熱鬧。馬丹夫人還是帶著女兒們去市集，在封齋期前的狂歡節晚上，她先把餡餅做好，再去教堂。她幽默地把自己的不幸怪罪給亞當和厄娃。她的活潑歡樂很快就驅走了恐懼，喚起了希望。

然而她還是想安排一下自己的大小事並決定轉讓她的阿朗松花邊生意。如果沒有她最後一刻的不安，交易可能會非常順利，她不安是因為怕自己是否在說明此生意時，說得過於有利可圖？一個意外的延遲交易讓她有時間打聽買者是何許人，原來都是騙子，盜匪。然而交易已成定局，現在她就得努力把剩下的訂單盡快做好，交給對方、與人結清才行。她悲嘆道：「我急於需要休息，然而在永遠休息以前，要休息已經是不太可能的了。」

她平靜地觀察自己病情的進展，病痛變得更糾纏人了。第二個腺瘤又在頸部出現，管他的！她一八七七年二月二十日這樣寫信給她的弟妹：

「好天主給我聖寵，讓我面對病情毫不畏懼；我很平靜，幾乎感到平安幸福，不願把我的現況改變成任何另一種境遇。如果好天主願意治癒我，我會很高興，因為我內心其實仍希望能活著，捨不得離開我的先生和孩子們。可是從另外一方面看，我心想：『如果我的病無法治癒，那就表示我走可能對他們更好……。』」

她一八七六年十二月三十一日歲末曾這樣寫信給弟妹：

「我看著時間的流逝，心裡很不是滋味，然而我像孩子們一樣，不為明天發愁；一直只渴望幸福。」

她是以異常冷靜的態度面對自己的病痛及其結局的，然而絕沒有矯揉造作，絕沒有故作英勇的姿態，更沒有要冒充英雄。在同一封信裡，她繼續說：

「忍受巨大的痛苦？不！我沒有那麼大的德行來求痛苦，我反而怕受苦。」──「我試圖改變自己，可是做不到徹底的程度，人怎麼活就怎麼死，這話的確不錯，現在已沒有辦法再回到原點從新來過了。我的確覺察到了這一點，有時不免感到喪氣。然而有人說，天主只消一下，就可以把一個惡徒變成聖人，我想那只會是一個小小的聖人吧！總之，得有各種各樣的聖人。」

而她，將不會是一個極小的聖人，她因完全交付而得到平安。大家看她，即使拖著病體，仍去參加聖母大堂清晨的第一台彌撒，或在早上、晚上去參加聖雷奧納堂的退省神工；她的針線也從不離手，又時時處處教育自己的孩子們，不時鼓勵家人，對人一直面帶微笑，背後却隱藏著癌症難看的創傷及其愈來愈難忍的酷刑。就這一點來看，難道她不該排在弱小靈魂中的首位？她的小德蘭將創建靈修方面「神嬰小道」的道理，而她，不正是追隨這道理的眾弱小靈魂的典範？

＊　＊　＊　＊　＊

一八七七年一月，她又回到了芒斯。她喜愛往見會的會客室，因為那裡有天上的氣息，她曾在信裡說過這樣的話：「只有這裡最讓我醉心，沒有別處，身處這裡是我最大的幸福。」然而這一次，她是來道別的。她沒有向姊姊透露自己病情的嚴重性，心想會有什麼用？修女姊姊自己已臥病在床，似乎會先她而去。兩年以來，肺癆完全瓦解了她的體力，腳腫得讓她不能行走，然而她獲得了當年難能可貴的特殊許可，可以天天領聖體。要領聖體時，她還是堅持起床，以無比的毅力控制住自己的殘疾，說：「我要去找好天主。」她永遠是那位葛朗杰神父（Dom Guéranger）喜歡指出堪為典範的完美隱修院修女。這位神父與往見會建立了深厚的情感，曾在來往見會時多次與她相會。

在一八七六年的聖誕節期中，修女姊姊領受了臨終傅油聖事。身處這永恆的前夕，對她來說，就如美好夜晚所給予的平安。有什麼能擾亂她？是過往嗎？她坦承這一輩子沒有故意犯過一個過錯，即使是小過錯也沒有。是將來嗎？芒斯的斗特孟主教（Mgr d'Outremont）在這方面讓她完全放心，他對她說，同時授予她主教的最高降福：「我的女兒！完全不要害怕，樹倒在哪裡，就留在原地，妳將倒在耶穌聖心裡，也將永遠留在耶穌聖心裡。」她也對人吐露自己的心情：「我連最終的痛苦、連彌留時的一切都不擔心，我堅信好天主會給我力量去承受，所以我沒有任何憂慮。」——「我什麼都不怕，主耶穌會支持我，我有即時的恩寵，一直到最終都會有。」

馬丹夫人私下在內心也學著如何去面對死亡，她心平氣和地被姊姊那卓越的心態所感化。她一向對姊姊無所隱瞞，對她的信任如對神師一樣，現在要與這位是她靈魂之靈魂的姊姊作最後的交談，卻不想告訴她壓在自己心頭那沉重的祕密，為什麼要使她對彼岸的純淨等待變得灰暗？她只拜託她替她在天上辦幾件事，且聽她以有趣的口吻向即將先她而去的姊姊所提出的迫切要求：那是她在一八七六年一月八日給弟妹的信裡這樣告訴她那天的事：

「我告訴她：妳一到天堂，就立刻去找童貞聖母，對她說：『我的好媽媽，妳給我妹妹開了一個奇怪的玩笑，妳把雷奧妮給了她，她向妳要的，不是這樣的孩子，現在妳得想辦法補救這件事。』然後，妳去找那位真福瑪格麗特–瑪麗，妳對她說：『妳為什麼用奇蹟治好了她？讓她死了還比較好，憑良心講，妳該補償這件不幸的事。』」

修女姊姊責罵了她親愛的仁麗幾句，嫌她這話說得如此欠缺禮貌，然而她還是答應去執行這雙重任務。不久結果就會出現。

難道這是以下這件奇事的先兆嗎？現在雷奧妮竟然親自把她阿姨的外交說項付諸行動了。儘管有瑪麗懷疑的微笑，她還是以自己最好的文筆寫了這樣的一封信給阿姨：「在妳到了天堂以後，請向好天主祈求，求祂賜我轉心向主的恩寵，也求祂賜我成為一個真正修女的聖召，因為我每天都在想這件事。」她媽媽知道了，覺得太不可思議了，是誰把這些念頭放在她那小腦袋裡的？——她在一八七七年一月十八日這樣寫信給弟妹：「我開始心存希望，也許好天主對這孩子有祂仁慈的安排，如果需要我犧牲性命讓她成為聖人，我也非常樂意。」

往見會修女之死

一八七七年二月二十四日星期六，在修女姊姊四十九歲、穿會衣十八週年時平安地去世了，一種超性的信心伴隨著她直到最後。她曾對她的院長姆姆說：「啊！我的姆姆，我現在只會愛，只會把我交付給祂，只會滿心信賴祂，請幫我一起感謝好天主！」

在她過世的前一夜，她很激動地祝福她在阿朗松和里修的雙重家庭。三個星期以前，她曾寫信給弟弟和妹妹，這封信是她的遺囑，信裡大意說：「我好好地感謝了好天主給了我這麼好的家人，謝謝你，我的好弟弟，謝謝妳，我親愛的妹妹。只有天主會給你們報酬；我把你們交託給祂，我也心安了，你們一定會成功。在你們成功以後，在興旺發達之時，切勿高舉自己，口味和家用都要簡樸如前，要把你們的豐收和窮人分享，這樣在你們到了臨終時才會心安。現在，親愛的弟弟，請原諒！……親愛的仁麗，我若對妳有錯，也請妳原諒，我沒有力氣給妳單獨寫一封信，請原諒，並謝謝妳，我一直愛妳……讓我們一起在耶穌聖心內共融；在耶穌聖心裡，你們總會找到我，因為我將在聖心內去世，並永遠存留在聖心裡。」

失去姊姊對馬丹夫人是一個殘酷的打擊。她虔敬地把她的遺物小心珍藏起來：其中有她最後口親過的十字架，有她斗室裡的耶穌受難像，還有她用過的玫瑰唸珠，心想自己病情嚴重時，就用此唸珠唸經。可怕的病痛使她感到愈來愈衰弱，那刺耳的往見會鐘聲，不就是自己不久於世的喪鐘嗎？當她俯首見女兒們的黑色服裝，當她展開自己那黑色的頭紗時，她酸楚地感到好似在準備自己的喪禮。

＊＊＊＊

雷奧妮的再教育

一個出乎意料的事件又把她拉回到現實生活中來，這次她更想珍惜生命了。雷奧妮對她來說總是一個「沉重的十字架要背」，這孩子既深情又不馴，女傭下一個小命令，她立刻盲目地聽從，對母親的口令，却一味地賭氣不理，破壞了家人的親密感。多少次母親邀她一起出門，她總是不去，飯後叫她和姊姊們一起散心，她總是不來，這孩子難道沒救了嗎？

修女阿姨答應過要照管她的，結果很快就感到她的影響力了。她過世還不到二十天，雷奧妮身上所背負的這個謎終於有解了。瑪麗一天聽到她和女傭間的隻字片話，大為震驚，就留心觀察這兩人之間的關係。她窺伺，追問，強迫她坦白，最後發現了箇中祕密。女傭路易絲對家裡是忠心至死的，然而她性情粗暴，也沒有受過教育，自鳴得意地感到自己能駕馭一個沒人能叫得動的孩子。她用強力，而且用真正的恐怖手段，使孩子變成她的小丫嬛：「挨打還高興」。更嚴重的是：這女傭多少知道這樣做是破壞父母親的權威：她要雷奧妮對她絕對服從，不敢回嘴，否則就給她一頓她忘不了的教訓。這一切都在暗中進行，因此母親無從揭穿。難怪她再努力也無法使孩子對自己坦言，因為孩子受命不許說出去。這孩子生性就任性彆扭，經女傭這一折騰，會變成什麼樣子！因此，在很短的時期內，雷奧妮就變得虛偽又叛逆。

可以想像馬丹夫人知道了真相以後會多麼生氣。造成這種局面，她自己無可自責，因為自己一直被工作和煩惱壓得透不過氣來，於是很多事就自然交給女傭全權處理，因為這女傭的忠心不渝獲得了她全心的信任。母親平日一向溫婉，現在態度強硬了，強烈反對用強制的手段來摧毀孩子的抵制，因為強制只會引起反抗。她說：「暴力從來不能改變人，只會使人變成奴隸，這就是這孩子現在的可憐處境。」

現在整個情勢完全改觀了，馬丹夫人在一八七七年三月十二日把這一切原委寫信告訴寶琳：

「我想經由妳阿姨的祈禱，我已獲得了莫大的恩寵；我曾一再地把我的雷奧妮交託給她，她一升天，我就已經感到她祈禱的效果了。妳知道妳這個妹妹是怎麼樣的：一個叛逆的典範，不強迫她，她絕不服從，總是喜歡和我作對，即使她心裡想聽我的話，最後還是只聽從女傭。

我曾用過各種方式想把她吸引到我身邊來，總是失敗，直到現在我才明白了真相，這件事是我這輩子最大的悲哀。自從妳阿姨去世，我就求她把這孩子的心還給我，這個主日的早上，天主垂允了我，我現在完全擁有她了。她一刻也不願離開我，把我親得快要窒息了，現在我叫她做什麼，她就做什麼，絕無二話，一整天都待在我身邊。

女傭完全失去了她對雷奧妮的威權，現在絕不可能像以前那樣控制她了。她感到這一擊既猛烈又嚴酷，不斷悲嘆哭泣，我叫她立刻離開家，我再也不要看到她了。

她一再求我讓她留下，於是我想就再等一下吧！只是嚴禁她再對雷奧妮說話，現在我以無限的愛撫對待這孩子，希望能漸漸改正她的毛病。

昨天我和她一起出去散步，我們去了聖佳蘭女修院。她小聲對我說：『媽媽，請裡面的隱修女為我祈禱，好讓我也做修女。』總之，現在一切都好了，希望能一直這樣下去。」

現在難於接近這靈魂的障礙去除了，接下來的工作就是孩子的再教育。馬丹夫人以無比的青春活力展開這項工作，把所有以前教育其他孩子的方法現在全部都用在雷奧妮身上，且無比奏效。她以無限的耐心和無限的柔情對待她。有人嫌她做得太多了，她不聽這些閒言閒語，她先生和她在這方面都有相同的定見。孩子仍舊好動愛鬧，仍舊任性彆扭，有時也還會和姊妹們頂嘴，生氣，這些小過失就不提了，要把重點放在大局上：重要的是她已經能坦誠面對家人了。她做犧牲，一心要讓父母親開心，尤其要取悅耶穌。她的路線糾正過來了，其餘的也會逐漸接踵而來。母親得勝了，她可以在一八七七年五月十日這樣寫信給弟妹，告訴她這個女兒的近況：

「她以她最大的愛來愛我，以這個愛為基礎，漸漸地也將天主的愛滲進了她的心田。她對我有無限的信任，連她最小的過錯也向我透露，她是真正地想改變自己了。她的努力沒有別人知道，只有我最清楚，也最能賞識她。我不能忘記這個重大的改變是我那神聖的姊姊以祈禱求來的，因為在她過世也不過兩三個星期以後，就有這些改變了；也是她，讓我獲得了聖寵，知道如何才能把這孩子的心贏回來。我希望好天主讓我完成這項工作，現在離成功還遠得很呢！要克服她的天性，需要很多時間。我看這項任務是交給我的了，除了我，沒有人能完成，即使是往見會的修女們也不能，她們會把她送走，就像以前她們曾把她送走過一樣。」

馬丹夫人曾這樣形容這項工作：那恰似耕種一塊「難開墾」的土地，而自己的健康情況却在持續惡化之中，於是只好求上天賜她多活幾年。沒有人如她那樣明白做母親的辛勞。這項工作在默默無聞中卻最為顯耀。她愈來愈覺得必須在這孩子身上繼續努力，因為她是走錯了第一步的受害者。她一八七七年三月二十二日這樣寫信給寶琳：

「為了這個理由，現在我想活下去的渴望從來沒有這樣強過，因為這孩子需要我，如果沒有了我，她會變得太可憐了。沒有人能讓她聽話，只有那個女傭，而她，又會以虐待她讓她服從。不！絕不可能了，因為，我一旦走了，她必須立刻離開這個家。我相信沒有人會拒絕執行我這最後的願望。然而，我信任天主，我向祂祈求，賜我聖寵，讓我繼續活下去。我不求祂取走我的疼痛，也不求祂不讓我因此病離世，只求祂賜我足夠的時間，直到雷奧妮不再需要我為止。」

* * * *

大家記得這位勇敢的病人曾接受了家人的好意，答應去露德朝聖，現在她的病症更嚴重了：乳房的腫瘤愈來愈痛，幾根青藍色的長傷痕伸展到了背部和頸部，顯示淋巴結的進展已到了這種程度，她怕會有東西流出，甚至出血。痛感愈來愈頻繁，自從五月以後，疼痛變為持續性的了，並不時出現極期，這不正是時候該向露德聖母呼喊求救？

馬丹夫人和她先生正好相反，她最怕出外旅行。要知道當年的旅行不似今日是休息消遣，而是相當辛苦的，尤其以她的身體狀況，這一路無疑是做嚴酷的補贖。但是為了使病體痊癒，值得迎接這項考驗。她不單獨出行，她的三個大女兒將一路護送她，並以她們的祈禱強力祈求奇蹟發生在母親身上。再者，她們此行是參加一個朝聖團：因此可能不夠舒適，然而必然虔誠得多了。出發地點不在阿朗松，也不在芒斯。她向西方各堂區打聽，最後好不容易拿到了四張從昂熱（Angers）出發的火車票，離站的時間是六月十八日星期一早上的七點五十分。

往露德朝聖

全家人在朝聖隊伍出發以前，認真地做了祈求和犧牲，大家彼此打氣。馬丹夫人在一八七七年六月七日這樣寫信給她的弟弟和弟妹：

「童貞聖母不受感動是不可能的，你們看看寶琳的信！它給我信心，上天以前沒有見過、以後也不會見到有更熱切的祈禱、更堅定的信德了，絕不會有！然後我還有姊姊在天上關心著我，更有我那四個小天使會為我祈禱，他們都會在露德和我們在一起。」

這位明智的教育能手特意要大家把祈求的熱情導向對天主的全心信賴。她一八七七年五月寫信給寶琳，這樣指示她：「我們應有慷慨接受好天主旨意的心態，不論這旨意是什麼，因為祂的旨意為我們總是最好的。」

對她自己來說，她的心在痊癒的希望和死亡的預感之間擺盪。她在四月十二日這樣寫信給她弟妹，向她訴說她的心境：

「我吃了一餐可口的晚飯，在準備晚飯時，我心想：『要是我不在了，她們要怎麼辦？』我覺得我不可能走，於是我想我必須得留下，我決定不走。妳看我就像我認識的許多人一樣，自己看不見自己的健康情況，只有旁觀者才看得清楚。這些人根本活不長了，看到他們認為自己還能活很久，不免驚愕。這可真奇怪，可是事實就是這樣，我也和他們一樣。」

全能者天主當然可以行奇蹟。她對這一點有很正確的可愛想法——和她的小德蘭一樣——她弟弟認為好天主若要治癒她，只是「為了祂自己的光榮」。她在一八七七年六月七日這樣回答他，這封信倒是給弟弟和弟妹兩人的：「我倒認為一切都轉為光榮天主，祂絕不會只想到祂自己；祂很可能給我行一個奇蹟，即使天下人都不知道祂已經做到了。」最明智的辦法就是把一切都交付給祂：「我非常希望有奇蹟，同時也全心接受好天主的意願；這樣，萬一沒有奇蹟，也不會太失望。」

她絲毫不退讓的祈求，就是求聖母使雷奧妮能徹底改變，因此她堅決帶她同去朝聖。「如果童貞聖母不把我治好，求她至少把我孩子治好，打開她的明悟，讓她成為聖人。」

母親和雷奧妮離開阿朗松的那天，正好是個主日，——馬丹夫人感到非常遺憾，她從來不會在主日旅行——她們坐下午的火車，好把上午留出來去教堂參加主日的禮儀。在芒斯她們下了火車，去往見會接瑪麗和寶琳加入行列。第二次又在昂熱下車，去當地的往見會，受到修女們感人的歡迎，並許下全修會為她們此行祈禱。在六月十八日再上火車，一路向露德行進，每人心裡都充滿著頑強無敵的希望。

這次朝聖的行程只是一連串的不幸。由於車廂的顛簸和震動，讓母親苦不堪言，然而她還是堅決婉謝換到分隔車室角落上較舒服的位子上去；因為她更需要照顧女兒們，她們一會兒這個不對，一會兒那個不舒服；有幾個時間表上的錯誤也讓旅程變得更為複雜。旁座的人想在火車上喝咖啡，點燃了火盆，又不小心把咖啡打翻，倒在我們這些旅途中人的衣服和備用食品上。她們是和一個陌生堂區的教友同車廂的，這些人沿途所唱的聖歌她們都不會唱，少了些許團體的熱烈同心和親切感。到了露德，又有別的麻煩，預定的住處有嚴重缺陷，必須請求另換房間，吃的也有待改善。瑪麗還遺失了修女阿姨給她的玫瑰唸珠。更有車子不小心，幾乎要發生車禍，媽媽的衣服撕破了，還差點被壓死，結果倒楣地跌了一大跤，竟嚴重地扭傷了頸部，劇烈的疼痛一直不斷。

歷經了這一連串痛苦的意外事故，現在聖母會對病人展開微笑，並對她焦慮的期待終於給予補償？不！天堂似乎關了門，在可憐的母親心裡，是一片灰暗。火車一到露德站，她早已精疲力盡，還堅持空腹，直接奔到聖母顯現地。

她一八七七年六月二十四日這樣寫信給弟弟和弟妹：

「到了聖母顯現的山洞，我心裡苦惱不安極了，到了無法祈禱的地步；在彌撒進行時，我雖離祭台很近，可是我極度虛脫，腦子裡只有空白一片。彌撒後，我感覺自己完全不行了，可是我還是去了聖水池。我看到冰冷的水和冰冷的大理石，像極了死亡的冰冷，不禁心生恐怖之情。然而，還是得履行約定，於是我勇敢地跳進水裡，進了水，……我差點溺水，喘不過氣來，不得不立刻上岸，我該慢點進水才對。」

祈禱雖然愈來愈急切，接下來的經歷仍然讓人失望，這封信繼續寫下去：

「我鑽入水中四次，最後一次是在臨走前的兩個小時，水深到我的肩膀以上，可是水沒有像早上那麼冰冷。我浸在水裡至少一刻鐘，心裡一直祈望聖母能把我治好。我在水裡時，身上完全不痛了，然而一離開水，又開始刺痛，和平常一樣。」

她尤其祈求天主之母保佑雷奧妮，心裡才稍微得到安慰。她把聖水來回擦在女兒的額頭上，祈求孩子能好好地快樂成長。她祈禱的信德之深，直覺地感到已被垂允了。為了不專注於自己的病，她開始注意其他人的不幸：她心想那些最悲慘的病人都來到這裡，因為這裡是生發奇蹟的天井，是聖母的城邦。

在這封信的結尾處，她說：「童貞聖母把我和別人一樣，留在考驗中。」

馬丹夫人曾與貝拉馬耳主教（Mgr Peyramale）有過書信往來，他是露德教區可敬的本堂神父，曾接受那位親眼見到聖母的顯現（即小女孩伯爾納德）所轉達的訊息和供詞。她想去看他，不巧他不在，接待她的是一位謙虛簡樸如天使一般的人。她對這人說自己在這被祝福的土地上所感到的深刻印象。這位女僕回答她說：「啊！現在的這一切肯定不算什麼了，任何人像我一樣，見過在神魂超拔中的伯爾納德，那是這輩子也忘不了的！」她擦了眼淚，繼續講她不久以前，如何看到伯爾納德跪在陡峭的斜岩坡上，面容上反映著聖母那萬道光芒，她手上的蠟燭油流到指頭上，却不覺得燙。這動人心弦的回憶如此樸實地說出來，是她在朝聖中最純真的紀念之一。

在大家齊唱「萬福瑪利亞」時，是離開露德的時候了。瑪麗、寶琳和雷奧妮由於深深的失望而顯得有點茫然，馬丹夫人於是致力於加強她們的信心。她顯得精力充沛，回程中一路大聲唱著聖歌。總之，她如此英勇地控制住自己的疲勞，讓人完全看不出她的病態。她還沒有放棄被治癒的希望，只是目光已轉向更深遠的高處。一八七七年六月二十四日她寫信給她弟妹，告訴她這動盪多事的一個星期：

「妳說說看，還有誰會有這麼悽慘的旅行！當然，在這些事的底下，可能隱藏著豐沛的聖寵，能豐厚地補償我這些不幸的遭遇——童貞聖母告訴我們，就像她當年告訴伯爾納德一樣：『我會讓妳幸福快樂，不是在此世，而是在天上。』」

她的先生和小女兒們來到阿朗松的車站迎接她們回家。這些日子的焦慮，急切等待電報以回報所指望的奇蹟已然出現，結果是落了空，以至於他先生精力耗盡，失望喪氣，面露疲態，看了讓人心疼。馬丹夫人也用聖母的那句話來安慰他。而他則奇怪仁麗回來居然滿面春風，好像已經「得到了所期望的恩寵」。英勇的馬丹夫人見此情況，立刻以她的愉快心情趕走了家人的烏雲。因為她想生活還是得繼續過下去，如往日一樣。大家開始作九日敬禮並施用露德聖水。有些朋友來家拜訪他們，這些抱著懷疑精神的人，透露出他們對這家人的信德大為驚訝。誰知道，也許聖母要用奇蹟來反駁他們呢？

至於寶琳，她回到住宿學校後，接到母親一八七七年六月二十五日的來信。信裡她溫和地責罵她，因為她對聖母生氣，嫌聖母沒有讓她「歡跳起來」。母親在信裡對她說：「不要希望在此世有許多歡樂，否則妳會感到失望的；至於我，我從經驗中知道，這世上的歡樂值多少斤兩，如果我不寄望於天上的福樂，那我就太可憐了。」

啊！如果沒有家人，馬丹夫人會熱情地以天主子女的身分奔向天父，這就是基督徒心目中的死亡。她如此強烈地感到流放在世的苦惱與悲痛，只一心嚮往天鄉！然而有先生在，他想到可能會失去她，已經使他感到如末日將臨；在他身邊，還有這麼溫柔可愛的小德蘭，那麼細膩體貼的賽琳，尤其是雷奧妮，既體弱多病，又任性彆扭。想到這一切，她在一八七七年六月二十八日寫信給住宿在外的寶琳：

「我呢，我一直在等奇蹟，等待那因聖母轉求、由全能天主的仁慈所賜下的奇蹟。我不求祂完全除去我的病痛，只求祂讓我多活幾年，好把孩子們養大，尤其是雷奧妮，她那麼需要我，真讓我感到可悲。她先天就不如妳們聰明多才，儘管如此，然而她有一顆需要愛人也被愛的心，唯有做母親的才能夠無時無刻地給她那她所切望的愛，隨時跟在她左右，幫助她成長。

這個多情的孩子對我有無盡的溫柔體貼，我話還沒說出來，她已經跑去拿我所需要的東西了，就是為我赴湯蹈火也在所不惜。她注目看著我的眼睛，就想猜出我喜歡什麼，她也真太過火了。

然而一旦別人要她做什麼事，她的臉色立刻陰沉下來，表情變得可快了。我慢慢告訴她要改過，她也答應，只是常常會忘記。」

就是這個雷奧妮，一天，她在一份宗教週刊上，讀到有一個人被靈光侵入，而感悟到需要做出犧牲；她也要做，她要代替母親去死。說到做到。她堅定地說：「我要死了，好天主垂允了我，我覺得我生病了。」別人笑她，她就哭，然後擦乾眼淚，忽然想起來要一雙繡花拖鞋。媽媽沒好氣地反駁這個顛三倒四的女兒，說：

「既然妳要死，拖鞋就免了吧，別浪費錢！」

大家看到馬丹夫人以多麼了不起的自我控制，壓制住身上的各種病痛，肩負起家庭和工作的全部責任，她一直到底是這個美好家庭的靈魂人物。

＊　＊　＊　＊

她不得不承認露德之行只加快了她病痛的可怕進展。她央求弟弟在適當的時候，預先告訴她死亡的臨近。弟弟知道姊姊有大無畏的精神，心裡覺得應該照辦。他來到阿朗松姊姊家，在共進晚餐時，突然對她說：「姊姊，不要再有幻想了，把妳的事情清點整理好，因為妳差不多只有一個月了。」馬丹先生頓時嚇呆了，不過還是友好地責備了他的魯莽。於是他想辦法把剛才的話緩和一下。他躲開別人，單獨對姊姊說：「我後悔說了剛才的話，其實我哪裡會知道將來的事，好天主還是會治好妳的。」他姊姊則出奇地冷靜，回答他說，感謝他的坦率直言，她不會怕死。停了一下，她只是嘆了一口氣，然後說：「我可憐的路易和五個孩子要怎麼辦呢？我反正把他們都交給好天主就是了。」弟弟聽了非常激動，連忙對姊姊說，何不勸他搬到里修我家去住，孩子們的舅媽就是她們的第二個媽媽。馬丹夫人驚呼：「絕不可以！如果我這樣要求他，他為了要我高興，一定會立刻答應，可是他的生活會完全改變了！我怕他會過得非常悽慘！」

她弟妹也寫信勸她搬去她家，她在七月十五日寫了這樣的回信：

「妳的來信讓我非常地感動，弟弟的信也一樣。我先生雙眼含淚，對你們的盡心效力既讚賞又感激。想到我即將離開此世，而我至愛的孩子們有你們善加照顧，對我也是莫大的安慰，至於搬去里修住，我先生目前不置可否，過一陣子再看吧！」

接下來的這最後的八個星期，對馬丹夫人來說，是難以忍受的酷刑。頸部好像被扭斷，又像被尖刀刺透一樣。一個微小的動作就會把身子扭到歪斜，以至於讓她想到全身不能動的可怕前景。身上的神經變硬了，又如被刺到而抖動，讓她痛得發出尖叫。這真正是禍不單行：一連好幾天她還得忍受劇烈的牙痛，同時身體的發燒也一直折磨著她，使她精疲力竭。然而她的英勇氣概絲毫未減，她說：「我在學著過新生活。」她試著如何改變姿勢而不必煩人幫忙，四肢的感覺仍然靈敏，可惜關節愈來愈遲鈍了。很快她就不能自己穿衣、脫衣了。「腫瘤這邊的手臂已經不聽使喚了，可是右手還想做針線呢！」只有到最後，她才把接待花邊女工的事交給瑪麗。她只靠信德支撐著她。她知道有愛滋潤著的考驗，在救世的計畫中，其價值占有首位。她以此代價來贏得天上的福樂和家人能蒙主降福。她藏身在天主之內，內心品嘗著「哭泣人之福」（《路加福音》六章21節）。

這位母親只為別人著想，為了不煩擾任何人，她搬到雷奧妮的房間裡，不要別人陪伴照顧，獨自一人承擔無數長夜的病痛折磨。瑪麗在睡不著的時候，聽見媽媽這樣呻吟：「造我生我的天主啊！求祢垂憐我！」要是有人起身要去幫她，她在吃驚之餘，悲痛地責備他：「你起來幹什麼？不是已經沒辦法了嗎？」馬丹先生費盡口舌，才讓她接受僱用一位修女看護來照顧她。看到護士第一次晚上來上班時，她還是難掩不快。

七月二十七日，在一次病情嚴重地發作以後，她向弟弟發出了SOS：

「昨天，我一直大聲喊你，相信只有你才能減輕我的痛苦。我受了整整二十四小時的苦。比我這一輩子全部的苦更難熬，因此這些時間是在呻吟和苦喊中度過的。我求告天上所有的聖人，一個接一個地求，却沒有一個來回答我。

最後，由於得不到別人的幫助，我只求能在床上過夜；我整個下午都不能上床，身子怎麼擺都不對，頭也沒有地方可靠。大家想盡了辦法，我的頭就是不能碰到任何東西，稍微動一下也不可能，連喝流汁都難。頸部到處都痛，只稍微動一下，就痛得受不了。

我終於可以在床上了，就是只能坐著。剛要睡著的時候，自己還沒感到的一點小動作，就啟動了全身的疼痛，只好一整夜都在呻吟悲嘆。路易、瑪麗和女傭一直在我身邊。可憐的路易不時把我抱在懷裡，像抱孩子一樣：我不能再寫下去了，已經看不清楚了，不知道為什麼，我一點力氣也沒有了……。」

這正是「十字架的康莊大道」，也是攀升向主的道路。馬丹夫人現在正在漸漸擺脫這個塵世。她還是與家人一起做愈來愈多的九日敬禮，求她病癒。在她短暫的睡眠裡，她夢見露德、聖水池和奇蹟；家人不時把露德的聖母泉水塗抹在她的痛處。然而她已經踏入永生之域了。

七月十五日，她這樣寫信給她的弟妹：

「妳告訴我不要失去信心，我就是全力維持著信心的。我很清楚童貞聖母可以把我治癒，我怕其實是她真的不願意，坦白說，我要的奇蹟現在看來似乎是不可能的了，我已打定主意自己準備就要走似的，我必須好好利用這剩下的一點時間，每一天都是救贖日，是絕不可能再回來的了。我要善加利用，不能浪費每一天。這對我有雙重好處：只要我接受痛苦，我就覺得好過一點；然後，我這是在世上先受一部分煉獄之苦。請妳為我祈禱，我非常需要能安心接受並耐心忍受這一切，妳知道我是不怎麼有耐心的。」

聽她告解的凱對神父（L'Abbé Crête），就是孟帝（Montsort）的本堂神父，見她病重卻如此平靜，大為讚賞。他以後將會對人講述，當馬丹夫人在告解亭裡向他告別，告訴他自己預感到什麼時候要走時，他當時所感到的驚訝與不捨。不久後，他去她辦公室看她，見她那麼平靜地告訴他，自己將不久於世，不禁脫口說出：「我見過許多女強人，卻沒有一個像妳一樣！」——在旁親眼目睹的女傭路易絲後來補充說：「看來他比夫人更激動呢！」

這是因為她藏身在天主之內。她心裡一直把天主放在第一位⑥。七月二十二日是個主日，她還是早上五點起床去參加黎明彌撒。瑪麗百般勸阻，還是沒有用，只好陪著她去。瑪麗後來細述了當時的危險情景：

「她以無比的勇氣竭盡全力向教堂走去，每踏出一步，都回擊到頸部；有時她不得不停下腳步，好喘口氣。我見她如此衰弱，就勸她回家吧，她拒絕，要堅持到底，相信疼痛會過去，結果反而更增加。她從教堂在回家的路上走得更困難了……我真怕她半路會出事，不能活著回到家裡。啊！我望了一台多麼焦慮的彌撒！有好幾個人以驚訝的眼光看著我們，他們心裡一定在想，怎麼把病得這麼嚴重的人帶出來望彌撒！然而，是她堅持一定要去，覺得自己沒有病得可以豁免主日的彌撒。」

馬丹夫人同意此行的確有點冒失輕率，可是並不想改過。八天以後她還是要去望大彌撒。沒有辦法勸阻她，大女兒只好用詭計，一味地盡量放慢給她穿衣，好讓彌撒的時間過去。八月三日，她非要去聖母大堂不可，說這是最後一次。這簡直是

6. 譯按，*Dieu est*「*le premier servi*」，這是聖女貞德的座右銘。

不可能的事。走在人行道的下坡路上，或踫到一粒凸出的小石頭，都會讓她全身震動，痛得她尖叫起來。好幾次她裝作要看櫥窗裡的商品，好能歇一下腳，以能完成這加爾瓦略山的攀登，而不致跌倒。瑪麗一八七七年八月九日這樣寫信給舅媽：

「星期五，她又去望了早上七點的彌撒，因為是這個月的首星期五。這回是爸爸陪她去的，因為沒有他，她自己是去不成的。她告訴我們到了教堂，如果沒有人給她推開門，她自己是絕對進不去的。」

既然幽禁在家，她就延長她對聖母和聖若瑟的敬禮以做為補償，祈禱真正是她靈魂的呼吸！女兒見她氣喘吁吁的，臉色灰白，幾乎是蒼白，整串玫瑰經都是跪在聖母像前唸的。她要母親坐下，一絲隱晦的微笑回答了她：這個生命很快就要消失了，為什麼還要省？把它耗盡在對聖母的服務上，豈不美好！在病情發作時，就聽到她高聲與自己的神聖朋友對話，她喊說：「我的天主，祢很清楚我已經沒力氣再承受痛苦了，可憐我吧！既然我得痛苦地留在這床上，沒有人能給我減輕，我只懇求祢，不要捨棄我！」

在八月初，家人見她有暫時的平靜，決定籌劃一個典禮，好給她一個驚喜，就是在「阿朗松的聖瑪利亞往見會」的一個頒獎典禮。這個誇大其詞的典禮其實就是大女兒給賽琳和小德蘭上課的結業式。這位假校長在一八七七年八月九日親自寫信給舅媽，告訴她當時的情景：

「一切都美好極了，我把我的房間裝扮得美輪美奐：飾以許多長春花的花環，其中夾雜著玫瑰花束。每隔一段距離就懸掛上彩色花冠，地板上鋪上地毯，兩張扶手椅等著主持尊貴典禮的兩位主席：馬丹先生和夫人的到來。真的，舅媽，媽媽也很願意主持頒獎。真可惜妳不在場！兩個小的都穿著白色禮服，她們去領獎時滿面得意揚揚的樣子，真是可愛極了。當時是我先唱我學生的名字，然後爸爸和媽媽頒的獎。我還致詞呢！那是寶琳和我在頭一天夜裡趕寫出來的。」

＊　＊　＊　＊

臨終的前幾天

這次溫馨的家庭喜慶是病人在世最後一次的安慰，此後她就不能再享受此世的歡樂了。寶琳也放假在家，欣然共同負起管家的責任。全部的孩子們圍繞在她身邊，以前她會感到格外幸福，現在已無法品嘗這種甜蜜了。她一直希望在路易絲走了以後，不再僱用外人在家，只有自己人親密地一起生活，大孩子們打理家務，並照顧小孩子們。這位垂死的病人悲嘆道：「我這一生的夢想，難道就在要成為事實時，都在我眼前幻滅了嗎？」這個光景不禁讓她動容。有時她會看著女兒們落淚，一個一個地看，「啊！我可憐的孩子們，我再也不能帶妳們出去散步了。我多麼想讓妳們幸福快樂！」爸爸為了讓她高興，壓抑住自己的悲情，辦了一次船上出遊。

然而有這樣一位母親在垂死邊緣掙扎著，誰還有心情欣賞美景？

有時在因疼痛而收縮的面容上，會掠過一陣愁緒。她不是為自己發愁，她擔心的是她那遲緩的女兒。這孩子比別人更需要有人了解她，有人慈愛地帶領她。「我惋惜自己不能活下去，只為了我可憐的雷奧妮……我不在了，誰照顧她？這不是爸爸該做的，儘管他那麼好！誰能像母親一樣愛她呢？」瑪麗立刻熱情地衝口而出：「噢！媽媽，我會照顧她，絕不食言！」她將遵守諾言，還有親愛的媽媽會從天上幫助她以完成她自己在世時已熱心開始的這項再教育工作。

馬丹夫人也想著兩個小的。她責成瑪麗和寶琳要把她們培養成好的基督徒；另外在弟弟和弟妹在八月初來看她時，她也特別叮囑他們要照管兩個小的。在《靈心小史》中，曾描述過小女兒們的悲哀，大人們特意讓她們遠離在彌留中的媽媽的房間。每天早上，好像被流放一樣，她們得離家到一個女性朋友家去。這兩個孩子一心只想著在受苦中的媽媽，朋友給了她們杏子，她們留了一個特別漂亮的，要送給媽媽。媽媽拿到後非常感激，却已不能下嚥。賽琳告訴我們她媽媽在過世前不久，如何讓她看自己身上那些青紫色的處處傷痕，肩上和頸部都是。孩子看了後退出房間，悲痛欲絕。

在馬丹夫人的生命裡，寶琳占有特殊的地位。這位母親曾預先感到她老二將來的任務嗎？那是自己在女兒內的重現，直覺地感到她將終生奉獻給主而感到自豪嗎？沒有其他女兒在她心中擁有這種近似尊敬的信任。在她臨終前看到寶琳守在床頭，就抓住女兒的雙手，對她說：「我的好女兒，妳這個假期過得可真辛苦！我倒是很高興妳一直在我身邊！啊！我的寶琳，妳是我的寶貝，我很清楚妳將來會做修女！……。」很久以後，在一家人共聚在隱修院的庇蔭下時，大家喜歡給母親的這個動作和這番談話賦予象徵性的意義：那是垂死的母親授與寶琳的靈性任務：成為小德蘭的「小母親」和里修加爾默羅會院的院長。

馬丹夫人在做了一切奉獻、向各人道別並做了臨終的叮囑以後，就以平靜的眼神看著死亡的臨近。八月十六日，星期四，在病痛中慶祝了聖母升天節日後，她給弟弟寄了最後一封信，信尾，表明了她的卓越心態：她會全心交付給天主：

「我不再能站得住了，我連下床都難，只能從床上扶著移身到扶手椅，再從扶手椅扶著移身到床上；我剛度過了兩個殘酷的慘痛夜晚。這兩天以來，我都用露德聖水擦拭我的傷口。從露德之行以來，我一直非常痛苦，尤其是在腋下，顯然，童貞聖母是不願把我治癒了。

我不能再寫下去了，沒有力氣了。你在我還能陪你時來阿朗松看我，你做得真好，有什麼辦法？如果童貞聖母不把我治好，那就是我的大限到了，好天主要我不在此世、而去別處休息了……。」

接下來的幾天，疼痛感直線上升，夜裡尤其可怕，藥物顯然都已失效了。瑪麗把這情況寫信告訴她舅媽：

「她全身痛得厲害，每隔一刻鐘就得起身，沒辦法一直待在床上，最輕微的小聲音都使她的病痛再次發作；我們雖然小心輕聲說話，不穿鞋走動，好讓她什麼都聽不見，結果她還是什麼都聽得見，她的睡眠淺極了，連最小的聲音都會把她吵醒。」

唯一能鼓舞她的就是信德的寬慰。芒斯往見會的院長姆姆在給寶琳的一封信裡，用聖方濟．沙雷的這句話提醒她：「在磨難中所發出的一盎司德行，勝過在休憩和喜樂中所發出的千千萬。」寶琳把這句話唸給她聽，她長時間仔細加以品味，又讓人再給她唸了好幾遍；在病情發作時，自己也念念有詞，重覆著這句話。

逝世

八月二十五日是家裡傳統的節日：大家在父親的主保聖路易的慶日向他祝賀。然而這位可憐的爸爸度過了最焦慮的一天。他一整夜站在病床邊，驚見病人出血了，出血將她最後的一點精力也消耗殆盡了。他女兒說：「他太焦慮痛苦了，不忍離開她。」在二十六日的晚上，他到聖母大堂去請神父來，並堅持親自護送至聖聖體到家。全家人都圍繞在病床邊，大家齊聲祈禱。小德蘭在《靈心小史》中這樣回憶母親臨終時的這一幕：

「媽媽臨終時所領受的終傅聖事還深深地銘刻在我心中。家人叫我跪下的地方恍然仍在眼前，我可憐爸爸的哭聲也仍然清晰在耳。」

聖事發揮了其和緩的效果，疼痛稍稍減輕了一點，馬丹夫人陷入了虛脫狀態。她好像筋疲力盡，雙腿和雙臂都浮腫著，不能動彈，連說話的聲音也聽不清楚了。大家得仔細看她嘴唇的些微動作，來猜想她的意思。然而她的眼睛還能表達思想。第二天，當弟弟和弟妹被電報緊急叫來進入她房間時，她還能以微笑迎接他們，然後以深深懇求的目光長久地注視著弟妹，表示對她的期待和對她的無限感激。

一八七七年八月二十八日星期二凌晨十二點三十分正，馬丹夫人在一陣極短的彌留後，慢慢地回歸天鄉了。她先生和弟弟，在修女護士緊急告知後，適時來到床邊，接受了她最後的一口氣。他們立刻告知大女兒們。她們先前因修女護士告知不會有事，就在夜裡九點鐘離開了垂死的母親。寶琳獨自停留在花園邊洗衣間旁邊的小房間裡。現在哭著去找兩個小的，見她們都睡著了，就想到天亮再告訴她們這令人心碎的消息。第二天，馬丹先生帶領小德蘭到亡者的床邊。她在《靈心小史》中曾敘述過這一幕：「爸爸抱起我，對我說：『來，親親妳親愛的媽媽，這是最後一次了！』我一言不發，將我的嘴唇貼近我至愛媽媽冰冷的額頭上。」

了。她看來好似睡著了，雖然她已是幾乎四十六足歲了，大家都覺得她走得太早了。她的面容消瘦得好似被病痛雕塑過；然而在死亡後，卻展現出驚人的莊嚴崇高和青春美麗。在點著蠟燭的停屍間裡所充滿著的，是收歛心神和超性平靜的感人氣氛。馬丹先生和女兒們不斷瞻仰她那放鬆的容貌，她一生勞苦，現在終於可以休息了。

至於她的小女兒，她在自傳中親自道出了自己對這些黑暗日子的印象——她當時才四歲半：

「我記得自己當時沒有哭很多。那充滿我心靈的深沉感情，我沒有向任何人透露，只靜悄稍地看著，聽著。我看得很清楚，有些事家人在故意瞞著我；在我獨自面對那放置在走廊盡頭的棺木時，我長久駐足，仔細觀看。我以前從來沒有見過棺木，這回我居然明白了！我當時太小了，得抬起頭來才能看到全部，只感覺它很大，很悽慘……。」

＊　＊　＊　＊

葬禮是於八月二十九日星期三上午九點鐘在本堂區的教堂裡舉行的，親人和朋友都應邀參加。棺木埋葬在阿朗松聖母大堂的墓地裡。要等到一八九四年十月馬丹先生過世，弟弟認為姊姊夫妻兩人的婚姻生活堪為眾人典範，決定將兩人合葬，才把姊姊的遺體遷移到里修家族墓地的地下墓室中停放。刻有碑文的花崗石墓碑在近處的一塊空地上豎起。五十一年後，有關人士見墓碑仍完好如初，就把它移到他們在阿朗松的別墅巴維翁的花園裡，置於一處醒目的地方。今日不少朝聖者喜歡在那裡懷念小德蘭的母親。

紀念馬丹夫人的悼詞

紀念馬丹夫人的讚詞不絕於耳，孟帚的本堂神父直接宣稱：「天上又增加了一位聖女。」

孩子們的舅媽多次接受過馬丹夫人的訴心，又多少次受益於她的經驗談和她貼心的幫助，在十四年後，就是一八九一年十一月十六日，她寫信給外甥女小德蘭，當時她已是加爾默羅會的修女，訴說她母親種種的卓越功德：

「我何德何能，天主竟讓我擁有妳們這些多情的心！我只是回應那位我非常、非常喜愛的母親她那最後的目光。我覺得我明白了她目光的意思，我絕不會將它忘懷，這目光已深深銘刻在我心底了。從那一天起，我就努力代替那位被天主掠去的母親。唉！其實沒有人能代替那樣一位母親！然而，天主還是降福了我那卑微的努力。現今，祂讓我獲得了妳們年輕之心的深情。祂要把這位帶領妳幼年歲月的母親，提升到更高的光榮之中，並獲享天庭的福樂，啊！我親愛的小德蘭，因為妳的雙親是那些人們可稱為聖人的人，可足以使他們生出聖人！」

在馬丹家工作並共同生活了十一年的路易絲，她的感言也同樣令人感動。這位女傭比誰都忠心不渝，曾被迫離職，前面看到過是為了什麼原因。她向馬丹夫人請求開恩，讓她留下直到女主人離世為止。她肯定馬丹夫人對她照顧之周到，沒有任何人能比。她則以無比的忠誠小心守護著病人，直到她離世。為了雷奧妮的再教育，她離開了馬丹家，心裡懊悔的是她的早逝，不能忘懷的是她的溫柔體貼。在一九二三年，那是她自己過世前的幾個月，她這樣寫信給里修的加爾默羅會：

「在我劇烈的病痛中，我呼求我的小德蘭，同時也呼求她那神聖的母親，因為既然小德蘭是聖人，我認為她母親也是一位更大的聖人。她一生受到了不少考驗，每次都虛心接受。還有，她那麼犧牲自己！對她來說，一切都夠好；而對別人，就不一樣了……都希望能更好。我說不完她對人的好，以及她那順從好天主旨意的心。」

比這些見證更宏亮的聲音來自她的女兒們，她們在小妹列真福品調查的程序中，宣誓聲稱母親的聖德有多深：她最小女兒的話更大聲，這位女兒她那日漸上升的榮光，是這位已故母親最真實的高貴頭銜，有哪一位母親的肖像能比得上小德蘭在精心琢磨後以小詩所描繪的母親：

媽媽的微笑是我的最愛，
她深邃的目光似乎在說：
「永恆吸引著我，令我陶醉，
我要進入藍天，
去見天主！」

第十一章 比松耐這親密的家

小德蘭在她的自傳《靈心小史》中，曾敘述在母親的喪禮過後，賽琳選了瑪麗做媽媽，而她自己則選了寶琳做她的「小媽媽」。這兩個大女兒的年齡分別是十七歲半和十六歲，對於扮演這個角色，她們都感到勝任愉快。馬丹夫人的弟妹為了回應已故姊姊的至高心願，要擔負起引導她的女兒們的責任，同時也請姊夫把家搬到里修來。他們的藥房正興旺昌盛，可以做為孤女們的第二個家。舅舅家的表妹尚娜雖然年僅九歲，已經出落得沉穩莊重，老二瑪麗則是個有褐色頭髮和烏黑亮麗眼睛的調皮小可愛，兩人渴望以最溫暖的方式來歡迎她們。兩家人的親密關係將日益增強，雙方都有同樣簡樸、勤勞和為人正直的家庭傳統。

對於馬丹先生來說，阿朗松是他的根，離開這裡，等於把他連根拔起，那就活不了啦！阿朗松的一切都讓他放不下：他心愛的風景，詩情畫意的回憶，釣魚的樂趣，各界的友人，在自己別墅巴維翁的潛心收斂心神，尤其是他不願離去的老媽媽，更有親人的墓地就在近處。他的聽告解神師和不少友人都極力反對他搬離此地，因為要付出的代價太大了。他們催他讓小女兒們去住校，大女兒們則介紹她們進入社會，推薦她們在蒂芬夫人（Mme Tifenne）及羅邁小姐（Mlle Pauline Romet）的監護下（譯按，當年女孩不能單獨在外拋頭露面，需要經人帶領才能參與社會活動，建立好的人際關係，也藉此機會結識將來的結婚對象），兩人會得到很好的教養。然而，在這位優良基督徒的內心，對於這種上流社會的社交生活並不熱衷，加上失去愛妻的悲痛，還要增添與女兒們分離的不捨。想來想去還是孩子們能在勤儉又愉快的家庭中受教育比較重要。讓他一直困惑的是妻子從頭到尾都瞞著他自己想去里修的願望，這當然是出於她的好意。瑪麗經舅舅預先提醒，也如母親一樣，不願父親為難，因而避免出面表示意見。

比松耐的新家

在父親猶豫不決之下，就詢問兩個大女兒對搬去里修的看法：「孩子們，我徵求妳們的意見，因為我做這犧牲完全是為了妳們，我不強迫妳們做任何犧牲。」現在輪到這兩個孩子宣稱，只有父親的安樂才是她們唯一的考量。然而父親很快就猜到了她們內心的願望，於是就下定決心搬去里修。瑪麗在九月初寫信給舅媽：「爸爸告訴我們，只要我們幸福快樂，他願意做一切犧牲，就連捨棄生命都在所不惜；只要能使我們快樂，他就毫不退縮，一刻也不猶豫，他想那是他的責任。讓我們都獲益，這對他就夠了，別無他求。」

▲ 小德蘭在里修比松耐的家今日樣貌。
Maison des Buissonnets b ©Sanctuaire de Lisieux.

舅舅就在等他們點頭，現在知道了他們願意搬來，立刻到里修的近郊找房子，最好是離自己家不遠，還得是住得下七個人的大房子，更不忘姊姊最後的叮囑，要有一個大花園，讓小的可以在那裡嬉戲跑跳，讓一家人可以有放鬆休息的地方。他急忙向姊姊祈禱，指引他找房子；而馬上就感到她在幫忙了。在他特選的上好區域裡所看過的二十五間房子中，最後選定了在聖雅格堂區一處人稱「新世界村」裡的一棟理想房產。他立刻在九月十日寫信給姊夫，條理分明地描述了房子的情況，並附上了代書的說明書。

這棟房子離他的藥房只有七百六十四步路，離教堂七百步。從主教橋大道沿著左邊的星辰豪華大公園——現今已分成幾塊而成為建地——要進入公園，需要取道一條有許多石子的陡峭斜坡路，然後努力爬上山丘。這條夾在陡壁之間的小窄路，當年非常難走，今日也無美感，卻可以藉此遠離市囂、灰塵以及伴隨觀光客人流的繁忙腳步聲。他們蜂擁前往的目的地是斗城（譯按，Deauville，此地有著名的海水浴場，是上流社會人士游泳休閒的首選）。走過幾處蜿蜒曲折的路，就到了半山腰，立刻展現在眼前的是一棟蜷縮在一個小島形翠綠之地裡的房屋。再走近就看到了這棟漂亮的諾曼第式小型別墅，馬丹家的孩子們後來稱之為比松耐①。

跨過嵌入牆壁的大門，踏上幾個台階，這座優雅的房子頓時在眼前顯現。其正面是以紅磚間隔著白色線條磨刷而成，上有稍凸出的壁柱及屋頂邊緣石刻的凸出裝

1. Les Buissonnets，法文意為小灌木叢。

飾。高大的窗戶周圍飾以木塊拼成的花式圖案。周圍的樹木、花壇及常春藤形成的帷幕，使房屋周圍流通著一片清涼，不斷有微風吹過，且伴有上千種小鳥的唱腔。進門處，有一片英國式的草坪，好幾個鮮花花籃，還有一處小小樹林，另有天然植物形成的棚架，在其圓形拱頂的陰影下，是夏日工作的最佳地點。一個質樸的亭子呵護著一口古井及一個老式的唧筒。在房子的後面，有一個土地稍稍增高的大花園，其草坪可供孩子們玩耍，其果園及菜園則給家長提供有用又健康的勞動。在月桂樹及衛矛樹下，偶爾有樹蔭形成的神祕黑洞。高大的杉樹旁，有一排崖柏形成的欄杆，走在樹下好似走在彎曲的走廊裡一樣：那正是小德蘭的理想去處。在花園盡頭的一個棚子裡，就有小德蘭的鞦韆架。在洗衣處的前面是種滿蕨類和長春花的一小塊方地，溫室裡則蒐藏著稀有的珍貴樹種。在緊急通道盡頭，是一扇能容車輛進出的大門，重大物品及蘋果酒桶等可以由此進入家中。

這間房子的外觀雖極為優雅，卻已顯得老舊。房間裡的天花板太低，房子內部的布局也不盡理想。不過整體來說還能討人喜歡，也夠大。一樓靠近花園，其中有一個以橡木護壁的飯廳，一個有紅磚煙囪的廚房，一個狹小的辦公室，和一間儲藏室。二樓有兩間浴室和四個房間，後面的兩間俯瞰下面的礫石子路。三樓則有三間屋頂室，其牆壁都飾以有圖案的彩色壁紙。屋頂是人字型的，各室的窗戶玻璃則取白色及藍色間隔排列而成。在這個高處最適合閱讀及默想，還是一個有廣大視野的瞭望台，其外觀極似阿朗松的別墅巴維翁，孩子們就稱其為白耳凡代（Belvédère）②。

找到了這樣一棟房子，他興奮極了，甚至夜裡竟睡不著覺，立刻催促姊夫盡快來到現場親自細看，判斷可否，以做出決定。馬丹先生馬上趕來，看了這房子，立刻愛上了它，毫不遲疑地簽下了合同。在他仍留在阿朗松處理他的各項事情並結清他的花邊生意時，女兒們則去了聖母大堂，淚灑墓地與亡母告別，然後離開了聖布萊絲路的家，他們是在一八七七年十一月十四日正式搬了家的。失去母親的女兒們的第一夜是在舅舅家度過的。舅舅當天親自去車站迎接她們，並代表里修這個她們選定的城市歡迎她們。舅媽那充滿母愛的歡迎也同樣熱烈，還有尚娜和瑪麗的熱情擁抱，讓她們充滿流放感的初嘗痛苦稍稍緩和了一點。只有小德蘭寧靜安詳，她在《靈心小史》中提起她當時的心境：「我離開阿朗松一點也不難過，小孩子們本來就喜歡和平常不一樣的新鮮事，因此我是開心地來到了里修。」

布置新家

第二天是參觀新家，大家都認為非常理想。然後就開心地動手布置新家，並不時提醒要注意須有品味。飯廳的地板絕妙地打過蠟，配上真正的橡木傢俱，透露著高貴的氣息；碗櫥上方飾有螺旋形的流蘇，櫥門上則有雕刻精良的狩獵圖。一張有

2. Belvédère，法文意為觀景樓。

粗大支軸的圓桌，配上幾張樸素的椅子，後來想到萬一需要招待客人，就又增添了兩張同型的扶手椅。壁爐上方則有一個銅製的掛鐘，上有馬丹鐘錶行的標記。厚重的窗簾使光線變得柔和舒適，它向鏡子上方的耶穌聖誕圖投以暗沉又莊嚴的眼光，掛在牆上的還有好幾幅孩子們的有趣畫作。廚房則擁有整套的金屬用具，是以前的廚房所用過的。毗連的辦公室已改裝成小客廳，供家人晚飯後散心之用。

二樓面對街道的一個大房間，是家長的臥室，大家非常仔細地地小心布置。這間房裡用的是棕紅色桃花心木，不太昂貴，却很雅緻。這裡是書桌，扶手椅，小桌子及一張有天蓋的大床，其帳幔的外觀有古典式的皺褶，讓人看來好似漂浮著淡淡的哀愁。兩盞油燈——小德蘭初領聖體的晚宴中用來照明的就是這兩盞燈——的中間掛著耶穌被釘十字架像，是大家祈禱的對象。室內的裝飾的確是有資產之家的風味，然而更為濃厚的是修道人的氣氛：各種聖像都邀人收心祈禱，使人舉心向主：有耶穌受難像，耶穌被釘十字架像，後來在一八八八年，又有賽琳所作聖母七苦像也展列其中。一種朦朧的神祕光線從好似用頭紗遮著的窗戶滲透進來。與這近似修道人的房間相毗連的，是留給瑪麗和寶琳的房間，就在這裡發生過童貞聖母微笑的奇蹟，其氛圍與父親的房間恰好相反：這裡是一片明亮，有細木的護壁板，還有柔軟平紋細布優雅地掛在放牀的凹處。在花園上方的兩間，大的那間給賽琳和德蘭，另一間給雷奧妮。她們還細心沒忘記頂樓的白耳凡代，女兒們憑直覺知道父親本性就喜愛獨處靜思，現在鰥居，更愛獨自憶往，這裡必是他最喜愛的小天地。

瑪麗在十一月十六日就可以這樣告訴父親：

「比松耐已經安頓好了，我們已經住進來了。這個住處非常可愛，有個這麼大的花園，景色秀麗，令人愉悅，是賽琳和德蘭嬉戲玩耍的好地方。只有樓梯不怎麼理想；還有，就是那條進來的道路，就是你稱作『天堂之路』的，太窄了，哪裡是一條『寬廣大道』！沒有關係，這些都是小事，因為我們在此世只是露營而已，現在我們有這個帳棚可住就不錯了，因為我們真正的住處是在天上，我們將來必然會在那裡與親愛的媽媽重聚。

在這之前，爸爸，我們渴望有你和我們在一起；你不在的時間我們覺得已經太長久了，你在阿朗松的事要到什麼時候才能結束？我一直想你，我覺得你在這裡會稱心滿意的，有我們陪著你。噢！我們一定會努力做好孩子，努力讓你過得美滿愉快，以感謝你為了讓我們幸福而做了那麼大的犧牲。我們的這種幸福也是你的，因為我們將盡全力讓你幸福。」

馬丹先生回信說，他正催促花邊女工們儘快完成各人的「那塊」。他自己也一樣，急於回到他的新家。在能見到孩子們以前，他在一八七七年十一月二十五日寫信，先從遠處勉勵她們：

「要仔細聽妳們舅舅及舅媽的話，妳們知道為了妳們能得到他們的忠告和建議，我做了多麼大的犧牲，因此不要錯過任何一個忠告，要用心實行才能受益。妳，瑪麗，我的大女兒，我的第一個寶貝，妳知道我多麼愛妳，那麼，繼續盡力照顧好妳的妹妹們，讓她們看到妳，就看到應該學習的榜樣……再見了，我親愛的孩子們，我愛妳們，緊緊擁抱妳們，把妳們託付給妳們神聖的母親。」

在收集傢俱等的搬運者完成了他們的工作以後，馬丹先生也交出了他最後的訂單成品，並轉讓了他的阿朗松花邊業務。他的老媽媽既然表明了想在本地的鄉下安度餘年，於是就帶她去了不遠處的「小玫瑰」家，由她照顧養老。他常常去探望母親，直到一八八三年四月八日她安然過世，享年八十三歲。由於需要常回阿朗松，於是他保留了巴維翁做落腳處，在那裡二樓的一間小臥室裡過夜。在那一年的十一月底，他才永遠離開了他心愛的布萊絲路的家，心中萬分不捨，最終還是回到了比松耐的家。孩子們把他當君王一樣，慶祝他回到她們身邊。

＊　＊　＊　＊

里修

馬丹一家人以陌生人的身分來到了里修，這城市將因他們居住在其中而獲享莫大的光榮，然而現在迎接他們的卻是被秋霧瀰漫的昏暗市容，如今它已不再是整潔高貴有明亮郊區圍繞著的城市。在杜格河（Touques）和奧比蓋河（Orbiquet）交會處的河谷上，覆蓋著一片陰沉又厚重的水氣，丘陵斜坡上的草地被雨水浸透，好似凍僵了一樣。工廠的高大煙囪在低空中畫出繚繞的黑煙。在蛇行似網狀的兩條河流內，流著的是深灰色的水，有時還翻滾著似墨汁的浪花。在一些狹窄的小路邊，洗衣婦又搗又擰地在洗著她們的衣服。工業在各處伸出了它們的爪子，耳邊響起的是移動著的大桶和酒桶的聲音。有時，發酵中的蘋果酒所散發出來的刺鼻味道，能把人嗆得說不出話來。

里修還有另外一種面貌，可惜在難於平息的戰爭下，遭到了蹂躪，幾乎被破壞殆盡。此城儘管有不少瑕疵，還是可以找到些許真正的光彩華麗之處。里修身為古老高盧-羅馬城市，在凱撒大帝入侵以前，曾經是里帚弗（Lixoves）這重要部族的首府，在動盪的歷史長河中，仍保有其輝煌的記憶。陳列廊中的那些陶製品，古老的工具和雕刻的石器，都見證了它原始時代的人類智慧，是愛好歷史人士喜歡駐足欣賞的地方。中古時期在其露天的博物館，就是其市中心，再度重生：和平之路，卡瑞小城堡（Manoir Carrey），肉品市集，凡弗路等，都呈現出從十四到十六世紀諾曼第人所居住城市的多樣風貌：以木架製成的房屋戴著尖形屋頂，奇妙的彼此俯身，好像在細訴著祕密，或在喃喃輕聲祈求著上蒼；在有蟲蛀門窗框的破舊建築上，會冒出作怪相的妖怪和稀奇古怪的雕像。

稍遠一點，一個突然出現之建築的正面，顯示出其文藝復興時代的特色。這座當年的主教公署的古典線條正呈現著凡爾賽宮的風格，它像似一個珠寶盒，將閃爍的金色居室，即「君王住所」，納入其中。勒諾特（譯按，Le Nôtre，1613-1700，法王路易十四的御用園丁，曾設計了不少著名花園，包括凡爾賽宮的大花園）的設計傳統在其公園的平台上展現無遺：平台在一排樹木及翠綠籬笆線條巧妙地鑲嵌下，顯得分外高雅亮麗，此地早已被教會高級神職人士棄置；然後還有聖伯鐸主教大堂，以其不對稱的兩個高聳鐘樓，和諧地融合了歌德和羅曼這兩種風格的建築之美。毛里斯．巴來（譯按，Maurice Barrès，1802-1923，法國文學及政治家）曾以其文學家之姿，讚揚此石質建築之垂直有力的線條所顯示出來的莊嚴之美。十三世紀末的諾曼第人的堅定深刻信仰，展現在這特別長的中殿上，要填滿這偌大的空間，需要動員全體市民同心聚集。在這教堂的半圓形側殿內，有童貞聖母態像從上方俯視信眾。此殿在戰時曾遭破壞，是比艾．高匈[3]加以重建，馬丹家人就在這裡每天跪望彌撒，並經常恭領聖體。在此教堂祭台周圍迴廊的南邊，幾乎鄰近主祭台，有一個祈禱室，以前獻給聖古伯梯諾[4]，如今獻給聖安道[5]。每個主日，小德蘭的爸爸讓她坐在這裡，雙眼盯住主祭台，參與大彌撒。在宣讀福音時，大家會看到爸爸握著小女兒的手，帶她走近講道台，好讓她雖然置身於如此寬大的教堂內，卻不致錯過講道的每一個字。舅舅就坐在堂區財產管理委員的席位上，一見他稱為「我的一線陽光」的小德蘭從陰暗處出現，就萬般高興的迎上前去。

3. 譯按，Pierre Gauchon，1371-1442，法國籍主教，是他曾定了聖女貞德的罪。
4. 譯按，Saint Joseph de Cupertino，1603-1663，義大利籍方濟會士。神魂超拔時會浮在空中。
5. 譯按，Saint Antoine de Padoue，1195-1231，葡萄牙籍方濟會士，被教會尊為教會聖師。或譯為聖安多尼。

在一星期的散步時間，他們還是去聖德西（Saint Désir）或聖雅各（Saint Jacques）教堂去朝拜聖體，或有加爾默羅會院簡樸的聖殿來迎接這對父女的造訪。聖德西堂雖然有優雅的大門，感動人心的聖神光芒，及極有歷史價值的祭壇，若要激發人的美感，仍嫌不足；而聖雅格堂則以其壯觀的草坪，其既粗又短的鐘樓上方的奇怪頂端，其老式的牆垛上那易碎又被風化的石材，更以其高大的外貌令人敬畏，引人祈禱。

不過，這些新搬來的居民雖然欣賞其千種美景，然而他們尋找的不是藝術帶來的快樂，小德蘭很少提及這秀麗城市內所呈現的奇妙作品：那是從中古時期無數木匠和藝術巨匠們經年累積下來的心血。她比較喜歡在草原間低凹的道路上，向著霧氣瀰漫的天際奔跑，或在翠綠山坡的牧場上嬉戲。他們在里修要找的不是歌舞消遣，而是要忘卻此世：他們只想與舅舅一家人過著親密的生活，日子過得平靜又虔誠，在收斂心神中一心向主。比松耐似乎正是天造地設、用以庇護這種夢想的最佳園地。

＊　＊　＊　＊

一家人的生活很快就步上了軌道。馬丹先生指揮一切：他給大家定下了基本的生活態度、行為準則和出世的精神。在一切事上講究整齊清潔，如果有人不小心或疏忽隨便而造成浪費，丟了或弄壞東西，他就會不高興。他堅持女兒們各有應負的責任，並學會管理家務，絕不接受女孩子有男孩子的樣子，並宣稱家務永遠是女性才華的光榮特權。至於細節方面，他就讓女兒們自己去拿捏，絕不干涉。在以後的幾年裡，先是瑪麗主管家務，在她離家進了隱修院後，就是賽琳當家。已故母親一直在支持著她們，她那看不見的臨在，仍然統治著這個家。母親嚥氣以後，守在床邊的老大瑪麗不是清楚地感到，好像身上受到一擊那麼真實，亡母堅決地保證自己沒有完全死亡，還會回來幫著她完成任務的嗎？

在膚淺之人的眼裡，比松耐的日子看來似乎過得艱苦嚴峻，家裡沒有現代化的享受：當然沒有煤氣，沒有電，也沒有自來水，房間裡永遠不起火取暖。三餐還是照老辦法準備：在菜園的木炭爐子上做飯，在壁爐上方有鐵鉤掛著鍋子煮湯，在老舊爐灶上轉動著鐵杆烤肉。在冬天的夜晚，馬丹先生會在一塊石頭上烤蘋果，讓小德蘭看得驚奇讚嘆。一家人都喜歡欣賞火焰跳動的詩意，及樹枝在火的攻擊下閃爍爆裂。飯菜都很平常，只有在大瞻禮時加菜，身體也需要慶祝並善待的嘛！他們吃得豐盛健康卻不要做美食家，更不做貪吃鬼。早飯小的喝巧克力，長大後喝洋蔥湯，只有在大節日時才在中午端上咖啡。

除了舅舅一家人以外，很少有訪客到來。他們不理會世界，世界也不理會他們。家裡沒有會客室，就用飯廳取代，要是飯廳在準備大餐而不能用時，就用爸爸的臥室。在每年的元旦早上，只需準備四份禮物送給長輩和近親。行禮如儀以後，大家會調皮地把舅舅和舅媽調侃一番，因為他們的社會地位，而不得不參加令人苦惱的各種應酬：無數次的正式晚宴，更多次的下午拜訪或接待。在馬丹家，遊手好閒是絕對排除的，一天內若有閒暇時間，就用來閱讀、做針線及繪畫等消遣性活動。馬丹先生極欣賞出自寶琳筆下畫在羊皮紙或象牙上的畫像和精緻的細密畫，決意要在去巴黎時，給她買膏狀的金顏色，因為她把這種顏色利用得巧妙極了。他也安排賽琳去上素描和繪畫課，並給他多才的老二，即寶琳，買了用在鏤空花邊上的幾束細線。她努力工作了兩年，終於鏽成了一件神父在彌撒聖祭中穿的長白衣，那的確是一件真正的傑作。最初送給主教座堂的副本堂杜瑟里耶神父（l'Abbé Ducellier），她的神師，在這位神父去世以後，這件長白衣就回到了加爾默羅會院，在一九三七年的聖體大會時，竟穿在巴切里（Pacelli）樞機主教的身上！

在里修和在阿朗松一樣，雇用的女傭都是家裡的一份子，她們都忠心事奉，離開時也都很體面。維多兒在家工作了七年以後，自己開了一家洗衣店；菲麗西德服務三年後，離家嫁人了。馬丹先生對她們總是平易和善。一八八五年八月三十日，當時他正在中歐旅遊，他從維也納寫信給瑪麗，她當時正代替父親主持家務，告訴她要善待女傭，要把季度金如數算給她。後來，一個女傭要在元旦當天請假，賽琳有點遲疑不決，父親就為她說項：「讓她去吧，好心給她一天的假吧！」結果這次糟了，這女傭竟然喝得半醉，被路人帶回家來。這次的寬容不免令人懊悔。

如果女傭和女兒們發生了什麼爭端，起了什麼衝突，原則上總是要女兒們讓步，父親絕對不允許孩子們對她們不禮貌。一次，小德蘭不知女傭維多兒存心逗她玩而生了氣——《靈心小史》中曾提起過關於祈禱時點蠟燭的那一段——結果是女兒得向女傭道歉，而當時的情況分明錯不在小德蘭。

有比忠僕對主人表示敬意更感人的嗎？一九二六年五月二十五日，在巴黎的老維多兒，因為有人心懷惡意，暗指比松耐家人的不是，而義憤填膺，強烈地提出抗議：

「這些小姐們從來不單獨出門，如果他們的爸爸不能陪她們，就是我陪她們。我總見她們含蓄端莊，行為舉止堪為人典範。沒有多少人家能比得上這家人，我在社會上服務了那麼多家人，沒有任何一家能像馬丹家一樣。」

差不多在同時，菲麗西德給加爾默羅會院寫了一封信，說得更進一步：「馬丹先生尤其是一位聖人，又多麼英勇，他什麼都不怕。沒有一家人能像他們這家人一樣。」俗話說，隨身男僕眼裡沒有偉人，這話如果屬實，那麼這個傭人把主人尊為聖人，豈不是最有力的證言嗎？

＊　＊　＊　＊　＊

在馬丹家是做爸爸的主導孩子們的教育事宜，其中心思想是：信賴之愛。賽琳曾做過這樣的表明：「爸爸對自己有多麼嚴格，對我們的愛就有多麼寬容。他心裡滿溢著對我們的慈愛，只為我們而活：沒有慈母之心能超越他。他愛得真切卻不懦弱。」小德蘭也用幾乎同樣的話說：「我們父親的心已那麼深情，更增添了一份真正的母愛。」

孩子們的教育

他很難決定是否把兩個小的送去住校，他最怕孩子離家，一家人分散各地。如果修女姊姊還在，他可能會考慮送孩子到芒斯往見會的附屬學校去。現在，「聖女子」既然已不在人世，他就有做其他選擇的自由了，於是他希望在里修找到合適的學校。

在里修的最西邊，過了杜格河，上了往崗城（Caen）的國道，就可以看到在聖德西教堂和其小鐘樓前面，有一些散布各處的建築。那是一塊具有歷史意義的土地：在一九四四年六到七月間，一陣空襲，丟下了無數炸彈，頓時造成了一片廢墟並引發火災，使二十位修女在火焰裡喪生，毀壞了小德蘭初領聖體的紀念地。原來此地自一〇一一年建立了聖本篤女修院，十六世紀時成立了附設女校。學校在法國大革命及法國王朝復辟時中斷，要到一八七七年，有幸在馬丹先生的修女親戚所主持的會院下，又重新開課。一八八〇年在一位了不起的教育家聖博拉希德姆姆（Mère Saint-Placide）之帶領下，開設了五個年級，每個年級又分有兩或三個班級，以其制服之不同顏色的腰帶來辨識不同年級：有紅、綠、紫、橘色和藍色的腰帶。總共有六十幾個學生，都來自上流社會。學校的外觀雖然嚴肅，卻以其家庭式的精神著稱。這所學校的美譽已牢固地建立起來了，舅舅家的尚娜及瑪麗就在此校就讀。一八七八年一月開學時，馬丹先生決定讓雷奧妮、賽琳和她們同去。小德蘭在學校有演出或慶典時，也會受邀前去，她入校上學則要到一八八一年的十月。

後來雷奧妮成為寄宿生，賽琳及日後也來的小德蘭則在上午八點多到校，下午六點以前離校，常常是和表姊們一起回家，有藥房的忠僕馬賽林陪同，後者日後進了本篤女修院修道。馬丹先生也經常親自送她們去學校，有時也接她們回家：這樣他可以藉機探詢她們學業進步的情況，是否已夠努力等等，在他慈祥面容的下面隱藏著的是不變的堅持。當學業成績不令他滿意時，他會很明白地表示他心裡的不快，於是讓爸爸難過的想念壓在心頭，女兒們在回家的一路上，只有黯然神傷。此外，他絕不接受別人質疑老師的權威，沒有任何花言巧語能夠說服他說老師有錯。

他同樣要求孩子們要守時，守紀律，他不喜歡孩子們有一點不舒服就藉機請假。賽琳宣稱在她八年的學生生涯中，即使身體不好，也只有兩天沒去上課。耳朵痛得難受嗎？她就戴上頸繃帶去上學；消化不良胃不舒服嗎？她就帶上一塊巧克力用以取代學校的快餐……不能因為一點小事就罷工。

小女兒們在大姊姊們嚴格的教養下，習慣了立刻聽命，絕無二話，因此在學校很輕易地就拿到了紀律一等獎。紀律要求人人要守好紀律，學生們應仔細保持書本和文具的完好，每月分到的筆須慎用，免得提早用完；同樣，中午的甜點，就是定量的果醬，也不能在下一次還沒發就先用完。在上午的茶點時間，一個裝有食品的托盤會在班上傳到每個人的手上，同學們會拿強身酒或餅乾等，都是家長們大量送來的美食；而馬丹家的小女兒們則只簡樸地拿一塊乾麵包，因為她們要壓抑自愛之心與口腹之樂。在迎合時尚方面，她們也同樣做出犧牲：賽琳有高大的額頭，她很想有一個齊眉的瀏海，也是當年時髦的髮型。她心裡難免覺得這樣自己會更漂亮，結果沒有允許她還就這種愛美的傾向。

這種嚴格的教育方式收到了極好的成效。雷奧妮的快速進步使父親大為欣喜，現在處處忍耐她，大量鼓勵她。母親的影響力很快就顯現出來了，她從天上跟隨著她，而產生了感人的功效。負責管教她的瑪麗因而也非常高興。她以前曾寫信告訴爸爸：「與其寄望於我卑微的努力，我更寄望於我神聖母親的護佑，以期妹妹能早日轉變……。」現在一到里修，她欣然再寫信告訴他這第一個勝利的喜訊：

「我發現她現在每天都有新的進步，你注意到了沒有，爸爸？舅舅和舅媽也親眼目睹她的成長。我想一定是親愛的媽媽讓我們獲得了這恩寵，我確信我們的雷奧妮將來一定會帶給我們安慰的。」

其實雷奧妮的確由於學業的根基沒打好，因此在成績上比較差，然而她心靈的天賦就有了長足的發展。在她四年在本篤會的住校時間裡，有一位多方照管她的修女，聖方濟．沙雷姆姆，就讚美她，說她的作文以細膩的的感情出眾。在家裡，如果她那原始的野性還沒有完全去除，她時常頭痛也是原因之一，然而她已變得隨和愉快，已隨著比松耐的親密暖流在前進了。以前周邊的人曾惡意地影射她如灰姑娘（譯按，十七世紀法國作家貝洛〔Perrault〕所著童話故事中之受虐女主角），現在的真相却恰好相反。

至於賽琳，用小德蘭的話來說，她已變成了「靈活的小淘氣」了，她很快就適應了學校的規矩。她和修女們一起做了幾天的避靜以後，就熱心地完成了她的初領聖體大典，《靈心小史》裡也提起過這件事。在雷奧妮學成畢業後，就輪到小德蘭接替她的名額進入這所本篤會的名校就讀，這讓她完全心滿意足地開心極了。

＊　＊　＊　＊

經過一天的努力用功，在放學之後，比松耐的散心最能使人舒暢愉快，世俗的一切絕對跨不進這家人的大門。父親從各項業務退休以後，一心思念亡妻，新來乍到里修，不太參與社交活動，也沒怎麼結交新朋友。有時出去觀賞戲劇演出，或欣賞天主教聯誼會所舉辦的音樂會。對於孩子們的舅舅夫婦對他的深情友誼，他讚賞不已，每個主日晚上孩子們輪流去他們家，分享他們的晚餐和散心時間。他自己則從來不涉足里修的沙龍社交集會。

孩子們的消遣

他一心要捍衛家庭的傳統，用心排除能破壞它的一切。例如報紙，除了《十字報》，他不許孩子們看別的報紙，而且只給大孩子們看。他不喜歡男女孩子一起玩的遊戲，因為要避免因而發展出雙方過分隨便的關係。他小心到要在處處照顧周詳：他慎選散步的地方，避免經過聲名狼藉的角落，避免可疑商品的陳列處，避免遇到令人困窘的情境，只和自家人一起散心。這種完全獨立式的消遣，可以保證家庭的道德風氣不受汙染。

每個冬天的晚上，當飯後飯桌收拾停當，碗盤洗淨擺好，小德蘭清亮的嗓音就在樓梯口迴盪：「爸爸，爸爸，燈點好了！」於是就聽見自白耳凡代傳來那扶手椅的移動聲，厚重的腳步震動著地板，馬丹先生下樓來，滿面春風地走進廚房旁邊的小客廳，那是大女兒們平日工作的地方，晚上一家人就在那裡散心。開頭是來一盤國際跳棋，爸爸是箇中無敵手。偶爾沒有注意，讓自己陷入絕境，眼見就要輸棋，瑪麗，他最愛的搭檔，總會利用一點特殊的操作，讓情勢變得對他有利。接下來就把「禮儀大全」找來，那是一本葛朗杰神父的傑作，在寶琳離開住宿學校時，神父送給了她一本，瑪麗和她在學校時曾和這位神父甚有來往。在書內之當季禮儀中，把對孩子們有用的片段，預先用書籤固定好頁碼。讀了幾頁後，有時會引起對靈修方面的討論。然後再讀一本知識性的書，或一本從堂區圖書館選用的小說：這又給家人機會，從作者的思想上引起大家的評論，彼此交融。

然後就開始散心的最後一項，那是小德蘭內心最甜蜜的一刻：她投身到爸爸的懷裡，把他親個夠，馬丹先生則一邊高歌，一邊搖晃著他的「小王后」。她用心記住了這些曲調，後來，在加爾默羅會院，就用這些曲調配上新的歌詞和重複部分，撰寫了不少聖歌以表達她的心思理想。她也以同樣高昂的興緻聽她的「君王」朗誦拉封丹⑥的寓言，雨果的《偽基督》和拉馬丁的《沉思》等。他只消從他那豐富的文學寶庫裡信手捻來即可。

他想讓散心節目更豐富多彩嗎？他就會講些令人捧腹的笑話，或即興做幾個玩具：例如用一塊瓜皮切削出一台迷你馬車，在孩子們面前滑行，讓她們看得驚叫連連；他還會用接骨木的中軸切出圓錐，底部黏上鉛片，用來甩出花樣；小德蘭也喜歡甩它，讓它跳起來，爸爸在一邊就延伸出一則教訓：在人生的逆境或厄運中，在跌倒後，就應再站起來，目光永遠注視著天主！在十二月二十五日臨近時，他會在千百塊木材中選出一塊形狀別緻的，在壁爐裡慢慢燃起，發出聲響，漸漸消失，孩

6. 譯按，La Fontaine，1621-1665，法國詩人，尤以其寓言著稱。

子們看著整個過程，看得著迷，同時在炭灰中還烤著栗子呢！很久以後，那位加爾默羅會的聖女回憶起當時的情景時，這樣寫道：

我多愛每年在這節日前，
把我的鞋子放在壁爐裡，
第二天早上一睜眼就跑過去，
高唱著天上的慶典：
聖誕！

夏天，在花園裡的棚架下工作完畢以後，一家人就在戶外用餐，一邊還有玫瑰香氣相伴。然後父親教孩子們做園藝工作，或做最意想不到的遊戲。例如有一天，這位爸爸突發奇想，要孩子們繼承一份小小財產，他要給每個女兒一百法郎。他把這些寶貴的路易硬幣包成捲狀，到處埋在地下，然後自己引導她們去「掏金」，伴著她們所習慣的指示：「妳燙到了……。」、「妳進到了冰中……。」等等。一本正經的人可能會取笑這種作法，然而他們的心地都簡樸純真，才能享受這些童心的樂趣，這就是這家人的幸福！

馬丹先生離開阿朗松時，並沒有丟掉他的釣具，現在他向來比松耐的客人展示他心愛的收藏：釣竿的每一節是可以套進另一節裡面去的，有編成辮形的釣繩，還有產自義大利佛羅倫斯的馬尾釣魚絲。有一位別墅主人很客氣地給他出了一張准釣證，可以讓他躲過鄉村警察的斥責，讓他可以隨興逗弄白斑狗魚。在一位親戚家，他在兩個養魚塘裡逮住了不少條鱒魚。離斗城不遠處，在杜格河邊，流水給他帶來了鰈魚和各種海魚。在他的成就紀錄上，可以看到他難忘的成績：尤其是一條六十公分長的鯉魚。寶琳把這些戰利品忠實地畫了下來，展示在白耳凡代內，以標榜其高明的釣術；而最美味的油炸魚則用來改善加爾默羅會院裡過於清淡的菜餚。

有時候極為平和的垂釣竟然變成了激烈的鬥牛運動！原來在草原的低凹處，藏身在牧草叢中，有一隻公牛，見有人侵犯了牠的地盤，便突然向他衝了過來。他用釣具箱去擋，結果箱子碎散一地。馬丹先生挺立著，慢慢沿著河岸走，想往籬笆那邊找個退路，然而狂怒的公牛逼近他，他冷靜地用釣竿猛攻牠，一連好幾次。最後，霎那間他一躍而起，躲過了衝刺過來的牛角。晚上回到家裡，他向孩子們坦言：「孩子們，妳們差一點就見不到我活著回來了！」

女兒們也常陪他去釣魚，她們坐在草地上，拿出點活來做，或寫生，畫畫。里修主教座堂的第一位副本堂勒拜耳帝耶神父（l'Abbé Lepelletier）一次居然也來湊熱鬧，因為他要學習如何擲釣魚鉤。回程時就藉機給小賽琳上了一堂繪畫課：教她如何畫出遠近距離，他隨手就在她的畫冊上畫了一幅「小德蘭採花草圖」。

在天氣轉涼適於散步時，馬丹先生就會帶著一家人在附近走走：走小樹林，大馬路，也走山路去朝拜路邊豎起的耶穌十字聖架，或走到里修的漂亮公墓，其山腰間呈現著無數十字架以及女貞樹形成的籬笆：走在半山腰的小路上，他們在柵欄處停下腳來，從這高處瞭望天際，目光停留在那裡察看在紫色煙霧籠罩下的丘陵和山谷，其線條相互交錯重疊，一望無際。

到了九月，他就辦一次真正的遠足，一輛四輪大馬車把一家人帶到十公里以外舅媽的母親家。在那裡，孩子們開開心心地採榛子，或在布滿城堡、鐘樓和廢墟的鄉間遊走，這些廢墟是考古學者們的最愛；然後就在草原上野餐，用的是上有諾曼第有趣故事的鄉間餐具。好像不是故意的，可是馬丹先生總是分到一個有圖畫的大盤子，盤子上面畫的是一對瘦夫妻帶著一隻皮包骨的狗，而其對面却是一個胖女人，等著被人雇用。圖畫的下面這樣寫著：「工錢一百法郎，無年終獎金，吃的伙食和我們一樣。」就是在這些百花與大樹間，小德蘭在患了百日咳後，度過其康復期。

在海濱度假的日子也同樣受到喜愛。舅媽在一八七八、一八八五、一八八六和一八八七年都在這裡租了別墅，租期有時一個月，有時兩個月，她就在這裡親熱地迎接親友們。馬丹先生有時也會去度過一整天，有女兒陪著他，有時一個接一個，有時每次兩個。當年的海灘還沒有享有國際聲望，只有藝人比全巴黎先到。藝人們古怪的打扮會讓人、尤其是馬丹家人，避免走上那木板的走道。面對大西洋，則有兩條伸出去的長長河堤，攔住了杜格河的出海口。從上方靜寂的岩石上，可以眺望到遠處鄉間的處處別墅，它們都躲藏在小樹叢中；馬丹先生那慣於默禱的靈魂，可以在這些安寧的岩石巢穴間沉醉於收心向主，讚美其妙工偉業。小德蘭不陪在身邊的時候，他就專門給她精選幾樣禮物：貝殼類動物或特有的魚種。在一八八〇年，她那時七歲，在她的作文簿上她這樣寫著：「爸爸今天在楚城，也許會把螃蟹帶來給我，我太高興了！看著這些黑色的小東西在鍋裡變成紅色，太好玩了！」

他去阿朗松的次數現在就少多了，大約三個月去一次，每次待兩三天，在巴維翁住，在朋友家吃飯，他們都捨不得他離開此城。大女兒們差不多每兩年回來一次，去墓地看望母親，賽琳和德蘭就要在一八八三年以後才能去。女兒們在阿朗松經常要住上至少一個星期，很多往年的好友都熱烈地招待她們，舉行盛大的宴會歡迎她們，還帶她們去參觀自己的別墅或朋友的城堡。

靈性生活

馬丹先生為了社交禮儀有時不免得做些讓步，但是他內心所偏愛的還是一家人出外朝聖。他喜歡帶女兒們去德里望聖母大堂（譯按，Notre-Dame de la Délivrande，此大教堂始建於一八五四年，要到一八七八年才完成，是諾曼第著名的朝聖地）去朝聖祈禱。在一八八三年的朝聖之行不幸被德蘭的病打斷了，他就只帶著瑪麗和雷奧妮去巴黎，在那裡度過聖週，同時讓她們參觀聖殿，陪她們參與聖週禮儀。此行的高潮是參加巴黎聖母院復活節清晨的彌撒，用他的話來說，那是「了不起的愛之盛筵」，恭領聖體的人至少有八千人，還只算男人。彌撒中由吉白主教（Mgr Guibert）送聖體，孟撒貝神父（le R. Père Monsabré）講道。一八八七年他又帶著雷奧妮、賽琳和德蘭去參觀勒阿弗的展覽會（l'Exposition du Havre），他堅持要先去翁弗勒（Honfleur）跪拜聖寵之母。他一生都活在堅定的信德裡，對天主的奉獻絕不只是一部分，而是全部。在家裡，消遣、工作和祈禱都一樣，都帶著永恆的印記。馬丹先生的確是一位以信仰天主為榮的基督徒。人生在世數十年，須不斷超越自我，遁入天主，才能日日新，逐日超凡入聖。

＊　＊　＊　＊

在比松耐和在阿朗松一樣，一家人都不斷在天主內汲取活水。他們不理會有些人心懷無理的恐懼：藉口彼此尊重或虛假的含蓄，平日談話避免談到超性的心裡話，只說些日常瑣事。馬丹家不然，高聲朗讀「禮儀大全」有助於家人彼此交換靈修心得，並使自己與教會的心靈同步。每天晚上的收斂心神有時近似集體的靜禱，最後由父親祈禱作為結束。這時小德蘭總是走到父親身旁，後來她說：「只要看他，就知道聖人們是怎樣祈禱的。」這結束一天辛勞的最後一項活動，是在兩個大女兒的房間裡進行的，在這個房間的醒目處，供奉著聖母態像。馬丹先生起初怕搬家時會損毀此像，就想將其放回巴維翁她原來的地方；可是瑪麗為了要繼續母親對至聖聖母的敬禮，堅決帶她同行，結果遷移的過程非常順利，因而對聖母的多項敬禮傳統得以在現在的家裡延續下來。

父親一到里修，就連忙到他的新堂區，就是聖雅格天主堂的本堂神父住處，去為家人租用記名的跪椅。當年在這個擠滿人的堂區，很難給全家人找到足夠的空位，必須分散四處。不去這座教堂時，就習慣去聖伯鐸大堂，離家比較近，同時舅舅一家人也來此堂，以後也就來此堂不改了。

在週日，女孩們在早上六點鐘就在這主教座堂的側面集合，那是哥德式的美麗聖殿，有天主之母的態像俯視眾人。每次都是父親不畏風雨、大雪或地面上的薄冰，親自帶她們去教堂。他比較喜歡這第一台彌撒，他說：「傭人和工人只能參加這一台彌撒，我喜歡和窮人們在一起。」後來由於孩子們早起太痛苦，只好改成望早上七點的彌撒，而使他心裡甚感惋惜。他起初常常領聖體，後來就每天領聖體了。聖體聖事的原意是「感恩」，完全契合他要讚美感謝天主的心意！在他從教堂回比松耐的路上，他不發一語，全神沉浸在聖體內，完全聽不見孩子們彼此的談話。如果有人奇怪驚訝，他會道歉並解釋：「因為我繼續在和主耶穌交談。」

在一天的時間裡，他一定唸玫瑰經並前往聖堂朝拜聖體。在基督聖體聖血節那天，舉行聖體遊行的時候，他在遊行隊伍裡邊收心前行邊盯住聖體光。要是有身披飾帶的高級教會人士把自己靠近聖體的位置讓給他，那他是再高興不過的了。其實，由於他的禿頭，不戴帽子頂著烈日，那可是真正的折磨！

現在他沒有做的只有一件事：那就是在夜裡朝拜明供聖體。他在阿朗松時，是擔任此聖事的主要領導者。孩子們的舅舅見他那麼在意，自己身為主教座堂的財務管理委員，就向神父請求，結果里修也在夜裡朝拜聖體了，馬丹先生同時也參加了堂區的各種善會。

他對神父們非常敬重，幾乎到了崇拜的程度，他絕不接受任何人對神父有絲毫嘲笑或批評的言論。據賽琳說，孩子們對神父之崇拜，簡直把他們「當神一樣」。難怪小德蘭在羅馬進行朝聖之旅時，近距離地接觸到了不少神父們，才會驚覺原來神父們真的需要有人為他們祈禱。這種領悟她在《靈心小史》也提到過。馬丹先生每年都向他的本堂神父做禮貌性的拜訪。每年一次，或慶賀孩子的初領聖體，他會在家裡設宴，來賓有他的聽告解神父勒拜耳帝耶神父，兩個大女兒的聽告解神父杜瑟里耶神父，這位神父原是主教座堂的副本堂，有一天會升為此堂之總本堂神父，還有聖雅格堂的本堂神父和本篤會的指導神父等。除了這兩種情況外，沒有神職人員會來比松耐做客。附近的居民衷心自認為不配接受這樣的禮遇，神父們也尊重他這種保守的作風。因此，當杜瑟里耶神父特別來家裡感謝寶琳為他量身精製的禮儀用長白衣時，在門口猶豫了一下，最後還是折返了，沒有進門。堅守規矩竟然到了這種地步！

這裡需要特別提一下畢雄神父（le R. Père Pichon），就是這位神父以後會向小德蘭保證她沒有犯過任何大罪，完全沒有失去她領洗時所穿白衣的純潔。這位聖德超凡的耶穌會神父在里修作過不少次講道，並有力地引導了瑪麗的聖召，父親因而對他感激不盡，欣喜地稱他為「馬丹家的神師」。一八八六年瑪麗得知神父要從加拿大乘船回歐洲，就央求父親和她一起去迎接他，他立刻回答她：「我的寶貝，我一切都聽妳的！」他們在卡萊港（Calais）等了兩天，又在都弗港（Douvres）等，郵輪就是不來。經過了無數挫折，最後是在巴黎找到了畢雄神父。女兒狼狽地抱怨都是最初錯誤的訊息讓她走了這麼多冤枉路。父親平靜地回答她：「我的瑪麗，不要抱怨，那是因為好天主認為妳需要這項考驗。」

從這些地方可以確認，平和的愛德將愈來愈成為這位神聖老人的特徵。他不是道地的諾曼第人，不會在管理財務上斤斤計較，現在的他，每天都想施捨得更多。每週一，就有大批的窮人來比松耐排隊，他們知道這天是他們的日子。除了這一天以外，平日也有身無分文的遊民無時不來要吃要住。德蘭專司發放贈物，這個差事是她自己要來的。她的小狗刀姆總會跑來趕走這些陌生人，把隊伍弄亂，而她只要撫摸牠幾下，牠就聽話了。她可憐那些有蒼白清瘦面頰的母親們，和她們懷裡缺少血色、一身病態的嬰兒。她親切地替他們多要一點東西。當一個女乞丐對她說：「願天主降福妳，我可愛的小姐！」或一個馬丹先生留宿在家並多方協助的旅客，在德蘭和跪著的賽琳上方笨拙地畫一個大十字聖號，動作雖不雅觀，然而，那的確是天主恩惠的保證！

在他們出外散步的時候，若有不幸之人從他躲藏的門廊下或從鐘樓下的陰暗處伸出乞討之手，還是她去動員爸爸的皮夾；而爸爸，不用說，總是欣然拿出錢來讓她去施捨。大家知道那段插曲：一個年老殘廢之人拒絕了德蘭給他的那枚硬幣。她怕是冒犯了他，因此後來，她主要是在家裡消除別人的不幸，減輕他們的痛苦。雷奧妮作證說：「她什麼都不嫌棄，她擁抱愛撫窮苦的孩子們，即使他們是一身髒。」她沒有加上這一句：「其實全家人都熱心行愛德。」這是出於謙德，而不願加以宣揚。她親眼目睹德蘭克制住厭惡，去探望一個滿身是蟲的垂死婦人，給她打掃又亂又髒的住處，換洗她的衣服，好言鼓勵她，在她過世後，又埋葬了她。

馬丹先生給人立了表率，他替人辦事，救人脫困，即使要捨命也在所不惜。他剛到里修，就立刻到聖文生德保協會去登記，一心要救助窮人。有不少受他保護的人，他都勤奮地照顧他們。一次，賽琳見他在市郊進到一個家裡，有一個窮苦母親身邊圍繞著許多孩子，他給了她一筆錢，又親切的詢問她家人的健康情況。在談話中，適時斟酌地告訴她基督徒應有的耐心，要容忍凌辱。很顯然地，對於這位恩人，大家都聽他的話，也可以從他那裡取得幫助：不論是物質上的支援或精神上的鼓舞。女兒問他：「你認識這個人？」他只說：「這個婦人受了許多苦，她丈夫長時期拋棄了她，我只想幫她一點忙。」

他寬大為懷，有時也俯就別人不得體的請求。他那區的人見到他那深刻堅定的信仰，面容上呈現出超性的愛火之光，而深受感動。他光著頭，兩鬢已見提早泛白，鬍鬚也已呈灰白色，尤其是他那結合莊嚴與詼諧的言談風度，令人見而起敬。一個中古時期的畫師很可能在他的額頭上加上光環，然而沒有人會在他生前就給他列真福品。可是區裡不少商人認為他能帶來好運，因而懇求他在店一開門時，就來買點東西，好讓這一整天生意興隆。他也就遂他們的願：一邊幽默地嘲笑他們對自己迷信式的信任，一邊把自己的布袋裝滿各種水果及豬肘子，反正有人愛吃。

他一天天變老，他的慷慨也與日俱增。一八八五年九月十六日他從君士坦丁寫信給瑪麗，在信尾的附言中寫道：「要給，要多給，讓他快樂！」用以認可女兒的寬宏大量。德蘭從父親那裡學到了他那無限的慷慨大方，一天也會說：「如果我有財產可以由我自由運用，可能我很快就破產了，因為我見不得有人受苦，會立刻給他一切他所需要的東西。」

＊ ＊ ＊ ＊ ＊

愛德能讓無宗教信仰的人認識並擁有天主，馬丹先生就是箇中翹楚，沒有比一個罪人的回頭更令他欣喜若狂的了。當他知道一個好朋友跨過了這一步，他立刻熱忱地向他表示衷心的祝賀：

「我應該大聲恭喜你，更應該和你一起感謝天主，全心感謝祂，因為祂在去年十二月賜給了你這宏大的恩典，那是永遠難忘的時節！……這宏恩的確實價值只有以後你才會知道：願你的家人也跟隨你的信德之路，在聖神的助祐及領導之下，都能達到那幸福的港口。」

那是因為他現在比任何時刻都一心只渴望為天主的光榮效力，愛妻已經亡故，自己遷離了阿朗松，流亡在此，讓他這個五十四歲的人，擺脫了事業的煩惱，遠離了老朋友們，現在只感到對天主的飢渴是何等難耐！全心只渴望與祂有更親密的往來。他繼續給這位兒時好友寫道：

「我現在幾乎只靠回憶生活，即使經歷了不少考驗，我這一生的回憶仍是何等甜蜜！有時令我心歡躍不已……最近我向你談起我的五個女兒，還忘了告訴你我還有四個孩子和他們神聖的媽媽在一起，我們希望有一天能在天上與他們再度相聚！……。」

他現在應以務實的心態來管理他的財產了。他本能地排除股市的操作，因為他覺察到其中有不少不法及投機的算計。一天他對賽琳說：「我覺得可以把錢交給能幹的政府，就可以輕易地取得不少的利息；然而這也是一條不穩之路，因為我也不想一天到晚緊盯著各種評估，注意其價位的起落。」他在理財及其他事一樣，若沒有在祈禱中事先請教天主，絕對不做任何決定。有一天，他準備坐火車去波爾多，想把他大部分的錢投資在一個看來讓人放心的公司。不意扭傷了腳，讓他留在房間裡不能動彈。他立刻驚覺這是上天給他的信息，於是當下就通知要陪他同去的代書取消此行。真可謂吉人天相，這間公司很快就破產倒閉了，否則他養家的錢幾乎要全部賠上了。

在白耳凡代的馬丹先生

馬丹先生在不理財、不外出辦事、不忙於教育女兒或從事公益事業、不整理花園、不釣魚或散步時，就獨自在頂樓白耳凡代度過他所有的時間，那裡是他領導一切的司令部。從窗口望出去是多彩繽紛的景色：有英國粉紅色的山楂花，再過去有金色的金雀花，還有接骨木和松柏形成的翠綠護牆。從這高處他可以俯視里修：在無垠的視野裡呈現著教堂的鐘樓，精巧裝飾的莊園，還有沾滿黑炭的煙囪；更遠處，在布滿繁茂樹林的山丘與山谷間，則出現仁慈聖母收容所，德蘭曾喜歡把自己埋沒在這再教育的機構內，與棄兒及殘疾兒同處。沒有外人可以進入他這靜默之殿，馬丹先生把它變成了隱修院，變成了修院的斗室，或一片曠野。在這裡，他感覺自己像遠離塵世的隱修士，只活在天主內。

在這長長的退隱時間裡，他做什麼呢？他祈禱，默想，靜觀，兩眼盯住上天，或流連在風中搖曳的樹林上。有時他開始唱起聖歌來，要重溫自己的年少歲月；他也在此接待女兒們，聽她們訴心。在書桌上之伸手可及之處，放著他心愛的書：《新約聖經》、《師主篇》，聖亞豐索⑦所著《耶穌受難二十四小時》、《實踐謙德》等。在他的書架上則有不少靈修書籍，都是靈修大師們的著作，還有《天主子民史》、《拿破崙帝國史》、《苦修會史》、聖人傳記，還有尼高拉⑧在一八四三年所著四冊《基督教義的哲學內涵》，更有不少聖人所寫的著作及聖人生平事蹟等。他閱讀，評論，作旁注。有人驚喜地在他的文件裡找到吉艾西大公會議⑨之特選語錄。這位博學的文化人不斷在各種學術領域裡採集其精粹部分。

在他日益年老之時，其研究學問的好奇心卻漸漸讓位給基督徒對聖德的渴望了。「名利崩潰，美貌消失，喜樂衰滅，認清自己」，這則格言被他珍貴地摘錄下來，成為他的中心思想……還有一則是他借用本篤會士彭勒瓦（le Père de Pontlevoy）的話：「放下來自好奇心的『為什麼』，『怎麼樣』，在這方面你絕對不可能有定論！然而要知道有些有用的『為什麼』和『怎麼樣』：人為什麼生在世上？怎麼樣才能上天堂？」在他藏身的高點，那裡有大聖伯納隱修院（譯按，此即他年輕時想進入而被拒收的隱修院）的形象來到他眼前，他把自己全心交託給聖神的吹拂。有時，他躲過此世偶發多變的種種事件，與愛妻和已故孩子們重聚，陶醉在不可言喻的歡樂之中，在光榮並感謝天主時，不覺淚流滿面。

7. 譯按，Saint Alphonse de Liguori，1696-1787，義大利神學家及著名講道者，為教會聖師，創立贖世主會。
8. 譯按，Auguste Nicolas，1807-1888，法國法學家，著作等身。
9. 譯按，Concile de Kiersy，877年6月16日在法國召開，旨在宣告本篤會士高代卡（Gotescale, 805-869）之雙重宿命論（double destination）為邪說。

第十二章 小王后和她的君王

馬丹先生在比松耐的生活裡，德蘭占了極重要的位置。現在她的性格突然轉變了：原來的熱情奔放，變成了沉默寡言，原來的信心滿滿，變成了羞怯畏縮。她因母喪而變得格外敏感，一點小小的觸動就激動落淚。她自己也說她當年是「一個很溫和的小女孩，只是過份愛哭」，而需要在家的溫暖裡成長，除了家以外的任何地方都讓她感到不自在，手足無措，只感到流放在外。負責教育她的，就是父親的溫柔與大姊的鐵腕：任何不良表現都絕不放過；事情一旦說定，就絕不改變，必須照辦。作為她的「小媽媽」的寶琳曾宣稱：

「我不記得她有過不聽話的事，她做任何事都先徵得同意，爸爸常帶她出去，她總是先回說：『我得問寶琳可不可以』，爸爸也鼓勵她事事要服從。如果我不許，她就哭，因為她感到爸爸失去了與她同行的樂趣，可是她還是服從，絕無二話。」

德蘭的一天

在她這聖德的開端，存在著多麼清涼的泉源啊！以下是憑藉《靈心小史》所勾畫出小德蘭一天的生活：她一醒來，就把自己的心獻給耶穌，快快穿好衣服以後，就跳進爸爸的懷裡；而馬丹先生比路易十四大帝的朝臣更小心翼翼地守候著他小女兒的起床。早飯過後，他的房間就變成課堂教室了。用功讀書的幾個小時，全部浸潤在超性的芳香裡。從伴有虔誠圖像之字母——「天堂」就是她學會的第一個（法文）字——直到日常課文，課文通常選自《新約聖經》；在聽寫與作文方面則選擇比較輕鬆有趣且有教育意義的題材：例如歌頌家庭生活及信德光輝的文章。在泛黃的作業本裡，珍藏著出自她純真情懷的作文，裡面有這樣感人的句子：「童貞聖母在三歲時進入聖殿，她的虔誠，她那天使般的溫良，在她的同伴間格外引人注目，大家都喜愛她，讚美她，尤其有天使們視她為他們的小妹妹。我要做一個很好的小女孩，童貞聖母是我敬愛的媽媽，通常小孩子們是會像他們的媽媽的。」

課業一結束，德蘭就直奔三樓白耳凡代，告訴爸爸她的好成績，並在爸爸身邊隨便玩耍。如果偶爾分數不夠好，那她就後悔難過不已，兩人間父親比女兒感到的懲罰更重：因為下午的散步只好他獨自一人去了，女兒見爸爸那麼失望，難過地把自己的沮喪已變成次要的了。

其實，這種難過的情況很少發生，通常會看到兩人在午飯後開心地走上比松耐的小徑，然後大步走進星辰花園，最後在杜格河岸的草地上坐下；在回程前，必去一座教堂朝拜聖體。他們一路天南地北地聊天，父親不厭其煩地回答女兒那千百個「為什麼」，也不怕涉及超出她年齡的話題。他塑造她的幼小靈魂，把基督徒之道德良心細膩地傳授給她。他利用路上發生的小事故，隨時朝拜的耶穌受難十字架及讓她去施捨的窮人，時時乘這些機會喚醒她的愛德。在談話的最後，德蘭不免喊說：「爸爸，如果你把這些話說給政府的大人物聽，他們一定會讓你做君王，到那時法國將會享有從來沒有過的幸福；但是你就會受苦，因為所有的君王都注定要受苦的，到那時你就不能做我一個人的君王了，因此我情願他們不認識你。」

後來，有一個快樂的夥伴會蹦跳著陪伴他們。德蘭不喜歡飼養帶著柔軟獸毛的兔子，她向爸爸要一個會圍著她搖尾巴的「有毛動物」。馬丹先生給她買了一隻非常漂亮長毛垂耳的西班牙種獵犬，牠自此成了比松耐家庭的一員，給牠起名叫「刀姆」。小德蘭總是愛撫牠，在她上課時牠就躺在她腳邊，在牠有生命危險時，她就把牠救活：一口一口地餵牠吃她為牠特製的飼料。這隻訓練有素的好狗，像個青年侍衛，又忠心耿耿地像個服侍人的騎士，在主人去中歐時牠竟拒絕進食；女主人進了加爾默羅會院，牠也沒忘記她。在一八八九年的一天，耶穌聖嬰德蘭修女在幫助門房修女讓工人進入修院裡時，牠正好在修院門口，一見到女主人，立刻奪門衝過來，緊靠在牠親愛聖女的頭巾下，這意外讓她不禁感動淚下。這是許多年以後的事了，目前牠在兩位主人的周圍巡邏：他們在教堂走廊下祈禱，牠就在那裡站崗，還不時以牠的方式介入他們的談話。當牠跳進一個開滿睡蓮的池塘，又在布滿塵土的地上打滾，而弄髒了牠那純白的衣裳時，馬丹先生就以此為例，乘機解說純潔的靈魂忽然墮落犯罪，就會和牠一樣骯髒。刀姆喜歡低沉地嗥叫，經過的路人，被牠的叫聲喚起注意，友好地看著牠身邊的兩個人；他們不禁讚嘆：這位老人手裡牽著的是一個那麼可愛的小女孩，她金色的捲髮如光環一般圍繞著她的面容，兩眼則發出絢麗的光芒。

回到家裡，走累了，熱壞了，小女孩口渴了，寶琳會抓住機會建議她做犧牲，她毫不遲疑，立刻做到。不是有很多罪人待救嗎？基督不是為了他們，而（在十字架上）拒絕觸用可以減輕祂身受痛苦的麻醉劑？……然後德蘭勤奮地準備她的功課。她認真地作完作業，接著就在花園散心，那是她喜歡玩耍的的地方：她衝過去想捉蝴蝶，又查看瑪麗種的蘋果樹長得怎麼樣了？她想採花，心裡猶豫不決，便去問賽琳：「採花會不會讓花覺得痛？」有時她打斷爸爸的閱讀，給他奉上一杯可口的藥茶，或讓他欣賞她自己築造的「出色祭台」，或是牽著他的手去棚子盡頭，請他把自己抱上鞦韆，讓他有節奏地推著她。在鞦韆上，她往上看，再往上看，一直看到圍牆那邊鄰居的房子，看到鄰居媽媽那布製的軟帽。

晚飯和散心以後，就是一天完美的收尾：反省。爸爸在寶琳的建議下，為小女兒準備首次辦告解，聽告解的是杜瑟里耶神父，這件事為她留下了美好的回憶。德蘭的靈魂平安了，就獨自在黑暗中入睡：因為家人要她習慣於什麼都不怕，就像要她習慣於不任性一樣，現在她也什麼都不怕。

在這些平和的日子裡，主日及慶日就是特別輝煌愉快的日子了。這一天的大事就是敬拜天主，不再想出遊或欣賞那些吸引人的表演。德蘭多麼想跟著家人去領聖體，可是當時的規定不許可。一八八〇年五月十三日賽琳初領聖體，第一次接近耶穌並與祂結合，妹妹德蘭是多麼羨慕啊！作為補償，她去了主教座堂望大彌撒。彌撒中講道若提到亞味拉的德蘭時，馬丹先生就會俯身輕聲告訴小女兒：「好好聽，我的小王后，人家在講妳的聖主保呢！」

後來這位加爾默羅會的修女在她的自傳中這樣寫道：

「我果然用心聽，可是我得承認，我看爸爸比看講道神父的次數多得多了。他那高貴的容貌透露出多少他的內心！有時他雙眼含淚，雖然忍住，卻仍潸然淚下。聽到那些永生的道理時，他好像不再置身塵世，在我看來，他的靈魂已經隱沒在另一個世界裡了。」

在這充滿詩意的日課中的晚課結束以後，就結束了一天的宗教節目，接下來就是家人在一起散心。唸晚課時由於把一切都交給天主而心感平安，這平安卻蒙上了些許夕陽的傷感。當輪到德蘭去舅舅家共進晚餐時，爸爸看到飯桌上有一個人不在，心裡甚是難過，又不敢拒絕舅舅家的邀請，只好退一步，只享受親自去接她並在星空下帶她回家的歡樂情景。回程時，他踏著穩重的步伐，小女兒則抬頭望天，探索穹蒼，發現天上那獵戶星座的腰帶，是一個稍稍彎曲的字母「T」，她天真地歡呼：「爸爸你看！我的名字寫在天上呢！」她這句兒語將來會得到認可，而當時只是發自一個已經會欣賞造物之美的幼小靈魂。

學期結束時就舉行頒發獎品典禮，家人把花園邊的棚子用圍幔和樹葉布置停當，親人與朋友們則圍繞著一個臨時搭建的講台。女孩子們充當臨時演員，然而典禮的精采部分就是宣布得獎名單。德蘭後來在《靈心小史》內這樣宣稱：

「縱然只有我一人，沒有人和我競爭，主辦還是一樣要公平行事：就是我拿到我應得的獎賞。當我在全家人面前聽到我的成績，並從我的『君王』手裡拿到我的獎品與花冠時，我的心跳得可厲害了，我覺得好像是公審判的情景。」

假期裡出遊的次數就多了：在星辰花園和賽琳及表姊瑪麗一起玩遊戲，和爸爸出去釣魚，爸爸就教她怎樣甩魚線等。在一八七八年八月，和爸爸到了楚城河口，她第一次欣賞到海洋之浩瀚，那是全能天主的偉大化工；在黃昏時分，她讚嘆夕陽染紅了的地平線，「那是聖寵的光照，指示給忠信的靈魂他應走的道路。」在他們外出時，總會有路人大聲誇讚：「好漂亮的小女孩！」馬丹先生總是請他們少誇讚，他本能的教育意識堅決排除一切擾亂她純真、助長她自愛之心的情況。

在比松耐有各類的遊戲，德蘭不喜歡玩洋娃娃，她看著賽琳罵她的洋娃娃，覺得好玩，當小姊姊把它們帶來，叫它們「抱抱你們的阿姨」時，惹得她笑出眼淚來。她也不喜歡玩暴力的遊戲，珍尼薇修女（即賽琳）記得曾送給她一把玩具手槍做她的生日禮物，這讓德蘭目瞪口呆，不知所措，她和這位無畏又好戰的玩伴完全不同。馬丹先生解決了這個僵局：他以他慣有的好心，把這把槍送給了一個上主日課的孩子，又去買了一個合小女兒胃口的禮物送給她。

目前在比松耐的玩具室裡，我們很高興地找到了聖女的一些可愛的玩具。這是黃楊木做成的陀螺，木製的喇叭，漆過的兩輪車和跳繩。那邊有一個水族箱，當年她是以熱烈的眼神觀察金魚的演變的；還有她餵食小鳥的鳥籠，讓她萬分好奇的萬花筒，別人以此給她做了一個優雅的比較：就如在天主聖三的「愛之家」裡，祂聖化我們每日的本分工作。在一個可愛的小桌子上站立著一個灌注器和茶杯，她就是在這裡準備泡藥茶的。這是一個釣魚用的簍子，她就是把塗滿果醬的吐司麵包放在這簍子裡的，旁邊是她小巧教堂聖器室裡的各色傢具。這些不起眼的東西都有說不完的故事。在這些那麼可愛，又可觸可摸的實物面前，參觀者會感到它們使擁有這些東西的孩子又重新活了起來，這位生來命運不凡的孩子。

以這些玩具做布景，我們可以重新見她在樹叢間輕快地跳來跳去，看什麼都可愛，一點小東西就會讓她格外興奮。在玩耍時永遠心懷對爸爸的柔情，對好天主爸爸的愛。——有一天她會說：「我們不是麻木不仁之人。」——她真正是比松耐的靈魂人物。她的名字總是在樹葉下迴盪：因為一隻鄰居的鸚鵡也習慣於叫她：「德蘭！德蘭！Thérèse」，還把「r」的音捲得特別厲害。別人帶她外出社交，她總會覺得渾身不自在，而一和家人在一起，就立刻變回本來面目：活潑，直率，自在，如魚得水。只要爸爸的身影在門口出現，她就會立刻向他衝過去，一邊興奮的拍手。她常高聲喊說：「啊！我真不會說我那舉世無雙的爸爸對他的小王后是多麼溫柔體貼！」

有一天馬丹先生去了阿朗松，她獨自在窗口望著花園看，突然她有了「先知性的異象」：她看見一個老人，頭上蓋著厚布，駝著背，疲憊地向前行，身處十字架的羞辱之下。她見此景怎不驚慌失措！這景象永遠銘刻在她的腦海裡：自此她在這嬌美的諾曼第居處，畫上了一個悲慘的問號。從此這痛苦的奧祕就隱藏在比松耐的魅力之下。「小王后」為她的「君王」時時膽戰心驚！

＊　＊　＊　＊　＊

德蘭就讀於本篤會附屬學校

一八八一年十月，德蘭接替雷奧妮進入本篤會的附屬學校就讀：她是以半住宿生的身分在此校讀書，直到一八八五年的聖誕節。雖然她年僅八歲半，已配戴上綠色腰帶，表示她已進入四年級了，在班上是年齡最小的學生，可是成績絕不比人差。她天賦極高，除了拼字及算數以外，其他科目都得心應手。她尤其注意聽講又專心用功，因此很容易就取得了班上的前幾名。

聖方濟．沙雷姆姆對她做了以下的評語：

「在她就讀的這些時間，我幾乎一直注意著她。我是她班上的老師，我可以觀察到她總是在做功課，從來不用我明確地指正她。思念天主是她的習慣，在校所學的一切也都把她引向天主，尤其驚人的是她的作文，她總會把超性觀念引進來，縱然整篇作文仍表現出孩子的天真心懷。」

學校的校長聖博拉希德姆姆有一點和德蘭相同：她也是在十五歲時進修會的。她以其特別敏銳的感知，似乎覺察到這個學生的天資聰敏，個性深沉，然而她表面上仍保持著一種不自然的含蓄。她對德蘭既盡心又深情；而德蘭呢，她對於適應學校生活是困難重重。離開了家的小天地，她已經不是以前的樣子了，賽琳的百般友好鼓勵也沒有用。

學校生活的各方面都讓她感到力不從心！在學校的小教堂裡，儘管她的禮儀知識豐富，卻覺得很難跟得上彌撒經書：那是因為聖神已經吸引她從事純正的靜觀了。在散心時，她不喜歡跑，跳，用球拍和木槌。她喜歡的是講故事，猜字謎，「很體面地」埋葬小鳥，且對最小動物的演變極感興趣。在特別的假期時——這種情況不常有——她會到旮散山（譯按，Mont-Cassin：著名的本篤會創始地）上去，那是本篤修會延伸出去的一塊山谷地，最適合捉迷藏。她獨自在那裡觀察大自然，或從高處欣賞城市景色。每週四和舅舅家的孩子們及她們的表姊妹們一起出遊，也讓她感到苦不堪言。她雖然想儘量配合她們，卻始終無法對跳圓舞和四對舞感興趣。她寫道：「我唯一喜歡的是星辰花園，我在那裡帶頭採花，知道選那最漂亮的，我的小夥伴們也跟著我到處跑。」

她最需要的當然是爸爸和比松耐的清淨。每天放學時，她會問門房修女：「爸爸今天來接我嗎？」她回答：「來！」立刻是多麼開心的一聲歡呼！衣服還沒穿好，就跳出衣帽間。而馬丹先生則從窗口一看到她，就喊道：「來呀！快來！我的小王后！」見到了爸爸，一切煩惱就都不見了。孩子把自己的課業成績告訴他，自豪地把獲得的獎章給他看：有作文比賽第一名的銀質獎章，還有拿到滿分的鍍金銀質獎章。父親獎賞她的努力，給她一枚白色的小額硬幣，她立刻放到為窮人準備的撲滿裡。其實她所得到最滿意的真正報酬，是閃爍在父親臉上的喜樂。愛，在此處和別處一樣，都是教育工作上的要角。

家裡的散心時間始終是她的最愛。她有一個大鳥籠，裡面住著不少鴿子、虎皮鸚鵡、金絲雀、灰雀、朱頂雀，牠們彼此約會交談。在散步時發現有一個鳥窩裡有幾隻小燕雀，就靠她把牠們帶回家，放在籠子裡，同時心裡甚感不安，因為把鳥媽媽的寶貝劫走了。後來父親送她一隻喜鵲，讓牠獨自住在一個大松鼠籠子裡。牠叫個不停，又愛偷東西，那是這種鳥類慣有的行為，可是家人很快就受不了牠的饒舌。牠也學著叫德蘭的名字。有時也把牠放出來；一次放牠出來時，牠就趁機東偷西搶，還用鳥嘴去啄兩個小妹妹，她們只好拿著棍子抵抗牠的過度親熱，就這樣兩姊妹圍著花園跑了四十圈，等於四公里。最後牠不得好死：牠在一個小木桶裡淹死了。

德蘭和二姊寶琳在一起的時候，最愛欣賞她收藏的聖像。這些雕像的藝術價值雖不算高，可是其高雅的宗教意義足以使小妹特別敏銳的觸覺為之傾倒。

經過仔細挑選以適合她年齡的好書，也是她受教育的重要部分。現今蒐藏在加爾默羅會院檔案室中的，有外斯曼樞機主教所著的《法比奧拉》[1]，有《故事撲滿》（*La Tirelire aux Histoires*），其中的「黃金小徑」這一章最讓她印象深刻；還有德．塞古伯爵夫人[2]的多種著作，以及三大冊的《馬賽克畫報》[3]和《少年周

1. 譯按，*Fabiola*， 是樞機主教在一八三八年所寫有關羅馬地下墓園之歷史小說。作者Cardinal Wiseman，生於西班牙，1802-1865，為英國西敏寺的第一位樞機主教。
2. 譯按，Contesse de Ségur，1799-1874，法國作家。
3. 譯按，*La Mosaïque, nouveau magasin pittoresque universel*，作者為Adolphe Everat， 1801-？，為法國出版者及印刷者。

報》④，那是每年從舅舅家的表姊處繼承來的。德蘭極愛閱讀，只是能用於閱讀的時間有限制，她後來這樣說明：「在這方面常常是我做大犧牲的機會，因為時間一到，我就守規矩，立刻放下書本，即使當時正讀到興趣最濃的章節。」

父親很想讓她去學素描，同時讓賽琳去學繪畫，結果由於瑪麗反對德蘭學畫而作罷。德蘭以她六歲半之年的熱情，本渴望起步學畫，只好把破碎了的美夢獻給天主。這件事明確顯示她雖然深受寵愛，卻知道避免成為慣壞的孩子。她無怨無悔，和爸爸親熱相處仍輕鬆愉快，無話不談，因此後來她會以詩歌的形式，向她的「君王」歌唱，訴說著「一個聖人之女的祈禱」：

請牢記勿忘，
當年在白耳凡代，
你經常讓我坐在你懷裡，
喃喃地作著祈禱，
你一邊唱著美妙的副歌，一邊輕搖著我，
在你臉上我看到來自天上的反光，
你深邃的目光遙眺著遠方……
你歌唱的是永恆之美。
請牢記勿忘！

4. 譯按，*Journal de la Jeunesse*，是專給十至十五歲少年之讀物，一八七三年創刊，一九一四年停刊。

未來將會有許多考驗給這童年的歡樂投下陰影。最初是在一八八二年，由於寶琳離家進了里修的加爾默羅會隱修院，雖然有瑪麗對她百般愛撫，因為她代替寶琳主管德蘭的教育工作，可是與她的「小媽媽」分離，卻造成她心靈上莫大的強烈震撼，以致她的健康出了問題：劇烈的頭痛侵襲著她，起初是間歇性的，後來則持續不斷。然而她還是帶病勇敢地坐在三年級的紫色課堂上，那是開學後她升級坐上了三年級第二班的位子。一八八三年三月，在馬丹先生不在家的時候，她突然發作了可怕的怪病：伴有痙攣性的顫抖、幻覺和胡言亂語，致使她的性命危在旦夕。爸爸回家見此情景之失望悲痛，自是無以復加。在他手裡還拿著帽子走近她床邊時，他的小王后竟然不認識他了，還驚呼著把頭轉向牆壁。里修的名醫撓大醫師被請來看她，也覺得技窮：「科學在這些情況前完全無能為力。」一種玄奧的力量似乎以其神祕的頑強意念追逐著她，不放過她。所幸後來病情稍有和緩，她可以去參加寶琳的穿會衣大典，而見到了她。可是，就在第二天，又被這難以平息的病魔糾纏住了。

德蘭的這場病，重重地擊傷了爸爸的心。然而他表現出來的是令人讚賞的順服天意，這在《靈心小史》內也有跡可尋。他從她們的舅舅那裡也得到難能可貴的支持，他總是跟孩子們說：「要記得妳們舅舅和舅媽對妳們的照顧是多麼的無微不至！」在無計可施之下，他只好把希望寄託於天上。他對全勝聖母一直保持著無比的孝愛之忱，時時奔向這位「全能的代禱者」。一八八三年五月初，他在巴黎著名的聖母大殿獻上了九日敬禮的彌撒，他和家人的信德也同時日以繼夜地全力祈禱哀求，要逼出奇蹟……結果在五月十三日，在那聖神降臨節日之莊嚴的光輝下，那尊他們敬愛了二十五年的聖母態像，竟然活了過來，並向德蘭微笑……——當時是在瑪麗的房間裡，德蘭是被轉移到這裡以便於照顧的——這微笑制伏了攻擊她的惡勢力，使她終於恢復了健康。父親喜極，給他兒時的好友在一八八三年寫了這封在得勝喜悅中的短信：「我的德蘭，我的小王后——我總是這樣稱呼她，是個了不起的小女孩，千真萬確！她完全康復了！無數的衷心祈禱終於衝開了天上之門，連天主，那麼仁慈和善的主，也不得不讓步了！」

＊　＊　＊　＊

德蘭沒有立刻回到學校上課，只接受幾個好友的來訪：因為學年已接近尾聲，而且她也需要調養身體，恢復體力。一種新的考驗又在等待著她：原來在天主的允許下，她在加爾默羅會院所說有關她獲得上天恩惠而痊癒的極簡短知心話，她自己感覺好像沒有解釋清楚，擔心會讓對方有錯誤的想法，這事讓她不時陷入真正的焦慮之中。馬丹先生認為是時候要用散心遊樂來加強她那剛恢復的健康了。於是他在八月帶她和她姊姊們到了阿朗松，讓蒂芬夫人和羅邁小姐帶她們在諾曼第燦爛夏日的樹林間到處遊樂，參觀一座又一座的古堡。

初領聖體

一八八三年十月，她升級為三年級學生，這是她初領聖體的一年，可想而知她是多麼熱烈地渴望恭領聖體。主日她到本篤修院去，與同伴們留在那裡直到朝拜聖體結束。由於她健康不佳，校方在這大日子以前的一個月准許她免於住校，每天晚上由瑪麗給她做預先的準備工作。她以後在她的自傳裡宣稱：「我覺得她的心是那麼闊大，那麼慷慨，好像也傳給了我一樣。」她還用寶琳為她編寫的巧妙小本子來準備自己，本子裡把德行和犧牲都看作是各種花朵，用來裝飾花壇，散發香氣，以悅樂天上君王。

在《靈心小史》中，德蘭以出色的可愛手法敘述了她在最後八天避靜而全面住校時，見校長聖博拉希德姆姆每夜手拿著小燈，如何輕輕的揭開她的帳子，在她額頭上親一個溫柔的吻。一八八四年五月八日這一天，由於修院的院長姆姆剛過世，因此院內一片肅穆，去除了華麗的外觀，德蘭一定喜歡這種內斂的親密芳香。神聖筵席上的初領聖體，她膽敢稱其為兩相「融合」，一時喜樂滿溢，使她感動淚下。她把家人也歸於一堂，在《靈心小史》中她繼續寫道：「既然天庭居於我心，既然耶穌來訪，我親愛的母親也一定同時來訪。」在下午的日課中，德蘭被選代表全體初領聖體的同伴向聖母朗誦奉獻頌，然後爸爸帶領她到加爾默羅會院的會客室，寶琳在那裡正等著她。不知是出於偶然還是長上們刻意的安排，寶琳也在那天誓發聖願。這輝煌一天的最後，是全家人在比松耐的飯廳共進晚餐。馬丹先生和女兒一樣興奮莫名，特別送給她一隻精美的手錶作為紀念……那夜德蘭在睡夢中見到了那日不落的永恆聖宴。

六月十四日，由於她對愛之聖神的呼求是那麼殷切又熱烈，在心懷無法遏制的激情中，她從主教手中領受了堅振聖事，這位主教是被請來給修院主持彌撒聖祭的。

一八八四年十月，德蘭升入二年級橘班。就在她為第二次領聖體所做的避靜期間，一種可怕的不安向她突然襲來，使她在精神上受了十七個月的折磨，最後誘發一種陣陣刺痛的偏頭痛。這致命的疼痛不能動搖她的勇氣。一八八五年五月底，她舅媽請她到她斗城海邊的莊園裡休息五個星期：德蘭克制住自己的頭痛，去關心她也患頭痛的表姊瑪麗，而表姊則任自己陷於頹喪和憂鬱之中。女傭反對德蘭早上去望彌撒，告訴她路途太遠，同時她也需要多一點睡眠，可是她還是堅持去望清晨的彌撒，並參加五月聖母月的一切祈禱活動。從她去的全勝聖母大堂，可以遙望到在杜格河的對岸，從那古老楚城的一片房屋間突然出現的，是其教堂的高雅大門及其細長的鐘樓。

＊　＊　＊　＊　＊

一八八五年九月，德蘭第二次去海濱度假十五天左右，這次有賽琳同行，這第二次的地點是在楚城的莊園。舅媽見馬丹先生去了巴爾幹半島，就約她們兩個來享受無數特有的海邊樂趣。

馬丹先生在巴爾幹半島旅行

德蘭對於海濱度假的興趣並不高，因為爸爸不在身邊。原來聖雅格教堂的副本堂費盡了口舌，才好不容易讓馬丹先生答應陪他去做長途旅行：他們要去歐洲中部，最遠到博斯普魯斯海峽岸邊及義大利。前面提過，馬丹先生極愛旅遊：他喜愛旅途中的突發事故，喜愛其如畫風景，連起居不舒服也覺得別緻。因此每次出發他就興奮地像個孩子一樣，高唱著他兒時的副歌：

轉動，轉動！我的公共馬車；
看！我們已在大馬路上奔馳！

要讓他參加這次的旅行，尤其要說服瑪麗，因為她極力反對爸爸離家遠行，結果神父確實費了很大力氣；好在寶琳明確鼓勵他參加，還說可以把旅程延長，直到聖地，以後知道那是不可能的。八月二十二日，還沒離開巴黎，他就想家了，他寫信給瑪麗：「如果妳覺得持家太困難，就坦白告訴我，信寄到慕尼黑，用留（郵）局自取的方式，那麼我就只好把這位好神父扔下不管了。」在慕尼黑，他攀登巴伐利亞大樓梯⑤也參觀多種博物館裡面的珍藏品。他不時寄描述旅途的信回家，信裡還加上這樣幾句心裡話：「我多麼想有妳們五個在我身邊，沒有妳們，我就失去了我最大部分的幸福。在我回到家以前，繼續為我們祈禱。」

在維也納，就很不一樣了。他收到了自己聖路易主保瞻禮的賀信。在家裡，每年這一天是個大節日：白耳凡代以各種花朵和花環布置停當後，五個女兒輕步上樓，給在心愛書籍間的爸爸一個驚喜。小女兒負責向他致賀詞，大女兒則送他一件傳統性的禮物：一條精美的絲質圍巾，四季都用得上。中午，特製的千層烘餅上加上醋栗果醬，供大家品嘗：家人是一團歡樂與感恩。今年，他是在奧地利的首都收到他的德蘭寄來的信：「我親愛的爸爸，為了你的大節日，寶琳替我作了幾首好詩，要我唸給你聽，現在沒辦法唸，就抄給你吧！」詩的題目是「小王后給爸爸－君王的賀詞」，以下是最後幾個詩節：

「我日漸長大，
見你的靈魂裡完全充滿著愛的天主。
這受祝福的典範點燃了我的心火，
決心熱情地追隨你。
我願在人世間成為我君王的最大幸福，
我要師法你，親愛的爸爸，

5. 譯按，rampe de Bavaria, Bavaria是一座大銅像，代表德國領土的一部分，銅像內部有彎曲的樓梯直到頂部，頂部風景壯麗，也在此處慶祝啤酒節。

像你一樣愛主耶穌。
我還有很多話要說，
可是得打住了。
爸爸，請向我微笑，
在我額頭上親一個吻。」

信的結尾是這樣寫的：「再見，親愛的爸爸，你的小王后全心愛你！

德蘭」

馬丹先生看了又看這封令他萬分感動的信，擦了眼淚，一時如置身家中，不禁提筆寫道：

「我好像身在白耳凡代，妳們都在我身邊，我的小王后用她那感人的溫柔稚嫩之聲，向我致她那可愛的賀詞。我好感動！只想立刻回到里修，愛妳們，擁抱妳們每一個人……現在，我的瑪麗，我的老大，我的第一個寶貝，儘量繼續領導妳的小隊伍，妳要比妳老爸更懂事，我冒然跑來，現在已經厭倦了看這些美景，只想天堂和永恆，此世的一切皆是虛空，除了侍奉天主以外，一切都是虛幻中的虛幻！……。」

愛妳們，心懷妳們的爸爸
一八八五年八月三〇日

在九月中旬以前他到了伊斯坦堡，驚嘆其廣闊無邊的視野，其清真寺之古樸魅力，其東方市集之異國風情，市集裡在難以捉摸的氣氛中有亂鑽亂動的群眾，以及其東方太陽之神奇光芒。這眼前的盛景讓他不禁舉心向上：「在這令我讚嘆的美景前，我實在無法讓妳們知道我此刻的感受！我的天主！祢的化工何其驚人！……我不禁喊出：主啊！太好了！祢對我太好了！……。」在他興奮地描述那麼多奇觀之餘，比松耐的一切仍糾纏心頭：「再過幾個星期，就不再只是夢想了，我們又可以在好天主留給我們的時間裡重聚了！」

中途他在雅典停留，並在衛城⑥的廢墟間做了悲情的憑弔以後，就到了義大利的那不勒斯，這「迷人的城市」。他從那裡寄了一封短信回家：「親愛的女兒們，願妳們永遠是我世上的喜樂和安慰，繼續好好事奉天主，祂的化工何其偉大，何其驚人！」最後在九月二十七日主日，他到了羅馬，這是行程的最後一站，對馬丹先生來說，這也是此行的最高峰：在這世界靈性的頂峰，跳動著的是基督信仰的心靈，他讚美天主的心裡有時閃過一種預見的苦難在等待著他，他覺得奇特，卻仍然全心頌揚上主，他一八八五年九月二十七日這樣寫信給瑪麗：

「聖伯鐸大教堂！我認為的確是世上最美的教堂……只有在這裡我才感到最大的快樂。告訴我的美珍珠（他這樣叫寶琳），我太興奮了，我全心感受著這福份，因為不會長久：我把妳們都交付給天主的聖寵，每天都

6. 譯按，Acropole或Acropolis：古希臘時期於建城的同時沿著山坡興建的要塞，其中最著名的當屬雅典的衛城。

在這大教堂為妳們祈禱，對妳們媽媽的思念也一直不離我心。不久見……不久見！」

在囚禁中的教宗使他沉浸在哀傷之中，他向瑪麗訴說：「這是破壞，讓人憂心，……」在他沒有嚐到教宗接見的殊榮就要離開這永恆之城時，開玩笑地承認自己「就樣一隻獨眼黑貓，在雨天裡躲在一塊奇石角下呼嚕呼嚕地叫著。」其實，他已看夠了這世上的一切景象。他的心靈現在要找那更高的、更好的。十月六日，第二天就要啟程經阿朗松回里修時，他興奮地微抖著從米蘭寫信回家：「我此行看到的盡是豪華壯麗，然而這總是世間之美，我們的心只要尚未見到天主那無限之美，就永不滿足。不久就要重享家的甜蜜了，這家庭之美讓我們能更精誠團結。」

＊＊＊＊

德蘭的轉變

德蘭又回到了本篤會的學校，現在她得獨自一人上學，因為與她不可分離的良伴賽琳已經畢業了。心裡只感到孤獨，頭痛也日漸強烈，再加上內心不安的折磨，漸漸損害了她的健康，卻沒有因此減少她的毅力，也沒有使她的學業成績退步。一八八六年在她唸第一個學期時，馬丹先生有鑑於小女兒的健康情況，給她辦了休學。這可的確是在天意下的決定：因為如果她繼續在校的學業，應該在學直到一八八八年七月，那麼就不可能在她十五歲時就進加爾默羅會了。

她對修女老師們有說不盡的感激。即使她已休學，校方還是讓她參加隆重的典禮，領取聖母之女會的紀念章和藍色會肩帶。不過在這之前，她得先上一週兩次的縫紉課，並前來聆聽每月第一個主日的演講，才能領取。

馬丹先生陪著德蘭來來去去，她從此成了爸爸的小知己。身體上他是覺得自己老了，可是在他挽著他的小王后邊走邊聊時，在心理上卻覺得自己又年輕了。她休學後，他就送她到一位受人尊敬的小學老師芭比諾女士（Mme Papineau）家裡規律性地上課。德蘭對於這位老師和她家人曾做過一番甚為幽默的描述，那是在她未出版的回憶錄裡找到的：「她是個很好的人，學問淵博，只是有一點老小姐的樣子。她和母親同住，看著她們一家三口一起生活，非常可愛，因為她們還有一隻母貓，也是家裡的一員，因此我得忍受牠躺在我的本子上呼嚕呼嚕地叫，甚至不時得誇牠長得多麼漂亮。我有幸生活在她們的親密家庭之內，因為比松耐對老師那退化了的腿來說是太遠了，所以她叫我來她家上課。我每次一到，通常就只看到她的老母親，她先以她那淺色的大眼睛看著我，然後以她那平靜又口令式的口氣，拖長著每一個字喊道：『芭比諾女士，德——蘭——來——了！』女兒則立刻以童音似的口氣回答：『來了！媽媽！』然後很快就開始上課。」

而在家負責教育她的瑪麗，則以她善於教育的才能，外加她獨特的創意，將德蘭導向控制意志並授以超性的奉獻精神。她經常以可愛的比喻來包裹天主的嚴厲要求，好讓她容易接受，不會害怕。在她們住在楚城海邊的時候，她讓德蘭仔細看帆船底部從容地在海水中滑過去，白帆靜靜地隨風轉向，她於是教德蘭如何在靈修上取勝：「我們也坐船去釣珍珠，船經過的海水底下有許多漂亮珍珠。有機會做犧牲的時候，就要立刻把妳的網撒下去。」其他時候，她向她描述人如何搶奪財富，其實那都只是贋品，鐵鏽。她最後做結論說：「我們呢，我們應該時時刻刻不必那麼辛苦，就可以取得天上的珍寶，好像只用一個耙，就可以收集許多鑽石！要得到這種效果，只須在做任何事時，心裡都想著是為了愛好天主。」

糟糕！德蘭的額頭又要變得憂鬱不歡了。馬丹夫人以前所預感到的聖召現在明朗化了：瑪麗繼寶琳之後也想望隱修院的光榮。全家人於是陪她到阿朗松，讓她重溫以前生活的種種心情：從巴維翁到母親所在的聖母墓園。而雷奧妮呢，她突然決定穿上聖佳蘭的棕色呢會服，去體驗隱修院的生活，這讓全家人驚愕萬分！一八八六年十月十五日，做為德蘭第二小媽媽的瑪麗，如願和寶琳一起把自己埋沒在加爾默羅會鐵柵欄的後面了。

賽琳在父親溫和的控制下，擔當起領導比松耐的責任。德蘭只偶爾幫她一點忙，「為了讓好天主高興」。她承認：「我不習慣於照顧自己。」她只有十三歲半而已，而且身體一向嬌弱，常常被迫不能去上課，家人斷然只讓她自己看書，祈禱，做她喜歡的散心活動：因此她從來沒有做過家事。如今她親愛代母的離去讓她憂愁傷心而真正要崩潰了，今後誰來撫平她的良心，讓她心安呢？

她在震驚傷心之餘，心裡只感到無邊的空虛，於是她轉向天上的家人，就是先她而到達天鄉的四個小天使。她對他們說，若是他們仍然在世，一定會疼愛她這家裡的老么的，如今他們在天上幸享萬福，應該不會對親情無動於衷吧。總之，她求他們為她代禱，讓她不再受這苦楚，後來她說：「回答無需多等，很快一股甜蜜的平安就滿溢我心。」

最後需要擺脫的就是她那極度的敏感：因為再微不足道的小事也會惹她哭個不停，這回是耶穌要負責治癒她了。一八八六年十二月二十五日，在這難忘的一天，耶穌行了奇蹟。在《靈心小史》中，我們可以讀到，德蘭得到了她稱其為「徹底改變」的無價奇恩，這在她心理上造成了真正的「改朝換代」。事情是這樣的：馬丹先生見一個十四歲的孩子還在玩聖誕靴子的傳統遊戲，表現出有一點不快，於是德蘭控制住自己內在的激動，開始開心地找藏在靴子裡的寶貝：「小德蘭終於找回來她那剛毅不屈的性格了，那是她在四歲半時所不幸失去的。」

於是，在她內心的穩定性徹底地鞏固了以後，她求知的慾望變得熱烈了。她把書桌置於頂樓下方，面對星辰公園的大樹群。在她未出版的回憶錄裡，曾做過這樣的描述：她把這間本是寶琳的畫室，現在被她變成「一個真正的市集了，一個匯集虔誠和興趣的地方，還有一個花園和一個大鳥籠。」她接著說：「這個屋頂室真正是我一個人的小天地，我可以寫一本書，書名就是《悠遊在我的小天地中》，我喜歡在這裡待上好幾個小時，面對眼前的廣大美景，我閱讀，做默想。」房裡群鳥的叫聲，對別人是噪音，對她則是音樂，她在那裡用功讀書。她自己承認，她在這幾個月內所得到的知識，要比她以前幾年內得到的還多。這種對閱讀的濃厚興趣，尤其是在科學和歷史方面，可能會誤導她，所幸她對天主忠心虔誠，使她免於偏離正道，反而在這時期在靈修方面有驚人的進步。長久以來，《師主篇》一直是她的精神食糧，她總是把這本書帶在身邊：夏天，放在口袋裡，冬天，放在手籠裡。她能一字不差地把這本書從頭到尾背出來。加爾默羅會的姊姊們借給爸爸一本阿芒忠神父（l'Abbé Armanjon）所著的靈修佳作，內容是有關「今世的終結與來生的奧祕」，她愛極了這本書，貪婪的把它整本吞了下去，在她的靈修上造成了關鍵性的進展。她後來宣稱：「我抄下了好幾段，是有關完美的愛、以及好天主說明要如何把祂自己賜給祂所揀選的靈魂，以做為他們最大的永恆賞報。我不斷重複這些愛的字句，以鼓舞我心。」

每天早上總見她跪在主教座堂旁邊童貞聖母的小祭台前，參加每天的平日彌撒。雖然她極想領聖體，她還是先向她的聽告解神父請求許可，因此，一星期中，她得到了許可，能領好幾次聖體。不久後，面對十字架上的耶穌，見祂愛人至死卻被人看輕，她頓時在內心燃起了不可熄滅的熱情，一心要給耶穌賺取靈魂。龐齊尼（Pranzini）將是第一個受惠者。這個從埃及的亞歷山大來、會多種語言的外國佬，為搶劫一個保險箱，在巴黎殺了三個人，其中一個女孩子只有十一歲，現在他將走向斷頭台，一副厚顏無恥的樣子。在他被關在監獄裡時，他利用閒暇翻譯黃色小說。他的信仰完全破滅了，只剩下對聖母瑪利亞的虔敬。在比松耐吃飯的時候，馬丹先生談起這個壞蛋，說很快就要執行死刑了，而他還是冷酷無情，執迷不悟。德蘭聽了，同情他了，這會不會是她的「第一個孩子」？她求天主使他悔改，她等待，她強求，她要一個證明，一個不起眼的證明也好，只要親一下十字架就行。一八八七年八月三十一日清晨，對聖寵一直反抗的他，被綁在搖板上，在要移往斷頭機上的鍘刀以前，他忽然向神父示意，然後對著遞給他的十字架親了好幾次。

這件事把德蘭從她所處的「小圈子」裡一下拉了出來，立刻投身於廣闊的使徒救靈工作，直到身在加爾默羅會時，她仍記得龐齊尼，並為他獻彌撒，這是後話。目前她能做的就是：給臥病母親的小女兒們講道理，說服一個快失去信德的女傭，關懷社區裡垂死的病人，給舅舅家裡那忠心的女傭講解並支持她的超性熱情等。

＊　＊　＊　＊　＊

她真正的性格

她的性格在經過多重考驗的洗鍊以後，已早熟地達到了完美的成熟狀態。在她那張十三歲時留下的相片裡，讓人看到的是一個純樸羞怯的女孩，嘴唇上的褶痕透露著些許哀傷；然而在那張進加爾默羅會的前幾天、將頭髮挽起的相片裡，卻洋溢著活力與決心，而在兩張相片裡，都顯示出她那藍綠色大眼睛裡閃爍著的是明亮的光芒。她眼光向內，流露出她靈魂的深度：就是把自己直接置於天主的動能之下。

沒有人曾用難聽的話說過她「愛哭」或「驕傲」，其實有些人說的這些形容詞只是誇張的諷刺性說法。德蘭的確有她的弱點——聖保祿意義下的弱點——就是因失去母親而突然喚醒的過度敏感性，這是她自己也不是總能加以控制的，然而這種弱點反而是她表現內心力量的機會：從來沒有人見她令人討厭、愛賭氣或自私地只顧自己。她曾經歷過種種考驗：良心上的困惑、病痛及內心的不安，然而從來沒有因而使她失望或放任隨便。賽琳對此曾說過這有決定性的話：

「必須注意的一點：就是即使在她少年時期，雖然她外表虛弱，內心卻無比堅強。她的堅強表現這件事上：雖然她極度哀傷，卻從來沒有對本份工作稍有懈怠。在那個時期，我從來沒有見她偏離過她的個性，說過一句重話，或做過一件有虧德行的事。其實她無時無刻不在做刻苦，即使是極小的事也不放鬆。我看她是一直不放過任何機會做犧牲，獻給天主。」

至於有人覺察她對別人有統治慾，在有人關於她的大小事——這些事都曾經過嚴格的審查——所做的見證，在這些大量的文獻裡，我沒有找到一點她喜歡支配別人的蛛絲馬跡。在有的地方她確實談到過她的「驕傲」；她是以假設的語氣說的：——這個細節有其重要性——「如果我對別人的讚美不是無動於衷的話，那麼我就更需要接受這種嚴格的教育。」現在的問題是：當她的內心面對這些反抗的聲音，這些自我的抬頭，就是對自己的天性尚未完全安撫時，她會讓這個本能的人格對外爆發？或是她會毫不留情地抑制其最微小的波動？

對於這個問題，讓我們詢問與她共同生活的姊妹們。寶琳直截了當地說：「她非常用心地控制自己的行動，而且從小就養成絕不抱怨、絕不為自己辯護的習慣。」雷奧妮也是一樣明確的肯定：「德蘭的一切都顯示出她平安、善良和俯就別人的作風。她總是為了讓大家高興而忘了自己；她天性就是要讓每個人都心感幸福。她平穩的性格是那麼單純，看來那麼自然，讓人覺得她不斷地克己好像不費力一樣。她既可愛又優雅，她的一切言行舉止都討人喜歡；驕傲和虛榮絕不可能左右她那純潔的靈魂。她非常亮麗，然而她自己好像不知道一樣，我們一起在家生活，我從來沒見過她刻意照過鏡子。她非常用心地絕不貶低別人或使人難過。」

賽琳是她最親密的伙伴，也同樣以明確的口吻說：「德蘭不但不強迫別人聽她的話，連她自己的話也不會說出來。在家和在學校，她都是聽別人的話，還從來不爭論，不反對，更不會低聲埋怨，即使是裝作好玩也不會。」瑪麗這邊也說：「她是個深沉又深思的人。我當年覺得她與同齡的孩子相比，就顯得太過嚴肅，也太早熟了。」表姊尚娜也同意這種看法：「德蘭是個理想的孩子，非常溫和，羞怯，格外謹慎，內斂。」

以上這一大堆見證必然給人留下深刻的印象。然而，有人會說，由於她們的血緣關係，難免會因私情影響他們的客觀性，而作出偏悖的判斷。那麼就繼續我們的調查。本篤會的聖方濟．沙雷姆姆給了這樣的證言：

「當年在她還是我學生的時候，她的純真和虔敬讓我不禁對她起敬。關於她的服從和言行都是完美無缺的。至於她和同學之間的關係，她總是和善待人，從來沒有出現過憎惡或敵意，即使對那些她可以抱怨的人也一樣。我總是見她既純樸又謙虛。」

畢雄神父是馬丹先生的好朋友，常常去他家，他以他入會神父的信用，更加強了以上的說法：

「這孩子給我最深的印象，是她的天真、質樸與純潔。父親和姊姊們都非常愛她，卻絲毫沒有寵壞她。當年在她那個年紀，最令人值得注意的，是她不因此而自傲，反而完全忘記自己；絕對沒有利用這些對自己有利的條件而自抬身價。她羞怯又內斂，從來不刻意表現自己。馬丹先生愛她至深，叫她『我的小王后』，修養不高的孩子可能會養成愛己之心，而在行為上產生偏差，而她卻從來未曾因此而自我炫耀。」

最後，要不要聽聽那些更樸實的聲音？以下是在比松耐服務了七年的女傭維多兒所說的話：「小德蘭非常有教養，她的溫和及天使般的神情總讓我讚賞不已。她總是很聽話，溫柔和善像個小天使一樣，她當年很害羞。」菲麗西德說：「我聽說有些人不懷好意，指責我們敬愛的聖女，其實她是那麼溫柔可愛，總是怕讓人難過。我在她家三年，我可以說她從來沒有讓我生過氣。」她舅舅家的女傭，後來做了本篤會的修女，也說：「當年她給人看到的性情是溫和又聽話，對別人充滿愛心和熱情。」

對於如此早熟的完美個性，誰要告狀就隨他去吧！有這麼多證言不去理會也難。德蘭自己對這一點以平靜的心情所說的話，絕對是無可爭議的，其份量應該夠重的了吧；她不是在《靈心小史》第五章裡說，天主的聖寵幫助她連心緒的初動也能加以掌控嗎？貝右大修院的院長詠經司鐸毛魯神父（M. le Chanoine Moreau）在他所著《聖女耶穌聖嬰德蘭之品行》（*Sainte Thérèse de l'Enfant-Jésus: son tempérament moral*）中，關於這一點有以下這樣的一段：

「『晉德修性漸漸成為輕而易舉之事。起初，在克己掙扎之時，不免在臉面上會流露出來，然而，漸漸地，放棄私念變得自然而然，甚至私念乍起，也能立即斥退。』（譯按，以上引述德蘭自己的話）對於這種驚心動魄的過程，我們也許會希望用更焦慮動盪的痛苦手法，來描繪天主的靈魂所經歷的坎坷路程。然而，我們應該在事實面前低頭，而不該把自己的狹隘觀念強加給上天。我們所面對的，無疑是一種預備性聖寵的真正驚人奇蹟。這絕不是天生的聖德，而是在天賦與德行共同努力之下才有利於成就的聖德。」

＊　＊　＊　＊

讀者可能會感到我們離題太久，只仔細敘述了少年德蘭的真正面目，而放下了他父母親的傳記於不顧。聖女在她最後獻給聖母瑪利亞的詩作裡曾這樣吟唱：「母親的珍寶屬於孩子」，我們現在不也可以把這話稍改一下，以提出藉口：

小王后的珍寶屬於她的君王，
認清了她的真正面目，
不也是把她父親的功德彰顯出來嗎？

從聖布萊絲路的家到比松耐，家就是法國家庭的理想聖殿：從納匝肋到伯達尼，有多少地方是我們所偏愛的？這位父親與他的愛妻英勇地接受把四個孩子獻給天主，然後又願意把另外五個女兒作為祭品獻給天主，去度修道生活，他只有在自己家，有全部女兒們圍繞著他，才感到最自在快樂。他愛極了每一個女兒，給每個人起一個暱名，用以表示對每個人他特殊的愛。頭一個是大女兒瑪麗，是他的「金剛鑽」，「他的第一個寶貝」，還由於她的性向與性格，也稱她為「波希米亞」。然後是寶琳，是他的「美珍珠」，再來是雷奧妮，是他的「好雷奧妮」，賽琳呢，是他「勇敢無畏的寶貝」。至於那最小的女兒，更有一大串，隨他隨時叫，如他的「金黃金龜」，他的「小孤女」，當然最重要的，還是「他的小王后」。聖女在回憶起她初領聖體的景象時，不禁感嘆說：「好多次，在我認識的沒娘的孩子中，很少有像我一樣，在那個年紀失去了母親，卻受到了那麼多的寵愛。」

比松耐家人團結一心

這位了不起的父親的女兒們也以愛還他的愛。在瑪麗從隱修院寫給他的信裡，能品味出其孝愛之心有多麼深厚，簡直是崇拜！那是一八八七年八月二十四日，她為他的主保瞻禮聖路易慶日所寫的賀信：

「願好天主給你延壽無數年，好讓你的孩子們長久愛你！耶穌和你不就是她們在人世間的全部天堂？去年的這一天，我們四個上了你的白耳凡代，那是我們早已用花朵及花環布置好的，你記得嗎？這一年以來，有兩個人從窩裡飛走了，然而她們的翅膀還在，如果她們不用來飛回此世的

『陌生地』，她們會多麼開心地飛回到你身邊！我親愛的爸爸，你這兩個飛走的鴿子，會多麼開心地向你高唱她們對你那全部的愛和她們對你無限的感恩！你沒有阻止她們飛向天主，你以多麼大的慷慨之心把她們奉獻給主，願天主永遠降福你！願百倍的償報在此世和來世都賜給你，願先我們而去的親愛媽媽，還有你那四個天上的小天使，和我們一起感謝讚美你！五個已在天鄉，五個仍流放在世！你天上的家人和地上的家人今天匯聚成一家，同聲慶賀你：主保瞻禮快樂！」

爸爸和女兒們好似陌生人一樣在里修生活，因為他們很少與當地社會人士交往，偶爾有特別用心的路人會預感到這家人出眾的特質，一位里修的老人這樣做見證說：

「我喜歡回想這位好馬丹先生和他的小王后，我很敬重他；我好像還見到他那騎士般的姿態，他聖人似的面容；還有他的小德蘭，她那麼純真，那麼漂亮，挽著她那舉世無雙的爸爸，……我甚至還記得她那件海軍藍的洋裝和她那好美的秀髮……這個絕美畫面給我印象之深，現在回想起來就好像是昨天一樣。」

維繫著姊妹之間感情的，也是這同樣的超性之愛。有人暗指雷奧妮像灰姑娘一樣，在家裡受不同待遇，是失寵的，甚至是受排斥的，這些都是無稽之談。所有參與比松耐家人生活的人，如舅舅一家及女傭維多兒及菲麗西德，都生氣地反對這種惡意中傷的言論。自從她母親過世，雷奧妮的性格早就變好了，雖然還沒有拋除喜愛獨處的傾向，然而她的行動愈來愈與家庭生活同步了。尤其是德蘭，她用心避免讓她感到自己智力不如人，這種痛苦非常折磨她，日後雷奧妮談到德蘭時，這樣說：

「她對我有那麼細膩的體貼，讓我非常感動。我那時二十三歲，而她只有十三歲，我在學業上總是跟不上，我的小妹妹同意來教我，她對我的愛是那麼深厚，教的手法是那麼巧妙，絕不讓我感到自卑。」

這位「愛獨處」的孩子，喜歡把自己關在房間裡，不久就沉沉入睡了。兩個調皮的小妹妹就好意地開她個玩笑。她們乘她不在的時候，悄悄地把她的房間改變成修院的斗室，牆上貼了大字紙條，上面寫著刻苦犧牲等嚴峻的紀律，在第一排的紙條上卻這樣寫著：「我雙眼在日光下閉上了，晚飯後也不散步了！」可見在未來聖女的身上，這種法國式的調皮也應該提上一筆。

友愛之情可以更上一層樓，它在兩個小妹妹之間的心靈交流上達到了最高峰，她們倆是在親密的關係中一起長大的。在過年或慶日時，看著兩人熱情地互送禮物，甚為有趣。德蘭過年時見日曆上於十月二十一日那天沒有載明是賽琳的瞻禮，就毫不留情的把它丟棄。她自己的主保瞻禮是十月十五日加爾默羅會的改革家大德蘭，爸爸在這天的前幾天就帶她們兩姊妹去市中心的店裡，他自己則在街上散步。女兒們就各自神祕地要用五毛錢——當時用的還是金法郎——去買好幾樣禮物，要給對方一個驚喜。十二月底也是同樣的場景。德蘭在她未出版的回憶錄裡，用她慣用的坦率口吻這樣寫著：

「最好玩的是看著我們一起去買新年禮物，每人要用手裡的一毛錢去選購至少五、六種不同的禮物，還要來比誰買的東西最『珍貴』。」最後兩人對自己買來的東西都非常得意，就急切地等著元旦趕快到來，好把自己了不起的禮物送給對方。元旦那天誰先醒來，就趕緊向對方高聲祝賀新年快樂，然後就交換禮物，接著就是各自驚呼，欣賞一毛錢買來的寶貝！

這些小禮物和舅舅的貴重禮物同樣讓我們興奮不已，這只是喜樂的開始而已。那一天我們都儘快把衣服穿好，每人都高度警戒，好跳起來去擁抱爸爸。他一出房間，立刻歡聲四起，充滿了整個房子，爸爸見我們那麼興奮，也顯得幸福無邊。

瑪麗和寶琳給她們小女兒的禮物雖然也不值錢，可總是讓我們非常開心。」

隨著年齡漸長，這兩人的交換禮物變成了超性的互吐心聲。德蘭在《靈心小史》的第五章裡這樣寫著：

「尤其是那次聖誕節蒙耶穌把我改變了以後，賽琳更成為我心思的密友。耶穌在我們心中構建了比骨肉至親更堅強的鏈帶，因為祂要我們共同前進：祂使我們的靈魂也親似姊妹……我想起當時我們兩人的談話，心裡就湧現出一股暖流！每天晚上，我倆在頂樓上，一同注視著有金星點綴著的夜空……我感到我們當時的確蒙賜了不少重大恩寵。」

這種在靈性生活上的攀登——聖女曾在她未出版的回憶錄裡以暗示的手法提起過——此情此景不禁讓人想起在奧斯底亞（Ostie）⑦的沙灘上，奧思定（Augustine）和母親莫尼加（Monique）的心靈曾強烈地飛越，直到與天主的本體相遇；而這對姊妹也藉著美景朝向那自有者的美善攀升，因為只有祂，才能平息人類的焦慮，才能使人心得享平安。

父親這邊也在品嚐著類似神魂超拔的心境，他現在已快走完在十字架俯視下的路段，很快就要經歷十字架的屈辱了。就如人歡樂地欣賞交響樂中一再重複的主旋律，他愛樂的靈魂目前品嚐著的是家庭生活中千萬種透心的喜樂。他的家可以是眾人的典範。現代人可能會認為他的家太過封閉，緊密地封閉在自身的溫暖之中；太過內向，只沉浸在靈性的神祕豐盈之中；而他們自己則偏愛外向，是喜歡向外征討的家庭，家人在不犧牲其固有的團結之限度下，向外衝出，去努力工作，使周圍的人變得更有基督精神。

7. 奧斯底亞為羅馬的港口，母子曾在那裡蒙享神魂超拔的特恩。

小心！不要犯下不同時空的錯誤！要記得馬丹家所處的是一八八〇年代，當時教友的傳教運動尚在初步的摸索階段；因此要把平靜的比松耐搬到現代，質問它在這方面所扮演的角色，那是毫無意義的問題。比松耐所留下的價值，就是這家人在當時教友的生活和精神下，就已經知道把他們的內心生活表現在慈善事業上，表現在適時的傳教工作上，表現在參與堂區的一切活動上。這的確給當時人，更給繼起的後代人，留下了完美的見證；這家人的所作所為，都閃耀著一個百分百徹底活出福音的基督徒家庭，最後達到了愛的完美境界。

第十三章 奉獻孩子給天主

法國文學家或內．巴贊①曾說：有些母親擁有「司鐸的靈魂」，並在生活中將其傳授給她的子女們。從馬丹夫婦的一切作為來看，可以說他們擁有「虔敬的靈魂」。他們的家很具體地表明家庭的氣氛對於「孵化」偉大的聖召，有多麼深遠的影響。這種言論是熱心推動「基督徒婚姻聯盟」的維奧來神父（l'Abbé Viollet）所奉為圭臬的。本書也正是源於這種理念，因此值得我們藉著馬丹家這個特別激勵人心的範例，來仔細審查其深遠的意義。

這並不是要把天主的揀選置於家庭的繼承及後天的教育之下；聖寵當然是納入考量的重要因素，聖寵的介入是既令人困惑又是有決定性的。主耶穌有時會在困境中召喚祂的使徒。然而，一般來說，在捕人之漁夫或基督的淨配身上的奇妙標記，卻也是集體攀登所成就的美好佳果，所編成的美好冠冕。世上只有很少領域有這種現象：這奇妙的「相互關聯」定律，在影響人的演變方面，能發揮非常巨大的作用，不論是在本性或超性方面。

1. 譯按，René Bazin, 1853-1932, 法國文學家，以其小說闡揚天主教的固有精神。

父母親的虔敬靈魂

馬丹夫婦在年輕時各自心懷壯志，要把一生獻給天主。然而上主的使者、客觀的情勢或人為的因素打破了他們的計畫。他們因而會對司鐸或修道生活在心中暗懷積恨，或有不願說出口的敵意嗎？這種情況有時是會發生的，然而發自他們那高貴的靈魂，絕不會衍生出這種態度，而是對奉獻生活仍心懷崇敬，崇敬中略帶懷念之憾而已。他們在結婚初期所懷之守貞心願，使他們以後各自對婚姻有了個人得自經驗的理解，完美的貞潔仍是他們所渴望的目標。由於未能如願自獻為主耶穌服務，於是他們決心把兒女全獻給祂。

前面提起過夫婦倆曾以強烈的祈求希望生兒子，日後成為神父去遠方給天下萬民傳播福音，結果兩個小若瑟之死摧毀了這個美夢。這兩位驍勇的基督徒在上主的旨意下屈服了，在給天上增添了居民以後，現在他們渴望在修院增添居民。每個孩子在出生後，第一個動作就是母親祈求天主悅納他，這種祈求日後也在他們的祈禱中不斷地迴響著。他們不像那些膽怯的父母：他們怕把孩子獻給天主，卻毫不猶豫地把他交給一個女孩。馬丹夫人在讀到厄嘉里夫人（Mme Acarie），這位法國加爾默羅會的創辦人，和她的三個女兒一同進了隱修院時，大為讚賞，不禁喊出：「女兒們全部都是加爾默羅會的修女！一個母親怎麼可能有這麼大的榮耀？」寶琳，以後的耶穌·依尼斯姆姆，在小德蘭列真福品的調查程序中，曾做了這樣的宣誓聲明：「我父母親祈願把我們全部都奉獻給好天主，他們也曾熱烈渴望能奉獻給祂許多神父與傳教士。」

讀者不要因此就想他們是把家做成暖房，專門用來培養一批批聖召的。不恰當的壓力，冒失的介入，只會養成虛偽的人，碌碌無為之人，甚至是半途而廢的還俗人。這兩位真正的教育家完全尊重人的內心，順服天主的旨意，而不致敗壞到要用以上的那些手段：他們認為那是侵害靈魂，也是侵犯天主的意願。人應出自自由意志，而非遭強制或破壞個人性格，才能進入萬聖之聖之內。馬丹夫人毫不遲疑地回絕了雷奧妮，因為她把她的反覆無常、她少年的瘋言瘋語和穿上聖佳蘭會的會衣混為一談：「她每天說要進入聖佳蘭會隱修，這話就像小德蘭（當時只有兩歲半）對我說的兒語一樣，絕不可信！」

這位母親以多麼慎重又小心的手法，一步一步地在寶琳的靈魂裡守著她那在成長中的聖召種子。她不要急忙行事，怕太早會喚醒尚未成熟的隱情，因為目前只是一些漂浮的思慮，尚不具有堅實的內涵。她對瑪麗也是一樣，她一八七五年十二月五日這樣寫信給她的老二寶琳：

「有一天她若成為往見會的修女，我一點都不會感到意外；因為她對世俗毫無興趣，我反而希望她穿得漂亮一點。最近的一天晚上，我看了聖女尚達爾的書後，在祈禱時，突然想到瑪麗會當修女；然而我立刻不再想這件事，因為我注意到，我預先想到的事，其結果常常是相反的。不要跟她講這件事，怕她以為我有這個盼望。其實，真的，若知道那是天主的旨意，我才盼望。只要她跟隨天主對她的召叫，我就心滿意足了。」

父母親的角色是準備好有利於種子發芽的沃土，是塑造可以讓嫩芽成長的環境。前面談到過馬丹夫婦如何有先見之明，小心地讓孩子們遠離有害的影響，如何將她們的信仰導向正確的方向，就是讓她們在一切事上只要天主所要的，最後就是勉勵她們做犧牲。這種培育必然會滿足聖寵的一切要求。只要把人塑造成對一切本分之工作都說：「我願意。」就不會在感到天主的邀請時想逃避祂。

是否還應該再說：家裡的一切都傾向於把聖召視為無上的光榮？在家裡，孩子們學到如何尊敬她們的修女阿姨。芒斯的會客室，阿朗松的聖佳蘭修院，里修的加爾默羅會，在她們的腦海裡都早已留下了清新的修道景象。爸爸在街上對神父及修會修士敬禮，只以尊敬的口氣談論他們；若有人批評神父的講道，爸爸一定介入，頌揚天主的聖言；而媽媽則心直口快，有時不免指出講道者，甚至神父，所講的某些地方不當；可是對於來自傳教區的講道者，都報以超性的敬重，她那已經夠累的身子再累，也不願缺席，一定前去聽講。

在寶琳的筆下有這樣一則有趣的回憶，可見在這方面母親的影響有多麼深遠：

「我很小的時候，媽媽總是抱我坐在她的懷裡，聽她給我講聖人的生平故事。有一次，她告訴我，在天上只有貞女們到處跟隨著好耶穌，這位無玷羔羊，她們頭上都戴著白玫瑰花冠，唱著別人不會唱的讚美曲。於是我告訴她，我也要做貞女，戴著白花冠。我問她，妳的花冠是什麼顏色的？因為她要我注意，結過婚的人是沒有白色花冠的。於是她回答我說，她很可能有一個紅玫瑰花冠。我聽了對她喊說：噢媽媽！我絕不要結婚，我不要在天上戴紅色花冠！」

德蘭就是生活在這種環境與氣氛中，才會感到從內心昇起一股神祕的吸引力，那叫做被「走向新郎的貞女們」所吸引。她以後寫道：「我偶爾聽說寶琳要做修女，當時還不知道修女是什麼，心裡就想：我也要做修女！」在里修，正好有馬丹先生以他那熱烈愛主之心來護衛著這個小火花。聖女說在她第一次進入加爾默羅會的小聖堂時，爸爸在她耳邊輕聲說：「我的小王后，妳看，在這大鐵柵欄後面，有許多神聖的修女一直在向好天主祈禱呢！」可以想像接下來會引出一連串的問題，於是爸爸就開始給小女兒啟發修道的奧義。天主的召叫藉著父親或母親那愛的聲音，已強有力地暗示出來，或抓住人心了，而父母他們自己卻毫無所悉。

馬丹夫婦在指望孩子修道的同時，也難免感到分離之苦。面對這種前景，連最馴服的本性也會驚恐戰慄。母親有時談到寶琳和瑪麗可能有的聖召而感到自豪，並且在她臨終前臥床對寶琳坦言心願；然而在一八七六年七月九日，不禁對她的弟妹說了以下的心裡話：「雖然我有強烈的願望要把她們獻給好天主，可是如果祂現在就要我做這兩種犧牲，我可以儘量做，心裡卻是萬分不捨。」其實這位慷慨無量的母親所獻出的是她自己。她將去世，將把她的雄心壯志帶進墳墓：「女兒們都做加爾默羅會的修女！」要完成這壯志，就交給馬丹先生了。他也將以最大的慷慨之情，親手宰殺犧牲品，連同其後代，將祭品全獻給主耶穌。這種景象可以將我們帶回到中古時期那最美好的時刻（譯按，作者此處暗指中古時期法國偉大聖人聖納德 Saint Bernard de Clairvaux，1091-1153。他和他全家人也都入會修道，因而無後；至於最美好的時刻，則指這位聖人於一一一一年入熙篤隱修院修道，後任院長，撰寫會規，領導修士們修德成聖；當時教會發生分裂，他又奔走歐洲各地，恢復教會之和平與統一）。

* * * *

其實，在比松耐的家一旦安頓好，里修的加爾默羅會就有機會在家人的談話中迴盪了。這座加爾默羅會院位於里修的里瓦洛（Livarot）路，會院是一個用深色紅磚砌成的幾何圖形之建築群，屋頂用的是白板瓦，開了幾個天窗。修院的正方形建築有兩個側翼，一邊是以小教堂的整個長度與兩邊之側翼相連，另一邊則是以有拱頂的迴廊將其連接在一起，迴廊的風格極為樸實無華。修院的院子中央有一尊壯觀的大理石十字聖架，俯視周圍。一個狹窄的花園給這裡的獨居人一個種菜的有限園地，從園邊再分出一條小徑，這條漂亮栗子樹所形成的隱蔽小徑能使人心情平靜，它將見到來日無多的德蘭安詳地寫下她《靈心小史》的最後幾頁。修院的高牆有一部分是沿著奧比蓋（Orbiquet）河岸建造的，讓外界看不到裡面嚴格的內斂生活。

這座隱修院在其開創之初，有一段英勇壯烈的經歷，值得在大德蘭的建院史②中記上一筆。原來，有兩個來自奧得邁橋（Pont-Audemer）的高思蘭（Gosselin）家的姊妹——阿達麗（Athalie）和黛西瑞（Désirée），她們決定把她們有限的財物奉獻出來，用以建造一座加爾默羅會院，兩人切願在會院中達成全德的渴望。當時貝右的主教當賽耳（Dancel）指引她們到里修去，並給她們指定當時聖雅格堂的副本堂，一位蘇比斯會的比艾·芾瓦基神父（le Père Pierre Sauvage）將來擔任其院長。這位熱心的神父到處打聽，最後找到在波阿帝耶（Poitiers）城有一座古老又熱心的加爾默羅會院，她們答應扶助建院的計畫：願意給她們培訓要求入會的初學生，並派遣兩位最優秀的修女在開創之初去協助她們。在一八三八年三月十六日，四位諾曼第的初學修女和兩位波阿帝耶的已發過終身願的修女坐著公共馬車來到了里修驛站。這兩位資深修女，聖德蘭珍妮薇修女（Soeur Geneviève de Sainte-Thérèse），聖路易麗莎修女（Soeur Elisabeth de Saint-Louis）將擔任院長職務，則任副院長兼初學導師。一輛頂上蓋著防雨布的四輪馬車在傾盆大雨中把她們帶到伯維耶大道（Chaussée de Beuvillers），在沒有找到合適的住處以前，就在這勒布

2. 編按，詳情請參見《聖女大德蘭的建院記》，大德蘭著，加爾默羅聖衣會譯，星火文化出版。

榭夫人（Mme le Boucher）借給她們的破房子裡暫時棲身，其破舊的情況就像聖家當年白冷的家一樣。

接著在九月五日她們就搬進里瓦洛路的這間房子裡，房子雖然仍是破舊，卻比以前的寬大一點。這座初創修院就獻給「始胎無原罪聖母」，以後又將正式名稱改為「耶穌聖心及聖女耶穌聖嬰德蘭」。在這個小家庭之上，有「高瓦登（譯按，**Groswardein**，以前是匈牙利境內之城市，現屬羅馬尼亞）之聖者」的祈禱在保護著她們，這位聖者本為霍恩洛厄家族（Hohenlohe）的公子，現為主教（譯按，德國籍主教，**1794-1894**，於一八四四年升為主教），給她們送來他主教尊位的種種鼓勵，並將以一種真正先知性的本能宣稱：「將有一大家子的人進入里修的加爾默羅會，這家人將給此修院帶來千萬種降福。」

在第一位院長姆姆過世以後，副院長聖德蘭珍妮薇修女繼任院長，她主持院務長達四十九年之久。在此期間，她就是修女們的活會規，修院由於她的貢獻而得以迅速成長。在她任內，各種考驗不斷落在她肩上，她的每一步都一直是在貧困中向前走的。經過四十幾年的頑強奮戰，現在這座隱修院才能擁有最低的生活空間和足夠的物質基礎。她最初的計畫在一八七七年大致完成，那正是馬丹先生搬來里修的時候。

寶琳和瑪麗入加爾默羅會

比松耐的家人很久以來就對加爾默羅會懷著敬畏之心，修院大門上許多雕刻的骨灰甕就足以使他們感到一陣寒氣。寶琳的夢想是飛向往見會。在她已與芒斯的院長談過此事以後，一八八二年二月十六日，她去聖雅格堂在加爾默羅山聖母像旁邊望彌撒，忽然千真萬確地覺察聖母要她做加爾默羅會的修女。她正巧可以頂替一位在頭一天剛過世的修女，就這樣，她將進入里瓦洛路的修會。很久以後，當小德蘭也進入此修會後，她將有機會繼續照顧她的「小女兒」。

寶琳向父親表明心跡，當時他正在白耳凡代沉浸在晨讀之中，很快將進入默想。他以無限的仁慈聽她說完，然後只是告訴她，由於她的身體不夠強壯，還常患偏頭痛，也許無法承受這種修會的生活之苦。在女兒表明心意已決，並全心信賴上主以後，就獲得了父親的首肯。然而，當天下午，當他在樓梯上遇見獨自上樓的寶琳時，不禁激情地對她說：「我的寶琳！我同意妳進加爾默羅會，完全是為了妳的幸福，別以為我不難過，這也要我做很大的犧牲啊！因為我那麼愛妳！」說完以後，就深情地擁抱了她。

在《靈心小史》裡，德蘭訴說這個消息如何撕裂了她的心，然而，在她的「小媽媽」安慰她，給她解釋時，她突然清楚地也感到天主的召叫：「我感覺加爾默羅會也是好天主要我隱身的曠野。」在寶琳獲准入會以後，院長瑪麗玺撒格姆姆得知這個九歲的女孩也心向入會後，不忍令她失望，可是要等她長大。德蘭深沉的目光裡透露著那麼沉靜的光芒！等待將是她極為痛苦的煎熬。

一八八二年十月二日，馬丹先生由瑪麗和她們的舅舅陪同，送寶琳進入她的新家。他心裡充滿著對亡妻的回憶，因為這一天滿全了她的盼望，他自己也欣然向天主奉上這第一個獻禮。小王后沒有參加這次的別離，因為對她的打擊會太大，怕她承受不了。一八八三年四月六日的穿會衣大典也沒讓她參加。然而中午一過，那位今後將稱為耶穌依尼斯修女的寶琳，根據當年的禮儀，身穿白色的結婚禮服，走出柵欄，來到外面的會客室，以能與家人做最後的擁抱，於是德蘭來了。好幾天以來，她都被一種奇怪的病折磨著，現在天主給了她暫時的平靜，她可以來看她「親愛的小媽媽」了。她坐在她懷裡，藏首在她的頭紗裡，接受她的愛撫。然後寶琳放下德蘭，挽著父親，跨出聖殿，在完成了外部的典禮後，走到柵欄門口，在修女們的歌唱聲中，穿上修會的會服。十三個月以後，就是一八八四年五月八日，在小德蘭初領聖體的那天晚上，她穿著雪白的禮服，容光煥發地和她的「君王」一起來看她的「小媽媽」，向她傾訴自己心裡的感觸，而寶琳也正好在這同一天誓發她的三聖願。同年的七月十六日，全家人又一起參加她戴聖紗的典禮。

在這期間，與寶琳見面的時間很短，德蘭只分到幾分鐘來訴說她的心裡話，這讓她傷心極了，比松耐那長長的訴心哪裡去了？至於馬丹先生，他則愈來愈喜歡這些靈修性的談話了。他原本也渴望把自己全獻給天主，現在對於神祕靈修大師們閃爍的金科玉律一直讚不絕口。由於聖十字若望，他尤其領會到世上的一切萬有，不過是虛空而已。身處光禿四壁修院的冰冷會客室，面對這好似對世俗挑戰的鐵柵欄，他特別感到對修道的無限嚮往。在他從君士坦丁堡和羅馬與瑪麗來往的信裡，他不忘他的「美珍珠」，以下是他一八八五年九月二十七日給瑪麗的一封信：

> 「告訴我親愛的美珍珠，我常想到她，並感謝好天主給了她那麼崇高的聖召……」——「見到她那麼幸福，即使在此世，耶穌也來造訪她，我是多麼欣慰！這是唯有祂才做得到的！我的寶貝，讓我們一起感謝天主，並全心祈求祂把聖寵充滿我們的好雷奧妮。」

這封信裡的最後一句話暗指已乍現的新犧牲：雷奧妮漸漸也心向修道生活。瑪麗自己似乎對此也受到強烈的吸引力。的確，若有人以膚淺的眼光看她，對她想要修道，會聳聳肩膀，哪有可能！不錯，她純潔如百合花一般，可是生性絕對獨立自主，全身上下沒有一點修女的模樣。她確實對自己的自由絕對維護，可是也會想到來自母親的深厚影響：母親曾用心調教過她那獨特又寬宏大量的天性，她在天上仍繼續她的行動；還有寵愛她的父親將深刻的靈修氣氛包圍著她；更有寶琳那有傳染性的範例，以及她倆無數次的深談，都引她深思。總之，一八八二年的某一天，——瑪麗當時二十二歲——她選了一位神師，是一位傑出的耶穌會士畢雄神父（譯按，R. P. Pichon，他曾藉著他的「小德蘭」的轉求，求天主讓他在生命的最後一天都能獻彌撒聖祭，結果他在巴黎一九九一年十一月十五日清晨，在他七十七歲那年，在準備做彌撒時，突然過世。他曾在聖女的建議下自獻於「仁慈聖愛之自獻軍團」），這位神父精於講避靜和輔導靈魂。結果那句要她修道的話尖銳地翻動著瑪麗的心，她奮鬥、掙扎也沒用，她正直的個性再也無法擺脫，她把她的選擇寫了密密麻麻的八張紙，其結論非常明顯：她感到已被「天主慈愛的羅網」網住了，她不禁喊說；「原來耶穌也向我投來祂那特殊之愛的目光！」

在展開行動以前，她得先完成她對家庭的任務。時間一年一年地過去，現在是一八八六年。雷奧妮這時也想離家：以前她曾和母親參加過阿朗松的聖佳蘭隱修院第三會的聚會，現在她急於加入「貧窮女士」（譯按，les Pauvres Dames，是聖佳蘭創立修會之初的名稱，是教會在一開始對於佳蘭和其同伴的稱呼）的行列；而賽琳已滿十七歲，德蘭也快完成學業了。畢雄神父去加拿大宣講兩年後剛回來，就解決了瑪麗最後的疑慮。她寫道：

「做犧牲的時刻將為我敲響，啊！見到這時刻已臨近，我絲毫不感到興奮，因為我必須向我深愛的爸爸說再見，必須拋棄我的妹妹們，然而我沒有一刻遲疑。我將這心思告訴了爸爸，他聽了只長嘆了一口氣，因為他絕沒有想到會有這樣的事，我的確沒有一點像要做修女的樣子。

他想哭出來，又忍住了，只對我說：『啊！……啊！……可是……沒有妳！！……』就說不下去了。而我，為了不讓他動情，只鎮定地回答他：『賽琳夠大了，可以代替我，爸爸，你會看到一切都沒問題的。』這時，他繼續說：『好天主不能向我要求更大的犧牲了！我以為妳永遠不會離開我！』然後他擁抱我，以隱藏他的激情。」

進入加爾默羅隱修院的日子定在一八八六年十月十五日，和寶琳一樣的日子。瑪麗想先在媽媽的墓前做最後一次的跪拜，於是全家人在十月七日到了阿朗松。不料雷奧妮乘著在阿朗松的時機，在家人全無心理準備的情況下，申請入聖佳蘭隱修院，並得到了入會的許可。以後的事會證明她的行動實在太過魯莽。馬丹先生見到已既成事實，只好以大量之心屈從，還找出許多超性的理由企圖讓瑪麗平靜下來，因為她對妹妹這種奇特的倉促行動非常不滿，認為簡直是胡鬧。果然，在同年的十二月一日，雷奧妮回到家裡來了。由於她身體過於虛弱，完全無法承受嚴厲會規所要求的苦修。父親因此就以無比的愛心，小心翼翼地努力緩解她內心的失望。

至於他的「第一個寶貝」，在聖女大德蘭的瞻禮那天，他親自帶她去加爾默羅會。一八八七年三月十九日，在大聖若瑟瞻禮日的早上，瑪麗穿會衣，在那令人心碎的典禮中，他忍住悲情，將寶貝女兒獻給天主作為祭品，從此瑪麗就是聖心瑪麗修女了。在典禮中，畢雄神父講道，讚揚聖召。父親一直勇敢地擔負著他心頭的傷痛。按照傳統，當天要在修院院長的府上設宴款待神父，當時的院長就是聖雅格堂的主任神父。飯桌上父親對另一位神父坦言：「我很高興，我的兩個女兒修道了，必能得救。我還有一個女兒，她才十四歲，也急著要追隨她的姊姊們呢！」

不錯，他的女兒們善於對他表示孝愛，瑪麗在初學時期努力給爸爸寫了無數封信，都是熱情之心的傑作，以能稍稍緩解父親因別離而造成的深深傷痛。

而他呢，他對兩個做修女的女兒表現了真正的慷慨大方。在寶琳穿會衣時，他送給修院兩個華麗的壁燈：是金色銅製的，飾以水晶和蠟燭。輪到瑪麗穿會衣，他又給修院的財物增添了兩個大聖物箱，其形狀如中古時期之聖遺物顯供箱。他常常挑選最好的魚給修院清淡的日常伙食增添菜色，給修女增添營養。為了修院，他懷著無限愛心擲出釣魚鈎。如果自己不釣魚，他就去和水產批發商定約送貨，或去拍賣場買魚。大女兒很恰當地稱他為「好耶穌的供應員」。她細心靈巧地感謝爸爸，除了把他「船上的寶貝，他的孩子們交出來給天主」以外，還把他辛苦釣到的魚送給祂的淨配們。她尤其感謝他莊重地同意女兒們入會成為修女，這個決定讓她們現在享有幸福的生活：「噢爸爸！你是最好的爸爸，你不顧自己的老年，把女兒給了天主，願光榮歸於你，永不消退的光榮，只有你值得受光榮，我們要以成為聖人來光榮你，其他的一切都配不上你。」

* * * * *

德蘭的聖召

瑪麗的聖召是經過冷靜地思考，又沉著地一步一步履行，終於如願以償，所開展的好似是基於理性的婚姻，其實愛情當然沒有消失；反觀德蘭的聖召則是來自她那似萬馬奔騰不可遏止的狂熱愛情。這愛情在她心裡深耕、翻騰，加爾默羅會成了她最大的心願：她的雄心壯志就是為教會及神父們而自我犧牲。在外工作的修會（譯按，如從事醫療、教育工作等），對她沒有吸引力，唯有使徒工作最稱她的心，然而她認為從源頭下手更具挑戰性，犧牲更大，就是在靜默及默觀中直接達到萬事的第一原因。因此，在羅馬朝聖之行中，她從一位熱心的朝聖者手中接過一份「傳教士年鑑」後，她忍住不看，後來她解釋說：「我太愛獻身使徒工作了，因此我要藏身在隱修院，可以更無我地把自己全部奉獻給好天主。」

她曾經和好幾位優秀的聽告解神父談過話，可是從來沒有向他們吐露過自己的決定，唯有對畢雄神父是例外。這位瑪麗和寶琳的神師，在他來里修時，她對他坦言了自己的一切計畫。他全然支持，就連向教宗良十三世請願也覺可行。她後來承認：「我總覺得好天主不用中間人，而是直接對人行動。」有一天她突然想到要請求在一八八七年的聖誕節那天入會，以紀念兒時在這節日天主所賜下的「改變」，那也正是她滿十五歲生日的前幾天啊！瑪麗認為那是她堅持己見，不贊成。寶琳則對她「小女兒」的心境更加清楚，不但贊成，還全力支持。而賽琳則早就猜到了妹妹的心意，她自己也夢想有一天能穿上那件會衣，只是慷慨地讓妹妹先她入會。兩人在頂樓上的談話又增添了難以言喻的熱心，以至於有一天德蘭會這樣高唱：

當時我倆互通心曲，
手牽手，心連心，
一同歌唱那神聖的婚姻，
那夢想已久的加爾默羅會，
我們的天堂！

剩下要做的是如何向她的「君王」開口。當時他還不到六十四歲，仍保持著雄糾糾的軍人氣概，神態挺拔，然而身體上已經是一位健康亮紅燈的老年人了。一八八七年五月一日，在他如平日一樣要去望早上七點鐘的彌撒時，突然腦部充血，如半身不遂一樣，他只好臥床。癱瘓使他半身麻木，所幸沒有傷到智能。女兒們知道了，趕緊扶他起身，他堅持還是要她們扶著去主教座堂，無論如何都要聖化這聖母月的第一天。他一邊的腿覺得很沉重，舌頭也有點不能自如。他以基督徒的心思考這上天給的提醒，在回程的路上對孩子們這樣說：「我的好孩子們，我們非常脆弱，像樹上的花一樣，晚上看來鮮艷動人，早上，只要一小時的嚴寒，就枯萎凋謝了。」

舅舅一得到消息，立刻趕來，他要病人躺下，給他施以吸血水蛭，馬丹先生見那麼多人圍著他，還開玩笑地說：「盛宴的桌子太小了，有這麼多人要坐席！」這下危機解除了。在以後的這一年中，有過兩次這種不適，只是沒有第一次那麼嚴重，而是立刻就控制住了。馬丹先生沒有因此減少活動，情緒也愉快幽默如前，只是更喜歡獨處思考。偶爾會臉色蒼白，嘴唇發紫，讓女兒們十分擔心害怕。

這時能把他最痛心的犧牲，就是犧牲他的「小王后」的前景，突然置於他眼前嗎？其實他心裡早就有數，會早晚把她獻給主耶穌的；他早就在她那純潔之心的光彩中見到這端倪了，然而她還只是個少年，那應該是很多年以後的事吧。他每天在里修市區散步時，由於上次的小中風，步履已放慢許多了，這時，他的「小王后」就是他的最佳良伴了。德蘭心想要不要打破這種稱心的寧靜呢？她猶豫良久。她祈禱，向天主求救，最後才得到向爸爸開口的勇氣。

那天是聖神降臨大節日，唸完了晚課。馬丹先生有感於晚上的平安寧靜，就坐在比松耐的後花園休息，雙手合掌，靜觀大樹群的樹梢在夕陽的金光下閃爍。德蘭走近他。他見她兩眼含淚，猜想她有什麼大心事壓在心頭。「妳怎麼啦，我的小王后？放心告訴我吧……。」他也許已有了預感，因為他已經站了起來，好像要隱藏自己的心緒，他摟著小女兒，開始慢慢踱著步子。只有德蘭自己才能敘述這一幕，她在《靈心小史》的第五章裡，是這樣寫的：

「我含淚談起加爾默羅會，說自己很想早日進修院；於是他竟然也哭了！然而他沒有說任何話企圖改變我的心意，只是叫我注意我還太年輕，現在就做這樣重大的決定，怕有不妥。我一再懇求，並以種種理由捍衛我的決定，我那舉世無雙的爸爸以他正直又慷慨的天性，終於被我說服了。我們繼續踱步良久；我已放下心來，爸爸也不再流淚了。他對我說的話完全像出自聖人一樣。當我們走近一堵矮牆邊，他指著一叢小白花給我看，花朵極似小百合花；他取了一朵給我，一邊給我解釋天主多麼仔細地照顧它，讓它盛開，並善加保守，直到今天。

我好像在聽我自己的故事，因為那朵小花和小德蘭太相似了。我拿到這朵小白花，把它當作聖物一樣。我見爸爸在取花時，是連根拔起的，根也沒有斷，看來它命中註定將在另一片沃土上繼續生長，那就是我：正是我親愛的爸爸遂了我的願，對我聖召的首肯，讓我離開我那童年的甜蜜山谷，去攀登加爾默羅山，去開始另一段人生。」

父親對這小女兒聖召的首肯，簡直近似英勇壯烈，而外界則可能指責他精神錯亂。因為當時里修正流傳著一些話，一些尖刻的指責，幾乎是誣蔑性的攻擊，指向里修加爾默羅會院的院長神父，也就是聖雅格堂的本堂得拉楚艾德（M. Delatroëtte）神父。這些攻擊來自一位富有的市民，因為他的愛女想進入這修會做修女。在這種情況下舅舅對德蘭的計畫會持什麼態度呢？身為監護人，他會拿出那必要的許可證明讓小孩子去冒險嗎？因而會引起更多的流言蜚語？以至破壞了他那穩固的理想基督徒名聲？讓人說他失去了他過去一直清醒的頭腦？

現在德蘭已認定對舅舅的這一步要無限期地延後了，因為他威嚇的態度很難改善。她希望日後氣氛能夠改變，同時也等父親的健康完全增強以後再說。

幾則家庭的事件也使她和舅舅的會面得往後延：七月初，馬丹先生帶著他三個女兒去勒阿弗博覽會參觀，後來又去了楚城海邊，在丁香別墅住了一陣，這是第四次，一八八六年七月的那一次為時太短了。

在這期間，就是一八八七年七月十六日，雷奧妮取得了爸爸的同意後，要再次去體驗修道生活。有鑑於自己的身體不夠強壯，心懷對修女阿姨的美好回憶以及兒時的病被往見會修女治癒，這些因素都使她走向崗城的往見會。她在那裡實習了好幾個月，因此錯過了羅馬朝聖之旅。她打算在年底以前回到比松耐的家。

至於德蘭這邊，她眼見時間一星期一星期地過去，聖誕節的時限馬上就要到了，在進修院以前，必須正式和舅舅交涉以取得那必要的許可證明。接連四天都沒有在他家裡找到他，於是在十月八日星期六這天，德蘭就直接到他藥房去找他。舅舅雖然和藹地接待她，至於給予許可，卻斷然拒絕。他認為這樣冒失地離家去進修會，還會對教會有害，只要冷靜地想一想，就不可能給許可。此後十五天過去了，德蘭滿心焦急，眼見美夢就要破滅了，整日憂心忡忡，整個人好像被虎鉗夾住了一般：一邊是天主的聖意，一邊是無法越過的障礙。耶穌．依尼斯修女，就是寶琳，聽了她的訴苦，就請舅舅留意孩子內心的痛苦；然而這封信還沒到舅舅手裡，舅舅在祈禱中天主就已使他棄械轉念，不再反對了。

不料另一個更鋒利、更頑強的反對聲又起來了，這回是修院的院長神父，就是聖雅格堂的本堂得拉楚艾德神父。一方面是市民勾串不當攻擊他的陰謀使他非常氣憤，另一方面他本是可敬卻出奇嚴厲的神父，毫不妥協地致力於在堂區要教友絕對遵守教規。他在沒有參考會憲的情況下，公開主張未滿二十一歲的女性，絕不准許入會。他性情專橫，斷非和藹可親之人；德蘭還是硬著頭皮和爸爸一起去看這位可怕的人物。她熱心地提出種種理由辯駁，只是白費力氣，被他一口回絕，沒得商量，唯有主教的命令才能使他讓步。馬丹先生懷著了不起的無私之心，支持女兒，為女兒爭取特權，每一步都陪著她，眼見她焦慮痛苦，不知如何安慰她才好。從神父處出來，外面正下著傾盆大雨，它強調了這第一次的矛盾：那就是行政上的謹慎和非凡聖召的神祕動力之間的無情碰撞。

於是決定去求助於主教。馬丹先生在加爾默羅會之指導神父的建議下，想辦法和主教府取得一個約定時間，去晉謁主教。他又去找了副主教，要求安排時間，結果時間訂在十月三十一日，德蘭和爸爸一起去主教府，她特意把頭髮高高挽起，好顯得年紀大一點。

于高南主教（Mgr Hugonin）擔任貝右的主教已有二十多年了，是一位好學之士，為人溫厚，善於以兩全之道解決問題。他聽了德蘭想進加爾默羅會的請求，認為這決定既冒失又慷慨，他說要徵求院長神父的意見，這下讓德蘭又淚如雨下，雖然副主教事先囑咐過她，叫她不要在主教面前掉眼淚。馬丹先生刻意不說話，讓德蘭自己陳情，好讓主教注意到她有早熟的心智。結果主教誤以為父親持保留意見，便順著父親，好意勸她最好在家多陪爸爸幾年。德蘭以後在《靈心小史》的第五章裡這樣回憶說：「主教見父親竟然站在我這一邊，替我求情，怎不讓他既意外驚奇又感動起敬！爸爸又溫和體貼地說，如果得不到主教的恩准，我們就參加教區辦的羅馬朝聖團，到那時女兒可以向聖座當面懇求。」

馬丹先生的這番話很可能讓一個負面的決定沒說出口，也讓主教願意到里修去和院長神父見面，好商量出有一個解決問題的辦法。主教最後總結說：「你們會在義大利收到我的回音。」一定是女孩的純真和眼淚感動了他，他堅持送他們直到花園，並津津有味地聽這位爸爸告訴他，女兒如何在早上將頭髮高高挽起的事。那位全程陪在主教身邊的副主教則堅持要再送他們直到大門口，並感慨地大聲說道：「沒有人見過這樣的事！女兒急著要自獻給天主，爸爸竟然也一樣急切地要把女兒奉獻出來！」

* * * *

現在沒有別的辦法，只能指望羅馬了。馬丹先生剛去給自己兩個女兒報名參加古當斯（Coutances）教區所主辦的羅馬朝聖團。貝右教區也有眾多教友參加並由副主教領隊。一列專用火車帶走了一百九十七位貴賓，其中有不少教會人士，至於平信徒則多半來自諾曼第的貴族階層。呂班（Lubin）旅行社用心規劃了行程，盡量將絕頂的舒適與最高的藝術和宗教情懷結合在一起。一路絕不在火車上過夜，沿途所經不是歷史重鎮，就是曠世美景。下車地點也都是名城，下榻的旅館都極其豪華奢侈：這一個月的旅程對眼目和心靈都將是魅力無窮的。對天主教方面來說，這趟旅行也是件大事：義大利反教權的掠奪剛剛開始，教友們因教宗在囚禁中受辱，曾感到痛心疾首。現任教宗良十三世的晉鐸金慶使他獲得了一股熱心的暖流。在法國這樣的朝聖之旅是第二次，是展現出擁護教宗絕對權利的行動，頗為引人注目。

臨走前，細心的馬丹先生沒有忘記他的修女女兒們，她們自願遁世，讓她們失去那麼多欣賞美景的機會。他為她們抄了《師主篇》內的一段，告訴她們不能朝聖，不必難過，同時也向她們道別：

「你除了現在所在的地方，能看到別處嗎？在你眼前的是天，是地，和其他一切。世上的一切不都是合成出來的嗎？你不論在哪裡，在太陽下能看到的是長久不變的嗎？你也許以為不會變而感到十分滿意，然而天底下的一切變幻，終究永遠看不完。因此全世界現在所呈現在你面前的一切，除了虛幻的外觀，難道還有別的嗎？」

羅馬朝聖之旅

有人也許會想馬丹先生帶著小女兒做這次豪華之旅，必定是想藉花花世界轉移她的聖召；那是他不認識這位爸爸，因而想錯了。此次旅行的首要目的反而是向教宗求得恩許，以能實現德蘭的修道計畫。至於德蘭自己，她知道這幾個星期的吃喝玩樂可能會有危險，於是她求在天上的母親和大聖若瑟，這位「貞女的護衛和慈父」，小心地保護她。因此她這一路都維持著心靈的平靜，奉獻之心從來不曾動搖。

總集合處選在巴黎。在三天以前，就是十一月四日星期五，凌晨三點鐘，馬丹先生和兩個女兒就離開了里修。在德蘭未出版的回憶錄裡，她這樣回憶當時的情景：「我們在上午到了巴黎，立刻就開始遊覽這舉世聞名的花都。可憐的爸爸不畏疲累，只想讓我們看得高興，因此我們很快就欣賞了首都那出色的全部奇觀。」馬丹先生知道小女兒在各座獻給聖母的教堂中，心裡最鍾愛的就是全勝聖母堂，於是就在巴黎選了離這座著名教堂最近的旅館，可以隨時去堂裡祈禱。就在這座教堂，德蘭有時想起微笑聖母，而在心頭所蒙上的焦慮，竟然就此消除無蹤了。

在十一月六日主日那天，古當斯教區的主教在巴黎蒙馬特（Montmartre）耶穌聖心大堂的地下小教堂裡主持了朝聖之旅的啟程典禮。大家在聖伯鐸小聖堂的彌撒中領了聖體後，在「我的心靈頌揚上主」的歌聲中，朝聖者列隊走到教堂半圓形後殿的上方，於是主教在戶外降福了拱門上的拱門飾，那是置於聖母祭台對面的飾物。

火車在巴黎東站於十一月七日星期一早上六點三十五分起程，直接往羅馬奔去。每一個車廂都用一位聖人之名稱之，以利辨別。馬丹家人聽到古當斯教區的副主教親口以聖馬丹作為主保稱其車廂，莫不大為驚奇。難怪以後團員們會戲稱德蘭的父親為「聖馬丹先生」。

車廂裡的八個位子只坐了七個人，都是從里修來的，其中有三位神父，三人中的聖伯鐸教堂的副本堂神父會加入他兩個女兒的談話；其實父親根本沒有，如別人所想，託他照顧女兒們。他絕不會隨便託人照顧他的寶貝們的。他非常謹慎，也以賽琳和小王后為榮，絕不會輕易離開她們。只有少數幾次他不得不走開，那時他就會託朋友白納（Bernard）一家人照看她們。

朝聖團的成員都是一時之選，讓人感到好似置身在諾曼第的古堡內一樣。有些人展現其貴族領銜，也有人炫耀他們與貴族聯姻。沙龍的閒言閒語從各車廂傳來傳去。長途旅程的確會讓各人的怪脾氣展露無遺：有人一心要找最好的座位，找最舒服的位置；要怎麼坐才不累，才能保持其美好的儀態不變；有的總是抱怨不滿，有的則不停詢問，要人帶領，還有的只想會吃什麼，會有什麼娛樂節目。然而這一些人性的弱點一點也不防礙大家還是其樂融融地像家人一樣；只是偶爾會有點小摩擦，各人也特別留意鄰座的小毛病而已。

馬丹家三人這一路上倒沒有什麼煩惱，他們的名字上沒有貴族的記號，然而三人那麼融洽無間，那麼高貴優雅，以至旅館的服務部主任有時會誤認，把他們當貴賓接待。馬丹先生在這上層社會的場合裡，則被認為是坦誠熱情又彬彬有禮的君子。在《靈心小史》中，德蘭敘述他在火車上如何把最好的座位讓給別人，在旅館裡如何把就近的房間讓給別人，又如何讓一個不斷抱怨又批評的人開心起來。他有時雖然面露疲容，但總是心情愉快，堅毅地對抗一切疲勞，只求讓別人高興。一路上沒有任何事端能影響他內心的平安。

火車離站時，他讓女兒們坐在靠窗的座位上，好欣賞沿途風景。有團員邀請她們一起玩牌。她們表示不會打牌，道謝婉拒了。接下來的反應在《靈心小史》的第七章中有詳盡的敘述：

「他們立刻表示不快，我們親愛的爸爸馬上過來以極平和的口吻替我們排解，並暗示他們既然來朝聖，就應該把大部份的時間用來祈禱。其中一個要玩牌的，忘了敬老之道，不加思索地脫口喊出：『好在我們現在法利賽人不多了！』爸爸一語不發，他甚至表現出聖賢受辱仍不改其樂的風範。過了一會兒，他就想辦法與此人握手，並歡快地和他談話，好像剛才的辱罵完全沒有聽見，或早已忘懷了。」

對馬丹先生來說，這一個月在美景與美藝之間的長途旅行，是一首持續對天主的讚美頌。經過瑞士時，他朝以前想進入的大聖伯納隱修院的方向投以讚羡的眼光，那是他年少時夢寐以求的地方。琉森（Lucerne）之夜，四州湖（Lac des Quatre Cantons，即琉森湖）的全景，在聖高達（Saint-Gothard）的短暫逗留都使他登高謳歌天主。在米蘭，他望古當斯主教所主禮的彌撒，他坐的位子緊臨祭台，他虔敬地把頭靠在裝有聖嘉祿·鮑榮茂主教（Saint Charles Borromée）遺體的聖髑櫃上。彌撒後在他繼續祈禱時，賽琳和德蘭卻跑去登上了四百八十個台階，直到教堂的圓頂。在威尼斯，他讓她們獨自爬上鐘樓，去欣賞聖馬爾谷的珍寶。在巴杜亞

（Padoue），他哪能不想聖安道（Saint Antoine，或稱聖安東尼），對於這位聖人的種種事蹟，確實讓他感動不已。

十一月十一日傍晚，朝聖團到了義大利著名的大學城波隆那（Bologne）。一大群大學生早就接到通知前來迎接這批法國人了。接待禮非常熱情，讓人感到幾乎有點喧鬧，其實這就是年輕人的本色嘛，本地報紙也會在第二天的報紙上做不錯的報導。出了禮堂，在人群的擁擠中，馬丹先生和女兒們走散了。朝聖團中年紀最小的德蘭出現在群眾面前，她身披朝聖團白色加藍條的絲質肩帶，上面別著一個有教宗良十三世的人像徽章。一個開心的大膽傢伙一見到她，就將她一把抱起，把她舉起並歡呼勝利，直到被她那純靜的眼神所懾服，才在人群中把她放下。這只是頑童的調皮玩笑，沒什麼好計較的。只是德蘭對這個城市難免有點反感，因為她不論走到哪裡，都會有路人聚集來看她，讚美她，甚至有些義大利女店員喊著她，追著她，要給她獻上花束。因為比松耐的小王后美麗優雅極了：她穿著一件黑色洋裝，外加一件棕褐色似皮毛的緊腰上衣，頭戴一頂氈製飾以羽毛的無邊女帽，在她絲一般柔軟光滑的金髮上繫著一根緞帶，把她稚嫩的臉龐襯托得美極了，她爸爸愛極了她這個樣子。她告訴別人：「只要我們不坐車，他一發現我不在身邊，就會叫我，要我挽著他走，就像在里修一樣。」

從波隆那到了洛雷托（Lorette）的「聖屋」（譯按，耶穌住過的聖屋本在納匝肋，一二九一年因該處有戰事，而將聖屋遷到小亞細亞的德沙道〔Tersato〕，三年後又遷到義大利的現址）。父親依其隨和的習性，和團員們一起在大堂裡領了聖體，而兩個別出心裁的女兒則獨自到耶穌居住過的聖室裡開心地領了聖體。十一月十三日晚上，在黑暗裡爆出了歡呼聲：羅馬！羅馬！大家頓時歡欣雀躍。團員們下車，住進名叫南館（Hôtel du Sud）的旅館，德蘭當時住的房間現已改裝成祈禱室。除非有特別的禮儀，通常他們去最近的聖安德（Saint-André delle Fratte）教堂望彌撒。在一八四二年一月二十日，由於聖母在此聖堂顯現給猶太人阿爾豐斯．拉帝斯崩（譯按，Alphonse Ratisbonne，1814-1884，他由於聖母的特恩而深受感動，因而改信天主教，後來更成為耶穌會神父，在聖地傳教，並在該處創立隱修院及孤兒院），賜他顯靈聖牌（Médaille Miraculeuse），而使此教堂聲名大噪，名滿天下。

團員們是在灰暗的天空下遊覽這永恆之城的。雨不斷地下了十天之久。德蘭在她的《靈心小史》中敘述了他們如何在羅馬近郊散步，在地下墓穴和在聖雅妮（Sainte Agnès）大教堂裡祈禱，最後到了古羅馬的競技場（Colisée），德蘭不顧危險，也不管官方的禁令，和賽琳兩個人從斷壁一級一級地往下衝，去找那塊刻有十字的石板，那就是當年致命聖人們戰鬥的地點。德蘭還邊走邊開導遊們的玩笑，唯妙唯肖地模仿他們沉著又浮誇的口氣。

遊覽時德蘭見處處有禁止女性進入聖地的告示，而引起她強列的抗議，在她未出版的回憶錄裡她這樣辯駁：

「每次都有人對我們說：『不可進到這裡……不可進入那裡，否則開除妳的教籍！』啊！可憐的女性，她們怎麼這樣遭到歧視！然而，她們愛好天主的人數比男人多得多了；而且在主耶穌受難時，婦女們比宗徒們勇敢得多了：她們可以不顧兵士們的羞辱，竟還有人膽敢給耶穌擦拭祂那可敬的聖容……既然祂自己選擇了被人歧視，因此天主很可能要她們在世也分享祂的遭遇……在天上，祂會讓人知道，祂的想法不是人的想法，因為到那時，那『最後的』要成為『最先的』。」

以上這番話，雖然沒有當年英國婦女爭取參政權時語氣之慷慨激昂，卻也可以因此將德蘭意外地升格為婦女運動的優秀主保，不是嗎？

馬丹先生對女兒的忿忿不平只報以微笑，他喜歡她的自主率真，她的英勇豪氣。女兒們以大無畏的精神大膽地衝向外教人的競技場，只為了要跪下來親吻初期信眾那以鮮血染紅的土地，因而讓他把起初的驚愕，很快地就轉變為崇高的自豪。因此他也同樣讓她們登上聖伯鐸大堂的頂峯，直到米開蘭基羅所築起的穹頂上的地球，那好似在眾宗徒之墓上恭敬地放著大型的教宗三重冕。

覲見教宗良十三世

這次旅程的重點就是晉見教宗。德蘭既期待又害怕，她剛接到耶穌依尼斯修女，就是寶琳的來信。她起初非常不贊成直接向聖父求救，後來經院長瑪麗雅撒格姆姆和創會者珍尼薇姆姆的勸說，才改變意見。信裡告訴她要預先準備好做哪些懇求，連如何措辭都寫清楚了。德蘭一想到要在眾目睽睽之下做這樣不尋常的請求，就讓她不寒而慄。十一月十四日，她還這樣寫信給她舅媽：「我真不知道該怎麼樣向教宗懇求，真的，如果好天主不負責承擔一切，我真不知道該怎麼辦，然而我全心信賴祂，祂一定不會不管我的，我把一切都交付在祂手中。」

十一月二十日主日，德蘭戴上禮儀用的黑色頭紗，挽著父親，跨過銅製大門，爬上國王樓梯③，然後在樞機主教的會議室裡坐下，那裡祭台已布置妥當，教宗良十三世④將在此主禮彌撒。雖然他只做了他教宗任期的前半，然而已是深深駝背的老人了，但卻有驚人的年輕生命力。他身材高大，有修長白皙如貴族般的雙手，他天庭飽滿，更有漂亮的鷹嘴鼻。他那明亮的雙眼，使他那白得幾乎似半透明的苦行者的側面，像發出光輝似的。他表情威嚴，的確是一位偉人：整個人散發出一種魅力，可以說那是融合了才華與聖德的魅力。

教宗主禮彌撒時所表現的熱忱與專注，令人印象深刻。彌撒後他還參加了由高

3. 譯按， Scala Regia，為名建築師貝尼尼（Gian Lorenzo Bernini）所建造之著名樓梯。勝利聖母教堂小堂的雕刻「聖女大德蘭的神魂超拔」則是他的名作。
4. 譯按，Léon XIII，1810-1903，他於1878年被選為教宗，建樹良多，尤為教會之社會公義思想奠定了基礎，而享有「工人階級之教宗」的美譽。

級神職人員所主持的謝恩彌撒，然後才移步到朝覲室，坐上一個很高的寶座。我們的副主教在古當斯主教之後晉見教宗，呈上貝右教區恭賀他晉鐸五十週年的賀禮，那是一件主教穿的緊袖法衣，飾有路易十四式的花邊，上有教宗的各式紋章和諾曼第各主要城市的市徽。這件細緻的傑作是由數位女工用了八千個工作天才完成的。然後是團員們列隊朝覲教宗，一個一個地跪下親吻他繡有十字的白鞋，並接受他的降福。我們的副主教侍立在教宗右邊，高聲宣布：嚴禁向聖父陳訴，並向教宗一一介紹團員。輪到馬丹先生時，他介紹說這是兩位加爾默羅會修女的父親。教宗聽了，為了表示對父親特別親切，雙手覆在他頭上良久。德蘭在《靈心小史》中提到這一幕，認為那是「教宗以基督之名，給他蓋上了一個神祕的印記。」

晉見儀式結束後，馬丹先生正為教宗對他的親切舉動既感動又欣喜不已，不意竟然見到德蘭滿面淚水來到他跟前，怎不讓他驚異萬分？原來她違背了種種命令，膽敢對教宗說話；而教宗俯身聽她時，幾乎把他那莊嚴的面容輕觸到她的額頭：「至聖聖父，為了慶賀您的金慶，求您允許我十五歲進加爾默羅會！」副主教見狀甚為不快，連忙說明神長們正在審查此案，並給了含糊不清的答覆。教宗繼續以銳利的眼神看著她，並加重每個字的語調，回答她：「放心……放心……天主若要，一定進得成！」他舉手降福她，定睛望著她良久，侍衛們則立刻扶她起身離開，而她早已淚流滿面。

德蘭難過得心都碎了，當天給她的小媽媽寫了這封短信訴苦：

「噢寶琳！我沒法告訴妳我的心情，我完了，深覺被拋棄了，現在又離妳這麼遠，這麼遠！……我邊哭邊寫這封信，我傷心極了。然而好天主……給了我承擔這考驗的勇氣。噢！這考驗可真沉重啊！然而，寶琳，我是小耶穌的小皮球，如果祂要把祂的玩具穿破，就隨祂高興了，不錯，祂要的我都要……——我想說的還沒有都寫出來，有些東西我沒法寫出來，得當面對妳說，而且妳要三天以後才看得到我的信。寶琳，我什麼都沒有了，只有好天主，只有祂而已！再見寶琳，我不能再寫了，怕爸爸跑來要看信，我不能再讓他難過了。」

其實，馬丹先生對他小王后的激動不安感同身受，並著手想辦法來補救。他想在朝聖活動的空檔時，去找一位可敬的修士。就在十一月二十一日到二十二日，當團員們都去拿坡里和龐貝參觀時，他獨自留在羅馬，就立刻動身去拜訪這位西默盎修士。這位修士是他兩年前第一次來羅馬時認識的，他創辦了聖若瑟學院，現任該院的院長。他屬於那些傑出的法國人，以他在梵蒂岡的多種關係，無私地為同胞爭取靈性上的權益。上次他曾親切地接待過他，這次再來，是為了女兒的事求他幫忙。他向修士說明一切，細述瑪麗的聖召、德蘭的計畫。然而要實現這個計畫却是困難重重，到處碰壁，就是晉見教宗，結果也令人失望。修士邊聽邊作記錄，既感動同情又熱情興奮，最後激動地說：「在義大利不會有這樣的事！」

他立刻說要去找貝右的副主教談這件事，說曹操曹操到！這時祕書引進來的，竟然正是副主教本人！現在讓賽琳把詳情告訴她的修女姊姊們吧！這封信是在修院的檔案裡找到的：

「副主教對爸爸非常熱情，看來好像對阻礙了德蘭感到後悔，為了讓爸爸能原諒他，他特別提起由於他向教宗引介爸爸時，特意說了他是兩位加爾默羅會修女的父親，而得到了教宗特殊的降福。爸爸問他對於德蘭的請求，主教是否已有回音，還加上一句：『你答應要幫我忙的』，多好的爸爸！我想副主教是受感動了，看來他開始相信德蘭的聖召是不凡的，他還說：『好！我會去參加她的穿會衣典禮，我會不請自去！』爸爸於是對他表示感謝，然後大家還親切地談了一陣話……。

我覺得副主教一定是動了憐憫之心，德蘭在聖父腳下是那麼可愛：她跪著，雙手相合放在教宗的膝蓋上，雙眼是那麼懇切地要求，看去很美呢！」

教宗後來很可能請了副主教去，囑咐他要幫忙讓德蘭可以拿到主教的特許。因為羅馬圈子裡的人都說，長久以來，這位教宗對任何人的請求，都親自督促辦理。不論真相如何，這位可怕的副主教的允諾，現在真正是黑夜裡的一道亮光！此後在整個旅途中，德蘭感到副主教探索的目光不斷專注在她身上。觀察的結果應該是對她有利的，因為此後這位大人物對德蘭的態度轉為極其友善。別的教會首長一聽說她的請求，也都對她表現出一種親切的好奇心。

就連十一月二十四日的《寰宇報》⑤也以「十一月二十日羅馬來電」為題，意外地向法國天主教界介紹：「在朝聖團中有一位十五歲的少女向聖父懇求允許她能立刻進隱修院做修女。」諾曼第的媒體到處傳播並仔細敘述這項消息，文中充滿廣告氣息，這是小王后絕未想到、也絕不想要的。在里修，尤其是在天主教界，大家都知道，說的就是德蘭．馬丹。她的聽告解神父——她沒有告訴他自己的決定，因為她想好天主和她的小媽媽就足以好好地領導她了——急忙跑到加爾默羅會院，要問個究竟。接著他看來是疑雲全消了，因為依尼斯修女寫信告訴她舅舅：「勒拜耳帝耶神父全知道了，他星期六來看我們了，他對德蘭非常讚賞，說這孩子享有特寵，將來一定能成大器。」

這些好消息從里修又傳到了義大利，馬丹先生自是喜出望外，在他看著瑪麗的來信時不免心情激動：

「聖父特別降福了你，我全心分享你的喜氣。啊！他以特別的眼神看著你，我一點也不覺奇怪。這位主耶穌的在世代表一定是得了祂的啟發，才會了解你。噢！可敬的聖父，他降福了你的白髮，降福了你的老年！……我覺得好像是耶穌親自在降福你，在看著你！在這世上，已沒有

5.　譯按，*Univers*，法國天主教報紙，1833年創立，1919年停辦。

什麼可看可嚐的了。我覺得有了這種經驗以後，心裡除了天堂，不會存有別的了。多麼神奇的一副美景！不是嗎？親愛的爸爸，不久見！」

至於德蘭，她代母、就是大姊瑪麗，在給她的來信中所寫安慰她的話，不久就會成為事實：

「妳注意到聖父對妳說的話嗎？『天主若要，一定進得成。』我的德蘭，這話有其深義。啊！妳可知道這話裡含有多少奧祕！天主若要，妳一定進得成。這就好像祂對妳說：『孩子，如果我要，妳就進得成；如果我要，即使有那麼多反對的聲音，有那麼多人說「不！」，妳還是進得成；如果我要，明天這些心就會改變，因為他們都在我手裡！……』我的德蘭，沒有什麼好怕的，只要感謝耶穌。願那小皮球在小耶穌的雙手裡安靜地休息。她要知道祂是多麼珍惜她，多麼貪戀她，祂要她只屬於祂自己，其實只要祂要她，就一定能得到她。我的德蘭，聖父俯身聽妳說話，耶穌也一樣：祂懷著愛，俯身看著祂的小玩具！妳知道，我以前沒怎麼注意妳的願望，現在才知道，我以前曾想是否是我們把時間提早了，現在我知道不是我們！因為祂給了我們各種證據，我確信祂的旨意必能實現！」

現在朝聖團員們已經在回程的路上了。他們十一月二十三日離開了羅馬，第二天參觀了亞西西那「充滿聖方濟和聖佳蘭之聖德芳香的地方」，順路向佛羅倫斯（Florence）和巴濟的聖瑪利德蓮（Sainte Marie-Madeleine de Pazzi）的遺骸櫃致敬。再參觀比薩斜塔，賽琳和德蘭還想去攀登到塔頂呢！在火車上欣賞了河流的美景後，他們越過邊界，順著蔚藍海岸前行，沿途欣見藍色海水上清晰地顯出那略帶紅色的懸崖，成排的棕櫚和處處的松林。

在這旅程的最後階段，德蘭又坐在副主教身邊了。原來在亞西西，德蘭在隱修院的迷宮裡迷路了，錯過了動身的時間，朝聖團的車子都開走了，只有副主教的車還在。副主教把她接到自己車裡。她在《靈心小史》裡說自己好像「一個小松鼠掉進了陷阱裡」一樣。副主教則很和藹地和她談她的聖召。稍早在離開尼斯（Nice）的時候，馬丹先生一心要讓女兒不要太傷心，就在副主教耳邊輕聲對他說：「你要對德蘭說幾句話……你知道她一直想著她那聖誕節的小耶穌……。」他微笑表示首肯。這會兒在車裡和德蘭坐在一起，以前那麼可怕的副主教現在溫和地俯身向她：「到了里修要去哪裡呢？」女孩一下紅了臉說：「我會去隱修會看我兩個姊姊。」「我們只能做我們能力所及的，不是嗎？我答應妳，我會盡量幫助妳。」這下喚醒了所有的希望，「噢！謝謝你！」德蘭不禁衝動地大聲喊說。

朝聖團在馬賽參拜了守護聖母大殿，在里昂的福維艾山坡上唱了感謝主的「我的靈魂頌揚上主」，最後在十二月一日到二日的深夜裡到了巴黎。一到巴黎，朝聖團就解散了，這次旅行的目的在只有得到一半的肯定中結束了。馬丹先生為了要安慰小女兒，提出一個更遠程的旅遊計畫：去聖地朝聖！那也是他自己常念念不忘的壯舉，心裡一直想踏遍主耶穌的足跡，吸取到處處透露著的福音氣息。然而德蘭已看夠了此世的美景，不想要別的眼界，只嚮往加爾默羅會院那冷峻的高牆。因此一到里修，她立刻把她那滿腔的愁緒告訴她的「小媽媽」。「小媽媽」依尼斯修女及時提醒她貝右于高南主教的許諾，既然他答應過他會很快就裁定她的請求，於是囑咐德蘭要立刻給他寫信，不可遲延。

至於馬丹先生，他則私下告訴寶琳，兩個小妹妹在貴族圈子裡一點也不顯得不自在，還說：「她們是最引人注意的人中間的兩個，千真萬確！」德蘭在她未出版的回憶錄裡，也有一段感想：「我覺得我們倆是人見人愛的，爸爸看來也以他的兩個女兒為榮，我們也同樣以他為榮：因為在我們眼裡，在整個團的團員裡，沒有一個能比得上我親愛的君王那麼英俊挺拔、那麼高貴優雅。」

＊　＊　＊　＊

對於這個慷慨的孩子來說，接下來的幾個星期是漫長無比的。每一天，她爸爸克制住自己的心境，順應他小王后的意願，親自帶她去郵局，焦急地等待那渴望已久的回音。結果這回音要到一八八八年一月一日才從聳撒格院長姆姆的手裡拿到。進會的許可是發下來了，至於具體的細節則交給院長姆姆全權處理。她則一方面顧慮到院長神父的感受，另方面也想讓德蘭避開即將來臨的封齋期，因為那時修院的刻苦是非常嚴峻的，於是決定她進會的時間要排在復活節以後，也同時慶祝此修院建院五十週年。

德蘭本想在去年的十二月二十五日聖誕節入會，這新的長長延期對她是特別冷酷殘忍的。她失望氣餒之餘，想乘機放鬆一下，再享受一下這即將拋棄的世間之樂；又轉念一想，那是狡猾的誘惑！聖神的光照立刻摧毀了魔鬼的陷阱。而馬丹先生這邊也勇敢地接受了這三個月的暫緩期，每天早上都感到離那無情的預定離別日又少了一天。他從來沒有像現在這樣享受和他的德蘭共處的時間。他想盡辦法寵愛她，讓她開心。在二月底，他不是給她帶來了一隻新生羔羊，牠有雪白的捲毛，可愛極了，讓兩小姊妹把牠當作寶貝一樣？可惜，這次的醉心大喜太短了，就在下午，小羔羊嚥了氣。

德蘭進加爾默羅會

那決定命運的日期最後選定在復活節後的第一個星期一，就是四月九日，這一天也是因封齋期而延後慶祝的聖母領報（天使報喜）大瞻禮日。臨別盛宴於頭一天晚上在比松耐的飯廳裡舉行。在盞盞水晶燈的照亮下，橡木餐桌的周圍有馬丹先生和三個女兒及舅舅一家人坐定。雷奧妮也在場，由於健康不佳，讓她中斷了在崗城往見會的實習。在這第二次失敗的打擊下，她覺得應該告誡妹妹，執意的決定可能會帶來不良後果。德蘭平和地謝謝她的好意，告訴她自己的決定不是隨便輕率的。她沒有抱幻想，而是她那全心要做犧牲的意志在推動著她往前行。有天主的強力加持，她絕不會後退。

在這即將捨棄一切的時刻，她難免仍深感心如刀割。她後來回憶道：「這些告別多麼讓人心碎！我多麼想大家把我忘記，可是每個人都在無意間洩露出那最多情的話，讓人感到分離的犧牲更為沉重。」在別處又寫道：「爸爸幾乎不發一言，只以他那愛的眼神一直看著我……舅媽一直在哭，舅舅則熱情地不斷讚美我。」大家的眼睛都流著淚，只有她自己保持著平靜，完全控制住了自己。

「生離猶如死別」要對這些最熟悉的景物看最後一眼，怎不教人傷懷！

無生命之物，難道你們也有靈魂，

也有愛的力量，如此依戀著我們的靈魂？

德蘭最後一次走進家裡英式花園的小徑，凝視她最愛的花，給她的狗最後一次的愛撫，以目光最後一次擁抱了這「兒時甜蜜的暖窩」，就向下走上那石子的「天堂之路」，比松耐的靈魂遠去了。

全家人都陪伴著她，個個沉默不語，最後大家和她一起走進修院那莊嚴樸素的小教堂。後來的情景，在《靈心小史》中的第七章裡有這樣的描述：

「大家領了聖體以後，我只聽見一片哭聲，而我，我倒沒有流眼淚；不過在彌撒後，在我帶頭走向修院的大門時，我的心跳得之猛烈，我心想自己是不是就要沒命了。啊！這等時刻！這等瀕臨死亡！唯有親身經歷過的人才能了解。我一一擁別了家人，然後跪在父親面前，求他降福，不意他竟也跪下了，哭著降福了我。一個白髮蒼蒼的老父親，把自己正值花樣年華的愛女獻給主耶穌，這一幕天使見了，也會微笑讚賞他的。我一進門，幾道院門就立刻都關上了。」

德蘭沒有提起的是：院長神父在彌撒後，可能在他們已夠苦的苦爵杯裡，再加上一滴怨恨。他大聲宣告，好讓女孩和她父親都聽得清楚，且口氣生硬：「現在，可敬的姆姆們，妳們可以唱〈謝主頌〉（*Te Deum*）感恩了！我身為主教的代表，給妳們引進這個十五歲的孩子，是妳們要她進會的。但願她不會讓妳們失望。我要妳們注意，如果她讓妳們失望了，是妳們要負全部的責任。」這位院長神父顯然沒有先知性的德能。不過，以後他會改變態度的。

馬丹先生回到比松耐，翻開他的彌撒經書，找出夾在裡面瑪麗送他做紀念的聖像，那是他特別喜愛的，題目是「聖召」。圖像是一位主耶穌所特選的貞女離開父親的家，準備走過一段兩邊有兩排十字架的長路，雙眼盯住基督，要登上髑髏地。

在圖畫下面有這樣的注釋：

願萬有向深愛的耶穌基督奉獻一切！……
願我在此世之旅的最後一天，
當死亡打擊我時，能在我內找到
那被釘十字架之天主的映像！

在聖像的反面印有幾大篇蒙塔朗白⑥夾在他所著《西方的修道人》（譯按，*Moines d'occident*，所講述的修道人自聖本篤直到聖納德，自1860至1867年）的第五卷中他所寫下那不朽篇章中的幾則選段。原來那是他那天把心頭的愛女佳琳（**Catherine**）祭獻給了天上的父親，回程時情緒激動，心跳得幾乎喘不過氣來，可是滿心既感恩又自豪。文章大家都熟悉，以下是其中令人心碎的高潮：

「這看不見的愛人究竟是何許人？祂在十九個世紀以前死在十字架上，如今還把青春、美貌和愛情都吸引到祂身邊？祂把祂光輝的魅力顯示給人，沒有人能抗拒？是誰突然和靈魂結合，使他們成為祂的獵物？是誰把我們活生生的肉中之肉攫去，飲用那我們血中最純淨的血？祂是人嗎？不是，祂是神，是天主。這就是天大的奧祕，這就是這既崇高又痛苦之奧祕的答案！」

基督徒的信德不曾啟發過比這篇更動人心魄的文章了。

6. 譯按，Montalembert 伯爵，1810-1870，法國政論及政治家。

馬丹先生在做了那不凡奉獻的第二天，獨自坐在他的貝耳凡代裡，滿屋都是他德蘭的笑容和傾訴。他沉思之餘，寫信給一位好友：「我的小王后昨天進了加爾默羅會。只有天主能向我要這樣的犧牲，然而祂如此大力地幫助我，讓我在流淚中，心裡卻喜樂滿溢。」話雖這麼說，他心裡還是深深地動盪不安。若有人見他表面斯多葛式的堅忍而對他說：「亞巴郎也不能勝過你，如果天主要你祭殺你的小王后，你也會像他一樣去做。」他會馬上回說：「不錯，可是我承認，我會很慢地舉起我的利刃，等待天使和公羊趕快出現！」

四月九日晚上，賽琳以書信把父親這位崇高基督徒的偉大情懷講述給隱修院裡的人聽。今日在院中相聚的三姊妹可以放心了，因為父親會英勇地承受這次的衝擊。

瑪麗立刻寫信表達對父親的讚賞和感激：

「我舉世無雙的父親，

賽琳對我們所講述的一切，你實在當之無愧！啊！我們怎麼有這樣的好爸爸！因此我不奇怪好天主怎麼從這位了不起的爸爸手中取走他所有的孩子，因為這位父親是祂心頭的寶貝，所以祂向他和他的孩子們投以完全特殊的愛之目光。我們幸福的媽媽在天上一定會微笑滿意，她會多麼高興見你把她心愛的小船駛向天上的港口……我不能再寫下去了，我太激動了。媽媽看了賽琳的敘述也會感動淚下。」

＊　＊　＊　＊

在加爾默羅會院的會客室裡的交談，現在空前地成為馬丹先生心靈的安息與享受。在會客室裡他再見到他的德蘭，頭戴傳統式的小布帽，藍色洋裝外面套著初學生的黑色罩袍。在她那稚氣的優雅上籠罩著一種莊嚴的氣息。她看來容光煥發。她所經歷的種種考驗現在沒有透露出半點痕跡。今後，考驗就是她的日用糧。別人看到的只是她嚴守會規、認真做事而已。世人可能以為她是「修女團體中的寵兒」，而她的淨配卻立刻以嚴峻的手法要造就她成為聖人。

聖神降臨慶典後的星期二，就是五月二十二日，她被選為她的代母瑪麗戴上玫瑰花冠，因為她剛發了聖願。兩天以後，馬丹先生參加他大女兒的穿會衣大典；他可以最後一次傾聽畢雄神父那麼有力的言辭，他頌揚修道聖召一向最為出色。

雷奧妮和賽琳的聖召以及孩子們的孝愛

六月聖心月又給他帶來了新的激情。雷奧妮絲毫沒有因兩次實習的失敗而氣餒，決心要早晚進她那日思夜想的往見會。而賽琳呢？若老父親不在了，她將何去何從？她剛毫不猶豫地回絕了一門顯耀的婚事，她對天主的虔敬似乎也讓她在向隱修院進發。只有她的姊妹們知道她這藏在心底的事，她沒有向父親透露半點風聲，因為她已決定要侍奉父親直到他離世。然而一個偶發的事件讓她不得不向父親把隱情全部吐露出來。

一八八六年六月十六日，——當時她十九歲——她畫完了一幅畫，要把它掛在父親的房間裡，畫的是瑪麗德蓮在七苦聖母的腳下，於是帶著它上樓到了貝耳凡代。爸爸在那裡，坐在書桌邊，他仔細看了以後，很欣賞這幅畫，其悲愴的題材令他十分感動。他因而向女兒建議，要帶她去巴黎拜一位大師教她，使她的技藝能更精進。於是賽琳脫口說出了她的祕密。她承認自己也想跟著姊妹們進加爾默羅會，完全不想在巴黎與複雜的藝術界有任何瓜葛。這個表白肯定了她的奉獻，也一絲不差地完成了她母親的最大心願，使得馬丹先生因滿溢的神聖自豪而喜極顫抖。他立刻拉著女兒喊說：「快來，我們去聖體面前感謝主耶穌，祂施於我們家莫大的恩寵，祂選了我所有的女兒做祂的淨配，這是我何等的榮幸！不錯，好天主向我要了我全部的孩子，的確是我莫大的殊榮！如果我還有更好的東西，我一定急忙獻給祂！」

他的歡樂是那麼強烈，他要立刻和他親愛隱修院的女兒們共享：「我要告訴妳們，我急著要感謝天主，也要妳們和我一起感謝好天主，因為我感覺我們一家人雖甚卑微，卻蒙可敬的造物主把我們納入祂特選的寵兒之中。」

有人也許會替他抱怨，孩子們都走了，他身邊空無一人，這些一次一次的犧牲，實在不夠人道。而他則從經驗知道自己的老年不會因此而孤單憂鬱。孩子們的孝愛從來沒有像現在來自隱修院信件裡的那麼熱烈，那麼扣人心弦！這些來信寫在簡陋的小小紙條上，用翻過來的舊信封（譯按，修女們神貧精神的體現）裝著的是她們由衷的心聲。

下面是一八八八年四月二十九日德蘭寫給他的信：

「你對你的小王后太好了！幾乎沒有一天她不收到她的君王送來的禮物！我親愛的爸爸，太感謝你了，你不知道你的小王后有多愛你，的確你不會知道，要到天上你才會知道！」

另外一封是一八八八年七月三十一日寫的：

「我想到再過八天，我進修院就滿四個月了，真不可思議！我一方面覺得自己一直都在這裡，一方面又覺得好像昨天才進來；時間過得真快！……。

當我想到你時，我很自然地就想到好天主，因為我覺得在此世找不到一個比你更有聖德的人了。不錯，你一定和你的主保聖路易一樣的聖德超凡！我需要不斷告訴你我愛你，好像你不知道一樣。噢！我做為你的小王后是多麼榮幸……我希望自己總能當得起這個稱號。耶穌這位天上的君王為祂把我取了來，並沒有從我地上的君王手裡把我拿走。

噢！真的，如果我親愛的爸爸願意，而且視我仍當得起，我願永遠做『爸爸的小王后』！並要以成為大聖人來光榮你。」

瑪麗和寶琳的信裡也充滿著同樣激動的熱情，這熱情好像被超性的愛火提昇、轉化又昇華了一樣。女兒們的孝愛現在是真正的「虔敬」，或更應該說，是在愛德中已達到了最高點。大女兒給父親的信裡談到德蘭，寫下了這樣的話：「小王后的確當得起這個稱號」，「她的完美無愧於她的君王」，還說：「我覺得沒有很多父親像你一樣能得到那麼多的愛和尊敬。至於我，我想到你就不勝感動。如果我能把我的幸福全都給你，那就太好了！」

一八八八年十二月三十一日，她又告訴他：

「你的寶貝，即在此世，就想給你戴上榮冠了！其實你的榮冠不是已經開始了嗎？不是在加爾默羅會已經有三個冠上的花葉飾在那神聖的匠人手中正在修飾？噢！祂可是內行極了，只要我們不設置障礙，祂在我們的靈魂內將塑造成多麼神奇的作品！還有，在比松耐那兩顆發亮的珍珠，不是也該把她們算進來嗎？更有我們在天上的神聖母親和四個飛走的小天使！大家給這位白髮老家長戴上的，是何等富麗的榮冠！足以讓他返老還童呢！」

來自天上的無數體貼關懷，讓瑪麗有時會預感到不明的恐懼：「噢！親愛的爸爸，在我想到你所積聚的超性寶貝，我幾乎害怕起來。啊！但願好天主不要把這寶貝立刻給你！有時好天主好像等不及要給他的聖人們戴上榮冠。然而，請等一下，我的天主，祢有永恆可以給他戴。」

天主會等。他不會在聖人們長久飲用祂的爵杯以前給他們加冠。馬丹先生目前是停留在大博爾山上。他不會停留很久。在得到他的光榮以前，他得先攀爬那最痛苦的加爾瓦略山。

第十四章 父親的犧牲

馬丹先生的一生，直到現在，即使是痛苦，也都是明亮燦爛的。現在他將進入昏暗的階段了。他將體驗那淨化信德的心靈黑夜，他將經歷心智的逐漸衰退：這種使自由意志變得日漸猶豫、沒有把握，使他感到無比的沮喪、苦惱。他自己因此努力保持頭腦清醒，以能聖化這種因退化而導致的辛酸；而他的女兒們則認為這是重大的考驗，旨在推動她們走上「十字架的莊嚴大道」。

預見的幻象

這痛苦的一章有一個前奏：那就是在八年前的一個預見的幻象。那時德蘭七歲，在一個陽光燦爛的午後，馬丹先生去了阿朗松辦事，因此她不能如平日一樣和爸爸出去散步，於是就獨自在白耳凡代後面的房間窗口欣賞諾曼第陽光下的大自然美景。這預見幻象的一幕還是讓德蘭在她《靈心小史》的第二章裡親自敘述吧：

「我獨自站在窗邊，面對花園，看著美景，心情愉快。突然看見對面洗衣間的前面，有一個男人，衣著和爸爸完全一樣。他身材高大，步履姿態都和爸爸無異，只是駝著背，一副衰老的樣子。我說衰老，是根據他全身的樣子；因為我看不見他的臉，他頭上蒙著一塊厚重的罩布。他沿著我的小花園慢慢地走著，步履規律。一種超性的恐懼立刻向我襲來，我顫抖著聲音大喊：「爸爸！爸爸！……。」可是這個神祕的人物好像沒有聽見我喊，連頭都不回，逕自往前走，他朝著花園走道兩邊的松樹林走去。我等他從樹林的另一邊出來；可是這預見的幻象就消失不見了！」

瑪麗和寶琳聽見了德蘭恐怖的叫聲，立刻向她奔來。她們好言勸說那不過是女傭維多兒和她開了個玩笑，要她放心，女傭卻說她沒有。我們又到樹叢下沿路找，完全沒有那奇怪之人的蹤跡。最後姊姊們認為最好是就此打住，叫德蘭不要再想這件事了。

在《靈心小史》中，德蘭繼續說：

「啊！我沒辦法不想。我腦海裡常常出現這個神祕的幻象。我常想去揭開那厚布頭罩，好看個清楚，可是沒辦法。然而在我心底，確信終有一天會真相大白。我親愛的小媽媽，現在妳全知道了！妳知道好天主讓我看到的，確實是我們的爸爸，因年邁而駝了背，而在他可敬的臉龐上，在他白髮蒼蒼的頭頂上，確實帶著他那將遭受重大考驗的記號。」

＊＊＊＊

馬丹先生目前總是在沉思來世。他擁有一筆不錯的財富，並善加管理；是用一種靈巧的方式，完全沒有沾染上諾曼第人的奸詐手段。耶穌聖嬰德蘭因此會在信裡以開玩笑的口氣說，如果他破產了，他也會平靜以對。她強調：「在他外在的安排和內在的心態下，沒有厄運能使他驚慌。」

他常愉快地回想他以前取自《智慧篇》的一段文章，現在已經常成為他默想的題材了：「可敬的老年並不在於高壽，也不在於以年歲來衡量，其實人的老年是在於有智慧，他的謹慎可以取代他的白髮，他純潔的一生才是他老年的幸福。義人悅樂了天主，也為天主所愛，因為他生活在罪人中間，所以天主把他接去……。」接近他的人都感到他確實不凡；從他身上散發出一種超性的平安，一種感人的莊嚴，讓人肅然起敬。在他經過之處，人人會說：「他真正是一位可敬的長者。」即使年邁，他身體仍然健康挺拔，一如其精神。修道院的修女們發現他「有聖若瑟的樣子」——他留下的相片也可以佐證——賽琳也承認這一點：「真的，他是典型的正人君子，在我想知道聖若瑟是什麼樣子時，我立刻就想到我的爸爸。」

在羅馬朝聖途中，德蘭見到她「君王」的高貴言行，確實出眾不凡。她在《靈心小史》的第七章裡這樣寫道：「讓我驚異又感動的，是他在聖德道路上進步之神速。他生來性子急，現在竟能完全控制住自己，而且此世的一切，看來他幾乎已不掛在心上了。」她並以他對近人——他們是吹毛求疵或喜愛鬧事爭吵之輩——的寬宏大量為證，「他從來沒有說過一句有違愛德的話，媽媽和認識他的人都可以作證。」珍尼薇修女也斬釘截鐵地說：「他緩解別人痛苦的愛德和他言語上的愛德同樣令人讚賞：他總是原諒別人的過錯。」例如有一天，他必須合理地向一個執拗的房屋承租人理論：這人的家境不錯，卻拒絕繳付房屋的租金，還在路上追著他口吐惡言，動作粗暴；這讓賽琳氣得直發抖，他卻仍保持冷靜，很明智地把這房客丟在馬路上，不發一言地走了：與狂暴之徒是沒有辦法講理的。

家長的奉獻

馬丹先生閱讀過亞西西聖方濟的傳記，他也想和聖人一樣把自己的身體當作敵人一樣看待。刻苦一直是他的日常。他到了六十七歲時仍忠實地嚴守教會所規定的齋戒。他暗暗品味當年生活在曠野中的教父們，不斷從他們身上汲取新的思想，以加強對自己的戰鬥力。這本教父史是瑪麗送給他的，結果被她又搶了回去，以阻止他再有這些她稱作「冒失的不當行為」。

然而可別把他想成由於過份虔誠而變得僵化，成為麻木不仁之人。其實他總是在家人共聚時那不可或缺的靈魂人物。他也以藝術家之心品嚐美的情感。他的外甥女瑪麗，也是他的代女，這孩子她爸爸暱稱她「小夜鶯」，他自己則由於她那靈活的大黑眼睛而稱她為「希臘女神」。當她出現在他面前時，他總是要她以她那純淨悅耳之美聲給他唱首歌。他對大自然之美更是特別敏感，比任何人都更迅速地以此勝景讚美天主的創造之美。

年齡漸老，他對信仰也變得更易動情。在聖誕節期時，耶穌・依尼斯修女聽見他在修院的會客室裡喊說：「一個小孩子！啊！好天主竟然如此自我貶抑！怎麼能不被祂吸引而去朝拜祂，小孩子是多麼可愛啊！」他勤奮地抄寫一篇五傷聖方濟沙勿略的默觀文和一篇對耶穌聖容的禱文。這篇禱文是聖伯鐸・瑪麗修女寫的，這位修女於一八四八年七月八日在杜爾（Tours）的加爾默羅會院裡的聖善氣氛中過世，她對里修會院的影響非常巨大。再說，馬丹先生在他晚年感到聖體對他有無比強烈的吸引力，以致他醉心於每天領聖體。我們應多麼讚賞天主在這位父親的心裡預先激起了女兒德蘭在靈修上的三種主要面貌（譯按，即指聖女小德蘭對耶穌聖嬰、耶穌聖容和耶穌聖體的偏愛）。

馬丹先生從他年輕時，就喜歡在看書時隨手摘錄神祕靈修作者們之作品的選段，因此我們擁有他手寫的全部文選集，其中聖安生挨著聖思定、亞西西的聖方濟和聖文德與聖依納爵和聖女尚達爾為鄰。在他私人的記事存檔中又找到了一張手抄稿，好像與他向主耶穌做最後的全部奉獻是同時期的，我們特將各段文字全部登錄於下。文中清楚地可以見到在最後的十字架考驗以前他個人的靈修方向：

——「人在過世前千方百計地想保有生命，如果他們還有幾個世紀好活，他們還是一樣對待世上的一切，沒有使它們成為不朽的。然而天主不把他們的努力放在眼裡，祂自永恆就知道自己已決定在哪一刻世界的一切就要結束。

這並不排除各種的醫療輔助，細心照料，只是不要過份地焦慮，而應做好預防工作，我們盡人事，其餘的一切就聽天命了。

朗賽神父（L'Abbé de Rancé）說得好：大海儘管咆哮，海浪儘管怒吼，小船儘管動盪，只要有天主的氣息鼓起船帆，就不會遇險，必能安抵港口。」

．．．．．．

——「噢！神聖的羅馬天主教會，各教堂及全體信眾之母！那是天主特選的教會，用以在同一信德、同一愛德中結合她的子女為一體！我們要以赤心堅持維護她的團結合一。」——波蘇艾①之講道，題為：教會之團結合一）

．．．．．．

1. 譯按，波蘇艾（Bossuet），1627-1704，法國高級神職人員，一六五二年晉鐸，以其講道著稱，一六六二年曾受邀為法王路易十四及其宮廷官員講解封齋期的道理。

——「噢我深愛的救主！在我初次進教會時，我不知道屬於祢竟是如此幸福，而今天，我明白祢對我是多麼重要！由於經過體驗，我要向祢保證，與世上的榮華富貴相比，我偏愛的是：侍奉祢的榮幸與喜樂。」

……

——「愛天主，只依附於祂，如果你不活於愛，就會死於痛苦。」

（巴拉姆姆〔Mère Barat〕）

時間一年一年地過去，馬丹先生日益喜愛沉思默想。他比任何時候都喜歡待在他白耳凡代的寧靜裡，可以幾小時之久欣賞夏日美景或秋色所引起的憐惜之情。德蘭在她還住在比松耐的最後幾個月裡，注意到父親對於收心及祈禱的興趣日益濃厚，她在她未出版的回憶錄裡這樣說：「他很輕易地就超越生活中的種種挫折。好天主給他的安慰滿溢他心。他每天朝拜聖體時，眼裡含淚，臉上顯示出的是天上的至福。」

在他祈禱時，「我的靈魂頌揚上主」常是以「主啊！現在可照祢的話，放祢的僕人平安去了！」為結束。馬丹先生從他早年暫住阿毛（Armor）地區，因而遺留在心裡的些許悲情，通常總深埋心底，有時則從簡短的感想中流露出來：他說：「我的小王后，人怎麼生，就會怎麼死。」多少次他朗誦那首抒情的悲歌：

「充軍在世，只有眼淚和悲情。啊！天鄉！天鄉！」

他又多麼深情地朗誦這首拉馬丁的好詩〈沉思〉：

「人啊，要知道對於享有永生之人，時間實為無物！
珍惜時間沒有用，為時間的逝去而哭泣是傻瓜！
時間是你的船，而非你的家；
要朝著那無窮目標趕緊向前跑。
把塵世踩在腳下，為死亡而生活；
為了你心底的真正福樂！
科學、愛情、享樂、生命，這些幻影你全犧牲，
好似在你後面撒下一棵神聖的胚芽，
它將開出更美的花，只是要在永恆！」

舊約裡的一句話尤其讓他心醉，就是天主對亞巴郎所說的，他不厭其煩地重覆：「我是你最大的報酬。」

他是否將在陶醉於他的各種犧牲中、在孩子們的孝愛中、在她們聖德的光榮中走向天父的家？在他身強力壯的二十歲時，他曾記住了菲內龍②出色禱文中的這一段：「主耶穌，當我細想祢給我的軛，我覺得它太輕柔了，難道這就是祢要我背著

2. 譯按，Fénelon，1651-1715，法國高級神職人員，出身貴族，著作等身，是法國十八世紀烏托邦思想的前驅。

每天跟隨祢的十字架嗎？祢沒有比祢的苦難更苦澀的杯爵要我一直飲到底渣嗎？」

這種重大災難的前景一直深藏在他心底。後來他寫下了這樣的感想：「天主給所有的人只開了一條道路，讓他們走向幸福，那就是多災多難和十字架的道路。這條路，王公貴族和平民百姓都得走，信德告訴我們沒有一個人能躲得過。」不錯，他已經受了許多苦，然而這些苦都戴著榮耀的光環！魔鬼的利爪從來沒有把他撕碎過，使他躲過了被羞辱的窘境。面對這人人必走的道路，一種不安閃過他心頭。失去愛妻、祭獻愛女以後，不是也應該和她們一樣感到對全德的饑渴？分享她們使徒的熱忱？與她們一樣擔負起救世的重責大任？這種內心的爭論在一八八八年五月得到了結論，德蘭在她《靈心小史》的第七章裡敘述了這一幕：

「我的姆姆，妳可記得這一天，在那會客室裡，他告訴我們：『孩子們，我剛從阿朗松回來，在那裡的聖母大堂中，我蒙受了那麼多重大的恩寵，那麼多安慰，所以我作了以下的祈禱：『我的天主，太多了！的確，我太幸福了！不可能這樣上天堂吧，我願為祢受苦！我就把自己獻作……』犧牲這兩個字從他嘴邊消失了，他不敢在我們面前說出口，但我們都明白了！」

長久以來這個讚美天主的靈魂，現在立時變成了讚美天主的活祭品；這祭品的奉獻還是在他小王后領洗的正祭台前完成的。讓人不免聯想到，德蘭也是在她父親去了阿朗松時，才蒙賜見到她君王悲慘蒙頭之預見幻象的。謎團馬上可以揭曉了嗎？瑪麗開始自揣，她寫道：「當我想到爸爸時，常常想不知他那美好的一生會如何結束，我有一種隱晦的預感，他會以痛苦結束他的一生，同時卻想不透會是什麼樣的痛苦。」至於德蘭，她對於爸爸熱情地同意賽琳的聖召時所講的話，有她自己的看法：他說過：「如果我有更好的東西，我一定急忙獻給祂。」德蘭這樣說明：「這更好的東西，就是他自己！主耶穌於是把他如全燔祭一樣悅納了他，祂將精煉他如在爐火中煉金一樣，把他煉得配得上自己。」

＊　＊　＊　＊

馬丹先生直到六十四歲，健康之好如百毒不侵。年青時可能是由於過分用功而感到疲憊不堪，因而不得不放棄修道的聖召；後來一停止讀書，這種痛苦就完全消失了，不留痕跡。從那以後，除了在他離開阿朗松前的一次釣魚意外，他沒有進過醫院。那一次是被一隻傳染炭疽菌的蚊子咬了一口，當時沒有介意，後來發炎了，在左耳後方形成了一個疼痛的傷口。由於治療不當，十年以後，傷口變得像手掌那麼大，結果經過很長一段的治療時間，最終才慢慢復元。除了這次以外，他從來不吃藥，也不看醫生。他耳聰目明，健步如飛，頭腦靈活，挺得住一切疲勞。人家推測他可以活到他父親的年紀（八十八歲時因心臟病去世）；或者活到他母親的年紀（一八八三年四月八日過世，享年如她所處的世紀，八十三歲）。

重大的考驗

我們知道在一八八七年五月一日他患了那場小中風，後來又有兩次比較輕微的不適，而使這長壽的希望蒙上了陰影。那是一種人稱腦充血的病症。這種病變起因於動脈硬化，而使血管壁容易破碎，破壞性地導致腦部血液循環不良。這種現象可以發生在任何部位，且根據其所損部位、所損面積之大小和時間的長短，其症狀也各不相同。馬丹先生經歷了全部的情況。起初幾乎半身不遂，後來四肢復元，以後在損傷難以改善且已確定不變時，四肢就完全無力癱瘓了。最初神智還算清楚，不久當壞死的腦組織面積擴大，神智也逐漸衰退了。

第一次病情發作，康復後還可以去羅馬朝聖。然而，自從一八八八年初，一個新病情的前兆就出現了：疲倦、失憶。女兒們雖然以無比的孝愛之心仔細照顧他，然而有一天他突然發覺自己是真的病了，因為他忘了餵食德蘭最愛的雌鸚鵡，竟然把牠餓死了。這雖然是件小事，卻給了他很大的打擊，使他擔心這是他腦力衰退的第一個徵兆。德蘭在她生命末期提及這事，仍百感交集。

然而要到一八八八年六月，這個似半睡的病症突然甦醒過來了。當時馬丹先生剛在阿朗松宣告了他的奉獻，也在最近批准了賽琳的聖召；同時他的小王后私下告訴他自己在靈修上的新發現，而使他歡樂激動不已。現在失憶症突然出現得更為頻繁，甚至還產生幻覺的現象，幻覺的內容是來自這位神聖老人過去的靈修深處。於此同時，他還對於在法國開始興起的反教權運動感到煩擾不安，生怕對女兒們的生命造成危險，對神父們的安全造成威脅。這時他旅遊的興緻忽然又在心頭翻攪，同時對隱居生活的嚮往也在心裡糾纏。他渴望逃離此地，把自己從塵世的喧囂中解救出來，到遠處去躲避這一切，去一個沒有人看得見他的地方，他可以在那裡隨意默想，準備死亡。

在這些固執意念的推動下，他在一八八八年六月二十三日獨自離家，沒有告訴任何人，四天之久也不給家人信息。他的孩子們當然焦急恐慌，四處找尋，卻不見蹤影，心想是否出了車禍，還是遭人謀害。就在這焦慮憂急的時刻，聖德蘭珍尼薇姆姆獲得了來自上天的超性感知，在祈禱時聽見主耶穌賜下寬慰的話，以平息德蘭和姊姊們的眼淚，並在第二天去查驗是否屬實。果然，在六月二十七日，一紙來自勒阿弗的電報，讓賽琳和她舅舅找到了他們的親人。馬丹先生雖然一臉困惑，怎麼自己的計畫這麼快就曝光而中止了呢？可是擁有家人的熱愛，顯然他還是非常欣慰的。他不知道就在他離家後，一間離比松耐不遠的房子忽然起火，差一點波及他們的房子，讓雷奧妮陷入了極大的恐慌，生怕心愛的家被毀了。

在這兩次的警訊以後，一家人又重聚，生活也重新恢復如前，然而各人心裡都潛伏著恐懼，生怕會發生更嚴重的事故。果然，首先在八月十二日，接著又在十一月三日，馬丹先生遭受兩次新的癱瘓發作，而這第二次還是他在勒阿弗護送畢雄神父赴加拿大之時。這兩次病情的發作影響了他的語言能力，使他在精神上陷入真正的慌亂。就在此時，他本能地一直努力好像要把頭用頭紗蓋住。在德蘭列品之調查程序中由證人作證時，耶穌聖心瑪麗修女，就是大女兒瑪麗，肯定那不正是預見幻象中那頭戴罩布的細節嗎？

這次發作的病情過去了以後，他有時對於自己的心智遭到威脅感到無以言喻的苦惱。他用記憶中的一個詩句，喊道：「對我有無窮魅力的，唯有死亡！」他現在只想讓女兒們幸福快樂！他計劃給她們買下比松耐，外加一塊毗連的土地，他還在奧得以（Auteuil）租了一棟別墅，心想要和雷奧妮及賽琳不時去小住一下。有了這些安排，還有孩子們的孝愛圍繞著他，他感到自己老年的前景是多麼美好又安祥！就在這時，他記起了自己對主耶穌所許下的奉獻。這樣自私地在家安逸度日，不是有違他的聖召嗎？再說，他體力的衰退，他對病痛的恐懼，這些不都是更全面自我捨棄的前奏嗎？這些不都會直接攻擊到他人格的核心，使他在蒙羞中日漸退化，最後看來像一個人的完全毀滅嗎？這不是所有人一想到就不寒而慄的嗎？馬丹先生深知彌留時的痛苦。他現在全面接受，內心就平安了，他喜歡重覆：「一切都為天主更大的光榮！」修道女兒們勸他要小心，「孩子們，不要為我擔心，因為我是好天主的朋友。」這話是在修院的會客室裡說的，語氣毫不激昂，而是出自信德的平靜與安祥。

自此他每天忙於祈禱修行，常常沉浸在永恆的思緒裡。他終其一生，都不懈地保守貞潔之德，不斷地實踐禁慾刻苦。

有一件小事可以說明他如何堅持捨棄一切。瑪麗在進修會前，曾送給他一尊銅製的十字架做紀念，他珍貴地放在自己房間裡，賽琳不知道那是瑪麗送的，表示想在夜裡有這尊十字架陪著。爸爸起先猶豫不決，因為只要是大女兒送的，都是他的寶貝……但在彌撒後，他又唸了賽琳拿給他的禱文，他便俯身輕聲對女兒說：「我把我的十字架給妳。」他一心要捨棄此世的財物，因此毫不考慮地就捐了一萬法郎給里修的主教座堂，用來修建一個新的主祭台。這個堂區的神父們見他在諸多苦難中仍那麼忘我犧牲而深受感動，也對他特別敬重，以至在里修的宗教圈子裡，大家都親切地稱他為「聖善的長者」。

＊　＊　＊　＊

馬丹先生不知道，他將獲得莫大的欣慰。他一直以無比的熱情和興緻關心著德蘭的聖召。他動情地品嘗著她的來信，信裡滿是對他的孝愛，給他的安慰。以下是她一八八八年十一月二十五日寫給爸爸的信：

「你的小王后不斷地想念著你，她整天為你祈禱。我在修院的可愛斗室裡感到幸福愉快，此生已一無他求，除了一樣：願見我親愛的爸爸完全康復。

我很清楚為什麼好天主給了我們這個考驗，祂是要我們贏得美好的天堂！祂知道我們的爸爸是我們此世最敬愛的人，祂也知道要先受苦才能得到永生，因此祂以我們心裡的最愛來考驗我們。」

德蘭的穿會衣大典

很快那等待已久的時刻就要來到了。一八八九年一月十日，德蘭將穿會衣。初學期通常是六個月，結果對她却延長了，因為院長神父的不快尚未完全消除。這一天父親的健康有天賜的暫時平靜，能夠親臨大典。那一天真正是充滿了光輝燦爛！

穿會衣大典現今已簡化多了，當年可是極為奢華的盛典，每個步驟都特別感人。初學生身著新娘裝從修院出來。她挽著父親走進公共聖堂，家人兩人一排地跟進，如在俗的婚禮中一樣。在教堂完成了部份典禮，即晚課或有講道的彌撒以後，一行人重新聚集，朝著聖器室（sacristie）走去。基督的未婚妻最後一次擁抱家人，接受主禮者的降福後，就跨入修院裡面的大門，一輩子不會再出來了。進入後把手伸向院長姆姆，讓她握著，前面是全體修女手執點亮的蠟燭，然後她被領進修女們的禮儀內室（le choeur），在那裡進行真正的穿衣禮。信友們於是走到鐵柵欄邊，圍繞著宣讀禮儀禱詞的主禮者，同時院長姆姆則親自授予初學生棕色粗呢會服和白色外衣。

大家可以猜想到這個充滿象徵意義的大典是多麼令人動容！在典禮開始以前，馬丹先生滿懷欣慰，敏捷地裝扮他的德蘭，完全不感疲累。他給他的小王后——他先前想著那麼鍾愛的新娘應該穿得格外出色——穿上白鵝絨的禮服，飾以天鵝毛和阿朗松的花邊，頭戴百合花冠和猶太式的頭紗，在雙肩飄浮著的，是她那金黃色的長捲秀髮，德蘭看來真有聖女依尼斯（譯按，**sainte Agnès**即聖雅妮，於第三世紀後期或第四世紀初期在羅馬殉道，年僅十三歲，她深愛主耶穌，其侍女艾梅朗仙深被感化，追隨其芳表，也成為殉道聖女）的風範。接下來的事讓她自己在《靈心小史》的第七章裡敘述吧：「爸爸在門口等著我，一見我出現，便喊道：「啊！她來了！我的小王后！」就立刻向我走來，兩眼滿是淚水，一把將我摟在心頭，然後讓我挽著他的手臂，帶我莊嚴隆重地進入聖堂。」

這歡樂的一天，一切都圓滿極了。這自為祭品的奉獻首先以聖體的祭獻為前奏，這是自做奉獻的最理想時刻。貝右的于高南主教親自到場，見到天使般的德蘭散發著超性的魅力，頓時對她刮目相看。主教一時忘了禮儀的規矩，竟然領唱起〈讚主頌〉（*Te Deum*）來了，然而這正巧妙地契合了德蘭所滿懷的感恩之情。更還有「雪花」小奇蹟的出現：在當天特別溫暖的氣溫裡，天主竟遂了這「冬日小花」（譯按，德蘭是在一八七三年一月二日誕生，正值嚴冬）的心願，下了一場白雪，滿全了這謙遜小花天真的願望。她繼續在《靈心小史》中寫道：

「典禮結束以後，主教也進了修院，對我愛護誇讚如慈父一般；並當著他周圍神父的面，提起我如何去主教府請願，去羅馬朝聖，還不忘提起我把頭髮高高梳起的這個細節；然後他覆手在我頭上降福我，親切地撫慰我良久。於是主耶穌讓我想到，不久祂也會在諸聖人面前，以無以言喻的柔情撫慰我，疼惜我。主教對我的這番安慰，竟使我預先嘗到了天上的榮福！」

馬丹先生在修院的會客室裡又見到了愛女，他欣喜地打量著她穿加爾默羅會衣的新模樣，內心滿溢著幸福。德蘭繼續在《靈心小史》裡寫道：「那天是父親的勝利之日，是他在世參與的最後一個慶典。」她並把當日比做聖枝主日耶穌榮進耶路撒冷的那一天。可惜！這醉心的日子馬上就要落幕了。她最後以悲觀的思緒結束了敘述：「恰似主耶穌一樣，祂一天的光榮緊接著的是悲慘的苦難；正如耶穌的苦難刺透了祂神聖母親的心，我們的心也同樣深深地感受到父親的痛苦和屈辱，因為祂是我們此世最珍愛的人。」

＊　＊　＊　＊

馬丹先生好轉的健康情況持續了整個的一月份。他去了阿朗松，對賽琳這樣透露：「我又活過來了；不是為我自己，而是為我的孩子們。因此我要把比松耐買下來，把它布置得盡善盡美。我要在一切事上讓妳們高興。」

不料病情的突然復發，斷送了他的美夢：一個新的充血性攻擊，四肢雖未受到影響，卻阻塞了記憶，並危險地發展出想逃避一切的神祕渴望。這種情況使得孩子們的舅舅想到或許應該讓姊夫住進療養院：因為病人行動自如，又不能有人一直守在身邊，這是唯一的做法，以防止任何不幸意外的發生，並避免他的財物可能被人盜用。

當病人還有能力從事分析、還保有清楚的自我意識時，這個十字架對他的確是無比苦澀的。以前他曾和賽琳談到過一個遭受到這種命運的里修人，當時他想到這種前景，不禁焦慮地顫慄著，說：「這是一個人能遭受的最大災難！」現在他勇於犧牲的精神既然已到了能接受一切的地步，於是天主就沒有讓他免受這酸苦的考驗。

馬丹先生住進療養院

讀者可以猜想到在一八八九年二月十二日這一天，他要離開比松耐去療養院，父親和女兒們的別離是何等悲慘，感到的是何等的心如刀割！去加爾默羅會只做了短暫的停留，本想和修女女兒們道別，又是何等地淒涼斷魂——因為馬丹先生沒有見到她們——於是他只好把帶來給她們的鮮魚包裹放進圓轉櫃裡轉交給她們，如他以前多次做過的一樣。到了崗城的「慈悲救主療養院」，院方的修女在迎接他時，對他說，在那麼多不信主的人中間，他還是可以做很多好事的，他回答說：「不錯，可是我比較喜歡在別處做使徒，而不是在這裡。算了，既然來這裡是天主的旨意！我想天主是要打敗我的驕傲。」他又對醫生說：「我一直習慣於發號施令，現在要淪落到聽命服從了，真難啊！可是我知道為什麼好天主給了我這個考驗：我這輩子還沒有被人羞辱過，現在需要體驗一下了。」——醫生馬上回答他：「這裡可以！」

崗城的「慈悲救主療養院」是一所規模宏大的醫療機構，這裡住有一千七百個居民，是一個真正的城鎮：有一個數目龐大的工作人員，一個寄宿宿舍，一所走讀學校，一所聾啞學校，一個門診部門，以及用來治療精神疾病的許多獨立小屋。這所療養院自豪在舒適和精湛醫術方面都佔有前衛地位，其實它也當之無愧：一切安排都旨在讓病患得到最先進的療法；同時在病人體能的允許下，給予他最大的自由。一座寬敞的教堂，以其高雅的正面及細長的鐘樓都給予這教堂其面向天主的靈魂。在這裡博愛已被遠遠地超越了，到處見到的是天主的愛德。

馬丹先生要在這裡度過三年多的日子。他拒絕了院方給他特備的單人房，而堅持要和其他的病患一起生活，並一定要把給他準備的點心和別人分享，這使得他的護士感到非常失望。院裡沒有任何病人如他那樣容易照顧，他從來沒有一句指責的話。他一直都習慣於刻苦，現在還堅持要嚴守教會規定的齋戒苦行。院裡的修女們對他都敬重有加，助理姆姆這樣寫信給賽琳，說：「妳親愛的爸爸在這裡是人見人敬，得到最仔細的照顧和眾人的敬愛，妳可以完全放心了。」高斯達姆姆（Mère Costard）是帶領員工療養五百男病人的長上，她以真正的孝愛之心對待馬丹先生，因為她自己的父親也曾患同樣的病，她說：「他來了才這麼幾天，大家就都敬愛他了……再說，他好像有什麼特別的神情，讓人對他格外敬重……讓人感覺他好像正在接受神祕的考驗。」

馬丹先生是最勤於進教堂的人了。他每週多次領聖體，在健康允許的時候甚至天天領聖體。不能領聖體是他最艱苦的犧牲。病發的時候，他會感到一種出自本能的恐懼，伴有幻覺，使他頓時陷入黑暗之中。他則以超性的眼光平靜以對，勇敢地接受一切。女兒們為他的病癒做九日敬禮，邀他也參加，他卻回答說：「不，不要求病癒，只求承行天主的旨意。」一個律師由於曲解了孩子們舅舅的指示，錯誤地做了安排，跑來讓馬丹先生簽了一個拋棄對其財務有管理權的證明，其實那是無效的（譯按，因為舅舅是馬丹家孩子們的監護人，也是馬丹家財產的管理人），這件事讓他備感痛苦（譯按，因為被人認為自己已經失去能力，不能照顧自己的事了）。不過他最終還是以承行主旨之名全然接受了。賽琳則這樣寫信給她的姊妹們：「我覺得爸爸臉上愈來愈顯示出平靜和聖善的表情了。」

除了領聖體以外，馬丹先生最大的安慰就是家人的來訪了。比松耐的租約在一八八九年二月十九日到期，賽琳和雷奧妮於是離開了里修來到了崗城，在療養院附近的「聖文才孤兒院」（L'orphelinat de Saint Vincent-de-Paul）裡租了一間供膳宿的住處。舅舅雖不贊成，然而她們想只要能繼續得到特許，就決心在這裡住下去，因為可以常常去看望她們最親愛的爸爸。

一個家庭裡如果有一個病人，那是對家人的無私及力量的莫大考驗。馬丹家現在的情況可以證明以上的話確實不錯。讀者還記得在舊約《德訓篇》的第三章第14-15節裡說得好：「你父親老了，你當扶助他……若他的心智衰退了，你要對他有耐心，不要因你年富力強就藐視他，因為，對父親所施的憐憫，是不會被遺忘的。」馬丹家的女兒們見父親在病痛的羞辱下，其孝愛之心也隨之增長，變得更體貼，照顧得也更細膩。

女兒們只有在必須遵守院方規定一星期只能探病一次時，才又回到了里修。一八八九年六月七日，她們在舅舅家住下。舅舅曾繼承了兩筆可觀的遺產，又賣了他的藥房，就買下了繆司堡（Château de la Musse），現在是一家人夏日的居處。舅舅自退休以後，把時間用在閱讀、公益事業和少不了的應酬上，現在把賽琳和雷奧妮像自己的孩子一樣，接來家裡同住。

馬丹先生非常贊成這項決定。當年的七月十七日，護士修女把一封關於他的感人書信交給了加爾默羅會的院長姆姆：

「我們長談了他所喜愛的全部女兒們，在得知雷奧妮和賽琳兩位小姐已經住進了郊外的繆司堡，他高興地說：『好極了！告訴她們，只要她們舅舅認為有必要，就一直住在那裡，我不要她們為了我再回來，我在這裡很好，真的很好……。』這位可敬的老人只致力於宣傳要為天主爭取更大的光榮。他真的很了不起，不但從來不抱怨，還把給他的東西都看做是最好的……看到這位長者對他家人的深愛，著實令人感動。」

在他健康情形最壞的時候，他的修女女兒們的來信有能力使他恢復平靜。他一直是一個偉大的基督徒：只要喚起他的信德，就足以使他沉浸在天主之內。

說真的，他的病情變化得很慢，甚至有好幾次病情緩和得極好，讓他想要回家。就這樣有不少次升起了希望，不久希望又遭到了幻滅。然後充血的週期變得更緊密而難以平息，直到認知的能力大量衰退，最終攻擊到了運動的機能。

＊　＊　＊　＊

馬丹先生長久、至少間歇性地保持住他頭腦的清醒，以能感知、接受並聖化這最悲慘的考驗，這考驗使他的人格漸漸陷入黑暗和混亂之中。在他一生一直是寬宏大量又慷慨犧牲之洪流的帶動下，他立刻接受了這屈辱，絕不收回原先的奉獻；即使在有幻覺的時刻，以前自我犧牲的禱詞又回到嘴邊，好像那是來自本能的傾向，並決心要配合天主的計劃：那是由於長久的習慣已馴服了本性。

有利的痛苦

至於他的女兒們，這個重擊直搗入她們的心。她們對父親一向崇敬，現在眼見他的神智日漸衰退，自己卻無能為力，只好把他交在外人手裡，而讓他遭遇到不夠尊敬的對待。這種情況在人失智時的確是難免的，可是看在女兒們的眼裡，卻深感是難以忍受的酷刑：見到父親受人輕慢，真是生不如死。社會上有些人還出言尖酸刻薄：在他們眼裡，馬丹先生是徹底失敗了，被家人拋棄，陷入神祕主義的妄語之中：「如果他沒有那麼虔誠，可能不會病成這樣，這考驗正表示天主沒有向他要求那麼多！」這樣想的人還以為自己是聰明人（譯按，當時社會上有不少無神主義者或持懷疑論者，他們認為虔誠敬主者是瘋子，就如馬丹先生的失智差不多）。

在德蘭所著《靈心小史》的第七章裡，從字裡行間我們可以看到她們共同的哀痛，卻一致地接受這刺痛又難忍的考驗：

「我記得在一八八八年六月間，神師姆姆沒想到我竟會對她說：『姆姆，我痛苦極了，可是我覺得再苦我也受得了。』我當時沒想到還有如此重大的考驗在等著我們。我更不知道二月十二日，我穿會衣後只一個月，我們可敬的父親竟然會飲下如此酸苦的杯爵！……啊！這時我不能說再苦我也承受得住了！言語已無法表達我們的憂苦，我也寫不下去了……。」

如此重大的打擊使女兒們如身處天塌地陷之中，在內心的極度慌亂之時，她們被擊倒了嗎？且聽德蘭繼續講下去：

「父親這三年的致命之苦，我認為是我們一生中最可愛可貴、最能結出佳果的時刻；就是用最崇高的神魂超拔來與它交換，我也不願意，如此酸苦的十字架是多麼可愛又珍貴，我們不禁全心發出深愛與感恩之嘆！在全德的道路上，我們不再步行，而是奔跑，更是振翅高飛！」

在災難中能感恩，是一種奧祕。要進入這奧祕之中，不但要參與雷奧妮和賽琳在修會的會客室裡和她們修女姊妹的談話，從修女們的談話中汲取超性的安慰；更要精讀她們當時互通的全部信件！其實那是一個熱心接受天主旨意的長長呼聲，也可以說，如德蘭在觀察後認為，那是「一種還不認識天主旨意時的屈從」，是沾滿淚水的感恩之歌。這奧祕的真相是：天主這位外科醫生，要用考驗來開刀，連合理的喜悅也要切除，要人把眼光只轉向天上；考驗可以把彌留時的主耶穌銘刻在人身上；考驗要人參與祂救世的使命。這就是這些信件中不斷重覆的主調，而其基調則是聖女德蘭所提出的：就是她那已達到英勇靈修高峰的望德。

說到這些信件，是否應該把那些未出版的片段也抄錄下來？以下是一八八九年一月底來自比松耐向加爾默羅會院所訴說的心聲：

「親愛的姊妹們，我記得《師主篇》裡有句話『我要把無限的光榮給予一個短暫的屈辱……』噢！屈辱！它現在是我們每天的日用糧，然而，妳們不知道我看到隱藏其中的是甚麼……我認為那是愛的奧祕。

噢！我的姊妹們，請妳們不要難過，難道德蘭的祈禱沒有用嗎？我以那麼大的信心，把耶穌聖容前面的燈倒滿油，又把油擦在爸爸的額頭上，難道沒有用嗎？不可能，千萬個不可能！我確信其中必有我們不能明白的奇妙計畫。我感覺主耶穌會多麼高興地見人對祂心懷無限的信賴，認為祂的安排都是最好的……。

不！我不會求天主從我身上除去所有的屈辱，輕視，自己心裡的痛苦，焦慮，辛酸……我只哀求好天主把這一切從我們父親身上收回。祂可以把這恩惠賜給我們，我想祂一定會這樣做的。」

以下是一八八九年三月一日的一封信，是在馬丹先生轉到「慈悲救主療養院」以後，同樣的聲音，這回是發自崙城：

「姊妹們，我要因我們的苦難而感到慶幸，更要感謝天主賜下各種屈辱所產生的辛酸。我不知道為甚麼，可是，我不但不以辛酸和抱怨來接受這些考驗，反而覺得主耶穌在對我們的作為裡，有祂神祕和神聖的考量。

況且，祂自己不也經歷過所有的屈辱嗎？……坦白說，世人的見解我全然不放在心上。

啊！妳們不知道，在這些考驗中我看到的是好天主的手！不錯，考驗裡處處有祂手指的明顯標記。」

六個星期以後，那十字架一直持續不停，哀鳴則更加猛烈，有時，失望的誘惑會悄悄潛入心底，最後還是化為「願祢的旨意承行！」

「我親愛的姊妹們，發自我內心的是多麼悲慘的嘆息！

我見我們親愛的爸爸病得這麼重，我的心都碎了！我不斷讓他想起我們在家的時候，他總是像大家長一樣對我們說話，那時他多好啊！

噢！願好天主見我們如此悲痛會更愛我們！我在想祂為何不急著要我們親愛的爸爸回到祂身邊，我覺得祂是在努力地把他留在世上，那一定是因為對祂的光榮和爸爸還有我們都有很大的好處，不然祂可以不再等了……姊妹們，當我們在天上團聚時，該是多麼幸福啊！這些考驗還真能讓我們只嚮往天鄉！……。」

在痛苦的磨練下，靈魂上升了。賽琳還寫道：「親愛的姊妹們，爸爸在彼岸絕對不會經過煉獄了，而這些痛苦對我們是那麼刻骨銘心，我覺得其目的就是要在我們靈魂內造成徹底的改革，要我們都成為聖人。」

雷奧妮針對這些感觸也作出了反應：

「現在我們最好藏身在耶穌聖心裡，把我們的一切都交給祂。只有在聖心裡我們才能再鼓起勇氣去承擔人生的痛苦，這痛苦是不會少的。然而我們不要抱怨，因為我們不僅是耶穌的朋友，更是祂的淨配，至少渴望如此。在天上，我們會再見到親愛的爸爸，他在世受了那麼多屈辱，在永恆則必然飽享光榮！讓我們做他的榮冠，讓我們成為配得上有這樣一位父親的人！」

來自加爾默羅會的聲音補足並且滿全了雙方的談話。耶穌．依尼斯修女，即寶琳，在一八八九年三月，給賽琳寄來了這封沉浸於超性平安中的信：

「……讓我們都成聖，耶穌要求我們做到這一點……祂需要聖人，祂需要完全忠心地捨棄一切全心執行祂聖意的靈魂……我們要把靈魂之門大大地敞開，讓祂進入到這殿宇的最深處，並力邀祂停留其中。就如厄瑪烏的門徒，我們也對祂說：『請同我們住下吧！因為快到晚上，天已垂暮了，不要留在路上，有壞人會來……。』然而，祢為甚麼讓我們那麼費力地邀請祢？祢的陪伴是那麼高不可攀的嗎？

於是耶穌微笑著讓我們看祂那總不離身的十字架……孩子們，很多人像妳們一樣邀請我，可是很少人留得住我，因為他們喜歡我，卻排斥我的十字架，很少人讓我把十字架深植在他們心裡。然而，只有藉著十字架，我才會一直定居在那裡。愛情可以找到我，只有痛苦才能留住我。

噢耶穌，我們，我們要祢的十字架！請進來，請住下！這裡就是祢的家……這裡是另一個伯達尼，祢可以在這裡找到忠誠的心。那個白髮老人在被病痛折磨之下，仍說是祢的朋友，還有一群貞女，祢是她們的淨配，是以血結成的淨配，是她們永遠敬拜的淨配……。

再見了，親愛的妹妹，因受苦而喜樂吧！」

聖心瑪麗修女，即瑪麗，把以前她所預感到父親將受難的一切感想歸結如下：

「在彌撒中我預感到這災難時，我非常清楚地看到其價值，若要我與天下所有的珍寶與其交換，我也是不願意的。我們親愛的父親會因而獲得多大的功勞啊！……當時約伯的故事浮上心頭，我覺得那正是爸爸的故事，也是我們的：就是魔鬼來到主耶穌面前，對祂說：『祢的這個僕人讚頌祢，一點也不稀奇，因為祢給了他豐衣足食！若祢一旦打擊了他個人，看他會不會詛咒祢的聖名。』可是主的聖名不但沒有受詛咒，反而大受讚揚！」

至於德蘭的感受，在她給賽琳的多封信裡可以看到，以下是從中選取的幾則含意特別深長的片段：

「耶穌給我們如此大的痛苦，是祂對我們多麼大的特恩啊！就是永恆也不夠長用來感謝祂。祂使我們滿被種種恩寵，好像祂對待那些最大的聖人一樣，祂為什麼如此偏愛我們？……現在我們在世已一無所求，只求受苦，除了受苦還是受苦……噢！多麼值得羡慕的際遇！連天使也羨慕我們的幸福呢！」（一八八九年二月）——「耶穌怎麼讓我們的靈魂擺脫所有的受造物呢？啊！祂給了一個重擊，但那是愛的重擊……」（一八八九年七月十四日）——，「噢！不要失去耶穌給我們的考驗，那可是一座有待開採的金礦啊！難道我們要錯失這個良機嗎？」（一八八九年二月二十八日）

德蘭是賽琳的心腹密友，她支持著她的熱情，平息她的恐懼。她從她那自創的神嬰小道裡汲取了不少直覺性的靈感。眼淚可以流，本性可以痛苦呼叫，可以恐懼戰慄，重要的是把最後的決心告訴天主：「有平安就沒有喜樂，至少是感覺到的喜樂，要能在平安中受苦，只須要耶穌所要的一切就夠了。」（一八八九年四月四日）「我們想慷慨地受苦，受莫大的苦……賽琳！……多麼癡狂的妄想！……我們願永不跌倒？……有什麼關係？我的耶穌，如果我時時跌倒：我因而見到了我的軟弱，那可是我的一大收穫。」（一八八九年四月二十六日）

在痛苦達到了頂點時，只有天堂的信念才能稍加緩解：「親愛的賽琳，這世界的局面正在逝去（《格林多人前書》七：31），日影尚未消失（《雅歌》四：6），很快我們就會回到故里，很快我們兒時的喜樂，主日的夜晚，親密的談話……這一切都會還給我們的，還要外加高利，耶穌會把祂一時取走的歡樂再還給我們的！……到那時，在我們至愛父親的頭上，我們會見到光的洪流，他的每根白髮將如同太陽，讓我們充滿喜樂和幸福！」（一八九一年七月二十三日）

畢雄神父從加拿大也慷慨地將超性的安慰給予那盡心盡力的護理小姐，以下是他一八九〇年九月十五日給賽琳的來信：

「我大口地喝著妳們的苦爵。妳們親愛的父親一直在我的思念中，也在祭台前，無處不在。不錯，不錯，他被選，作為犧牲品，這就可以解釋一切了！妳要因而感到自豪，並感謝我們的主耶穌。」

＊　＊　＊　＊　＊

發現耶穌聖容

酷刑在內心的激勵下而產生的這種姊妹們共同的靈性提昇，使得德蘭在一八八九年二月十二日寫下「主耶穌賜給祂的小淨配無數天的恩寵」，並稱其為「我們的豐厚珍寶」。耶穌．依尼斯姆姆，即寶琳，邀我們更進一步地去探索這真福的意義，在她談到德蘭這位天主的忠僕時，她說：「在加爾默羅會裡，在我們父親因腦部的重病而使我們遭受如此重大的災難時，她更深刻地專注於耶穌苦難的奧蹟，就在這時她得到了許可，將耶穌聖容加在自己的名字上。」

對耶穌聖容的敬禮是里修加爾默羅會極為重視並提倡的。這項敬禮承襲自加爾默羅會杜爾會院。一八四七年聖德蘭珍尼薇姆姆因與杜爾會院有直接來往，得知主耶穌曾多次向聖伯鐸瑪麗修女啟示，而她則珍貴地記錄下對「敬禮耶穌聖容所許下的宏恩」。其中的第六條對靜觀者尤具魅力：「她們會如聖婦維洛尼加一樣擦拭我可敬的臉，那是因世人之罪而受凌辱、更被毀損的臉，我必把我的臉印在她們的靈魂裡以作為回報。」這位里修會院的創辦人於是催促主教府盡快完成手續，以能在里修成立一個補贖性的虔敬總會，同時在會院聖堂裡豎起杜爾的杜邦先生（M. Dupont）的巨大人像，因為他是到處宣傳這敬禮的大善人。

德蘭是在她修院生活開始時認識這敬禮的。她在《靈心小史》的第七章裡這樣寫道：「我以前從來沒有探究過耶穌聖容裡所蘊藏的深遠意義；那是我的小媽媽教給我的。就如她是我們三姊妹中第一個進入加爾默羅會，也是第一個探得我們淨配聖容裡所隱藏的種種愛的奧祕；於是她把這一切給我解釋清楚，我就明白了……。」

其實那只是初步的認識。在一八八八年到八九年間由於那慘重的悲痛，使她對耶穌聖容起初萌生的熱情迅速地有了更明確的認知。當年她在比松耐蒙賜預見幻象，看到如父親的一個人走過花園，體態衰老，駝著背，面容藏深在厚布之下，這一幕所激起的疑慮，當時就預感到早晚會有答案。父親病倒的那一天，她就真實地體驗到了幻象中的情景，那是多麼殘酷的體驗！於是這個情景擴大了：從父親的病容聯想到苦難中耶穌的聖容，這種聯想急切地在內心揮之不去，一邊是多麼和藹、可敬又聖善的父親，靜靜地走著，在重擔下駝著背；另一邊是那位義人中的義人，除去了祂的光榮，面容腫脹，前額沾汙，看來如痲瘋患者一般。她在《靈心小史》的第二章裡這樣寫道：「正如耶穌那可敬的聖容在受難時遭到了遮蓋，同樣祂那忠誠僕人的臉，也要在他受屈辱的日子裡被遮蓋，以能日後在天上閃耀著更輝煌的光芒。」

從這項考驗中突然昇起了一道強光，照亮了德蘭的靈修。她以依撒意亞的預言來增強自己的信念。她抄下了《依撒意亞先知書》中第五十三章那驚人的開端，要寄給賽琳：

「有誰會相信我們的報導呢？上主的手臂又向誰顯示了呢？基督在上主前生長如嫩芽，如出自乾地中的根苗。祂沒有俊美，也沒有華麗，可使我們瞻仰，祂沒有儀容可使我們戀慕。祂受盡了侮辱，被人遺棄，祂真是個苦人，熟悉痛苦，祂的顏面好似隱而不現……。

祂看似令人蔑視，我們沒有認出祂來。祂所背負的，真正是我們的疾苦，擔負的，是我們的疼痛。我們把祂當作痲瘋病人，為天主所擊傷而受盡屈辱。然而，祂被刺透是由於我們的悖逆，祂被打傷是由於我們的罪惡，因祂受了懲罰，我們便得到安全，由於祂的創傷，我們便得到痊癒。」

她默想這些令人震驚的章節，從中汲取養分，並把它活出來。這位被人千刀萬刮的人子總是顯現在她眼前。她明白祂的徹底毀滅是我們得救的代價。然後她的思想跳到療養院裡在病中的父親。她重新透過基督來看他：他馴服、內斂，在別人眼中是衰退的，然而在天主的心中，他卻是何等珍貴；他的病苦取得了別的面貌：那本是救贖工程的一環，因為貶抑、屈辱是得到超性碩果的必要條件。失智的父親對孩子們的孝愛橫加搗碎，有什麼關係？別人的閒話又有什麼關係？只有環繞著荊棘的聖容，才是奧祕的關鍵。

在德蘭的一生中，這個「發現」太重要了，再三強調也不為過。這個「發現」的含義是聖神以尖銳的行動將其銘刻在她的心靈深處，那是火的銘刻，是生命的原動力，是昨日認識的事實，卻未曾全面加以探索，也未曾加以開發利用。聖女德蘭自己宣稱：「依撒意亞的這番話是我敬拜耶穌聖容的堅實根據，更應該說，是我靈修生活的全部基礎。」耶穌・依尼斯姆姆，即寶琳，在列品程序時這樣作證：「對耶穌聖容的崇敬是這位天主忠僕的特色。她雖然對小耶穌的敬禮也十分喜愛，卻絕對比不上她對聖容的虔敬。」「聖容是她的默想書，從中汲取愛的學問……默想耶穌聖容讓她探索謙遜與自抑。」

這個主題不斷出現在她的詩作裡，並以一整首讚美詩加以歌頌讚揚。她還把聖容畫進她的紋章裡，作為個人祈禱之用；也讓她的初學生藉此奉獻自己。她更將聖容畫出來、繡在多件祭披上。她的日課經裡總夾著耶穌聖容像，在靜禱時默觀它。在她病倒臥床時，又把這幅像掛在帳幔上。在她們的考驗達到最嚴重的高峯時，她以多麼強烈的信心參與姊姊們的創意—儘管這大膽的信德行動引起別人的驚訝——她們讓人在修院聖堂裡那尊耶穌聖容像的下方，安放一塊白色大理石——今日這塊大理石還加鑲了邊，置於主祭台的後方—上面刻著金色的拉丁文，以表達她們感恩和信賴的心聲，那是子女對天父的信賴：

願天主的聖名受顯揚

F.M.

1888

賽琳從她兒時良伴那裡也學到了默觀耶穌那遭損傷的聖容，並非常樂意地被她叫做「我的小維洛尼加」。在她進修會時，特別選了耶穌聖容做她的主保。在德蘭逝世後不久，義大利北部都靈（Turin）城所珍藏之耶穌神聖的裹屍布，從其相片的底片上顯示出其清晰細節，賽琳以其繪畫長才完成了心願：用繪畫將這聖物表現出來，並在世界各地展出，教宗碧岳十世欣賞了這幅莊嚴的全身像而深受感動。看到這一連串的聖寵，誰能不讚揚那正是天主的手，藉著千變萬化的人類生活來實現其計畫，並將最煎熬人心的災難用來聖化那些深愛祂的人呢？

＊　＊　＊　＊　＊

德蘭發聖願及戴聖紗

德蘭就是在這種心態下著手準備她一八九〇年九月八日的發願大典的。頭一天，她欣然接到了教宗良十三世的特殊降福，那是由西默盎修士接洽而取得的。這位修士對馬丹先生兩次來羅馬時與他相會一直心懷鮮活的記憶。

誓發聖願是在加爾默羅會開年度大會時舉行的，由院長姆姆監誓，沒有任何神父的參預，也沒有家人在場。

然而在思想上，整個典禮的中心人物還是她病中的父親。德蘭曾表示要得到父親的降福，並把給自己準備的花冠要莊嚴地給爸爸戴上，以這個象徵性的動作表示他獻出女兒的心意。結果是賽琳代替父親虔誠地完成了這兩項儀式。

在發願典禮上所用的那尊耶穌聖嬰雕像後來交給了德蘭去處理。她找了兩根舊的退了色的蠟燭放在聖像兩邊，並寫了一封信給聖心瑪麗修女，即瑪麗，告訴她其中的原因：「這舊的蠟燭比新的對我更意義深長。這兩根蠟燭是在我穿會衣那天開始用的，當時它的顏色清新粉紅，是爸爸親手交給我的。當時真是幸福無邊！現在粉紅色退色了，在這世界上，他的小王后還會有粉紅色的幸福嗎？（譯按，法文有諺語：把一切看成粉紅色：Voir tout en rose，即把一切看得美好）噢！不可能的了！她能有的，只是天上的福樂……。」

奉獻典禮以後，緊接著的是她全身匐伏在棕色粗呢的地毯上向天主求恩。她求天主賜她能全然服從瑪麗犖撒格姆姆的命令，求天主賜父親早日康復，這些祈禱所用的是仔細斟酌過的用語，語氣盡量委婉：「我的天主，如果那是祢的旨意，請使爸爸痊癒，我這樣求，是遵照我們姆姆的意思。」而對她堅振代母的要求，她的口氣就變得直接又專橫了：「為雷奧妮，求祢下旨使她成為往見會修女，如果她沒有這個聖召，求祢把這個聖召給她，祢不能拒絕我這項要求。」最後是為她自己懇求天主賜給她「無止境、無限度的愛」，以及「心靈上的致命」和「身體上的致命」。

這是上天給的第一個答覆嗎？德蘭領聖紗的日子定在九月二十四日。這是一個加爾默羅會特有的補充性典禮。主教在祭台上祝聖聖紗，然後從送聖體的鐵柵欄口鄭重地給發願的年輕修女戴上。典禮結束後，輪到父親來降福女兒。德蘭心懷孩子般的盼望，指望她的「君王」能到場。其實他最近情況暫時好轉，似乎可以走這一趟。然而在最後一刻，舅舅極力反對，怕老人家承受不了這個衝擊，他的反對是正確明智的。

然而，對於他的「小王后」，那卻是重重的一擊。她毫不掩飾地向她的心腹訴苦，以下是她一八九〇年九月二十三日給賽琳的信：

「耶穌在我的籃子裡已經放了許多珍寶了，可能還缺少一樣無比美麗的稀世珍寶，這珍貴的鑽石祂今天給我了……賽琳，在拿到手後，我的眼淚不停地流，現在還在流；要不是我心裡深藏著妳的這句話：『有一種愛，它的唯一證據是眼淚』（譯按，此為賽琳所作一首詩文中的話），我幾乎又要怨恨自己在流眼淚了。只有耶穌會安排這樣的事，一定是祂，我認出一定是祂那愛的手法……。

妳知道我多麼想今天上午再見到我們親愛的父親；唉！現在我看清楚了，是天主的旨意要他不要來。祂允許了這事只是要考驗我們的愛……耶穌要我做『孤女』，祂要我只單獨對祂，祂單獨對我，以能和我結合得更緊密；祂更要我到達天鄉，因此這麼合情合理的喜樂，祂也要在這流放之地拒絕給我。」

失望上加失望，貝右的主教本該主持當天的典禮，卻因有事不克前來，於是他派他弟弟來代替他，這位弟弟很快就要繼承副主教之職了。這些情況，還有其他德蘭體貼地沒有提到的意外，使這恩寵的一天成為淚水的一天。然而，她還是在《靈心小史》的第八章裡說：「但是平安，這平安總是深沉在我苦爵的底部。」

＊＊＊＊＊

馬丹先生回到里修

最近的幾次病發使得馬丹先生的下肢也癱瘓了，因此沒有必要再住在療養院裡了，因為不用擔心他會突發奇想要遠行了。雷奧妮和賽琳堅持要親自侍奉父親，舅舅不敵她們的懇求，只好在一八九二年五月十日把姊夫接回里修。兩天以後，家人帶他去加爾默羅會院。在會客室裡，他的表現顯示他對家人的談話還能領悟，只是已無法表達自己的感情。他在病中與修女女兒們見面，這是唯一的一次。德蘭在《靈心小史》的第八章裡敘述了這動人心弦的會晤：

「啊！多麼黯然神傷的會面！我的姆姆，妳可記得，在我們要別離時，我們對他說再見，只見他抬眼向上看，手指著天，停留不動良久，全部的思緒，僅用三個字表達出來，只見他哽咽著說：『天上見!!!』」

當時賽琳和雷奧妮住在舅舅家接受他的熱心招待。表姊尚娜一年半以前離家去了崗城，與她的醫生丈夫同聚。她們的老父親也在這裡住了幾天，後來他們在離舅舅家不遠的拉貝路（rue Labbeg）租了一間房，只要過馬路走進舅舅家的邊門，就可以到他家的花園。他家裡的男傭人德西瑞（Désiré）來家裡專門照顧病人，他的妻子就在舅舅家主管一切家務事。這個大男孩既開朗又勤快，有兩個做修女的姊妹，他一開口就能把讚美天主和好玩的笑話混為一談。

馬丹先生住在一樓的房間裡，他可憐的雙腿已完全不能動了，好像粘住了一樣。雙臂不受影響，可是動作還是比較困難。他現在很瘦了，好像怕冷似地蜷縮著；此外，他還因患腎炎而痛苦不堪。至於智力，就好像睡著了一樣，有時醒來，也還能觀察身邊的種種，並對什麼都感興趣。現在只有從他的眼神裡可以看出他真實的心情。他很少說話，可是再也不說胡話了。

賽琳於七月二十五日這樣寫道：「爸爸的病情沒什麼大變化，我也不敢說很好，因為他有好幾天之久，一直顯得心神悲傷，極度焦慮，哭了好幾次，讓我們的心都碎了。今天他很開心，我就可以喘口氣了。昨天他對我說：「噢，孩子們，好好為我祈禱！」然後他又要我『求聖若瑟讓我像聖人一樣地死去』。他在一八九三年二月二十日得知耶穌．依尼斯姆姆，即寶琳，被選為修院院長時，他非常高興地說：『她們做了不能再好的選擇！』」

女兒們買了一輛車，他顯得非常高興，這輛車後來在德蘭生病時還幫了大忙。

現在他時常一整天坐在大樹的蔭涼下，聽著百鳥齊鳴。

訪客和過路人都喜愛這位和善的老人，他的溫和及溫順永不改變，而且在考驗中始終保持著一種尊嚴。在一八九二年的基督聖體聖血節慶中，聖體遊行的隊伍進了舅舅家，把聖體光置於前廳那早先準備妥當的臨時祭壇上，主教座堂的總本堂神父在主持了聖體降福以後，進了隔壁全家人同聚的辦公室，將聖體光置於可敬病人的頭上良久。他一生對聖體多麼敬重又親近，這一刻不禁令他感激淚下。

一八九三和一八九四年的夏天，馬丹先生跟著家人住進了繆司堡。這原先是一個貴族領主的古舊地產，占地四十一公頃以上。以前的一位買主曾花了大工夫將其整修開墾，現在已是擁有處處參天大樹、滿目奇異花海和青綠大片草坪的高級別墅了。這座有著華麗外觀的別墅，聳立在丘陵之上，居高臨下，大好風景一覽無遺：有涓涓河流，有山巒峽谷，有樹林草木，還可以看到二十八公里以外的教堂鐘樓！夕陽西下時，景緻更是美不勝收！

舅舅買下這座別墅後，從一八九〇年起，雷奧妮和賽琳就輪流來陪舅媽住，要到一八九三年六月，才決定請爸爸也來小住。姊姊臨終以眼神交託給她自己那破碎的家，舅媽始終牢記在心；至於舅舅，家人的親情和祖傳的信德一樣，都好似是與生俱來的。夫妻倆用盡心思要讓姊夫的餘生過得安寧舒適，而馬丹先生則以他的方式表達他內心的無限感激：「在天上，我回報你這一切！」

賽琳在父親身邊有如專司安慰的天使一般。雷奧妮去了一趟熱心敬拜耶穌聖心的往見會的一所會院後，雖然有過前兩次的失敗，仍然又燃起了對修道的渴望，於是決心再做一次嘗試。一八九三年六月二十三日，她終於跨過了崗城往見會的大門。次年四月六日，在舅舅一家人和賽琳面前，她完成了穿會衣大典，會名德蘭－道西代（Thérèse-Dosithée）修女。

賽琳於是就無私地獨自扛起照顧父親的全部責任。些許母性的特質在她內甦醒了，以回應病人在一切事上都仰賴她的保護。德蘭為她作了一首小詩恰當地表明了她的心境：

為已達老年的父親
我獻出青春做他的倚靠。
他是我的一切：幸福、孩子、財富
啊！我時常多麼柔情地擁抱他！

與父親互吐信仰情懷的時日已一去不復返了，現在需要讓病人避免在情緒上有最輕微的波動，他的注意力已不能專注不衰了，醫師囑咐不要再讓他唸經作神工了。然而出自他自己或在忠僕德西瑞的幫助下，他還能用他那沙啞的美聲忽然唱起聖歌來。有些提供默想的東西，從他那被毀的記憶和舊時心裡的所得中，仍然存留了下來。外甥女瑪麗的音樂天賦仍舊是他的最愛，他也聽不夠她彈奏的〈夢幻曲〉。人總見他雙手合十，出神地欣賞著美景，或在夕陽西下時寧靜地傾聽從地上升起的各種聲音。

賽琳為她在加爾默羅會的姊妹們即景地描述了父親生活中閒適的一幕：

「我這輩子忘不了他那愉快的面容：晚上，在夜幕將垂時，我們在樹林深處停下腳步，靜聽夜鶯在叫，他聽著……眼神是那麼特別！好像是在神魂超拔中一樣，看似有來自天鄉的什麼反映在他的表情上。經過很長的一段時間以後，我們還是在聽，我見他感動的眼淚流在腮上……噢！多麼美好的一天！

從那以後，他的健康就大不如前了，這特殊的安慰終究不能持久。然而，無論如何，他在世的最後幾天過得還是非常愉快的！誰會想得到？主耶穌竟然以那麼不可言喻的慈悲對待我們！」

＊　＊　＊　＊

在繆司堡逝世

馬丹先生將在繆司堡離世，好幾次那典型的心臟病發作，無情地縮短了他的壽命。一八九四年五月二十七日，家人想應該給他施行終傅聖事了。七月二十七日星期五，心臟病又發，這次更嚴重，當時舅舅剛好在里修，因為他總是在此時主持修士學校裡的頒獎典禮。驚見病人痛苦，舅媽和賽琳還有醫生急忙跑到病人身邊。二十八日晚上，又請了當地的本堂神父來，再給病人施行臨終傅油聖事。這位神父是繆司堡極受歡迎的常客，他以前曾擔任過隨軍神父，有說不完的軍中趣事。

二十九日清晨，病人開始進入彌留狀態了。那是一個主日。家人分兩批去望彌撒，第一批是醫生和德西瑞，賽琳獨自和舅媽守在病床邊。馬丹先生開始呼吸困難，間隔著似撕裂的喘氣聲。四肢後來開始逐漸變涼，兩眼緊閉。在不到八點鐘時，賽琳突然打破靜默，開始高聲祈求：「耶穌，瑪利亞，若瑟！」突然，她看到父親的眼睛睜開了，眼神靈活如前，盯著看她良久，眼神裡強烈地表現出感激和深愛之情，怎不讓她大吃一驚！這是迴光返照嗎？是天主在他臨走前給他這最後時刻的安慰，意在最終緩解他那可怕的考驗？總之，賽琳頓時找回了與以前真正一樣的爸爸！

那只是瞬間的亮光。不一會兒後，呼吸變得更喘急，然後就慢慢衰弱下來了。舅舅急忙趕回來，將十字架放在他已經冰冷的嘴唇上讓他親吻。在八點一刻時，沒有掙扎，就如孩子平安地睡著了一樣，馬丹先生把靈魂交給了天主。他享壽將近七十一歲。他一生嚴格遵守主日的一切規定，現在就在主日的早晨離開人間，去品嘗他永遠的安息，去開始他永恆的彌撒了。

正如蒙塔朗白在他的《聖女伊麗莎白傳》裡，影射中古時期教堂裡的葬禮雕像，寫道：「這些雕像如此莊嚴，如此虔誠，如此感人，都帶著基督徒安寧死亡的印記。」馬丹先生在病牀上亡故後的相片裡，所顯示出的正是以上的這些特質。病痛所造成的皺紋過去深刻在他消瘦的臉龐上，現在已經放鬆了，表現出的是優雅溫和及超性的莊嚴。

遺體移送到了里修，於八月二日，即天使之后聖母節慶那天，在主教座堂舉行了感人的安魂彌撒大禮以後，又舉行了安葬禮。更令人感動的是全家人圍繞著德蘭和姊姊們在加爾默羅會教堂裡的追思彌撒，沒有父親像他那樣有孩子們以那麼多的眼淚相送，同時她們心懷的是那麼大的望德。

類似訃聞的正面，主要是女兒的孝心獻給父親的「亡者簡短生平事蹟」，主教座堂的總本堂神父和馬丹先生素有深交，認為文中正是他內心和生平的樸實描述。在耶穌聖容的周圍則印有幾句引人深思的金句，排列起來做為其外框：「基督不是必須受這些苦難，才進入祂的光榮嗎？」——「使義人在永恆充滿喜樂的可敬聖容，求祢垂視我們！」——「主耶穌！求祢將他藏入祢的聖容內。」

在反面則印有不少聖經金句，強調痛苦的代價；並說明善盡責任又有純正心靈的家庭必有豐厚的靈性收獲。另有一句亡者自己的話，那是在他自我奉獻以前，把孩子們都祭獻給天主時所表達的無比歡樂。還有一句是來自他的朋友們，他們認為他此生最大的德行是愛德：愛德使他這一生過得平靜又和諧，在他生前死後都有大家的友愛和惋惜圍繞著他：「他的愛德令人欽佩！他從來不判斷人，並且總會給別人的過錯找藉口，好原諒他。」

＊　＊　＊　＊

各界的悼念

他去世的消息在阿朗松激起了最大的震驚與疼惜，馬丹先生在這裡有他最可貴的深交友情。古龍布夫人（Mme Coulombe），一位城堡主的夫人，這樣寫信給他的女兒們：「雖然我們的年齡相差懸殊，我與妳們可敬的父親相處總是那麼愉快！那是因為如他一樣的聖人們有非常吸引人的魅力，和他們相處如沐春風，令人對他們既讚賞又喜愛。」

給德蘭授洗的聖母大堂的副本堂神父，在她列真福品的調查程序中曾作證說，馬丹先生在阿朗松全城都享有熱心、虔誠和正直的美譽。畢雄神父自一八八二年就和他有深厚的交情，也宣稱：「天主之忠僕的父親是一位非凡的長者，眼光始終超性，是舊時代信徒的典範：現代觀念沒有使他改變初衷。」在他收到可敬老友去世的電報，就立刻給賽琳來信，內容是對望德的頌辭：「妳看妳們全家人在天上多麼歡樂，那是基督徒生命的凱旋。難道要為故人哭泣？因為那天肯定是他天上的誕生之日！在他墓前妳將聞到生命的芳香，妳應歡唱靈魂終得解脫。」勒拜耳帝耶神父也寫道：「我常喜歡回想在比松耐和你們共度的時光，父親那麼聖善，女兒們那麼受寵。」一九三〇年六月，帝芬夫人在臨終前還念念不忘這位聖善老人：「我求馬丹先生保佑我；他那麼好！我好愛他。」

畢構修女（Soeur Marie-Gertrude Bigot），這位阿朗松的老人，早年進了芒斯的往見會，現在給加爾默羅會寄了以下這封慰問信：「妳們的父母親何其神聖！馬丹夫人，精力充沛，英勇壯烈，是我們難忘修女的好妹妹；她先生則是一位少見的聖人！因此他們的家庭堪為典範，家人都多麼勤於工作又勤於祈禱！」

在舅舅家裡，也是一片黯然神傷。舅舅以寓意的形式來表達他的哀思，他給聖心瑪麗修女，即長外甥女瑪麗，寫信，這樣說：

「一天，天主指給我一棵老樹要我看，樹上有五個漂亮待熟的果子，祂命我將其移植在我園中。我聽命照辦了，果子一個個相繼成熟了；小耶穌，相傳在祂逃往埃及時，曾五次經過此樹，祂向它打招呼，老樹就充滿柔情地彎下身子來，每次彎身，就默默地把一個果子掉在孩童─天主的手裡。這位新亞巴郎的作為是多麼令人欽佩！他擁有的是多麼崇高的靈魂！我們在這位偉人的面前，只不過是侏儒而已！」

表妹瑪麗在一八九五年五月回到繆司堡，寫信給賽琳，那時已輪到她進入了加爾默羅會了：

「我一下車就去做了一個小小的朝聖：我進入姑丈的房間，頓時一切回憶湧上心頭，我把所有的東西都一一再看了一遍……心想就在這裡，就在這個房間裡，那麼崇高的大事完成了：就在這裡，姑丈見到了好天主，天主也那麼熱烈地歡迎了他。我感覺好像要收到來自上天的什麼訊息，接著心裡就浮上一個念頭，是關於私審判的，姑丈對我說：『不要判斷別人，妳也將不受判斷。』」

在馬丹先生逝世周年時，她又寫下了自己的感想：

「我每次經過他的房間，都不禁會心生一種平靜又嚴肅的感覺，這種感覺向我訴說著另一個世界，充滿我心。這種情況時常發生，我在毫無心理準備的情況下，好似突然被鎮住了一樣。姑丈逝世周年，我本該悲傷，可是我一點這種感覺也沒有，因為他在這一天一定是直升天堂了，這是毫無疑問的；因此想到他已得到解脫，反而應感到高興。他現在是多麼幸福啊！那是他應得的賞報……明天我將向他求賜許多聖寵，並確信一定當天就能得到。在想到他時，感覺到他銘刻在我心的美好面容，是那麼安祥，只顯露出寧靜幸福的模樣，讓人不可能不愛好天主。」

然而還是德蘭最能深切體會並讚頌父親。一八九五年一月，她寫信給雷奧妮：「妳有沒有像我一樣，感到我們親愛父親的離去，使我們更接近天堂了？」她在一八九四年八月十九日也曾寫信給賽琳，她說：

「妳奇蹟般的魚獲讓我們愉快地深受感動。這些小魚鮮讓我們感到我們深愛的爸爸就在身邊！我離開俗世五年之後，多麼興奮地感到他竟然一點也沒有改變，還是如以前一樣，總是想辦法讓我們高興。噢！他的賽琳曾給他那麼週全的照顧，他一定會回報她的。一定是他，讓妳在如此短的時間就成全了妳的聖召；現在他已經是純精神體的了，去找神父、主教都易如反掌，因此給他深愛的賽琳和他的小王后辦事，都輕而易舉！」

就在《靈心小史》的第八章裡，德蘭妙趣橫生地敘述了馬丹先生以身後的行動，替他勤勞的護士賽琳排除了一切困難，讓她如願地飛往加爾默羅會。

「可惜！看來種種困難都難以克服。一天，賽琳的事看來變得愈來愈混亂，於是我在恭領聖體後向主耶穌說：『我的耶穌，祢知道我多麼希望爸爸臨終的考驗能代替他的煉獄之苦，噢！我多麼想知道我的願望是否已蒙垂允！我不敢求祢親口對我說，只希望祢給我一個記號：祢知道某修女反對賽琳進修會，那麼，如果她不再設置障礙，那就是祢的答覆，這樣，祢就是告訴我，爸爸已直接升天了。』」

「噢！無限的仁慈！無以言喻的屈尊就卑！好天主手裡本掌握著受造之人的心，可以隨意左右它，祂竟然改變了這位修女的心。我謝過聖體後，出來第一個遇見的就是她本人。她叫住我，兩眼含淚，對我說賽琳要進會的事，說她全心渴望看到賽琳和我們在一起！很快主教也把最後的困難斷然排除，並毫不猶豫地允許妳，我的姆姆，打開所有的門，來迎接那流放在外的小鴿子。」

還用增添更多對馬丹先生新的悼念辭來頌揚他嗎？聖女德蘭所證實父親的這種神祕的繼續存在，不就是他預定靈魂歸宿的最佳標記嗎？

第十五章 完美家庭的榮冠

亡故父母親的光榮來自他們的下一代人所發揮之超性生命的成果。從這一方面來看，有哪一個家庭像馬丹夫婦家那麼結實纍纍？

家人的天命

賽琳說得好：「這鳥窩裡的全部小鳥都因他們而蒙祝福，他們沒有放棄任何一個雛鳥。」在她完成了孝愛父親的使命後，極想如姊妹一樣進加爾默羅會，她也經驗到了父親的大力協助。原來里修修院的院長神父認為全家人都進同一修院是個「醜事」，曾發誓要全力阻止，後來態度竟突然軟化了。有幾位修女的反對看來也是頑強至極，不可克服的，後來竟然也都改變心意了。總之，賽琳如願進了這座修會，會名稱珍尼薇·聖容·德蘭修女。一八九四年九月十四日開始初學，次年二月五日穿會衣，一八九六年二月二十四日發聖願，同年三月十七日在于高南主教及杜瑟里耶神父等教會人士面前，戴上了聖紗。

馬丹夫人曾一心祈求，「全部女兒都做修女」，她的心願已蒙天主垂允了嗎？目前只有雷奧妮尚身在塵世之中，忍受著第三次失敗的打擊。由於崗城往見會的院長姆姆過於醉心於修女們必須遵行嚴峻的刻苦，而將雷奧妮排除在外，同時她同班的初學生也一個不留。舅舅剛把二女兒瑪麗獻給了天主，現在又如父親般把雷奧妮接回家中。她努力克制住初期的慌亂與不安，在不可避免的社交活動以外，自己安排了近似修院的生活，一心想伺機再飛向修道院。她在信裡所表達的失望，卻又堅定地仍抱著希望，看了令人動容。想到這個孩子從小就對修道念念不忘，馬丹夫婦的教育有這樣難能可貴的成果，怎不讓人對他們肅然起敬！塑造出一顆聖女的心，對父母親來說，真是莫大的成就，的確值得我們向他們致敬。在天主的眼裡，這不是比改正一個叛逆的性格是更有說服力的佳果？或在滿布野草的土地上喚醒一顆熱情的心，是更真實的勝利？

雷奧妮真正是全家人共同努力的成果。來自各方的力量促成了她的改變：母親的最大奉獻，父親的百般容忍和全家人的不懈祈禱：好像見她在全德的道路上比別人落後，是大家共同的苦惱。德蘭臨終前還這樣告訴聖心瑪麗修女，即大姊瑪麗：「我死後，我會讓雷奧妮進往見會，她也會在會裡堅持下去。」這個預言很快就實現了。一八九九年一月二十八日，這位剛強固執的初學生又跨過了崗城往見會的門檻。她在以雙臂迎接她的院長姆姆懷裡歡呼：「我再也不走了！」六月三十日，她穿新會衣，為了紀念剛過世的親愛妹妹德蘭，她修道之會名稱方濟・德蘭修女。一九〇〇年七月二日，她誓發了聖願。

她的修道生活將持續四十二年之久，是一段在神嬰小道上熱心攀升的過程。她寫道：「德蘭努力使我變得謙遜，我愈見她被提升至光榮的高度，就愈感到需要貶抑自己。我渴望被人遺忘，被人視為一文不值，多美好的恩寵！」當身體的疲憊使她淪為無用之人，用她的話說，像「一個初學步的孩子」時，她很多年之久都是以平靜柔順的心來背負這個重擔的。她這長年的忠心所獲得的，是預定靈魂得救的死亡。她向她在加爾默羅會的姊妹們說：「我變得如此微不足道，弱小無用，我膽敢相信自己不用入煉獄了。」——「我極度的悲慘使我充滿信心，我可以喜樂地想：我一旦離開了我們親愛母親那母愛的懷抱，就自然地即刻掉進耶穌和聖母我那天上母親的懷抱了。」一九四一年六月十六日在最後愛的奔放中，雷奧妮和她天上的家人重聚了。她修道院的修女們敬重她，把她當聖人一樣向她祈禱。

大姊聖心瑪麗修女比她早一步登天。她聖召的種子在她不變的正直心態下不斷成長。她對自由的愛好也轉變成了愛心服務。她寫道：「我在光禿四壁的斗室裡找到了耶穌，找到了祂，就找到了天堂。」德蘭應大姊的要求，曾為她寫下了一篇感想，以做為紀念，那就是後來收在《靈心小史》中的第十一章。大姊當時拿到看了以後，對德蘭的神嬰小道讚嘆不已，就開始努力使自己變得愈來愈單純。她本來偏愛的就是勞工，是可憐人。她不是曾經心心念念要教導比松耐的忠僕老維多兒，告訴她奉獻給天主的慈悲之愛，是多麼光彩榮耀的嗎？

這位德蘭親愛的代母後來受風溼症所苦，甚至到了行動困難的程度，然而她以她獨有的機智把她發自內心的勇氣和她救靈的熱忱堅持保有到最後。

臨終，她平靜地迎接那她喜歡稱做「天主極度慈悲的一天」：一八四〇年一月十九日，她擺脫了塵世的一切奔向天主了，臨走時就如她代女德蘭一樣，親吻十字架上的耶穌，對祂最後一次說：「我愛祢！」。

還需要再擴大回顧家人天命的範圍嗎？馬丹先生在病中曾多次向孩子們的舅舅許下，在他到達彼岸時，會以回報來感謝他，他沒有食言。一種天主恩寵的印記似乎就蓋在舅舅一家人的身上。瑪麗，他的老二，在德蘭戴聖紗典禮時，聽到了加爾默羅會的呼喚，五年後她進了同一座隱修院，並在賽琳戴聖紗的晚上穿上了會衣，會名稱聖體瑪麗修女。從一八九五年八月十五日起，她以初學生的身分，在她年輕的表妹德蘭這位副初學導師的門下學習。她持久不變的耐心，在經過種種疑慮不安和身體上的劇烈病痛後，很快地成就了她的聖德。她於一九〇五年四月十四日如一個「幼小靈魂」一樣嚥了氣，得年三十四歲，留下了這些臨終的話：「我不怕死！噢！多深的平安！……不要怕吃苦……祂總會給人力量……我的耶穌，我愛祢！」

舅媽在一九〇〇年二月十三日過世時，也留下了同樣甘美的印象。杜瑟里耶神父在她臨終前守在她身邊，他這樣讚美她：「我當神父二十五年了，從來沒有見過任何人像她一樣，以天使般的虔敬領受教會的最後助佑。」這位高貴的婦人，自覺死亡將臨，一手握住德蘭的十字架，那是她在初領聖體前做避靜時用過的，另一手握住女兒瑪麗發聖願時所用的蠟燭，在最後的振奮中大聲說：「我的耶穌，我愛祢，我像我的小德蘭一樣，為神父們把我的生命奉獻給祢！」

至於舅舅，他早年就加入了加爾默羅會的第三會，後來代替姊夫馬丹先生成為他社區的大善人。自從他從職場上退休以後，擁有了一大筆財富，於是在那初興起的反教運動中，他勇敢地資助自由學校，資助當地的天主教報紙以免消失，並在他女婿的幫助下，以言語及文章捨命為教會辯護。他也如聖人一般在一九〇九年九月二十八日逝世，享年六十九歲。

他的女婿在一九一六年去世，大女兒尚娜在一九三八年也過世。自此舅舅家和比松耐的親人中只有耶穌．依尼斯姆姆和聖容珍尼薇修女尚留人間（譯按，其實，還有雷奧妮，即往見會的方濟．德蘭修女，她一九四一年六月十六日才過世。當然，寶琳和賽琳是比她更重要的證人）。她們是德蘭言行最珍貴的見證人：前者是她的「小媽媽」寶琳，後者是「她靈魂的忠實回音」賽琳。

＊＊＊＊

在這個家庭故事的許多章節以後，在這麼多頁的痛苦與歡樂以後，也許應該有一個特殊榮耀的結語才對。這將來自最後一個搖籃中的么女。

德蘭繼承家庭的靈性遺產

我們笑看一伙遲了一個世紀的伏爾泰的追隨者，他們努力以他們的推理來介紹一則加爾默羅會的奇聞，如一個「人為」的超現代廣告一樣。他們好像把這位里修的神祕苦修者如好萊塢或蔚藍海岸坎城的明星一樣捧起來。他們這些不知真相的作為不談也罷，尤其因為他們還是以尊重的態度做這些事的，完全不是出於惡意。我們也不能相信那些過於簡化的解釋：他們把聖德看成是來自上天的即興創作，難道生物學裡的「自然發生」（génération spontanée）又重新興起了嗎？

客觀地審視事實本身，以上的這些說法就可以不攻自破了。不論是在聖寵方面或在本性方面，——即使是在最寬廣的彈性意義之下——自由意志畢竟仍保有其最後的決定權；同時人與人之間的連帶性也發揮其微妙的鏈鎖效能，這種連帶性的最高極致，就是諸聖相通功。要培育出一朵特選的花，需要先有多少細心耕作的花圃！要使一個靈魂戰勝高山，需要先經過多少的逐步攀登！除非有天主特殊的大力介入，通常是在團體中，更確切地說，是在家庭中，才能登上巔峰。

德蘭不是如傳奇故事中突然從雲霧中走出來的人物，要來世間照亮世人的道路。她是我們中間的一個小女孩。通常水果愈甜美，就證明果樹愈健康又強壯。她自己這樣漂亮地說明她的紋章：「青綠的大地就是那受祝福的家庭，小花就在這個家庭中成長。」說到她的雙親，她更有高度的評價：「好天主給我的爸爸和媽媽是只應天上有，塵世絕對配不上他們。」

怎麼能不想起馬丹夫人的修女姊姊，她在每次妹妹遭遇喪事時所不斷重覆的那先知性的提醒：「妳現在有多少痛苦，將來就會給妳保留多少安慰；因為，如果好天主對妳滿意，要把一個大聖人給妳，以達成妳極望光榮祂的心願，那不是妳最好的回報嗎？」

德蘭的聖德是她家族世代努力邁向成全最終所達到的頂峰。她遺傳自父親的，是他眼中閃爍著的靈性熱火和他那來自本能的騎士風範；遺傳自母親的，是她特有的穩重有節，銳利的判斷力和永不謬誤的智慧，這些都是這位教會聖師成就神嬰小道所必不可少的潛在能力。

她是來到家中的第九個孩子。這家人曾受到不少考驗，而她在家中所接觸到的是盡心效忠的精神和犧牲自我的真義，這些都是家人很自然的作風，好似與生俱來的傳統一樣。大家常說大部分的聖人是出自有眾多孩子的家庭，這絕非出於偶然：

沒有比大家庭更能磨練勇氣，馴化自我奉獻。

後天的教育更能補足並加強先天的才能。為了要精煉這既有的精神面貌，馬丹家裡好像出現了神奇的競賽，大家都爭先恐後地磨練自己。母親致力於教育孩子，用的是精準的筆觸，務實的教導，並聰敏地運用感情的力量。德蘭日後只須自母親的各種方法中取得靈感，就成為極為出色的初學生導師。父親教給她與天主結合的奧祕，「小媽媽」寶琳在引導她飛向隱修院之前，早在她孩提時代就多方教導她。瑪麗幫她虔敬地準備初領聖體，在她年少時平息她的焦慮，在她修道後又喚起她著手吐露內心的祕密。雷奧妮在她的聖召遇到種種困難時向她求救，求她給予靈性上的支持，而激起小妹妹最高的慷慨之情。賽琳與她在愛的奔放中共融。自己雖然想全然犧牲進隱修院，卻禮讓她在十五歲時就先她而進。就連四個去世的小天使也幫她解決問題：在她的請求下，他們消除了困擾她多年的內心不安。日課經的見解和作法值得稱讚，因為表達了確切的事實：除了讚揚她英勇的德行以外，也把她整個的家庭連帶同受讚頌，因為這朵小花就是在家人的灌溉下成長茁壯的。

＊　＊　＊　＊

因此，我們會驚訝於聖女的靈修思想是承襲自她家裡的言行準則，然後經過內心的靜思默想，加以整合、深化，反覆醞釀而臻於成熟的嗎？不過她也曾以她愛的聲音說：「只有耶穌教導我，沒有一本書，沒有任何神學家教我這一切……除了耶穌．依尼斯姆姆以外，我也沒有受到任何人的鼓勵。」可是天主的確利用次要原因來完成祂的計畫，事實上是她先在自己家庭的理想裡受到了浸潤與準備，後來才能使她完全實現那更卓越的家庭生活：使這忠心的靈魂沐浴在天主聖三的生活之中。指出早年在真正是聖人的父母親膝下成長，做了前置性的準備，並不削減她後來在靈修思想中那來自天主的創新性。

向我們透露「弱小者之克修」的德蘭，曾感到是家中的第九個孩子是多麼幸運：家中的老么，因為她最小，大家都寵愛她，滿足她的一切要求，却不寵壞她；因為她弱小，大家都跑來幫助她；因為她小，大家都同情憐憫她。因此，她如此真切地感到了「弱小」的魅力。這種感覺後來也沒有失去，而把它轉換到了超性的層面：使她學到了要承認自己的無能，並喜愛自己的一無所有。由於德蘭親身體驗過弱小的好處，才能在福音書的字裡行間直覺地抓住孩童的巨大威能。

信賴天主是她靈修思想中的深奧關鍵，她同樣只須把她在父母親身上所感到的善心轉移到天上父親的聖心，再把這「善」擴展到無限大就成了。亞西西的聖方濟因被阻止進家門而將他推向天主的懷抱。他走投無路，繼承權被剝奪，被自己家人拒於門外，於是他向上天尋求庇護：「直到現在，我稱比艾．白納當（Pierre Bernardone，即聖方濟的生父）為父親，今後，我要說：我們天上的父親。」德蘭達到了同樣的高峰，走的却是全然相反的路。在她的經驗裡，父親是活生生的屈尊就卑的化身：她可以從他那裡得到一切：原諒、支持、鼓勵。她甜蜜地品嚐著他的愛撫。父親的愛可以如此深厚，那麼天父的無限之愛更該如何？

這種從生身父親到天上父親的轉移是多麼可喜的邏輯！將使得今日的「小王后」成為明日天主仁慈之愛的神學師和致命者。耶穌聖嬰德蘭修女將以她兒時喊她「親愛君王」的口氣喊出：「好天主爸爸」。對她來講，靜禱不複雜，不用找尋連串的「花言巧語」或高深思想。她和天主說話就如兒時和爸爸在白耳凡代的靜寂中或在杜格河邊的草原上談話一樣，「我想說什麼就直接對好天主說，祂也總聽得懂我的話。」她默想天主經時不禁潸然淚下，「叫好天主為我們的父親是多麼好啊！」賽琳也作證說：「她愛好天主就像孩子親熱父親一樣，用百般愛的點子來討祂歡心，真不可思議！」她甚至利用削弱父親健康的考驗而更深地投入天主永恆之愛的深淵。她一八九一年四月二十六日寫信給賽琳，這樣說：「耶穌以那麼大的柔情選取了我們心愛的爸爸……不正是要我們能真正地說：『我們天上的父親』？噢！這句話多麼寬慰人心！在我們眼前展開的是多麼無限的眼界啊！」

家人在使徒工作、在犧牲中全力尋求天主

擁有了如此無邊的信心，信賴就是它自然的結果。德蘭自兒時就在家人的領導

下學習信賴天主。在家裡，天主的旨意至高無上，無論是在聖布萊絲路的家或後來在比松耐，愉快地承行主旨就是一家人靈性生活的基礎。他們在考驗中從容安祥，他們拒絕對天主的權利提出異議；他們堅持不判斷人，不對人尖刻。總之，堅持在一切事上尊重天主的安排，可以不明白卻全心接受天主最嚴酷的要求。對於一個柔順又聽話的孩子來說，這對於服從這美德是多麼可貴的前置性培育啊！

在這直接的培育上，還應加上她因父母親的言行所引起她對盡心效忠、服務犧牲的種種思考。她回顧自己兒時在樓梯下努力想邁上第一階而徒勞無功的情況，或面對鞦韆想快速登上而無能為力的窘境。聽到她叫，父母親趕緊跑來，動了憐憫之心，一把將她抱起，立刻解決了她的困難。由於自己的弱小，可以得到及時的關懷，那是多麼幸福啊！順從的智慧不就在於毫不反抗地投入親人的懷抱嗎？這也是知名神聖電梯這比喻的出發點。完全捨棄自己，全心交付給至高無上的聖愛，早晚必能成就卓越的聖德；因為主耶穌會把那全心交付給祂、對祂有絕對信心的靈魂，親切地吸引到祂身邊來。

來自天主那決定性的聖寵，也需要靈魂奉上他的一份努力：那就是弱小靈魂德蘭靈巧地取悅於祂。這份努力不是需要從事卓越的犧牲，不是要完成交疊的種種美夢或作補贖到損壞身體，德蘭在這方面有她獨到的不變見解。她的想法早已形成，那就要追溯到她才三歲的時候，姊姊們教她在一整天裡如何撥弄她的「功過珠」，教導她無論做什麼都要以愛為出發點，再小的事也要心懷大愛去做，這就比任何壯觀的戰功更能取悅耶穌聖心。多少次她見父親專注地檢修鐘錶，母親用心連接阿朗松花邊，最後形成一件藝術品，這些工作所需要的是多麼大的精準度，多麼大的耐心，多麼仔細地注意每個細節！這種以愛來完成一件傑作，可以說已進入到她的血液裡了；同時她也本能地憎惡吹牛、討厭人心高氣傲、輕視虛榮。

基督徒的務實作風使她童年的安寧歲月如處在天主和暖的陽光之下，日後也同樣照耀在她加爾默羅會院的生活裡，而使她的聖德達到了英勇的高峯。其實就是在家裡她才養成了以大愛做小事的作風。這種作法，她是在家裡發現這個法寶的。一天，她這樣告訴她的表姊瑪麗：「妳問我要達到全德有什麼方法：我只知道一樣：愛情。」她就是在家裡，才吸取到以畫面表達的可愛方式，以具體的比較方式，以最普通的日常說法來表達與天主結合的最高機密。當年寶琳就是用她的小酒杯對照爸爸的大酒杯，用來給她解釋被選之人所得聖寵各不相同，却都是同樣完全滿盈的狀態。家人只要用一個球、一個陀螺、一個萬花筒，就可以把天主治理萬邦這最艱巨的各種方式解釋得清清楚楚。直到她的最後嘆息，都可以讓人感覺到在她的思想和言行上方所籠罩著的，是她幼年一幕幕家庭生活的投影。

《靈心小史》本身就真正是她全部生活的寫實真相。一八九四年冬天，在她和她的「小媽媽」寶琳和代母瑪麗一起散心時，她回憶起以前在家時的種種。代母聖心瑪麗修女覺得非常有意思，就催著寶琳，即耶穌．依尼斯姆姆，當時是會院院長，囑咐德蘭把回憶付諸筆墨。院長姆姆被說服了，就命德蘭照辦。一八九六年一月二十日，德蘭把聽命所寫的手稿，那是一疊不起眼的紙，交出來，以紀念她自己的生日（一八七三年一月二日），這就是她自傳的前八章。當結核病開始侵蝕她的健康時，耶穌．依尼斯姆姆又一再請求瑪麗鞏撒格姆姆，命德蘭寫出她對修會生活的感想，於是她再開始動筆，那就是她自傳的第九和第十章。內容是在修院的環境下實踐愛近人的箴言，那也正是她父親最在意的德行。

一八九六年九月，聖心瑪麗修女見她代女的健康情況愈來愈差，並預感到她將有光榮的不凡天命，就寫了一封感人的短信，促使她寫下她的最後遺言：

「我親愛的小妹，

我給妳寫這封信，不是有話要對妳說，而是有求於妳，妳離好天主那麼近，祂把祂的祕密都託付給了妳，妳是祂特別受惠的小淨配……耶穌給德蘭的祕密太美妙了，我還想再聽。請給我寫一封短信，這可是妳最後一次的避靜了，因為「耶穌的金色葡萄」會讓祂想把它摘下來；而且耶穌、瑪利亞、爸爸、媽媽和我們四個小天使，還有天上所有她認作親人的聖人們，都等不及要和她相聚。

求耶穌愛我如祂愛祂的小德蘭一樣。啊！小德蘭！她長大了，真的長大了，然而她永遠是最小的，永遠是老么，永遠是耶穌（如以前親愛的爸爸一樣）牽著手的受寵孩子……。」

在院長姆姆的許可下，回音立刻到手，內容就是「神嬰小道」，是「聖德年鑑」裡無與倫比的珍寶，以作為她自傳的卓越結論。

大姊瑪麗細讀這些火熱的篇章，深切地感到自己離這個高峯太遙遠了，而痛苦不堪：以她自己之貧弱，也能渴望達到那種高度嗎？一八九六年九月十六日，她把自己的心裡話寫給德蘭，以深深的謙遜告訴她自己的焦慮和不安。就在第二天，一封新的信給她帶來了難能可貴的澄清性說明，那是發自信德、對無限仁慈的天主所發出的熱情呼聲，頓時不但使她親愛的代母放心，更給深感自己貧困的靈魂打開了全德的廣闊前景，以下就是她的來信：「噢！我親愛的大姊，請妳明瞭我的話，要知道愛耶穌，作為祂愛的犧牲品，我們愈是軟弱，沒有欲望，也沒有德行，就愈適合讓祂那消除貧困又轉化靈魂的聖愛易於操作……。」

這封一八九六年九月十七日的信，只是《靈心小史》中的一篇解釋性的附錄，然而整本自傳從其起源和內部結構來看，的確是一本有家庭特色的文獻。這本神奇的小書曾使那麼多人歸向天主，激勵那麼多聖召為基督效勞，的確是最成功的暢銷書之一，而其源頭只不過是一小落告白和修女們渴望聽到一位臥牀病人的幾點建言

1. 編按，中南半島的一個歷史地名，位於今日越南南部，占越南南部面積的三分之一。越南人稱之為南圻，意即南方的土地。原本當地是占族、高棉族和高地民族居住，十七世紀逐漸被越南的阮朝蠶食。法國於一八六二及一八七四年兩次和約，取得南圻六省，法國人稱為cochinchine，當地華人譯為交趾支那。

而已。有人常夢想法國理想家庭的畫像會是什麼樣子，還用再找嗎？我們行為正直、心靈純潔的老祖宗會毫不猶豫地告訴你，《靈心小史》正是法國理想家庭的畫像。

德蘭不僅是「聖師」，更是「宗徒」，這還是來自從小在家裡汲取到的初步啟發。她父母親不斷祈禱，希望天主賜給他們一位神父，一位傳教士，因為他們最大的夢想就是向天下人傳播福音，激發人的信德。她還從父母身上學到了多少美德：扶助貧困，不判斷別人，「小王后」從他們的言行中，尤其學到這愛德的極致：全心煥發基督的精神。她沒有忘記家人為罪人回頭而努力所作出的種種犧牲。人家告訴她——而她也學著同樣作——她母親為了拯救煉獄靈魂，這痛苦的教會，所作出的無數英勇行動。她更不會忘記自己年幼時的救靈熱忱：就是她在最後一刻為死刑犯龐齊尼求得的聖寵。在院長姆姆的許可下，她每年都為她這第一個救出來的人獻彌撒，她嘆道：「他是我的第一個孩子，他做了一輩子的荒唐事，一定非常需要有人為他獻彌撒！」

她所進的修會也積極救靈，與她自己的心願正好相符，這些熱心祈禱的修女一心只求光榮天主。自從半個世紀以來，傳教的傳統在會院中極受重視。早在一八四九年，當年派在越南的交趾支那①擔任宗座代牧主教的勒費弗主教（Mgr Lefebvre）②被收押在順化③的監獄裡，戴著枷鎖，等待執行「百傷酷刑」之判

2. 編按，Dominique Lefebvre，1810-1865。巴黎外方傳教會會士。
3. 譯按，當時屬於阮朝的中圻，今日越南中部安南省省會。

決。他從獄中轉達信息給里修的加爾默羅會院，說明他計畫在越南這初生的基督信仰之地設置一座默觀修院。然而當時是嗣德帝④在位當政，是迫害教會最嚴峻的時期，這項計劃因而久久遭到擱置。然而修女們毫不退縮，堅持前往。一八六一年七月一日，里修會院已發願的始胎無原罪費羅曼修女（Soeur Philomène de l'Immaculée Conception）和三位同伴搭船先到馬賽。十月十五日，她在西貢建立了第一座隱修院，就是從這座修院，逐漸發展出遠東地區的眾多加爾默羅會院。

德蘭在讀到遠方荊棘林中之人或致命聖人的故事時，心思總會那麼激動昂揚，其實她自願關在隱修院，只想更有力地支持傳教士們的征戰，心底隱藏著的是父母親那不變的老夢想。自己的哥哥們既都早夭，她極想有一位傳教士神父做兄弟。一八九〇年九月八日，在她發聖願前夕，她懇求上主賜給她一個「聖召」，結果在她逝世的前兩年，在長上的許可下，她收了兩位「靈性兄弟」，一位是巴黎外方傳教會的陸良道神父（le Père Roulland）⑤，他的理想一時有了危機，就在聖女發聖願的當天，突然轉化不再猶豫了，堅決繼續朝著理想進發；另一位是貝右教區的修士，正準備進往非洲的傳教會⑥。這對德蘭是何等愉快又興奮之事！她寫信給陸良道神父：「我相信如果我在天上的父母親看到耶穌給我的兄弟，他們一定會降福他，他們生前曾那麼盼望有個傳教士兒子！如果他們能透視未來，他們就會看到藉著我，他們的心願終於達成了！」

4. 即越南阮朝第四任皇帝阮翼宗，名字為阮福時，一八四七年登基，在位期間多次拒絕外國通商要求，加強了鎮壓天主教，殺害許多傳教士。
5. 編按，Adolphe Roulland，1870-1934。他曾前往四川傳教。
6. 編按，Maurice Bellière與小德蘭的故事請參閱《另一種愛：莫里斯與小德蘭》，光啟文化出版。

以上的這項預言將比她當時所想的會有更廣濶的發展，她自己的傳教聖召也將因此而開花結果。她把中國四川省的地圖釘在她工作間的牆壁上。她給她神兄陸良道神父畫了一幅畫寄給他，畫的是耶穌聖心從祂那被刺透處，朝著多罪的世間正流下滴滴熱血，下方還用金字寫下這樣的禱文：「噢耶穌至聖聖血！請灌溉我們的傳教事業，使它發出選民的嫩芽！」她一口氣看完南崩神父（le Père Nempon）的傳記，又用心閱讀真福代歐凡．維納（le Bienheureux Thèophane Vénard）的生平事蹟，不禁對這位溫和的殉道聖人產生了真正的友誼。不久後，里修會院就談起是否要派她去河內的問題。這個傳教區之使命的前景有一陣的確更激勵起她的傳教熱忱。可是，她巧妙地寫道：「要去遠方，需要鞘和劍一樣堅固強壯，也許這個鞘在到達東京（譯按，TonKin，當年越南北方紅河三角洲地區，其首府為河內）以前就已經不行了，要丟到海裡去了。」有什麼關係！天主一向都會滿足她那「無窮願望」的。她又給陸良道神父寫信，這樣說：「如果我很快就升天，我要向耶穌請求，允許我到四川去，我們可以一起投入傳教事業。」

對於她那火般的傳教熱情，只有一個地區實在是太小了。很快地，她將在全球五大洲和最遙遠的小島上撒下她的「玫瑰花雨」，因為教會把缺乏信仰的全部大地都託付給了她，把她和聖方濟沙勿略⑦並列。教宗碧岳十一世任命她保護普世的遠方傳教事業，而教宗碧岳十二世又在一九四四年五月三日委派她作為一個「新傳教

7. 編按，1506-1552，耶穌會創會者聖依納爵的首批伙伴之一。他奉派至東方傳教，足跡相繼踏上印度、馬六甲、印尼、日本等地，後來止於中國的上川島，他向中國福傳的願望後來由後繼的耶穌會士接棒。

區」的主保，而這新傳教區正是法國。身在永恆的馬丹夫婦應該會無限欣慰，因為他們的期待沒有落空。在他們把全部女兒都獻給主耶穌以後，他們的確放棄了人性的後裔；而天主却賜給他們無數靈性的光榮後裔作為補償，使他們世世代代受人敬重與祝福。

＊＊＊＊

從以上的情況來看，父母親的受難和德蘭的光輝具有最緊密的關聯性。雅格・德布（Jacques Debout）提到在第一次世界大戰中受害人群的證言和對法國未來的重大影響時，寫了〈結實纍纍的死亡〉這首詩：

他們的眼睛閉上了，別的將出殼誕生；
倒下了的大樹邊，長出了不少小灌木；
要洗雪那麼多黑夜，需要許多曙光，
墳墓終將喚起搖籃。

這首詩只是旨在說明民族在嚴重失血後，必須使其產生更大的生機。從超性的觀點來看，這話也深具意義，它說明聖寵運作的不變定律：德蘭這位普世聖師寫道：「不流血，無救贖！」要活出天主的生命，要傳達天主的生命，必須先死於自我。要收割靈魂之前，必須有的前奏就是：

種子播下後之淒涼的長眠

不僅是淒涼的長眠，更是種子的破壞，它的腐敗，它的化為烏有。

家人在光榮中共融

在以上的光照下，再來看「小王后」的使徒工作之壯麗全貌。她要向全球的現代人傳授她的神嬰小道，要成為獻給聖愛的一大群弱小靈魂的母親，要在各民族中不斷征戰以獲取靈魂歸向天主，並喚醒人人對那至聖至善者要有信德。如此廣大艱巨的使命必須要有足夠的底氣作為起點，要有與廣大行動場地相稱的可觀犧牲才能成就這大事。這正是馬丹家人介入的時機。母親在這寶庫裡傾注了她無數喪事的悲苦，在病牀邊所付出的傷身勞苦，以及自己在最後病痛的酷刑下，以她不變的平靜，從容地順服天主的旨意。父親帶來的是他以基督精神的勇氣度過了多年的鰥居生活，對於五個女兒的聖召說出了「我願意」，以及最後在阿朗松的聖母大堂裡把自己也祭獻給了天主。

德蘭和她的姊姊們在父母親之言行的激勵下，從很小就開始學著奉獻自己。「功過珠」經過一個一個人的手，就成為不斷傳承這精神的可貴象徵：在馬丹家，奉獻成為人人遵循的常規，成為每人心靈的需要，是大家共有的習慣。每次新的別離，不論是死別或生離進修院，都更深地嘗到奉獻的酸苦及其代價。

天主救世的計劃會給他們英勇的奉獻精神提供表現的機會，會把他們激動的情感通過壓榨機，以使其更能配合祂的救世工程。為了天主這仁慈的計劃，父親將成為天主旨意的工具，既然他已親自來到了阿朗松聖母大殿奉獻犧牲的祭壇前，因此他是一個有意識的工具，然而他完全不能得知他所獻出的全燔祭的效果能達到多大的範圍，更不知道其影響力竟能擴展到無限大。那就是突發的病症使父親不得不屈服，使所有的家人也在那悲愴的患難中展現出對天主那發自子女孝愛之心的順從。德蘭在一八九七年七月二十三日對姊姊們所說的話，正表達了她們共同的心意：「在我們遭受重大考驗的這時刻，在誦經堂裡當輪到我唸一節禱文時，妳們不知道我是以多麼大的信賴之心高聲唸出：『天主，我唯寄望於祢！』她的「君王」在腦充血的折磨下，變得無能，被人貶抑，遭人輕視，成為外界的笑柄，而基督却用他來拯救多罪的人類。十字架的荒謬、恥辱與瘋狂再次展現其驚天動地之勢。聖女德蘭臨終對耶穌‧依尼斯姆姆所說的心裡話，正表明了這個奇蹟：「我們一時的屈辱會變成我們的光榮，甚至就在今生！」

教宗碧岳十一世想到以上的這一切，就對貝右的畢構主教（Mgr Picaud）說：「對教友們說，也要他們宣講，人家把聖女的靈修說得太過溫和軟弱，而其實她是多麼剛強又雄渾！耶穌聖嬰德蘭是雄糾糾氣昂昂的大丈夫，她全部道理所宣講的就是克己犧牲。」世人被這位加爾默羅會修女的魅力、她秀麗的文筆和可人的笑容所征服，很可能把她立為貶低的全德典範，把她的「小道」反而變成「大道」。本書也許可以助人摧毀這種危險的誤解，這種誤解正是對福音的侮辱！在比松耐和在寶尊堂（譯按，Portioncule，亞西西的聖方濟被拒進家門後的居處）一樣，沒有不帶刺的玫瑰。加爾默羅會院的十字苦架照亮了德蘭的真正面貌，正如拉凡納山（譯按，La Verna，亞西西的聖方濟在此山上領受了主耶穌的聖五傷）的陡坡將其嚴峻的陰影投射在聖方濟這位長者可人的臉上一樣。為了給永恆之愛贏得那麼多人心，聖女德蘭和她的父母親曾作出了多麼大的犧牲！

* * * * *

在里修的東邊，當人看到那片墓地，不是全心感到從陵墓裡湧出的是那復活的威能嗎？這隱藏在大自然中的墓地秀麗異常。要走上這墓地，須經過一條兩邊有大樹遮蔽的上坡路，樹頂光禿，樹幹多瘤。途中不時出現肥沃的諾曼第草原與天相連，一片片青綠草地飼養著肥美牛羊，還有不少枝幹扭曲的蘋果老樹，也都禿著頭。那裡，在路的盡頭，在山谷的上方，面對包圍著此城的帶狀山陵，在半山腰上層層疊起的是無數的十字架和大墳墓上的小教堂，修剪整齊的女貞樹籬笆和榛樹籬笆看守著一排排的墳墓，深色紫杉的空洞間偶爾會出現淺綠草地的斜坡。我們突然感到被包圍在一片平安的靜寂之中，只有布穀鳥的叫聲，蟋蟀的尖銳歌聲或鳥兒們的顫音在此高處迴盪。

加爾默羅會的墓園在半山腰上出現，保護著它的是一尊在神魂超拔中的德蘭雕像。雕像的底座上有借用自《靈心小史》中的感恩呼聲：這呼聲既是她的「讚主曲」（*Magnificat*），同時也是她的「主啊，現在可讓祢的僕人平安去了」（*Nunc dimittis*）：「我的天主，祢給我的總超乎我的期待，我要歌唱祢的仁慈！」她的遺骸已經在一九二三年三月二十六日這凱旋之日移走了，然而她的精神似乎仍飄浮在一尊木製十字架的周圍，那是以前庇蔭她棺木的十字架。

她的父母親在一八九四年的秋天早她一步來到這裡。她的父親過世後，她舅舅讓人把她母親的遺骸連同夭折的四個孩子及馬丹祖母和外公的遺骸全部挖掘出來，並移靈至里修與家長馬丹先生同葬。掩護這一家人墳墓的紀念碑離德蘭的墳墓很近，就在她的下方。墳墓外觀莊嚴雄偉。在升高的一塊石板上豎起一尊大理石的十字架，石板周圍則飾以巧工製成的鏈子，旁邊植有幾棵高大的崖柏樹，修剪成壯觀的外貌作為布景。簡短的碑文引人深思：「至聖十字架！我唯一的希望！」「義人將蒙祝福」，「里修聖女耶穌聖嬰德蘭的父母親在此安息」。

這兩座墳墓之臨近其意義太深遠了！來朝聖者會同時憑弔這些亡魂並默想一八九五年十月德蘭所寫這封安慰表姊尚娜的信，因為她至愛的妹妹瑪麗進了隱修院：

「好天主：不是許下『人為了祂而捨棄了父親，或母親，或姊妹，在今世就要得到百倍的賞報嗎？』……我知道通常這些話是應用在修道人身上的；然而，我深信這些話也是對慷慨的父母親說的，因為他們把比自己更寶貴的孩子獻給了祂。」

對馬丹夫婦來說，經歷了那麼多的艱難考驗後，現在確實擁有了多麼可貴的回報！光榮的颶風吹向他們的小女兒，也把他們和她一起吞沒。除了教會頒佈了對她的正式敬禮以外，民間私下也聯帶對她父母親同表尊崇，《加爾默羅會通訊》（Courrier du Carmel）證實，這些小人物的信心也常蒙垂允，好像天主要把祂如此慷慨賜給德蘭的大能之光，也分一道亮光給她的父母親。

一九二五年五月十七日，「小王后」列聖品那天的晚上，在羅馬，自一八七〇年以來第一次在聖伯鐸大堂的馬德納（譯按，Maderna乃建築此門之建築師之名）正門，和米開朗基羅的圓穹頂上點燃起了火光千萬點時，阿朗松的聖母大堂的排鐘齊鳴，波爾多的聖額拉立的大鐘也一起響起，薩爾通河畔聖德尼（Saint-Denis-Sur-Sarthon）的鐘樓也靦腆地加入其中。在四方鐘聲齊揚之中，加爾默羅會的小花，那純潔的靈魂和有幸給予她生命那忠貞英勇的父母親，藉著鐘聲，一同向全球世人宣報他們的無盡歡樂……。

附錄1

斯德望・畢阿神父小傳

伯鐸・戴古弗蒙神父
（Père Pierre Descouvemont）

畢阿神父本名毛利斯・畢阿（Maurice Piar），生於法國北部近比利時名城里耳市的魯白（Roubaix）市。一九一九年他二十歲時加入法國步兵第一兵團。他的第一本書正是描述此兵團駐紮在里耳北部的剛布來（Combrai）城時的軍中故事，當時並未署名作者。與他同寢室的軍中夥伴喜歡嘲弄他那麼虔誠，因為他們見他每天一大清早就跑步去參加隨軍神父的彌撒，其結果是他練就了出眾的腳力，讓他在軍中的運動會中一舉拿到一千五百米的賽跑冠軍！

他自幼即醉心於亞西西的聖方濟的靈修精神，於是在一九二一年進入方濟會位於法國北部亞眠市（Amiens）的初學院，並在一九二二年穿上其棕色粗呢會服，會名稱斯德望（Stéphane）修士，為紀念他於一九一八年逝世的母親斯德望妮

（**Stéphanie**）。他興趣廣泛：喜愛音樂、詩歌、歷史，尤愛鑽研社會問題。他手邊有數百張卡片，上面全是他閱讀書籍的內容綱要。自從入會修道之後，他下決心不再在這些方面用太多時間。

斯德望修士除了閱讀，也有他調皮的一面。一天，一位教授責備他為何總是蹺他的課，他只用簡短的拉丁文回答教授：「*Non perdidi*」，意思是：不上您的課，沒失去什麼，或：您講的我全知道。

他在一九二五年晉升神父，旋即被派任方濟各大修院（即神學院）的宗教史教授。他也帶領過幾次避靜，並做過多次有關教會社會公義道理方面的演講，因此促成他致力於建立「法國天主教工人聯合會」（CFDT），那是在魯白-杜冠（**Roubaix-Tourcoing**）地區紡織業的第一個天主教工會，必要時他也在業主與工人之間的衝突中扮演調停人的腳色。同時，他還是法國北部之「天主教工人青年會」最初的指導司鐸之一，並時常撰文向青、中年朋友介紹獻身為工會或政治問題拚搏之人們的小傳，以激勵他們的慷慨之情。

一九六四年，他全力想挽救他熱愛的「法國天主教工人聯合會」免於崩潰，可惜功敗垂成。他的祕書長長戴剛（**Eugène Descamps**）認為，這個教會的工會已是不合時宜的了。他在世的最後四年期間，由於眼見「天主教工人運動」的指導司鐸們及其活躍分子均明白表示，他們偏愛的是「法國工人民主協會」（CFDT），對於工會這種去宗教化的行徑，讓他感到非常痛心。然而，他還是勇敢地協助一些原工會人員，決心要重振「法國天主教工人聯合會」。

二〇〇〇年，在畢阿神父逝世三十二年之後，眾人緬懷他長年致力於改善當地工人的待遇及工作環境，魯白市決定向他致最高的敬意，而將聖方濟教堂前的廣場命名為「畢阿神父廣場」。

附錄2　法文版編輯者的話

有關斯德望・畢阿神父與馬丹家人

那麼，畢阿神父怎麼成為馬丹家的歷史學家了呢？那主要是因為他對小德蘭心懷極高的崇敬之情。原來有一位加爾默羅會的修女對他有十分深遠的影響，那就是法國北部杜艾（Douai）城的安娜（Anne）修女，她可以說是他內心生活的靈性妹妹。因此他不斷勸勉天主教工青會的成員們要像小德蘭一樣，把自己每天生活中的大小事奉獻給主耶穌。一九三九年，他完成了關於小德蘭的第一本著作《靈性孩童福音》（*L'Évangile de l'enfance spirituelle*）。這本書有五十個短章，每章以講解一段福音開始，接著就說明小德蘭如何將這篇福音的精神在生活中付諸實行。他這本書的原稿全經過小德蘭的姊姊們仔細檢驗過。她們嚴格審查每一個細節，並向神父提出無數要修改的地方；於是他就必須做他最大的補贖功夫之一，他對我坦誠說：「我必須不斷改正我段落中的這一個或那一個字，才能不得罪她的姊姊們。」其實，她們都很欣賞他的這本著作，認為他的說明正合乎她們小妹妹的心意。這本書問世後，甚為暢銷，尤其在拘留所中特受歡迎。一九四三年有第二本出版《活出福音精神的兩位聖人》（*Deux âmes d'Evangile*），內容說明小德蘭與亞西西的小窮人①有深入相似之處。順便也提一下，畢阿神父後來又出版了一本關於亞西西的聖方濟的巨著，那是一部資料極為齊全的傳記。

一九四二年，里修的加爾默羅會修女們接到一封來自詠經司鐸維奧來（Viollet）神父的來信，他當時是法國天主教婚姻協會的指導司鐸，他要求她們推舉一位神學家，足以說明馬丹夫婦何以應成為天主教教友夫婦之模範人物。她們於是就提議他去找畢阿神父，……他也答應了。接著他再前往里修，用數小時之久仔細詢問馬丹家的女兒們關於她們父母親的一切。一九四六年，《聖女小德蘭的家庭》的第一版問世（自馬丹夫婦宣聖之後，此書名即改為《馬丹家的不凡故事》（*L'histoire extraordinaire de la famille Martin*），並不斷再版。畢阿神父並沒有就此停筆，後來他陸續推出《微笑的貞女》（*La Vierge du sourire*,1951）、《瑪麗·葛蘭》（*Marie Guérin*, 1953）、《聖女耶穌聖嬰德蘭的父親》（*Le père de sainte Thérèse de l'Enfant-Jésus*,1953）、《聖女耶穌聖嬰德蘭的母親》（*La mère de sainte Thérèse de l'Enfant-Jésus*,1954）。他還著手寫葛蘭家的傳記，可惜只寫了七章就逝世了。《德蘭的生活》期刊在一九七二年的七月號中，就刊載了其中之第一章，文中有上世紀里修地區的豐富資料，敘述得十分詳盡。

＊＊＊

1. 指聖方濟。

畢阿神父出版的這些著作，讓教友們看了以後，愈來愈感到必須給小德蘭的父母親列真福品，尤其在北美地區，特別是在加拿大，不斷有請願書要求啟動列真福品的調查程序。

一九五六年二月二十四日，貝右的主教雅格曼（Mgr Jacquemin）向世人宣告不久即開啟為小德蘭父親路易・馬丹先生生平的調查程序。一九五七年三月二十二日，教會法庭正式開始辦理此案。被派為副提案人的是聖瑪利亞方濟各神父（Le Père François de Sainte-Marie）。珍尼薇修女，即小德蘭的姊姊賽琳，提議請畢阿神父擔任此職，卻只答覆她會請他前來出庭作證。幾個月以後，就是一九五七年十月十日，同樣的調查程序在塞艾（Séez）展開，是為了要使小德蘭的母親仁麗・葛蘭也被列為真福。

一九五七年六月十六日，畢阿神父被帶進在調查法庭的法官面前作證，他提出了四點理由，應給予路易・馬丹真福榮銜：一、他勇毅的信德實為眾人的榜樣；二、他是作為家長的模範，而當時正是法國家庭遭受破壞的危難時刻；三、他全心接受孩子們的修道聖召，堪為教友父母們的典範；四、在日常生活中，他英勇修德與助人，足為眾人楷模。

一九五八年，《仁麗・馬丹的家書集》（*Correspondance familiale de Zélie*

Martin）即將問世，應里修加爾默羅會院的要求，畢阿神父為此書撰寫了序言。珍尼薇修女在此書出版後不久，即一九五九年二月二十五日辭世，那天正是她慶祝自己發聖願六十三周年的隔日，享年八十九歲零十個月。

她和畢阿神父有深厚的友誼。她本想把她近年陸陸續續寫下的三本回憶錄付之一炬，結果在神父的勸阻下打消此念。她既然選擇了畢阿神父做她遺囑的執行者，這位神父就將這三本回憶錄善加珍藏：第一本寫於一九〇九年，第二本從一九一〇年到一九三一年，第三本的內容是她在一九〇五所繪製的耶穌聖容像，像在一九〇九年於荷蘭榮獲「國際宗教藝術大獎」的往事。

畢阿神父在精讀這三本回憶錄，取其摘要，並外加其他文獻後，為這位小德蘭剛去世的姊姊寫了一本內容極為豐富的專書《聖女耶穌聖嬰德蘭的姊姊和證人賽琳》（*Céline, sœur et témoin de sainte Thérèse de l'Enfant-Jésus*, 1961）。在此之前，里修的加爾默羅會院曾在一九五三年推出了一本內容詳盡的傳記《聖女耶穌聖嬰德蘭的小媽媽耶穌．依尼斯姆姆》（*La Petite Mère de Sainte Thérèse de l'Enfant-Jésus, Mère Agnès de Jésus*）。

他這些著作的眾多特色之一——絕非其中最小的——就是讓人驚覺馬丹家的女兒們雖然一起接受同樣的養育，個人的性情卻大相逕庭，而畢阿神父尤其有本事將各自的特性發揮得淋漓盡致。

畢阿神父自知自己的聖召確實有矛盾之處。他曾經擔任過天主教工人青年會的指導司鐸，又醉心於勞工階級的福傳工作，後來卻成為研究孕育里修的小德蘭這種中產階級家庭的歷史專家。可能有許多人曾提醒過他不如從事魯白市、里耳市或杜冠各城區內的家庭福傳事業，這些人的生活條件和小德蘭的家庭正好相反。

他的回答很簡單。他誠心相信馬丹夫婦家人所活出的信仰原則也完全適用於他所接觸的工人家庭。他認為馬丹夫婦的靈修生活可歸納為以下三條原則：天主至高無上，信賴天主的安排，承行天主的旨意。

作為馬丹家的歷史學者，畢阿神父尤其致力於宣講小德蘭的「神嬰小道」，誨人不倦。他奔走於全法國及歐洲各地，以講道和帶領避靜讓人認識這寶貴的靈修小道。因此在他晚年所寫的一本書，其內容正是這神嬰小道啟發他自己所獲取的心得，沒有人會感到意外。

一九五六年，里修的司鐸聯合會就已經在其七到九月的公報附上了一份特別刊物，內容是畢阿神父所提供《講解聖女耶穌聖嬰德蘭及其神嬰小道之三十三點方案》，給宣講小德蘭的神父們做參考。

要到一九六四年才出版他最重要的著作：《里修的聖女德蘭：探索神嬰小道》（*Sainte Thérèse de Lisieux: à la découverte de la voie d'enfance*）。在整整四百頁的書裡，他介紹了德蘭的全部生平事蹟及其靈修進程。

小德蘭感到自己受命要把這神嬰小道教導給世上的所有男女，畢阿神父則致力於將這小道的獨創性及新穎性彰顯出來。他曾對教會歷史深有研究，因此他喜歡把亞西西的聖方濟、聖方濟沙雷和里修的聖女小德蘭相提並論，相互對照。他認為在人類歷史的轉折點，天主總會激起聖人們，讓他們肩負任務，提醒當時世界上的男女，人人都可以成聖，而不是一定要把自己關在隱修院裡。早在十三世紀，就有人明白了這個道理，因而有男女信友紛紛加入方濟會第三會，這也是聖方濟沙雷在他所著的《入德之門》（*Introduction à la vie dévote*）所努力要人明白的。二十世紀，讀者們在《靈心小史》中所學到的，不也正是這同樣的道理！

畢阿神父不斷強調德蘭之神嬰小道的主要構成部分，就是日常微不足道的小事，因此是每個人都做得到的。這小道是一條大家都可以採用的途徑，這途徑絕對可以安全地帶領任何人邁向真正的聖德。德蘭自己不也總是告訴人要「聖化日常生活」！

伯鐸・戴古弗蒙神父（二〇一五年六月）

國家圖書館出版品預行編目資料

聖女小德蘭的家庭 / 斯德望－若瑟・畢阿神父
（Fr. Stéphane-Joseph Piat） 著 ; 逄塵瑩 譯 .
－初版 . -- 臺北市： 星火文化 , 2023.12
面； 公分 . —（加爾默羅靈修 ; 027）
譯自：L'histoire extraordinaire de la Famille Martin：
La Famille de Therese de Lisieux
ISBN 978-626-96843-8-0（平裝）
1. CST：天主教傳記

249.6 112016225

加爾默羅靈修 027

聖女小德蘭的家庭

作　　者	斯德望－若瑟・畢阿神父 Fr. Stéphane-Joseph Piat
譯　　者	逄塵瑩
執行編輯	徐仲秋
封面設計	Neko
內頁排版	Neko
總 編 輯	徐仲秋
出　　版	星火文化 台北市衡陽路七號八樓
營運統籌	大是文化有限公司 業務經理林裕安・業務專員馬絮盈 行銷企劃徐千晴・美術編輯林彥君 讀者服務專線 02-23757911 分機 122 24 小時讀者服務傳真：（02）23756999
法律顧問	永然聯合法律事務所
香港發行	豐達出版發行有限公司 Rich Publishing & Distribution Ltd 香港柴灣永泰道 70 號柴灣工業城第 2 期 1805 室 Unit 1805, Ph. 2, Chai Wan Ind City, 70 Wing Tai Rd, Chai Wan, Hong Kong 電話：21726513 傳真：21724355 E-mail：cary@subseasy.com.hk
印　　刷	韋懋實業有限公司

2023 年 12 月初版　　Printed in Taiwan
ISBN ／ 978-626-96843-8-0　　定價／ 460 元